财富悦读会 · 杨吉导读

Required Course
*for Digital Times*

# 数字时代的必修课

## 杨吉TMT百部全说

杨吉 著

上海财经大学出版社

**图书在版编目（CIP）数据**

数字时代的必修课：杨吉TMT百部全说 / 杨吉著. —上海：上海财经大学出版社，2014.1

（财富悦读会·杨吉导读）

ISBN 978-7-5642-1784-6/F·1784

Ⅰ. ①数… Ⅱ. ①杨… Ⅲ. ①经济管理—通俗读物 Ⅳ. ①F2-49

中国版本图书馆 CIP 数据核字（2013）第274476号

□责任编辑　李成军
□封面设计　钱宇辰
□责任校对　胡　芸　廖沛昕　林佳依

SHUZI SHIDAI DE BIXIUKE

**数字时代的必修课**

——杨吉 TMT 百部全说

杨　吉　著

---

上海财经大学出版社出版发行

（上海市武东路 321 号乙　邮编 200434）

网　址：http://www.sufep.com

电子邮箱：webmaster @ sufep.com

全国新华书店经销

上海华业装潢印刷厂印刷装订

2014 年 1 月第 1 版　2014 年 1 月第 1 次印刷

---

787mm × 1092mm　1/16　27.25 印张　532 千字

印数：0 000 — 3 000　定价：48.00 元

# 推荐序

我曾经有个“梦”：35 岁以前摆脱一切俗务，躲起来，读书，写作，过自己想过的生活。但是这个“梦”一直没有实现。

相比，本书的作者——杨吉 22 岁时就开始大量地写作，还在读大三就出版了专著——《法理的解释：思辨笔记》。至今，刚刚 30 岁出头的他已经出版了 9 本书，差不多每年一本。读书、写作、观察（商业）世界——这是他生活的基本状态，但是他生命的目的并不在此。

还在少年时代，杨吉就梦望自己能成为一个“有影响力、对社会建设有助力”的人。写作是他认为的实现这一梦想的最佳途径。写作，对我是虚幻的梦想本身，对杨吉则是实现梦想的手段。“对社会建设有助力”，这是他赋予写作的特殊意义。

为了对社会建设更有助力，杨吉攻读了浙江大学的法学博士。为了让自己的作品更有影响力，杨吉选择传媒业作为自己的研究方向。当他意识到互联网、新技术正以摧枯拉朽般的力量改变世界的时候，他毅然把大部分精力投入其中，专注地探测着传媒世界变幻的秘密和发展的趋势。很快，他就成为一位以研究 TMT 行业见长的财经专栏作家。

杨吉从一开始就明白写作的意义，并且一路坚持，不忘初心。所以他能过上他想过的生活。他让我明白，为了写作的写作是没有太多价值的，也不能支撑我熬过那么多的茫茫黑夜。在黑夜中迷失，那是必然的。

在此，隆重推荐杨吉博士的这本新书《数字时代的必修课：杨吉 TMT 百部全说》。我想，读完后，我也会更加明白这世界变化快的原因。

是为序。

林煜

19lou.com CEO

# 自序

## 从现在起，让我们阅读未来

**【缘起】**

在出版《在线革命：网络空间的权利表达与正义实现》[1]之后，就想着尽快把《数字时代的必修课：杨吉 TMT 百部全说》写作项目给“竣工”了。念想迫切，一来寻思为自己八年多持续阅读和评论互联网、新媒体领域的图书来个阶段总结；二来自 2012 年下半年起被作为人才引进至浙江传媒学院，先后履任其互联网与社会研究中心秘书长、文化创意学院网络与新媒体专业系主任，当被问及“什么是你的贡献？”。或许，作品就是最好的回答。

倘若再追根溯源，这本《数字时代的必修课》实则是一本“再出发”和“重起航”之作。早在 2005 年，当时我和国内知名的互联网观察家、中国的“博客教父”方兴东博士合作出版了《21 世纪的书：信息时代商业思想 10×10 阅读》。[2]那是本字数达 71 万余字的大部头，收录了我们对之前 20 余年 IT 领域 100 本经典好书的书评。当然，书评的写作方式不同于一般中规中矩、就书论书的评论，我们的目标则更加活泼、自由和率性，希望尽可能多地包含信息和观点。于是，我们从这些好书入手，结合故事、人文、思想和商业，并能够贯穿当下的产业背景和曾经的发展历史，旨在让读者在最短篇幅内获得更多的知识和精华。同时，为了方便读者日后检索、查阅，更像是本“工具书”或“阅读指南”，我们在那本书中采用了“图书封面＋作者头像＋图书档案＋内容简介＋媒体评论＋作者简介＋书籍链接＋深度书评＋读书格言”的编排体例，而这种梳理方式基本被保留在了《数字时代的必修课》中，只是它更精炼、更直接了。

是的，作为一种似曾相识的书写，《数字时代的必修课》继承了《21 世纪的书》的创作宗旨和行文脉络。如果说，8 年前的《21 世纪的书》横空出世填补了国内对于“信息时代思想缺乏系统介绍”的空白；那么，我希望看到和听到的是，2013 年《数字时

---

[1] 该书已于 2013 年 5 月由清华大学出版社出版。

[2] 该书已于 2005 年 10 月由南方日报出版社出版。

代的必修课》的出版将延续“数字时代，大众启蒙与入门”的理想使命。回想这过去的短短几年，互联网发生了天翻地覆的变化，博客、播客、RSS 等 Web2.0 产物在今天看来都成了“古董”，不少甚至都已退出历史舞台。如今，最新、最热的应用是社交网络、移动互联、APP、大数据、云计算、3D 打印、穿戴式智能设备……很可惜，这些玩意儿（从概念到实物）在《21 世纪的书》中均未被正面提及，不得不承认，没有一个行业能像互联网与科技产业这样有着惊人的快节奏，也正因为如此，本书生逢其时，它既像是《21 世纪的书》的姊妹篇，但更是升级版！

**【解题】**

取名向来是一件令我痛苦和纠结的事情。以前出书是那样，本书也是如此。

在书名方案的选择上，我曾考虑过“21 世纪的书（2.0）”、“数字时代智胜之道”或干脆“互联网阅读报告”，但都因为种种原因最终放弃。至于现在的《数字时代的必修课：杨吉 TMT 百部全说》则来自一时的灵感乍现。既然本书是对近十年来高科技、互联网、新媒体领域优秀好书的集中式、系统化点评，其所涉范围不正是 TMT（Technology、Media、Telecom，科技、媒体和通信三个英文单词首字母）吗？另外，TMT 组合在一起，蕴意丰富，其所描绘的正是未来信息技术、多媒介产业融合的大趋势。还有“数字时代的必修课”，我想表达的是，数字世界发展速度之快，令人眼花缭乱、目不暇接，马云在卸任演讲上就说：“这是一个变化的世界，我们谁都没想到今天我们可以聚在这里，可以继续畅想未来，我跟大家都认为电脑够快，互联网还要快，很多人还没搞清楚什么是 PC 互联网，移动互联来了，我们还没搞清楚移动互联的时候，大数据时代又来了。”即便如此，但需要强调的是，虽然我们不清楚未来的具体样貌，但通过大量的阅读和思考，我们不至于对外面的变化懵然无知。此外，中国“摇滚之父”崔健有首歌叫《不是我不明白》，里面有句歌词唱道“不是我不明白，这世界变化快”。如果崔健老师有空翻阅本书，至少不会对数字世界的巨变而无所适从了——开句玩笑话。

本书直接或间接点评了相关领域好书 100 多本，即为“百部”；“全说”是一种个人化的叙事方式，不求在学术研究上有多少建树，但愿在大众普及上能有所帮助。为此，每一篇书评我都尝试以书为媒，融合产业、企业、人物、历史等，并加入自己的评论，多角度、多层次丰富对该书的认知，此外，也强调可读性和趣味性，使读者以小博大、以点带面、以一反三地快速掌握一本书的精要，并且了解其相关的人与事、这个世界和时代。

当然，“全说”并不等于什么都说，这样恐怕什么都说不好。它还是有所侧重，除了书评本身的重点外，我对 100 本书进行了主题分类。“大人物”板块收录的是关于企业家个人传记或其言论思想的书，我们需要认识这些数字英雄或传媒大佬们，很难想象，若没有他们，世界又会变得怎样；“炫公司”栏目项下的书内容虽然难免会涉及创始人、经营者，但主要关注的是公司管理和组织运营层面的东西；“快营销”和我之前写的

《营销高手必读的 55 本书》[1] 不同，如果按照标签区分，它应该是社会化营销、O2O（线上线下模式）。通过这一部分你将了解，数字世界的营销有其新的规则与玩法；"潮观念"是一些曾经或正在影响我们这个信息时代前行路径的思想著述，阅读它们，然后领会、思考，你也许能理解互联网的前世今生以及未来；"冷思考"这一部分提醒我们要辩证地看待互联网和技术，尽管不必恐慌"沦为技术的附庸，而丧失了作为'人'的价值"，但多一点警醒和反省还是必要的；"酷文化"主要关乎历史、人文与社会，而最后的"新趋势"虽然篇幅不大，但总算对时下的趋势热点不忘提及——即便如此，它还是应景的、滞后的，永远跟不上技术革新的步伐。

**【遗憾】**

这也正是本书在所难免的遗憾所在。早前，我在读徐皓峰的影评集《刀与星辰》，文章中他自诩为"认输的影评"。同理，我说《数字时代的必修课》一定会是"遗憾的书评（集）"。

前面提到，技术进步速度实在太快，可能今天还处在摸索期的 3D 打印，指不定一两年后就发展成为一门成熟的技术，而且得到广泛普及。或者，它也有可能就是资本界制造出的一个用来炒作、圈钱的概念。在答案揭晓前，更多人只是雾里看花，包括本书，我尽力负责告诉你发生了什么、为什么发生，至于会怎么样、真相如何，就看自己的洞察和修为了。

另外，TMT 领域图书繁多，而且不时有新版、新作出现，它的结果将必然导致如下情况，以本书提到的书目为例。一种是安德鲁·基恩的《网民的狂欢》来反思和批判互联网的弊端，最近，他又写出了差不多题材的《数字眩晕》，讨论个人在网络空间的隐私保护，并且提出了"网络是有史以来最骇人听闻的间谍机"的惊人论调。同一个作者，先后两本书，究竟该收录哪一本，或是全部，这反映的是身为书评人的写作立场和价值判断，但更多场合限于篇幅、限于出版时间，不可能统统囊括。还有一种情形，就拿"苹果教父"史蒂夫·乔布斯来说，关于他的书实在太多，我曾专门写了一篇《乔布斯这个人和关于他的那些书》的文章来予以回顾综述，但还是没法一网打尽。事实上，就在这篇文章刊登后不久，又有一大批有关他的传记、管理、创新、思想、言论的专著或编著形式不一的书出版了。总而言之，别提"百部"，哪怕"千本万篇"也势必挂一漏万。

在这个意义上，我不敢以"舍我其谁"的姿态说本书收录的书目一定是最全、最经典的，但凭着十年来专业的财经书评写作生涯，我能说它们是相对优秀、值得一读的，至少，它们为你开启了认识互联网世界千姿百态的大门。

所以副标题加个限定是必要的——这不是你的、他的，而是我的——杨吉的数字时代阅读报告。

---

[1] 该书已于 2011 年 9 月由上海财经大学出版社出版。

【期待】

付梓出版前，我就跟编辑李成军（也是我的朋友，除了经他手出版了《营销高手必读的 55 本书》外，还出版了本系列丛书的第二本《聪明投资者的修炼》[1]）信誓旦旦，本书一定会出修订版！这并非对自我的否定，而是情势所迫。地球在转、世界在变、技术在新、好书在出，我的“TMT 百部全说”终究只是一个个人的、阶段性的回顾，随着阅读的继续和深入，我相信，不久的将来，会陆续推出“百部全说”的 2.0 版、3.0 版……

另一方面，因为兴趣使然，阅读和写作几乎占据了我主业外的大多数时间，甚至代替了休闲、娱乐。现在的我一天不读点书，总觉得生活少了些什么，但我享受这份独自的欢愉、思维的乐趣。而作为多年的书评人，评论集也出了不少，但我一直很希望开个“互联网、商业与书”的书评专栏，能把历史上以及今天的 IT、互联网领域优秀图书进行全面的介绍，一本本地读、一本本地评、一本本地写。与许多追求热闹和投机的人不同，我是真正喜欢这个专业的，从互联网观察到财经书评，我觉得国内应该没有多少人比我阅读更多了。

在本书出版之际，我主持建设的网络与新媒体专业首批招生。该专业系国家教育部本科专业 2012 年新目录中的特设专业，是浙江省“十二五”省重点学科（传播学）的重点方向，亦是我所在学校为了适应 21 世纪数字时代社会需求全新开设的专业。我认为，该专业旨在培养媒介融合与移动互联发展大趋势下复合型高级信息传播人才。他（她）必须具有扎实的新闻传播学素养，熟悉数字化基本理论，拥有国际化媒体视野和一定的人文社科底蕴，在掌握传统媒体相关知识的基础上，能兼具网络与新媒体策划、报道、运营及社会化营销技能。为了让学生们更有所体验与收获，我在我设计的专业课程体系里开了一门“数字时代好书阅读”的课。

我的初衷很简单，就像我之前多次说过：你可以不从事互联网业，但你必须对互联网有所了解！阅读提供知识与方法，以助你应对这变化的信息社会、数字时代！

那么，就从现在起，让我们翻开下一页，阅读未来……

杨　吉

2013 年 10 月 28 日

[1] 该书已于 2012 年 3 月由上海财经大学出版社出版。

# 目录 CONTENTS

虚心若愚”，那么，沃兹尼亚克则像《沃兹传》封面上那副永远开朗的笑脸提醒我们“没有什么比快乐更重要”。



◎人生得意须尽欢，艾伦的魄力在于，年轻时引领时代、叱咤风云，然后懂得急流勇退，转而寻找快乐的真谛和生活的意义。从这一点上说，艾伦是个幸福的人，一点也不输盖茨。而整一部《我用微软改变世界》，实则无关事业，而关乎人生。



◎这就是布隆伯格，有点自大，有点偏执，还有点狂妄。不管你是否认可他，他确实改变和影响了我们很多东西，资讯的消费、价值的获取和公共的生活——他不是别人，他就是大佬迈克尔·布隆伯格！



◎看来不过瘾，读完又意犹未尽，这是在所难免的。不过相比较无新作，市场空缺，勃兰特的《一键下单》仍不失为一本最全面梳理贝佐斯创业和亚马逊发迹历程的书。书中除了人们通过各大财经媒体了解的那些事情外，还记录了一些鲜为人知的细节。



◎她在回顾十年的亿贝（eBay）首席执行官生涯时，不高谈阔论商业思想，也不夸夸其谈管理技艺，她只想和人们分享什么是“应该做的正确的事”。当她随后高举价值观的大旗，并认为运用传统的道德观念来治理公司将事半功倍时，她留给人们的印象便是：直率、谦逊以及品格高尚。



◎当别的创业故事，很多都大谈特谈成功、经验或领导力之际，杰瑞·卡普兰却在这本书中如实地记录了 GO 创业过程中遇到的一个又一个的麻烦、困境。这是一本很真实的创业书，也是一本很真诚的回忆录。卡普兰拿它追忆过去，我们不妨用它警示未来。



◎如果对互联网业感兴趣，这本书还是值得一读的。不过话说回来，在中国的语境下，该书的出版会是一个绝佳的讽喻：书进得来，网上不去。若干年后，也许有人会说，切，这个网站算什么，还不是抄袭优酷、土豆、酷六的吗？



◎相对于梅兹里奇写作《意外亿万富翁》主要观点来自 Facebook 的竞争对手 ConnectU 联合创始人爱德华多·萨维恩那边。而柯克帕特里克则得到了 Facebook 的官方支持。综观全书，《Facebook 效应》在细节的描述上和若干问题的求证上有了更好的展示与纵深——当然，这句话的意思并不代表着，它所写的一定就是事实。



◎通过 365 篇管理日志，金错刀试图将马云艰苦创业所积聚的睿智思维和领导魅力展现在世人面前，尽管其呈现方式仍然是马云的语言，但区别是，这一次并非马云“别有用心”地说、“意有所指”地讲……这一次，马云的话是经人打乱、还原、解码之后的重构，是一种二度的演绎和诠释。

## 炫公司

## 快营销

## 潮观念

224/《网络素养》：**数字时代教你如何生存与获得成功**

◎正如弗雷德·特纳在《数字乌托邦》中从斯图尔特·布兰德到霍华德·莱茵戈德由此及彼地提及，并称他们为“联网创业者”——通过网络免费地发布作品来获取声誉和观众。对此，身为当事人的莱茵戈德并不否认，反而，还进一步指出，“我们将之前孤立的网络连接起来，从连接中获益”。同样的，这本《网络素养》其实是“联网”的延续。

228/《开放》：**新媒体时代，想捂是捂不住的**

◎多少年来，像彼得·德鲁克、汤姆·彼得斯、约翰·科特、沃伦·本尼斯、约翰·加德纳等管理学家都试图揭开领导力的神秘面纱，查伦·李的《开放》无疑为领导力学研究注入了新的元素。她向人们展示了新媒体时代下管理者所需面临的课题：要么开放，要么灭亡！

## 冷思考

235/《总开关》：**谈网络开放，先弄清楚谁在控制“总开关”**

◎吴修铭在提醒人们，信息产业作为这个时代极具影响力的事业，当其中的各行业创建之初就以帝国式的联合与分裂演绎着兴衰更迭的循环现象，而如今是时候该引起我们足够的重视了——这正是吴修铭的写作目的所在，为此，他不仅引用了罗贯中在《三国演义》中那句“天下大势，分久必合，合久必分”的论断，而且还为全书起了个极富意味的名字：总开关。

239/《代码 2.0》：**代码就是法律**

◎不难发现，在这个随时都造就可能的时代里，莱斯格所秉持的自由主义的理念不断警示我们，我们有必要知道该用一种力量去保证网络的自由，并且更为重要的是，我们不该做的又是什么。

243/《思想的未来》：**网络时代的控制革命**

◎莱斯格在《思想的未来》中极力想证明，约束的存在是我们人为的结果。而且许多人试图重构这些约束是有各自的意图的：他们将维护自己作为强权者的既得利益，以避免互联网所带来的竞争威胁。换言之，旧势力正在降服网络，以对抗新生力量。自由的网络空间和介入的强权主义，对莱斯格而言，这便是他要深入探讨的主要命题。

247/《免费文化》：**劳伦斯·莱斯格：“平衡论者”的自由文化**

◎如果说，当年托夫勒预言并勾勒了信息时代的宏观视野，尼葛洛庞帝宣告和描绘了“数字化生存”的到来，那么在今天，是莱斯格唤起和引领着民众重新审视互联网时代的规则。按照这位“平衡主义者”的看法，这个规则肯定不能照搬工业时代的一切，不能只体现原有既得利益者的意愿，而是应该站在整个人类文明发展和历史进程的高度，重新协商确定！

251/《数字时代，盗版无罪？》：**盗版有罪，谁说了算**

◎蔓延全球的数字盗版现象，正大肆挑战正统的知识产权观念与制度。这是一个老生常谈的话题，是一个不辩不明的法点，更是一个发人深思的事件，虽然广泛存在，但不必然合理。就在约翰·冈茨和杰克·罗切斯特写作《数字时代，盗版无罪？》时，他们再三强调：哦，别误解了书名，这不是反问，而是设问。

## 酷文化

图为中国互联网寻找到一条行之有效、应运而生的发展之道的热切盼望；所谓用脑，则是指该书不仅仅有对于 SNS 现状的全景式描述，更有对其未来前途和互联网产业远景的理性思考。

## 新趋势

365/《赢在云端》：**云计算：从不知所云到人云亦云再到赢在云端**

◎区别于其他同类书籍，《赢在云端》并不过于探究技术上的细枝末节，也不扯远去聊云计算对于社会、文化、政治、生活的影响。如作者所言，该书仅希望能给读者提供关于云计算的整个框架体系，让他们在思考与探讨中轻松应对那些因利用云计算技术和采用新的商业模式所带来的具有深远意义的变化。

369/《聚联网》：**"聚联网"是个啥玩意儿？**

◎整本书有两点需要细细品味。第一，甘斯基反复强调"一次购买，多次出租"的商业（模式）思维，其成功都取决于能否让顾客放弃拥有权，或享有他人的拥有权而获得更多更好的体验"。第二，聚联网不仅仅是成立一家公司那么简单，更要建立一个完整的商业生态系统。它是一种趋势，主张通过共享资源的交易，深入挖掘和释放价值潜力。

373/《大数据时代》：**正在发生的未来**

◎没错，它始终试图努力让人们意识到大数据的潜力与趋势，又保持必要的审慎，不夸大其词、刻意修饰，在我看来，就大数据领域，该书就是一部开创先河、开宗立派和正本清源的奠基之作。

378/《大数据》：**涂子沛的"大数据"：不是你想的那样**

◎因为涂子沛的这部作品，我们对大数据有了两个维度的理解。一个是商业应用的，正如前面提到的种种以数据展开的创新实践；一个是历史警示的，好比书中有一章提到"历史争战《信息自由法》"，信息的自由、公开、透明，不仅是公民知情权的起点，也往往是权力博弈的落脚点。

382/《在线为王》：**在互联网上，我知道你想干什么**

◎在唐瑟尔最新出版的《在线为王》一书中，他正试图通过独到而精辟的分析，向我们描绘出互联网鲜为人知且妙趣横生的一面。尽管该书的副标题"你在网上看什么、干什么，我全知道"显得有些绝对，但唐瑟尔所说的也并非全然言过其实。

385/《当我们变成一堆数字》：**当我们成为数学题……**

◎尽管有人对"数字搜客"的出现忧心忡忡，担心它最终会侵犯人们的隐私，但不论是福是祸，斯蒂芬·贝克的《当我们变成一堆数字》仍然是一本集启发性和趣味性于一体的好书。在这本令人着迷的书中，贝克向我们展示了数字奇才们已悄然潜入我们日常生活的场景。

388/《创客》：**数字时代制造业的逆袭**

◎安德森认同有关《创客》是《长尾理论》延续的这一说法，正因为如此，既然"长尾理论"是讲数字化、利基市场和小众经济，"创客"也脱离不开，区别是，一个对应虚拟网络，一个关于实体世界。安德森把它们叫作"长尾上的东西"，"它们都是长尾理论产生的源泉——更多的产品创造、准入门槛低、对多样性的需求。"

# 大人物

数字时代的必修课

100

杨吉 TMT 百部全说

《两个人的帝国》

# “惠普之道”启示录

迈克尔·S. 马龙 (Michael S. Malone)，生于硅谷，美国最优秀的科技新闻记者。曾任《福布斯》杂志科技版编辑，现任 ABC 网站专栏作家，曾供职于《华尔街日报》、《纽约时报》、《连线》和《快公司》杂志。著作有《惊世伟绩》、《无限循环》和《知识资本》。现住加州辛尼维尔市。

惠普（HP）是一家 IT 企业，它卖计算机、卖打印机、卖系统服务方案；惠普也是一家思想型企业，它分享经验、传播文化、宣扬观念，一度以行业标杆、企业榜样的形象出现。我们说起惠普，总是绕不开“惠普之道”。1995 年，惠普创始人之一的戴维·帕卡德（David Packard）出版了《惠普之道》（*The HP Way*），第一次对惠普的企业宗旨、组织文化、经营策略、管理方式等做了系统而全面的论述，而与此同时，当惠普成立至今 60 多年一直保持着令人惊羡的高增长业绩时，“惠普之道”自然成了外界竞相模仿和学习的对象。就像丰田的“生产体系”、通用电气的“六西格玛”、IBM 的“蓝色大象”一样,惠普的“方略”也躲不开公众关注的目光，以致最终被放大、神化。

然而，迈克尔·马龙并不热衷跟风、人云亦云，他写作的《两个人的帝国：惠普缔造的硅谷神话》没有再对“惠普之道”作诠释和注解——要知道，再细致、考究地解读也无法同原创者的陈述相提并论。所以，马龙重现比尔·休伊特（Bill Hewlett）和戴维·帕卡德共同缔造惠普的奇迹故事，为的是寻找

【美】迈克尔·马龙:《两个人的帝国：惠普缔造的硅谷神话》，中信出版社 2008 年 11 月第 1 版，定价: 39.00 元。

始于“惠普之道”，独立存在却又不曾被发现的商业智慧。

马龙把他的这部作品定位为企业传记，并加以强调。在他看来，当今商界亟须关于开明管理、持久品质和持续创新的原创理论。而这一些“稀缺”的东西恰恰是比尔·休伊特和戴维·帕卡德领导时期的惠普所富有的。正如马龙指出，环顾当今 IT 企业，在比尔和戴维之后，没有哪个公司像惠普一样成为开明管理的典范；也没有出现一个业界公认的“戴维·帕卡德”式的权威人士；更没有出现企业管理的楷模人物。英特尔和微软较之惠普赢得了更多荣誉，却没有被推崇为开明管理的创立者；苹果的创新能力更为卓著，却没有哪位年轻的企业家想成为史蒂夫·乔布斯；谷歌赢得了高度的顾客忠诚，却没有人敢打赌谷歌会在半个世纪以后依然如此受人青睐。至于那些曾经模仿着惠普模式的公司，如天腾、思科、硅谷图形、戴尔、SUN 乃至早期的苹果电脑公司，都因学习惠普好榜样而一时光彩夺目、大放异彩。但那是过去式了，不少公司辉煌一时，但也差不多优势殆尽，所模仿来的企业模式（商业模式、管理方式等）也日渐呆板。相对而言，惠普是少有的那种总体发展稳定，业绩长期保持良好势头的公司。马龙据此认为，这充分说明了比尔和戴维领导下的惠普公司自成体系、别具一格。但问题是，他们是如何做到的呢?

这也正是马龙写《两个人的帝国：惠普缔造的硅谷神话》的根本目的。“简单描述比尔、戴维和公司的故事，列举重要的组织架构图和产品开发历程是远远不够的，最需要说明的是‘为什么’和‘怎么办’，为什么会出现经营危机? 为什么比尔和戴维看待事情的观点与同行不同——通常更有远见? 他们如何解决问题（或者，偶尔也把事情弄糟）? 为什么他们选择了史无前例的道路? 他们如何发展自己的事业? 他们的解决方案效果如何? ”马龙旨在揭示比尔、戴维在创建惠普帝国的历程中所形成的种种经验和策略，从而间接地探讨了惠普之所以成“道”的发展逻辑和历史脉络。例如，马龙说“他们之所以作出无数个伟大的经营抉择，是因为他们具有高尚的品格。在处理各类棘手的问题以及面对来自投资商、员工和顾客的重重压力时，他们总是在想——‘现在该做什么? ’所有的伟大经营抉择都体现了他们的人格魅力——惠普之道是真实的见证（虽然惠普之道也并不至臻完美）”。在众多对“惠普之道”的诠释版本中，马龙的理解无疑是独到的，他不仅真实地还原了“惠普之道”，而且还通过它凸显了商业中不可或缺的人的因素、人性。

事实上，“惠普之道”中最为人称道的就是它的“以人为本”理念——基于人性善的假设，认为只要给予员工适当的手段和支持，他们愿意努力工作，就一定会做得很好（这个理念和强调创新、注重细节、成果导向、团队精神、进取攻击性、服务客户和社会责任感共同构成了“惠普之道”）。比尔·休利特曾说：“惠普的政策和措施都是来自于一种信念，就是相信惠普员工都想把工作干好，有所创造。只要给他们提供适当的环境，他们就能够做得更好。”当然，很多人会因此以为悟到了惠普文化的精髓，认为只要公司“以人为本”就能实现伟大、追求卓越。然而，这是种误会，也是对马龙的误解。在世界各地公司，“以人为本”屡见不鲜，但它只是原则，而不是规则。不同的立场、角度和方式，“以人为本”的诠释也是不同的。对于日本公司来说，以人为本可能就是“终身雇佣制”；对于中国公司来说，可能就是“人与公司和谐共处”；而对于惠普，在马龙的叙述之下，惠普的“以人为本”有一定的不变与变——“不变”的是关注人的持久发展，是让员工们自己找到学习、提高的机会，最大限度地发挥员工的潜能，尊重人的长期行为；“变”的是因时因地因客观环境的变化而稍作调整、不断完善。例如，惠普公司没有打卡和考勤制度，也一贯采取门户开放政策、弹性工作时间等，但在 1993 年，惠普公司就取消了以往每天上午 10:00、下午 15:00 的“茶歇”时间，对员工外出时间也作了一些限制。当很多人据此指责惠普说一套、做一套，违背了既定主张，但惠普却以行动和成效告诉世人，“以人为本”也需要“与时俱进”。

就此看来，比尔·休伊特和戴维·帕卡德的英明决策为惠普奠定了成为一个帝国的所有基础：人文关怀、创新意识、团队协作、行动导向、持续改善、诚信经营。通过马龙的努力，我们目睹了惠普的两位缔造者面临重大问题时如何沉着应对、理性抉择。不管你是否认可，比尔、戴维是卓有成效的创业者和管理者，他们的商业智慧无论在过去、现在或未来都一样适用于企业管理。于是，阅读马龙的《两个人的帝国：惠普缔造的硅谷神话》的意义除了纪念，还有追寻……

数字时代的必修课

100

杨吉 TMT 百部全说

《特立独行者和他的 IBM 帝国》

# 托马斯·沃森：商业暴君和他的管理哲学

凯文·梅尼 (Kevin Maney)，是《今日美国》的科技专栏专家，被誉为最具影响力的科技专栏作家之一，曾著有《超级传媒震撼：在爆炸的交流行业中的领导者和失败者们的内幕故事》一书，该书曾是《商业周刊》(*Business Week*)的畅销书。

对于时间的控制，托马斯·沃森总是像一位伟大的画家对色彩的运用一样游刃有余。这位缔造了 IBM 帝国的 20 世纪最伟大的企业家，同时也作为管理大师彼得·德鲁克最崇拜的商业领导人，他随时挑战时间规则，将其最大限度地延长，并且以适合自己的方式加以利用。随着他的地位日益重要，沃森觉得可以按照自己的意愿来指挥周围的力量。

他对一天的掌握开始于天刚破晓时分，位于纽约市东北部东 75 街 4 号，离中央公园不到一个街区的他的卧室里。沃森一觉醒来，去梳妆台拿衣服。他打开那些小抽屉，每个抽屉里都整整齐齐地摆放着不同的衣物——袜子、内衣、一叠折好的白色手绢。顶层的抽屉里藏着他的香口胶——“救生者”牌的，有时候还有巧克力，都是他最喜欢的东西……匆匆地吃完早餐（通常是燕麦粥），走出大门，就会有专职司机和专车等着他——除非他有什么事情要考虑。在把四五件事情考虑清楚之前，他是不会去办公室的。他会端上一杯咖啡坐上一两个小时。然后才会上车。

每天早上，他那张漂亮的红木桌上总是堆满了像小山一样的文件、书籍、活页夹和

【美】凯文·梅尼：《特立独行者和他的 IBM 帝国：沃森传》，中信出版社 2004 年 8 月第 1 版，定价：48.00 元。

杂志——这些东西都太厚了，连他自己也不知道里面有些什么。他经常好多天都不去看信。他对清理文件毫无兴趣，这根本就不是他的处事方式。他坐下来，开始一项项完成工作,而这都是他乘车来办公室的路上想好的。沃森通常都会从所列的清单中选出一条，然后分派给某些经理去完成。有时候这个选择很容易，有的时候则不是。他依靠本能选择合适的人。

整个早上，沃森通常都会清理他的日程表。他会飘然而至，去某个商人俱乐部吃午餐，或者去某个集会上发表演讲。大多数时候，他只要两个小时就会回来。一回到办公室，沃森就会关上门，然后小睡一会儿。如果他不能躺下来睡觉，也许是因为他在华尔街有个约会,他就会在乘车去市中心的路上抓紧时间小睡一下。20分钟后一到金融区，他就像装上了新电池的玩具一样，马上恢复了活力。中午时分，沃森的能量到了顶峰。尽管那时他已经65岁了，沃森精力充沛的样子还是让许多同龄人钦佩不已。

无论是在纽约还是在路上，沃森的工作日总是在晚上六七点才结束，尽管这对沃森来说并不意味着结束。几乎每天晚上，他都要参加或者主持晚宴，与商业客户一起去剧院或歌剧院，或者是在IBM公司内外的场合上讲话。如果他没有这样做的话，就会把客人们带到自己家里来招待。不论是在哪儿，这些和沃森一直待到了晚上的可怜的人们便别无选择，只能再听他说上一两个小时。他会一直说下去，而听众没有一个人敢离开。最后，在大多数人都已经精疲力竭时，沃森会向众人道“晚安”，接着第一次（从那天早上以来）松开领带，换上睡衣裤，睡到足够精神抖擞地迎接到第二天来临的那一刻。

这便是托马斯·沃森的一天。自从把一家差点完蛋的小公司改造成IBM（International Business Machine）以来，沃森每天重复着一样的生活。远大的目标、清晰的规划、高效的工作、紧密的安排，如果说是这些让托马斯·沃森永载史册，那么我更愿意相信是暴君的脾气、独断的风格、惊人的远见以及卓越的基业才使得更多后来者对他顶礼膜拜。

托马斯·沃森很容易被视作一位独裁者。在1940年《财富》杂志的记述中，这位IBM公司的领导人好大喜功、性格乖张、极端自负。他禁止员工在任何公开场合饮酒，要求销售人员一律身穿白色衬衫、深色西装，他们一律要学唱“IBM之歌”及称颂公司领导人的歌曲。历史学家埃德温·布莱克在2000年出版的著作中，甚至将托马斯·沃森与阿道夫·希特勒拉到了一起，他说：“IBM生产的打孔机在德国纳粹清理犹太人的行动上，起到了重要的技术作用。”

在《特立独行者和他的IBM帝国：沃森传》一书中，作者凯文·梅尼更进一步丰满了沃森商业暴君的形象。在梅尼看来，沃森脾气暴躁，反复无常。他喜欢被人逢迎拍马，并从这种阿谀奉承中获得自信。随着他越来越成功，他也变得越来越自负，他在晚年对赞美的渴求达到了一种适用于大公司的有效的管理框架，他的管理风格就是依靠自己的独裁和人格魅力，建立起为人的威严。同时他也是一个狂妄的人，他的狂妄使他看不到新技术的重大价值，使他差一点与电子技术失之交臂。他的狂妄使他以为自己可以拯救世界。书中记述到，他曾试图凭借商业的力量阻止希特勒发动侵略战争。可没想到，在政治家面前这个商业家还是输了，他最后被希特勒利用了，这段经历成为他一生中最惹人争议的一点。当然，从创业、守业史看，沃森的精力无疑是惊人的。他天生就具有让追随者们“爱”他的那种少有的领袖能力。同时，他也是一个销售方面的天才，比任何人都懂得怎样推销自己和自己的企业，他彻底地改变了 20 世纪人们对销售这一工作的定位和理解，他被媒体誉为“世界上最伟大的推销员”。

同更多的美国人一样，出生于 1874 年的托马斯・沃森不喜欢什么深奥的思想，作为一个实用主义者，他推崇行动，他被天性中的英雄主义驱动着，是个真正的直性子。但这并不影响他能成为那个时代无与伦比的企业家。在美国乃至世界商业史上，他是第一个认识到企业文化重要性的管理者。他发展出了让 IBM 独具特色的价值观和传统，并将其提升到前所未有的重要地位，这一文化是 IBM 不断成功的关键因素。在《沃森传》一书中，作者梅尼在每一个章节的尾处都会引用“IBM 歌曲集”中的某一首作为结束。想必，这也是作者有意识地在强调沃森之于企业文化，企业文化之于企业发展的重要性。

托马斯・沃森曾说过一句话：“日常工作应该由机器来完成，而不应该是人。”他执著于打孔机，因为他本能地意识到数据处理与信息将成为未来的主宰。然而，沃森并不知道，未来的世界将由数字掌控，他生产的打孔机正暗示着未来世界的趋势，他也不知道自己公司生产出来的计算机是那么的重要。在管理模式上，沃森却表现出一个激进者的姿态，他开创了终身雇佣制，强调忠诚度与终身学习；由于对“国际化”的热衷，IBM 成为第一家跨国公司，这在 1940 年前是不可想像的。

1956 年，托马斯・沃森以 82 岁的高龄逝世。他的儿子小托马斯・沃森成功地将 IBM 转型为计算机公司，并赢得信息业霸主的地位。一直到后来的郭士纳、彭明盛（Sam Palmisano），他们继续让 IBM 这头“蓝色大象”积极舞动。看到 IBM 的血统从过去延续到了现在甚至未来，托马斯・沃森一定会感到欣慰的。

《完美的竞赛》

# “风投之父”乔治斯·多里奥特

斯宾塞·安特(Spencer Ante),《商业周刊》资深记者,曾写过许多封面故事,并多次获得优秀报道奖殊荣。曾任 The Street 财经网站专职记者、《连线》兼职记者,以及《商业 2.0》的专栏作家。曾为《纽约时报》、《连线》、《沙龙》等知名媒体撰写过文章,深受业内人士推崇。

对很多人来说,乔治斯·多里奥特是陌生的,这就好比听过“风险投资”却不知道它早于 15 世纪就已存在的一样。当年,哥伦布横跨大西洋、发现新大陆,要不是有西班牙国王和意大利商人的资助,这简直是“不可能完成的任务”。当然,天下没有免费的午餐,赞助哥伦布可不是“善举”,而是实实在在的“生意”——作为最早开始资本主义萌芽的西班牙,其王室对于香料、黄金尤为热衷,他们希望哥伦布的远航能帮助他们开拓疆土、寻找资源、创造财富,这种“不成功,无谓仁”的想法,注定了他们是最早的一批风险投资家。

然而,让风险投资规模化兴起、专业化发展,并最终成为一种行业的人还是乔治斯·多里奥特。“他是现代风险投资业的创始人,他是第一位经营正规的风险投资企业的专业人士。”乔希·勒纳说,“在多里奥特的大力促进与领导下,风险投资才逐步发展成为一个真正的行业。”尽管如此,这位哈佛商学院专门研究私募股权投资的教授指出,市面上有关多里奥特的书籍或文章却很少,显得他似乎在风险投资史上可有可无,至少,算

【美】斯宾塞·安特:《完美的竞赛:“风险投资之父”多里奥特传奇》,中国人民大学出版社 2009 年 9 月第 1 版,定价:49.80 元。

不上是个重要人物。不过对此，斯宾塞·安特却不以为然。

在《完美的竞赛："风险投资之父"多里奥特传奇》一书中，斯宾塞·安特写道："多里奥特是这个趋势（风险投资创造新市场，提供了几百万个高薪职位，同时也逼迫传统行业变得更加有效率）的预言者，他领导的社会与经济改革打破了传统金融业封闭固守的高墙。在这场有关企业家精神和创新的革命中，多里奥特（不管是执教、写作、在军中任职、做学术还是作为金融家）是毋庸置疑的先行者。"在斯宾塞·安特心目中，多里奥特的地位完全不亚于 J.P. 摩根、约翰·洛克菲勒或者安德鲁·卡内基，他说，"我们应当像尊重那些声名显赫的商业巨子那样去敬重多里奥特先生"。

多里奥特 1899 年 9 月 24 日生于法国巴黎。21 岁那年，他听从父命，离开了饱受战争摧残的家乡，远赴美国安身立命。经人介绍，他入读了哈佛大学商学院，曾一度凭借自己坚持不懈的努力成为该学院最有影响力和最受欢迎的教授。这段经历对多里奥特很是重要，他的很多学生日后不是在政府身居高位，就是在商界担任要职。第二次世界大战时，已经成为美国公民的多里奥特参了军，在那里他逐步学会了如何成为一名风险投资者。在出任军需总部下属的研发部门主管时，多里奥特指挥部队研制出多项发明成果，例如防水纤维、可以抵御寒冷天气的鞋子与制服、遮光剂、杀虫剂和营养丰富的野战食品，包括战场应急口粮。在一项机密项目中，多里奥特还负责监管一种名叫"Doron"的新产品，这一新发明是以他的名字命名的轻重量塑料铠甲。鉴于他取得的辉煌成就，多里奥特被提升为陆军准将，获得了特别贡献奖章，这是给予非战斗人员的最高军事奖励，此外还被授予了大英帝国爵士勋章和法国军团荣誉骑士勋章。

斯宾塞·安特认为，多里奥特的战时经历证明他拥有独一无二的天赋：他不仅目光长远，而且很有行动力，他精力充沛，守纪律，具有非凡的感召力，积极地把自己的伟大设想付诸于实践。这些特质确保了多里奥特能成功当选美国研究开发公司的总裁，并在随后的一系列项目投资中收获颇丰。例如，1957 年，麻省理工学院两位年轻的工程师——肯尼斯·奥尔森（Kenneth P. Olsen）和哈兰·安德森（Harlan Anderson），创办了数字设备公司，由多里奥特领导的美国研究开发公司向其提供了 70 000 美元的资金以换取 70%的公司股份。肯尼斯·奥尔森想要制造出体型小巧、价格低廉且易于使用的计算机，向 IBM 公司生产的玻璃外壳的大型机发起挑战，而当时 IBM 公司是市场上居于领先地位的计算机制造商，且是该行业内唯一盈利的企业。"这是一场完美的竞赛。在奥尔森身上，多里奥特看到了工程师兼企业家的拼搏精神，他一定会带领自己的企业走向成功。"斯宾塞·安特评写道，为此，他在书中还特别引用了多里奥特的话来加以证明，后者说"一个有想象力的人只是有想法而已；而一个有行动力的人能够把想法变成现实，我要寻找的就是这种有行动力的人"。奥尔森就是多里奥特要找的那种人，当美国研究开发公司卖掉手中持有的数字设备公司股权后，公司的净资产高达 4 亿美元之多——与初始投资额相比，投资回报率超过了 70 000%。

数字设备公司一役让美国研究开发公司赚得盆满钵满，也让多里奥特声名鹊起，其风投生涯正式开启。如果说，美国研究开发公司开创了风险投资企业向高科技公司提供资金支持的先河，而这现在已经成为美国经济发展的重要推动因素的话，那么多里奥特无疑走在彻底改变美国经济发展模式时代的最前沿。此外，在斯宾塞·安特看来，多里奥特除了是一个卓越的商业领袖外，更是一个富有深刻洞见的思想家。例如，他在哈佛教学期间，曾不断以实用而简洁的话语来强调一些管理主题，像“如果可以用威士忌换取情报的话，那么我们宁愿多拿出一些威士忌。”“如果你不能把手下的员工动员起来的话，那么企业就没法发展。”“永远要提醒自己：在世界上的某个角落里，总有一些人正在生产的产品会使得你的产品被淘汰。”同时，他也很早意识到了全球化和商业领域创新的重要性。多里奥特早就明白创新是经济发展的关键要素之一，相对于经济学家，他们直到 10 多年后才开始对技术进步的价值做出正确的评价。

作为现代风险投资业的开山鼻祖，多里奥特确实有很多值得传承、值得借鉴的经营智慧，其中就包括那句引用时间最长、流传范围最广的话——“可以考虑对一位有二流想法的一流企业家投资，但不能考虑对一位有一流想法的二流企业家投资”。至今，很多风险投资家都以此为鉴、奉若圭臬。

# 默多克：夕阳无限好，只是近黄昏

迈克尔·沃尔夫，《名利场》杂志的专栏作家，曾经两次获得美国国家杂志奖，是全美媒体、文化和政治领域最有影响力的作者之一。他是美国 CNBC 电视台和众多其他电视节目的资深评论员。2003 年，迈克尔·沃尔夫因为参与伊拉克战争的战地报道而举世闻名。

同为传媒大亨，鲁珀特·默多克与“时代之父”（先后创办了《时代周刊》、《财富》与《生活》三大杂志）亨利·卢斯、《华盛顿邮报》前发行人凯瑟琳·格雷厄姆、维亚康母总裁雷石东，以及美国有线新闻网（CNN）的创始人泰德·特纳有很大不同。尽管他们中不乏野心勃勃、特立独行、傲慢强硬、极富攻击性甚至口无遮拦、咄咄逼人的例子，但都不至于被人诟病为“根本不懂媒体，只能算一个投机倒把分子”。然而很不幸，这个负面的评价却时常落在默多克的身上。

虽然如今的默多克富可敌国、权势显赫，其一手缔造的国际传媒王国业务涵盖电影、电视、互联网、报刊、书籍等，但这些仍不足以引来更多人的尊敬，事实上，恰恰是他最钟爱的报纸，他曾说“自从我是个婴儿时起，我就是个报人，我就是爱报纸”，让他备受争议、是非不断。

一直以来，默多克的名字总是与“通俗小报”（tabloid）紧密关联，从他接手的第一份报纸《阿德莱德新闻报》开始，到后来掌控的《太阳报》、《世界新闻报》、《纽约邮报》等 100 余家报纸，它们似乎都信奉着同一种

【美】迈克尔·沃尔夫：《一个人的帝国：默多克的隐秘世界》，中信出版社 2010 年 9 月第 1 版，定价：55.00 元。

“流行主义”、“大众趣味”的功利主义价值观，而且运转顺畅、销售喜人。另外，关于默多克左右逢源、灵活多变、模糊不清的政治立场帮助他所领导的新闻集团在澳大利亚、英国和美国获得政策上倾斜的例证也不胜枚举。就像有一次默多克公开表示，他希望奥巴马能当选总统，理由是这样一来史上第一位黑人总统的新闻看点会更多些，报纸也就更好卖些。要知道，默多克旗下的报刊多持保守派立场，他本人也倾向于支持共和党。他曾是前总统罗纳德·里根的好友，前几次总统大选他也都支持布什。从中不难发现，默多克的政治表态不是那么清晰，或者更为准确地说，他关心媒体生意多过党派之争——但这并不表明他可能会得罪任何一派，相反，无论在美国，还是英国，或者是他的故乡澳大利亚，默多克总能在两党间游刃有余、自由穿梭。从这个意义上说，在传媒人和生意人之间，他更像后者，工于心计、精于社交、唯利是图、胆识超群，为达成目的无所不用其极。

但仅凭这些就能够说我们认清了默多克了吗？在公众眼里，他偏执、好斗、聒噪、凶悍、粗心，甚至还有那么点品味低俗，但默多克可不是这么想的，他试图通过收购一些优质的报刊，希望世人认为他变得更高雅、更大度而且更细腻了。总而言之，在默多克的标签上，还有很多的未定、未知、无解以及变数——相信有这样判断的不止一个，其中就包括迈克尔·沃尔夫。

沃尔夫何许人也？他是《名利场》杂志的专栏作家，曾两次获得美国国家杂志奖，是全美政治、媒体和文化领域最有影响力的作家之一。按照他的说法，默多克之所以能欣然接受他的采访，可并非因为看中他的专业、资历或是操守什么的；相反，默多克有自己的考量。也许是因为出于自身的关切或自省的原因，他想找个传记作者好好聊聊，也或许是因为他把迈克尔·沃尔夫看作是“志同道合”的朋友——这也便是默多克的简单逻辑，他的世界黑白分明，人际交往亦如此，要么是朋友，要么就是敌人，其他则都是陌路人，而默多克的竞争对手恰恰也是沃尔夫看不上的，于是便有了后来沃尔夫与默多克历时 9 个月之久的深入交谈，而成果就是我们眼前看到的《一个人的帝国：默多克的隐秘世界》。

有关默多克的传记，沃尔夫的不是唯一版本。早前有威廉·肖克罗斯的《默多克传》、保罗·拉莫尼卡的《揭秘默多克：传媒大亨默多克的商业传奇》、温迪·古德曼·罗姆的《默多克的新世纪：一个媒体帝国的数字化改造》。正如书名所显示的那样，这些书从不同的角度对默多克这位当今世上最显赫、最有争议、最富传奇色彩的传媒大亨、商界枭雄进行了描写，有从人生发展视角的，有从商业运营角度的，也有从传媒宏观图景的，林林总总，各有所长、精彩不一。至于沃尔夫的《一个人的帝国：默多克的隐秘世界》，则独辟蹊径，从鲜为人知、不被关注的默多克内心世界切入，试图还原出一个真实的默多克，一个有血有肉、有脾气、真性情的默多克，为此，突破的必须得是他有所隐藏的“内心世界”。

这也正是沃尔夫版本的最大看点。相信大多数人对默多克收购道—琼斯和《华尔街日报》的商战全过程并不太陌生，但又有谁知道，默多克收购的目的可能不一定是为了赚钱，而是要给他反感的人一点颜色看看，他想向世界证明，他才是胜者。当把《华尔街日报》收入囊中后，默多克又直指《纽约时报》，说要把《华尔街日报》改造成为另一个《纽约时报》，而且要超越现在的这个。知道为什么吗？答案可能会出乎你的预料。同《纽约时报》分庭抗礼、相互对峙，一种重要的原因在于《纽约时报》是藐视默多克及其新闻集团的大本营。

这也难怪。一个澳大利亚的“乡巴佬”想跻身英美主流阶层，这是一种情结使然。况且，在默多克眼里，除了赚钱，名望和影响力同样重要。早在 1988 年，默多克在接受采访时，就表示只有《金融时报》和《华尔街日报》这样的报纸，才能够为全世界提供巨大价值。现在，他算是如愿以偿了——拥有全世界第二重要的报纸，打造出全球最成功的媒体公司，默多克名利双收。但问题又来了，沃尔夫写道，默多克为什么不像其他成功人士那样享受辉煌成就、等着别人歌功颂德呢？他完全没必要像个“劳碌鬼”，继续在生意场上辛苦打拼，恨不得每分钟都要完成一笔交易。

沃尔夫认为，这也是默多克没办法、无奈而为之的事情。除了媒体事务，他还有其他的麻烦事。例如，默多克要考虑家族遗产问题。他前后有三任老婆，每个老婆都为他生了子女，子女长大成人也都成家立业，甚至还有了第三代。于是，默多克要劳心的是，该如何分配遗产，交接权力，既不伤家族的和气，又不挫败集团员工的士气。对于默多克来说，也许是时候考虑一下遗嘱的问题了，如果不趁现在，更待何时呢？

不管怎么说，一个 80 多岁的老人家，一个人驰骋沙场，还在亲力亲为地掌管着这么大的媒体帝国，真的很难得。或许，我们还应该试着去同情和理解默多克，他并没有别人说的那么可怕。知天命、有定数，默多克再怎么凶狠，他还能打拼多少年呢？沃尔夫转引《默多克传》作者威廉·肖克罗斯“默多克廉颇老矣”的观点，认为这一判断并没有错，但别忘了，新闻集团也正是从“老矣”的这个时期开始迈入最波澜壮阔的上升期的。尽管如此，可惜是“夕阳无限好，只是近黄昏”。

《史蒂夫·乔布斯传》

# 乔布斯这个人和关于他的那些书

卡迈恩·加洛（Carmine Gallo），沟通专家，艾美奖获得者，《商业周刊》专栏作家。为世界知名企业提供演讲、媒体公关和沟通技巧方面的培训。多年在 CNN、CNBC、CBS、ABC 等广播电视公司担任新闻主播、节目主持人与商业采访记者，并为《纽约时报》、《华尔街日报》以及《投资者商业日报》等著名媒体撰稿。

沃尔特·艾萨克森（Walter Isaacson），历任美国有线电视新闻网（CNN）董事长和《时代周刊》总编，他的作品包括畅销书《爱因斯坦传》、《本杰明·富兰克林传》以及《基辛格传》。

【美】沃尔特·艾萨克森：《史蒂夫·乔布斯传》，中信出版社 2011 年 11 月第 1 版，定价：68.00 元。

【美】卡迈恩·加洛：《乔布斯的魔力演讲》，中信出版社 2010 年 7 月第 1 版，定价：30.00 元。

王咏刚，谷歌公司资深软件工程师，著名技术撰稿人。曾在《程序员》杂志开设技术专栏，著有《道法自然：面向对象实践指南》等技术专著。他对IT发展史和硅谷创业史有透彻理解，与苹果公司工程师有多次技术交流。

曾航，毕业于南京大学，《21世纪经济报道》资深记者，主要从事IT产业报道，长期跟踪采访苹果的产业链。花费约一年的时间，到苹果产业链上的日本、韩国，中国台湾、中国香港、深圳、上海、苏州、长沙等地实地走访，并发表了大量关于苹果产业链的报道。

王咏刚、周虹：《乔布斯传：神一样的传奇》，上海财经大学出版社2011年8月第1版，定价：39.80元。

曾航：《一只iPhone的全球之旅》，凤凰出版社2011年10月第1版，定价：36.00元。

人红是非多，书也跟着俏。这说的是谁呢——史蒂夫·乔布斯，还有他那个被咬了一口的苹果。

11 年前，那时候还没有 iPhone、iPad，就连 iMac、iTunes、iPod 都尚未流行开，我读过一本书，叫《史蒂夫·乔布斯复出记》，作者艾伦·多伊奇曼，他是《名利场》杂志的撰稿人。在当时已然众多的乔布斯传记之中，多伊奇曼的版本算不上鹤立鸡群，也谈不上个中翘楚，却因为角度新颖、饶有趣味，而值得一读。

故事开篇没有落入俗套，既不回顾苹果的当年，也没讲述乔布斯的童年，而是直接从 1985 年的夏天开始写起，那时作为创始人之一的乔布斯因为与管理层观点分歧、意见不合，而被公司无情地驱逐出局。每位董事都投票同意将乔布斯从管理职位上拉下马，并进行公司重组。无奈，乔布斯只好跑到投资人马库拉那里痛哭流涕。然而，胜负已判、大局已定！这或许是乔布斯人生路上的第一次失利，但败得惨烈、输得精光。书的重点就是此后的 15 年，那些卧薪尝胆的日子里的风风雨雨和是是非非。如果给予简单的梳理，那就是随后创建了“复仇之作”的 Next 公司，搞了个用来“消遣”的创业公司 Pixar。结果无心插柳柳成荫，重金投入、媒介追捧下的 Next 终究没给乔布斯带来好运，而他很少花心思的 Pixar，却因为一部《玩具总动员》一战成名，这直接促成了他后来的东山再起、重掌苹果大权。

艾伦·多伊奇曼说，他写作该书的初衷就是出于乔布斯的故事充满戏剧性，极富传奇色彩。从年少得志到一败涂地再到奇迹复出，他着实创造了太多让人不可思议的成就。在多伊奇曼看来，乔布斯几乎就是整个硅谷文化的代名词或形象代言人，他是创业、创新与梦想的集大成者：好的和坏的、天才与恶魔、绅士与暴君、使命感与功利心等，这些对立的矛盾在乔布斯身上挥之不去不可分割。

曾经，当别人问及多伊奇曼如何判断史蒂夫领导下的苹果公司的命运时，他坚定地回答说：“乔布斯有足够的力量走向最终的成功。”事实证明，多伊奇曼的判断是对的。在《史蒂夫·乔布斯复出记》出版后的 10 多年，乔布斯及其苹果创新不断、进步不止，其“i”系列产品每一推出，便令大众惊艳不已，疯狂追捧。“时间有限，我们不应该为别人而活，活着是为改变世界。”乔布斯如是说，这恰恰反映了他近乎偏执的性格，而那句“活着就为改变世界”也成了又一本关于他传记的书名，作者杰弗里·扬和威廉·西蒙。

不难发现，人逢喜事精神爽，好事何止成双。iPad 的持续热卖，白色 iPhone 的一机难求，乔布斯除了是一个成功的企业家之外，更是引爆新媒体革命、引领新技术趋势的灵魂人物，尤其在眼看着微软日显老态，盖茨准备把余下精力投身慈善之际，如今乔布斯才是科技界真正的王者、焦点所在。所以，在关于乔布斯的传记和苹果企业史的作品上，几乎清一色地抱以肯定、褒奖的立场。除了之前提到的《活着就为改变世界：史蒂夫·乔布斯传》，还有丹尼尔·莱昂斯的《乔布斯的秘密日记》，作者假"史蒂夫·乔布斯"之名，对美国科技产业界中的趣闻、绯闻乃至丑闻作出了麻辣犀利地点评；卡迈恩·加洛的《乔布斯的魔力演讲》，该书首次、系统、全面揭示了作为"天才演说家"的史蒂夫·乔布斯的表达技巧，种种迹象表明，乔布斯厉害的不仅是那个日见秃顶的脑袋，还有那张能说会道的嘴。根据作者的归纳，乔布斯在准备演讲时会惯用以下一些手法：例如，他把问题聚焦，只回答那个最最重要的问题；需要用一个短的标题，而不是长篇大论；擅长把自己扮演成"我就是那个救世主"；把自我塑造成一个英雄，同时描述甚至打击竞争对手；力求让 PPT 返璞归真，坚持极简主义，避免"一二三"、"123"……当然，这些只是方法上的说教，一场自然流畅的演讲，少不了幕后的反复编排，这包括巧妙地借用道具，不时地穿插图片、视频，最好还要有一些舞台表演、现场演示等。通过解读乔布斯的个案，我们不难发现，要做一场激动人心、极富说服力和感召力的演讲，远不是让秘书头天晚上写一份稿子，临时抱下佛脚，读起来不断句、不读错那么简单，它是个演讲，但更是一场表演。

还有一本迈克尔·莫里茨所著的《重返小王国：乔布斯如何改变世界》。作者被乔布斯称为"苹果历史学家"，也正是因为这本书，让莫里茨与乔布斯交恶。乔布斯本来希望莫里茨记录下他设计首台接近灵魂的电脑"麦金塔"的全过程，但在采写中，莫里茨听到了一些不好的信息：乔布斯有个私生女，且不愿承认她。于是，一台电脑最终成了《时代》周刊 1982 年的"年度人物"，而非 27 岁的苹果创始人乔布斯。这产生了两个结果：其一，莫里茨写出了一部关于乔布斯和苹果的经典之作——《小王国》( *The Little Kingdom: The Private Story of Apple Computer* )；其二，乔布斯决意从此向所有记者关上心门。眼下的这本《重返小王国》是基于《小王国》基础上，重新修订、增补的版本。2009 年，莫里茨希望以更成熟的视角来重新审视乔布斯。

不像迈克尔·莫里茨，老揭乔布斯的伤疤，况且也未征得本人的官方授权，由著名传记作家、美国有线电视新闻网 ( CNN ) 前首席执行官、《时代》杂志前总编沃尔特·艾萨克森 (Walter Isaacson) 执笔的《史蒂夫·乔布斯传》才堪称最原汁原味、最正宗、最权威的乔布斯传记版本。

话说沃尔特·艾萨克森为写好《史蒂夫·乔布斯传》，花了两年时间与乔布斯面对面交流 40 多次，对乔布斯 100 多位家庭成员、朋友、竞争对手和同事进行了采访。此前，艾萨克森曾写过《爱因斯坦传》(*Einstein: His Life and Universe*)、《本杰明·富兰克林传》(*Benjamin Franklin: An American Life*) 以及《基辛格传》(*Kissinger: A Biography*)，均反响不错，堪称健笔。

你从中大概可以解读出这样一种信号：乔布斯乐于跟那些伟人凑在一块。而且，据了解，艾萨克森是文坛绅士、口碑颇佳，很少有人指着他的作品说不是或冷嘲热讽。

当然这也就注定了，艾萨克森不会挖出什么猛料。虽然《史蒂夫·乔布斯传》"看点众多"，例如，为何乔布斯会最终同意出版这本传记、为何要把皮克斯卖给迪士尼、如何掌管苹果的新见解、对苹果未来产品的透风、更公开地谈及病痛的折磨与披露最害怕的事情，等等，但如同艾萨克森以往专业的水准和一贯的风格，他只是勾勒出一个完整却又中规中矩的乔布斯画像。

还有一本叫《改变世界的苹果》的书，出自詹森·奥格雷迪之手。这本书虽然声称要探讨苹果如何成为当今技术领域最具影响力的公司之一，又是如何对社会生活产生深远的意义，但具体到写作上却表现得中规中矩，平淡如水。从目录来看，第一章"苹果的诞生与成长"，第二章"苹果的创始人"，第三章"苹果，改变社会的符号"，一直到后面的"苹果的创新策略"、"苹果的产品家族"、"苹果的领袖"、"苹果的未来之路"等，条理清楚、分门别类，看上去不像是一部传记，而更像是本企业宣传册。

前面都是人家老外的版本，接着说说国内的。在 2011 年年中的时候，有一本国内人写的乔布斯传记横空出世。对了，它的书名极尽褒奖和崇拜之意，叫《乔布斯传：神一样的传奇》。

需要说明的是，它并非迄今为止第一本由国人撰写的乔布斯传，早在它之前，就已有王静的《苹果之父：史蒂夫·乔布斯》、金错刀的《史蒂夫·乔布斯管理日志》、武文胜的《苹果教父乔布斯》、杨艾祥与李菁的《苹果 CEO 史蒂夫·乔布斯的脑子在想什么》等。这些打着乔布斯名号的书虽多如牛毛，但客观地讲，其中生拼硬凑、东搬西抄"攒"出来的居多，不少还充斥着大量以讹传讹的虚假信息。

相比较而言，在由中国作者写给中国读者看的乔布斯的书之中，《乔布斯传：神一样的传奇》算得上素材最丰富、可读性最强的一本了。这首先得归功于创新工场李开复的积极联系。如他所说，为了让这本书更成功，他利用在苹果工作时以及在 IT 界和投资界积累的关系，帮助作者联系到了十几位曾与乔布斯有过直接、紧密工作联系的朋友，包括苹果公司最早的风险投资者、苹果公司前董事会成员、前副总裁、高级经理、资深工程师，以及熟悉乔布斯的其他朋友。有了这些众人的"独家报料"，保证了《乔布斯传：神一样的传奇》会比国内同类著作更具权威度和公信度。实际上，书未出街，它已赢在了起跑线上。其次，两位作者王咏刚和周虹，他们不属于那种靠爬格子卖钱的职业写手；他们有自己的本职工作，一位是谷歌资深软件工程师，一位是客串的出版编辑（李开复御用的作者），而且，他们都属于乔布斯迷。写自己的偶像，再加上对相关素材的细致整理、考据，书的精彩程度可见一斑。

虽然该书一直拿"武侠小说式的叙事文笔"作为其中一卖点，但实话实说，这点倒没有特别过人之处。它总不至于因为书中偶尔称乔布斯为"乔帮主"，就说这是一部接近《倚天屠龙记》风格的乔布斯评传吧。不过话说回来，相对于有些外版书，参差不齐的翻译质量让原书减色不少，《乔布斯传：神一样的传奇》在保持原汁原味、符合国人阅读习惯方面是做得相当不错的。

不过除此以外，《乔布斯传：神一样的传奇》并没有太多的超越。前半段讲经历，没有比《活着就为改变世界：史蒂夫·乔布斯传》或《小王国》更多的猛料；后半段讲管理，也似乎与卡迈恩·加洛的《非同凡“想”：乔布斯的创新启示》有几份雷同。至于乔布斯大起大落、成败激烈期间的不少事，仍然从该书无法得到正解。比如，他在印度苦修的时候想的是什么？他被赶出苹果公司之后在意大利骑着自行车旅行的时候想的是什么？他为什么会说“科技其实并没有改变世界”？苹果的产品为什么会让一个消费者激动得落泪、彻夜排队？类似的疑问很多，如果能一并写出来，自然会好看很多，而乔布斯的形象也将愈发得饱满。

与其他讲述苹果成果故事的书不同，曾航的《一只 iPhone 的全球之旅》选取了一条独特的叙述路径——通过对 iPhone 手机从研发到设计到制造到销售整个价值链的描述，向读者呈现了苹果公司那个被称为“生态系统”( Ecosystem ) 的核心竞争力。对此，曾航写道：“这是一个由芯片、操作系统、软件商店、零部件供应厂商、组装厂、零售体系、APP 开发者组成的强大‘Ecosystem’，苹果花了多年的努力构建起这一相对封闭的体系，并以此给它的竞争对手们制造了难以模仿的门槛。”按照曾航的归纳，苹果的这套系统无外乎由高度垂直集成、高效的供应链管控、软硬件紧密结合和独特的销售体系构成，其中，乔布斯坚持操作系统、芯片、触摸屏、软件商店等核心领域由苹果自主开发，其他一律外包，合纵连横、严格管控。

为写此书，曾航以 IT 产业记者的身份，历时一年，到苹果产业链上的日本、韩国、中国台湾、中国香港、深圳、上海、苏州、长沙等地实地走访、调查跟踪。基于扎实的“田野调查”，他特别在书中制作了几张彩图以详细介绍 iPhone4、iPad2 以及苹果产品全球部分供应商分布图。以 iPhone4 为例，有谁知道，LCD 显示屏由 LG Display 生产，成本 28.50 美元；A4 处理器、NAND 闪存、DRAM 内存由三星供应，成本共 50 美元左右；Wi-Fi、蓝牙、GPS 芯片由博通供应，成本 9.55 美元；射频存储芯片来自英特尔，成本 2.7 美元；触摸屏控制芯片由得州仪器生产，成本 1.23 美元；还有音频编码器、基频芯片、电源管理芯片、电子罗盘、触摸屏、摄像头等，分别由 Cirrus Logic、英飞凌、Dialog、AKM、胜华、大立光 / 玉晶光等供应，成本总和也就 20 多美元。最后组装则由鼎鼎大名的富士康完成，成本 6.54 美元。通过对 iPhone4 主要零件的这番拆解、分析与估价，苹果的利润率由此可见一斑，另外，再一次证明了，“乔布斯不是一个人在战斗”。

该结论算是全书的中心思想。从外往内看，由于苹果对各供应商、各合作伙伴近乎极致和完美主义的要求，才确保各零部件保质保量、丝毫无差，倘若在其中任何一个节点上出现纰漏，苹果的 iPhone 都有可能沦为一款与“所有其他手机”没有太大差别的产品。有例为证，iPhone4 的表面玻璃加工技术要求工艺非常高，倘若没有中国湖南的蓝思科技和苹果一起开发，最终的外壳不会这么漂亮。由内往外看，在乔布斯的身后，有顶尖的供应链管理专家蒂姆·库克（现接替乔布斯出任苹果 CEO），首席产品设计师乔纳森·伊夫，还有一手缔造苹果零售体系的荣·约翰逊——要是没有他们的辅佐、共打天下，想必乔布斯会在技术上成为一个极客，但无法在商业上成就一个巨擘。

所以，无须过多地迷恋乔布斯，他是个传奇，但不是个传说。事实证明，作为一个像“神”一样的人，乔布斯有后来的成就是由众多的供应商、团队伙伴通力协作、众星拱月“捧”出来的结果。而阅读本书，除了认清苹果公司之所以成功的本来面目外（印象颇深的还有，书中记载苹果公司采取“饥渴营销”的手段，故意在中国内地制造缺货、少货的现象，使得 iPhone4 更像是身份和地位的象征，受到追捧，一度“洛阳纸贵”），更近距离地看到了乔布斯的创新是如何落到实处的。

说了这么多书，谈谈感想，我认为，要读懂乔布斯、读懂苹果，仅不加节制的“美化”是万万不行的，它必须得还原，回到现实、走进真实。有关乔布斯和苹果公司的书得换个思路写了，光表扬不行，还得批评和提醒，事实上也是如此。当乔布斯去世后，由库克掌管苹果，这实则给公司的发展带来了极大的不确定性，公众和投资者的疑问是，当一个明星灵魂式人物离开的时候，公司如何依旧持续创新和追求卓越呢？道理不言而喻，把乔布斯和苹果过去的关系作为一个案例，它告诉我们：一个人再厉害，但他究竟又能战斗多久？

《沃兹传》

# 乔布斯成功背后的那个男人

史蒂夫·沃兹尼亚克（Steve Wozniak），早期苹果电脑的发明人，独立设计了 Apple Ⅰ和 Apple Ⅱ，并与史蒂夫·乔布斯共同创立了苹果电脑公司。传奇的经历和对个人电脑的突出贡献，让他荣登美国国家发明者名人堂，并且获得了众多奖项，包括美国国家科技奖章和海因茨奖。他盼望着摩尔定律能尽快寿终正寝，使每一台电脑都能像课桌一样用上 20 年，使每个孩子都能人手一台。

吉娜·史密斯（Gina Smith），资深科技新闻记者、作家及演讲者。多年置身硅谷的经历，让她对个人电脑的发展了若指掌。

在硅谷，似乎每个成功男人的背后总有另外一个男人。譬如，惠普的比尔·休伊特背后是戴维·帕卡德，微软的比尔·盖茨背后是保罗·艾伦，雅虎的杨致远背后是大卫·费罗，谷歌的拉里·佩奇背后是谢尔盖·布林，Facebook 的早期马克·扎克伯格背后是爱德华多·萨维林，Instagram 的凯文·西斯特罗姆（Kevin Systrom）的背后是迈克·克里格（Mike Krieger），当然还有苹果，在“帮主”史蒂夫·乔布斯的背后是一位同样叫史蒂夫的男人——史蒂夫·沃兹尼亚克。

读沃兹尼亚克的传记《沃兹传：与苹果一起疯狂》，总觉得这个外表粗犷、内在腼腆的技术男像极了保罗·艾伦。当然，这主要得益于他们各自的另一半。

在《沃兹传》中有这么一段描述，说当时已经成为好朋友的乔布斯和沃兹尼亚克，

【美】史蒂夫·沃兹尼亚克、吉娜·史密斯：《沃兹传：与苹果一起疯狂》，中信出版社 2013 年 6 月第 1 版，定价：49.00 元。

两人联手为雅达利公司设计《打砖块》的电子游戏。大伙连日奋战，不惜以患上了单核白血球增多症为代价，终于大功告成。作为雇主的雅达利支付了一笔酬金，这时问题就来了。乔布斯告诉沃兹尼亚克，公司一共付给他 700 美元，两人就平分这笔钱吧，也就是说，两个史蒂夫各 350 美元。但后来沃兹尼亚克发现乔布斯实际得到的报酬并非只有他说的 700 美元，而是更多，可能有 1 000 多美元。对此，沃兹尼亚克写道："我们那时都不过还是孩子，他告诉我的数目与实际所得并不相符，他欺骗了我，伤害了我。但是，我并没有对此非常在意。"但即便如此，沃兹尼亚克仍然认为乔布斯是他的好朋友，依然情同手足，每个人想法都不同，他不后悔和乔布斯一起为雅达利公司设计了这款游戏。单纯如孩童一般的沃兹尼亚克面对这起"酬劳风波"，他不仅没有丝毫怨恨（用他的话来说，他都没放在心上），反而试着以性格迥异处事不同来理解对方——哪怕直到今天，沃兹尼亚克"都不明白，他明明赚到了更多却不告诉我"以及"在很长的一段时间内，我和乔布斯都是非常要好的朋友。我们有着共同的理想，联手创立了苹果公司"。

既然说相似，不妨看看保罗·艾伦，他在"遭遇"被好朋友算计时，又表现得如何？在保罗·艾伦的自传《我用微软改变世界》一书中，他回忆道，打第一眼见到盖茨，就觉得这个人"真的很聪明"、"真的很好胜"以及"真的很有决心"。艾伦从小爱看文学作品和做科学实验，而盖茨常翻阅的是父母给他订阅的《财富》杂志。盖茨曾经问艾伦："你知道管理一家世界 500 强企业会有什么样的感觉吗？"年幼的艾伦懵然无知，但年仅 13 岁的盖茨则壮志满怀地说："也许我们将来会有自己的公司。"在两人创办微软过程中，需要股权分配，盖茨坚持认为自己在编程方面作用巨大，应该突破联合创始人通行的股权五五分的模式，由他自己独占 60% 的股份，对此，艾伦做了让步；几年后，盖茨又提出，他为了创业放弃哈佛学习，牺牲很多（实际上，艾伦的牺牲也不小，别忘了他为了创业也退学了），要求股份比例增至 64%，无奈，艾伦又了做了让步；还有，两人签订正式的合伙协议，盖茨加了一条"霸王条款"，该条约定"如果发生不可调和的分歧，盖茨可以要求艾伦退出合伙企业"。在写回忆录时，"老实人"做派的保罗·艾伦曾不无感慨地写道："双方占有的股份体现了一个图书管理员的儿子和一个律师的儿子之间的差别，前者尽量不争，后者争取最大化利益。"

所谓"三岁看大，七岁看老"。观察一个人的成长、进而去了解他，除了看他的性格，也要看他的家庭。虽然老话讲"英雄莫问出处"，但在现实中，家世出身往往会影响甚至决定一个人的未来。拿沃兹尼亚克来说，他的父亲弗朗西斯·雅各布·沃兹尼亚克在洛克希德工作，是一名优秀的电子工程师。受其父亲影响，在幼儿启蒙阶段，沃兹尼亚克便对电子学产生了浓厚的兴趣，并且也实实在在地从父亲那里得到了指引和教育。例如，老沃兹尼亚克除了系统地讲解电子、中子和质子以及电阻是如何工作的，他还会向小沃兹尼亚克亲自演示如何用那些叫作"二极管"和"电阻"的元器件来构造"与门"或"或门"，以及，这两个逻辑门之间需要用晶体管相连，晶体管的作用在于放大信号并且将一个逻辑门的输出导入另一个逻辑门作为输入。老沃兹尼亚克似乎早有预见，提前进行“始业教育”，教导儿子工程师是世界上最高尚、最重要的职业，作为一名工程师，你可以用自己的智慧创造出新的仪器，让人们活得更幸福，让世界变得更美好。在方法论上，老沃兹尼亚克的见解是，所有东西都是可检验、可证伪的。要证实某种说法，唯一可靠的方式就是通过实验来检验，唯有如此，才能通向真理之路。另外，当大多数家庭给孩子的圣诞礼物是玩具、是美餐一顿的时候，沃兹尼亚克却如愿得到的是“电子玩家工具箱”、用来组装无线电收发器的工具箱等。当读到这些细节，以及随着情节的展开看到沃兹尼亚克一步步走上“技术极客”、电子工程师的道路，人们都不会有丝毫意外——如果他都不行，试问还有谁行?

然而，这位从小就表现出天赋过人、智商达 200、五年级开始精通计算机逻辑、六年级便考取业余无线电执照的电子奇才，在社交上却遭到了困境，他不知道如何与人打交道。这或许是大多数技术怪才、能人们“有得必有失”的人格一面。正如沃兹尼亚克在书中提到的，从小学开始到成立苹果公司，乃至日后的岁月里，他总是借助自己那些巧妙的设计与别人更好地沟通，并且在设计图纸、组装电子配件上可以废寝忘食、挑灯夜战，但内心无比羞涩、简单、纯朴，却从不忘随心所欲、寻求快乐、享受生活。

回到书中，按叙事内容来看，在遇到史蒂夫·乔布斯之前和在挥别史蒂夫·乔布斯之后，沃兹尼亚克与我们分享了他的乐活人生。例如，他喜欢整蛊，不是周星驰那种的，他的整蛊在当时看来含有高科技，像电子警笛、电视干扰机、笑话热线电话等；沃兹尼亚克很随性，看人家伍德斯托克音乐节成功，就寻思着自己也筹办音乐节，结果可想而知，他总计亏损了约 2 000 万美元。但这不是问题，一方面他有钱，另一方面相对于快乐，他不看重钱……最天真也最真实，这种性格使然，实际上解释了沃兹尼亚克为什么会在苹果临近 IPO，竟发起一个“沃兹计划”，说白了就是拿自己的一部分股份出来分给大家。商场逐利，常常“财聚人散”、“财散人聚”，然而在这两者间，沃兹尼亚克毫不犹豫地选择了后者，而事实上，也由于这种个性，让沃兹尼亚克论事业和财富不及曾经的搭档乔布斯，但依旧缔造了传奇。

看《沃兹传》，不免想到《史蒂夫·乔布斯传》（沃尔特·艾萨克森的版本）。其实两个人的风格从各自的传记中就足见端倪。沃兹尼亚克生性善良、幽默乐观、重感情、淡名利，十足的科技界老顽童，传记又是亲自撰写，所以写得很实在，也很真诚，不太会在乎文本结构、遣词造句或主题深刻的东西。甚至，在《沃兹传》中，当事人还大篇幅地描写了技术研发的过程，为预防读者不解，书最后还专门附录了术语表。反观《史蒂夫·乔布斯传》，由历任美国有线电视新闻网（CNN）董事长和《时代周刊》总编的沃尔特·艾萨克森操刀，后者擅长从历史背景刻画人物命运，视野宏大叙事精巧。而乔布斯同意由艾萨克森来为自己立传，多半也是看重了艾萨克森更早前的几部人物传记的高度与水平，它们是:《爱因斯坦传》、《本杰明·富兰克林传》以及《基辛格传》。

所以，作为某种意义上的对立与补充，以此来理解两个史蒂夫是必要的。当乔布斯代表父权，是君王、是偶像、是非凡领导者的时候，一家公司总要有人去行使母权，去乐施、去好善、去密切联系群众。当然，这并不代表着沃兹尼亚克没有人气，相反，他在技术圈名望颇高，被视为“极客领袖”。

沃兹尼亚克说过，他一直都很清楚，想做一名工程师，一名设计电脑、编写软件的工程师，一个擅长讲笑话的工程师，同时也是一个能够教别人知识的工程师。此人生足矣。上天眷顾，沃兹尼亚克如愿以偿。

乔布斯以其生前对完美近乎苛求的态度告诫世人“求知若饥，虚心若愚”，沃兹尼亚克则以《沃兹传》封面上那副永远开朗的笑脸提醒我们“没有什么比快乐更重要”。

《我用微软改变世界》

# 保罗·艾伦：在成功男人盖茨背后的男人

保罗·艾伦（Paul Allen），生于1953年1月21日，美国企业家、发明家、投资者和慈善家，微软的两位创始人之一。2013年，艾伦在《福布斯》全球富豪榜排名第53，资产150亿美元。他现任Vulcan Inc.的创始人和主席，同时还是梦工厂股东，拥有NFL的西雅图海鹰队和NBA的波特兰开拓者队。保罗·艾伦现居住在美国华盛顿州的墨瑟（Mercer）岛。

【美】保罗·艾伦：《我用微软改变世界》，浙江人民出版社2012年3月第1版，定价：46.00元。

对于曾经的创业搭档、微软的联合创始人之一，比尔·盖茨评价保罗·艾伦时给足了面子："艾伦在微软创建和发展过程中居功至伟，没有他就没有微软。"但不要忘了，保罗·艾伦因与盖茨产生严重分歧，最终分道扬镳，早早地离开了微软。实际上，微软后来的发展，包括20世纪90年代登至财富巅峰、成就帝国伟业，跟艾伦已没啥关系。倘若按功劳分，史蒂夫·鲍尔默的贡献完全不逊色于保罗·艾伦，甚至有过之而无不及。所以，艾伦的这本回忆录，国人把《创意人生》（*Idea Man*）译成《我用微软改变世界》，略有标题党之嫌。艾伦怎么就用微软改变世界了，严格地讲，最多改变世界的微软曾经有艾伦。

保罗·艾伦，出生于一个开明的、家教甚严的普通美国家庭。父亲性格沉稳、为人和蔼，是华盛顿州立大学图书馆的工作人员；母亲热爱阅读，无论是索尔·贝娄或巴尔扎克，简·奥斯丁或钦努阿·阿契贝，内丁·戈迪默或林语堂，这些人的作品她都看。受父母的影响，艾伦自幼就爱看书，而且能读到不少好书。小学毕业后，艾伦被送进了湖畔中学这所当地的贵族学校。在那里，他不仅发现了最擅长和最喜欢的事情——计算机编程，而且还遇到了日后生命中最重要的伙伴——比尔·盖茨。按照艾伦的说法，第一眼见到盖茨，就觉得这个人“真的很聪明”、“真的很好胜”以及“真的很有决心”。两个人的性格截然不同，行为处事的方式也各有差异，打小艾伦爱看文学作品和做科学实验，而盖茨常翻阅的是父母给他订阅的《财富》杂志。盖茨曾经问艾伦：“你知道管理一家世界 500 强企业会有什么样的感觉吗？”艾伦懵然无知。但年仅 13 岁的盖茨则壮志满怀地说：“也许我们将来会有自己的公司。”

三岁看到老，江山易改本性难移。两个人的性格为日后的合作裂痕埋下了伏笔。艾伦在书中回忆道，在公司管理、对待下属问题上，自己往往态度友好，能做到与员工平等地探讨、交流。而盖茨则完全相反，他常常以咄咄逼人、高压的姿态催促员工尽快完成任务。如果有人没有按时完成工作，盖茨会轻蔑地说：“我一个周末就能把这软件写完！”假如某个程序员有考虑不周的地方，盖茨干脆大吼道：“这是我听过最他妈蠢的事情！”然而导致两个人真正决裂，从此恩怨纠葛、各奔东西的，还是来自股权上的纠纷。

比如，比尔·盖茨坚持认为自己在编程方面作用巨大，应该突破联合创始人通行的股权五五分的模式，由他自己独占 60% 的股份，对此，艾伦做了让步；几年后，盖茨又提出，他为了创业放弃哈佛学习，牺牲很多（但请注意，盖茨避而不谈艾伦此前为了创业也退学的事实），要求股份比例增至 64%，无奈，艾伦又了做了让步。1977 年 2 月 3 日，两人签订正式的合伙协议，其中一条很霸道的条款是这么约定的：“如果发生不可调和的分歧，盖茨可以要求艾伦退出合伙企业。”从小的家庭教育和仁厚不争的态度，让艾伦决定息事宁人、最后答应了盖茨的要求。但艾伦事后也不无感慨地写道：“双方占有的股份体现了一个图书管理员的儿子和一个律师的儿子之间的差别，前者尽量不争，后者争取利益最大化。”

还有一次，盖茨提出聘用史蒂夫·鲍尔默，并承诺分给 5% 的股份，理由是没有这么多股权激励，请不动鲍尔默。艾伦同意了盖茨的提议，但几天之后，当他结束度假回到公司，吃惊地发现，在盖茨写给鲍尔默的一封信中，许诺的股份竟是 8.75%。艾伦当场大发雷霆，表示没兴趣聘请鲍尔默，并指责盖茨出尔反尔。但盖茨还是坚持原来的想法，妥协的方案是多出来的股份从自己那里扣，艾伦这才勉强答应。

但最令艾伦失望、心灰意冷的还是 1982 年 9 月艾伦被查出患有淋巴瘤的那次不愉快的经历。当时为了接受治疗，艾伦不得不中断他在微软的工作。但在休养期间，他总是忍不住回到自己的办公室。那年 12 月，艾伦无意间听到盖茨的办公室传出盖茨和鲍尔默的说话声。他站在门口，想听听两人在说些什么，结果发现他们正抱怨艾伦几个月没有工作，正打算通过发行期权的方式来稀释艾伦的股份。

几次三番的“压迫”、不平等待遇，让艾伦去意已决。虽然盖茨几经挽留，但艾伦还是以“身患重病，需要休养”，“人生苦短，何不及时行乐”等为由，提交了辞呈。命运似乎总爱和人开玩笑，不管是主动还是被逼，同样一个“出走”，艾伦和乔布斯都迎来了人生的“第二春”。像乔布斯搞出了 Pixar 动画，事业蒸蒸日上，为他后来重归苹果公司作了铺垫。而艾伦把部分股票变现，坐拥大量财富（1996 年，年仅 43 岁的他身家已暴增到 100 亿美元），从此随心所欲、潇洒人生。书中记载道，艾伦喜欢篮球，于是买下了 NBA 波特兰开拓者队；他喜欢橄榄球，于是买下了 NFL 球队西雅图海鹰队；他喜欢音乐，于是组建了乐队；他还喜欢出海和潜水，于是请德国最好的造船厂为他打造了一艘长达 137 米的豪华游艇。

此外，艾伦还花重金资助一些科研项目，以满足他科学探索的兴趣。例如，他斥资 2 500 万美元，帮助伯特·鲁坦研制出“太空船一号”。该飞机创下了诸多历史记录：第一艘能够以 3 倍音速飞行的民用飞机，第一艘飞行高度超过 100 公里的民用飞机，也是第一艘可重复使用的民用航天器。后来，他又出资 1 亿美元，成立艾伦研究所，聘请了许多顶尖科学家从事人脑地图的绘制。这是一项非常艰巨的任务——光是绘制老鼠的脑图，就需要拍摄 8 500 万张高清照片，能装满 60 万个 G 的硬盘——但对治疗大脑相关疾病而言具有极其重要的意义。更为难得的是，艾伦研究所将这些三维脑图的资料放到网络上免费和全世界所有的科学家共享。尽管这几个项目在当时看来都显得太过超前，也几乎没有像创办微软那样取得过像模像样的成功，但话说回来，“只要我喜欢，有什么不可以的呢？”

历史有时候其实就是这么回事。艾伦把此前的 8 年献给了微软，将此后的近 30 年留给了自己。他见证了微软的从无到有、风生水起，也遭遇了与盖茨间从情同手足到形同路人的转变，当然，倘若他当年执意留下，与盖茨争权夺利，并坚决罢免鲍尔默，或许微软就不是今天的微软了。客观地说，不管盖茨在性格上有多少的盛气凌人，留给鲍尔默的股份到底是多了还是少了，从现在的结果看，可能还多亏了盖茨有些武断的决断。再进一步设想，如果当时真的让艾伦来决策定夺，很难保证微软的发展走向一定比现在的好。虽然艾伦直言他颇为惋惜地目睹了微软 2000 年后错失互联网搜索、智能手机、社交网络、数字媒体销售等诸多领域的良机，这期间，微软的风头先后被谷歌、苹果、Facebook 盖过，但艾伦总结的“三大败因”——公司膨胀过快，结构复杂；内耗明显，摒弃了“行业标准制定者”的目标；精力分散，专注度不够——是否真有力挽狂澜之效，也不得而知。

离开微软后的艾伦“尽管对人类文明的贡献并没有那么突出”，然而，这时他的生活却“更为丰富多彩，更真实地反映了他的本性”。人生得意须尽欢，艾伦的魄力在于，年轻时引领时代、叱咤风云，然后懂得急流勇退，转而寻找快乐的真谛和生活的意义。从这一点上说，艾伦是个幸福的人，一点也不输盖茨。而一部《我用微软改变世界》，实则无关事业，而关乎人生。

数字时代的必修课

100

杨吉 TMT 百部全说

《我是布隆伯格》

# 不是别人，是布隆伯格

迈克尔·布隆伯格，纽约市第108任市长，彭博社缔造者，这家跨国传媒企业旗下拥有彭博专业服务机构、彭博社、彭博广播电台及电视台、彭博公司官方网站（www.bloomberg.com）、彭博出版发行公司。

“我曾经是华尔街投行翘楚——所罗门公司的合伙人。”

“我一手缔造了彭博社——全球最具影响力的财经资讯平台。”

“如今，我连任全球金融中心纽约市市长。”

迈克尔·布隆伯格毫不掩饰内心的骄傲。确实，如他所言，一个集财富、影响和权力于一身的人，夫复何求？1942年2月14日，迈克尔·布隆伯格出生在波士顿的一个普通家庭。双亲早年从东欧移民至美国，父亲在当地一家奶制品厂工作，母亲则是一名家庭主妇。布隆伯格小时候家庭并不富裕，为此，他在攻读约翰·霍普金斯大学期间，干过一段时间的“代客泊车”，以贴补学费。1964年，在取得工程学士学位后，他考入哈佛大学商学院，并取得了MBA学位。怀揣着这两个“敲门砖”，24岁的布隆伯格进入了华尔街一流的投资公司所罗门兄弟公司工作。他从最基础的手工核账做起，每周工作6天，每天工作12小时。6年后，凭借着勤奋和执着的工作态度，以及敏锐和富有远见的商业头脑，布隆伯格终于成为了华尔街大宗股票交易的超

【美】迈克尔·布隆伯格：《我是布隆伯格》，中信出版社2010年1月第1版，定价：38.00元。

级明星，在被美国各家权威报纸竞相报道的同时，他也跻身到公司合伙人的行列。

布隆伯格常说："我起初和别人一样也一无所有，但是我凭自己的努力出人头地了。"这便是布隆伯格的发迹史。从当年的一无所有到现在的富甲一方、家财万贯，从彼时的高级白领到此时的传媒大亨、政治领袖，甚至，从过去的不名一文到现在的叱咤风云、意气风发，布隆伯格缔造了个人的传奇，也因而完美地演绎了什么是"美国梦"。看得出来，已近古稀之年的布隆伯格回顾过去，对这大半辈子还是感到荣耀的，就像至今在他的办公室墙上还挂着那篇《纽约时报》当年采访他的文章。这篇文章被精心地用镜框镶嵌着，镜头里的他神采奕奕、春风满面。于是这就不难理解，为什么后来即使写自传，布隆伯格都不忘"高调"地报上名来，生怕别人因为不知道是他，而错过了这本书——《我是布隆伯格》。

该书没过多讲述布隆伯格儿时和所罗门公司的经历，而是将重点放在了被东家解聘、转而创办彭博社的部分。1981 年，也就是布隆伯格 40 岁的时候，在他人生即将走向职场巅峰的时刻，却高处不胜寒，不慎跌入了谷底。那一年，所罗门兄弟公司被其他公司收购，布隆伯格成为了这次收购中权势斗争的牺牲品，被高层扫地出门。所幸所罗门公司给了他一笔 1 000 万美元的遣送费，靠着这笔钱在离开公司一个月后，他成立了一家只有 4 个人的公司。从头再来，布隆伯格这次的方向更加明确，步伐也更加稳健。当时人们对于证券资讯的及时性和准确性需求越来越强烈，计算机的使用将所有的信息电子化，尔后通过网络以最为简便的方式传输给用户。布隆伯格清楚地意识到，这将是人类经济生活的一次巨大变革和发展趋势。而对于自己，布隆伯格也有很正确的认识和判断，他说，有比我更好的交易人员和销售人员，也有比我更好的管理人员和计算机专家。但是没有人能像他那样，既懂得证券和投资，又懂得计算机应用。于是他把新公司定位成一家用新技术为金融机构提供资讯服务的公司，命名为创新市场系统公司（Innovative Market Systems），这就是现在的财经资讯的同义词、金融信息服务巨人彭博社的前身。

有人说布隆伯格之所以会成功，是因为"他一个人撼动了整个金融资讯产业"（维珍集团主席理查德·布兰森语），并创办了"一家能战胜那些刻板僵化、官僚主义的大块头公司的机智灵活、关注客户的小个子企业"（《商业周刊》的评价）。根据书里的描述，彭博社的主打产品是一台叫"财经信息终端"的个人计算机，其最主要的功能就是看全球的股票行情。用户使用这样的终端，不仅可以把相似股票的行情走势图做比较，而且可以给其他用户发邮件，甚至下单买卖股票。到了 1990 年，布隆伯格又开始进军传媒业，他相继成立了"彭博广播电台"（Bloomberg Radio）、"彭博电视台"（Bloomberg Television）、"彭博网站"（Bloomberg.com）等，并逐渐将业务拓展到报纸、杂志，出版了针对专业投资人士的《彭博市场》（*Bloomberg Markets*）杂志和《彭博通讯》（*Bloomberg Press*）等书籍。可以这么说，布隆伯格算得上是这个时代最优秀、最具创造力、也是最成功的传媒企业家，他足以跟鲁伯特·默多克、贝卢斯科尼、萨默·雷石东相提并论。

如今，彭博社不仅在全美而且在全球金融信息服务业中首屈一指，美联储是它的客户，美国之音是它的客户，各大证券投资机构和资金管理公司是它的客户，甚至连罗马教皇所在的梵蒂冈也需要它提供资讯。“它并不仅仅是一件设备，它是一个地位的象征，它表明你对赚钱态度是认真的”，客户们如此评价彭博社的财经信息终端。从债券收益、美国联邦证券交易委员会的文件，到有关公司首席执行官的自传以及分析师的分析报告，投资者想要的财经信息几乎都可以在彭博新闻中找到。

然而商业上无比辉煌的战绩并未让布隆伯格就此停歇。2002 年，花甲之年的布隆伯格竟然转而投身政治，当选了纽约市市长。在布隆伯格心目中，这个职务不同于一般工作，他认为这是世界上最棒的四项职业之一，其他三项为美国总统、联合国秘书长和世界银行总裁。“要是有朝一日人们说，你拯救的生命比历史上任何人都多，那岂不是一件很棒的事？”到了布隆伯格这个份上，金钱的有无乃至多寡都变得不再重要，地位、荣誉、威望甚至百年之后的历史评价才是最稀罕的。毫无疑问，只有纽约市长一职才能实现布隆伯格的愿望。

当然，布隆伯格的成功并不是平白无故的，他必然有其做大事、做成事的道理。在布隆伯格看来，要想成功的人需要有眼光，既要考虑财力上可以承受，又要考虑实际，还要满足用户的需求；不要过多地考虑细节，不要怀疑自己的创造力，也不要太多考虑长远的发展战略。布隆伯格的哲学之一就是做与众不同的事。按布隆伯格的话说就是，当别人向右走时，我们向左。如果我们的竞争对手财力雄厚，我们则采取非资本密集的策略；如果他们集中精力于某方面，我们则转向其他方面。布隆伯格公司的产品要与众不同，没有独特的产品就没有能力向用户收费。在管理公司上，布隆伯格也极具个人特色。目前公司在全球有 7 200 名雇员。“忠诚”是布隆伯格对下属的第一要求，他从来不会雇用以前主动辞职离开公司的人。布隆伯格视公司为家，视公司员工为家庭成员。布隆伯格说，公司最主要的财富是员工，而不是技术、数据库、通信网络甚至客户。自然，公司员工也“投之以桃，报之以李”，以公司为家，而绝少跳槽。这些恐怕也是布隆伯格公司取得成功的另一个不可缺少的因素。

另外，布隆伯格有一个怪论，叫“不要做太多长远的打算”，原话是“至于我们不知道到底要去哪儿，那又有什么关系？哥伦布也不知道他要去哪儿。问题的真谛在于我们正在向前走”。布隆伯格认为，在产品还没有出来前制订 6 个月甚至 5 年的计划根本就是本末倒置，“在双方同意结婚之前就做婚礼的准备是荒唐可笑的”。因此，他不仅提倡把银行和风险投资家当作最大的敌人，还不喜欢听从顾问的意见，认为在创业开始时就建立管理机制是无效、分散注意力的做法。布隆伯格的理论是：因为一切都是未知的，所以没有必要把一切都预测得那么清楚。他说在必要的时候做某些事情比提前做更重要。计划和分析并非无足轻重，应当利用它们而不要让它们牵着自己的鼻子走。要在冷静下来之后，把你想做的事情写成一个从头到尾都有逻辑、完整、可行的东西，然后，把那张纸撕掉，因为他相信“车到山前必有路”。

这就是布隆伯格，有点自大，有点偏执，还有点狂妄。不管你是否认可他，他确实改变和影响了我们很多东西，资讯的消费、价值的获取和公共的生活——他不是别人，他就是大佬迈克尔·布隆伯格！

《一键下单》

# 小儿科之作与杂志“封面故事”

理查德·勃兰特（Richard L.Brandt），新闻记者，写作生涯超过20年，一直以硅谷为报道对象。作为《商业周刊》前通讯记者，他在科技界名闻遐迩，曾获“全美杂志奖”。现居旧金山。

在最新一期由《哈佛商业评论》发布的“2013年全球最佳CEO排行榜”上，已故的苹果创始人史蒂夫·乔布斯名列榜首，紧随其后的是亚马逊的CEO杰夫·贝佐斯。如果这只是一份榜单，仁者见仁，智者见智，不能说明太多。那么，再看CNN、《彭博商业周刊》与《连线》杂志，不约而同地给这位创业18年的CEO加封了一个称号：“乔布斯后第一人”。这个赞誉不得了，大有乔布斯之外，舍我其谁的味道，重点是，乔布斯的商业生涯已画上了句号。

贝佐斯总是敢于创新、奋勇前行。在他的带领下，如今的亚马逊早已经不是一家卖书的电商网站了，而是全球最大（没有之一）的在线零售商。也因此，贝佐斯树敌众多，从苹果、谷歌、沃尔玛到巴诺（Barnes and Noble，全美最大的实体书店）、玩具反斗城、通路电路城（Circuit City，美国第二大消费电子）、CDNow，后者早在2003年就被亚马逊收购。除了卖产品，亚马逊还卖服务，就像以前卖电脑现在卖一揽子解决方案的“蓝色巨人”IBM，贝佐斯致力于将亚马逊打造成云时代的“微软”——事实上，今天只

【美】理查德·勃兰特：《一键下单：杰夫·贝佐斯与亚马逊的崛起》，中信出版社2013年1月第1版，定价：36.00元。

要你在 Adobe 网站更新 PDF 版本，上推特（Twitter）聊天，用 Flipboard 定制新闻查阅，上社交网站 Instagram 分享图片，背后提供技术服务的都是亚马逊，1/3 的上网者与它产生关系。亚马逊拥有云端服务产业最大市场占有率。

不难发现，亚马逊在“吞并自我收入”（意指新业务消灭老业务）这一点上做得极为出色。从亚马逊商店（Amazon Store）到应用市场（Amazon Marketplace），从印刷业到电子书，从实体商品到计算服务，还有比如 Kindle、亚马逊网络服务（Amazon Web Services）、亚马逊优惠（Amazon Prime）等。这些成绩，足以让贝佐斯成为“当今科技第一人”。对此，CNN 曾撰文这样分析道：“苹果现任 CEO 库克不可能如乔布斯般激励创新，而马克 · 扎克伯格的 Facebook 公司又太年轻，还未受检视……环顾四周，只有贝佐斯能符合上述条件。”

或许，现在是到了该重新理解贝佐斯和审视亚马逊的时候了。因为贝佐斯正一步一步、大无畏地领导着一家“会吃掉全世界的企业”。不过很可惜的是，同样是顶着全球最佳 CEO 的光环，贝佐斯的名气显然大不如乔布斯。相比写乔布斯和苹果的书目众多，关于贝佐斯和亚马逊的却少得可怜——国内能看到的几本书最早可追溯到 2000 年丽贝卡 · 桑德斯的《亚马逊网络书店传奇》和张志伟的《Amazon.com：亚马逊网络书店发迹传奇》，随后十来年几乎处于断档、空白，直到最近由理查德 · 勃兰特写的《一键下单：杰夫 · 贝佐斯与亚马逊的崛起》才算对这位“网络界的山姆 · 沃尔顿”的讨论有了点进展（当然，像林允溥写的《AWS 云端企业实战圣经：亚马逊如何构造云端计算》这类纯粹技术研究的书籍则不在我们的议题范围内）。

理查德 · 勃兰特是专门报道硅谷新闻的一个知名记者，写作生涯超过 20 年。以这样的资历，再加上前期采访众多亚马逊公司员工、竞争对手和观察家，写起贝佐斯这个互联网大佬来自然驾轻就熟。倘若以中规中矩、客观记录为评判标准，那么，勃兰特的这本书是合格的，而且给的分数不会太低。但如果以沃尔特 · 艾萨克森当年写《史蒂夫 · 乔布斯传》的层级来看待，《一键下单》显然有点小儿科。毕竟这本书实在太薄了，区区 200 来页，且又无当事人贝佐斯的授权，于是，勃兰特的这部作品更像是某财经杂志上的一则长篇“封面故事”。

看来不过瘾，读完又意犹未尽，这是在所难免的。不过相比较无新作，市场空缺，勃兰特的《一键下单》仍不失为一本最全面梳理贝佐斯创业和亚马逊发迹的书。书中除了人们通过各大财经媒体了解的那些事情外，还记录了一些鲜为人知的细节。比如，连贝佐斯都不清楚其生父是谁，他常说“我真正的父亲是把我养大成人的那个人”。关于公司名字，一开始是叫 Cadabra，意思是魔术师反复吟诵的咒语的一部分，这么烂的名字差点导致某个早期员工不想加盟。后来贝佐斯选了 Amazon，因为 A 在任何按字母顺序排名的列表中，都能排行靠前。同时，作为世界上最长的河流，体现贝佐斯对这家公司的雄心壮志。另外，Amazon 一词还很容易拼写。还有，贝佐斯建立世界上最大的书店并不是因为他对书籍的热爱，尽管他真的爱书，这完全是他深思熟虑的结果。

勃兰特写道，首先在“熟悉的产品”上，贝佐斯深知谁都知道书为何物，它不像电子产品，没有假冒或者质量不一（美国不存在盗版书），购书者无论从哪儿买书，品质都是一样的；就“市场规模”而言，1994 年美国有 5.13 亿册书籍售出，总价值是 190 亿美元，不得不说是潜力巨大；“竞争”呢，大的连锁书店只有巴诺和博德斯（Borders）两家，占市场份额的 25%。同时，因为受场地限制，大部分书店的库存还是很有限的；“获得库存”方面，图书经销商英格拉姆和贝克 & 泰勒主导了市场，并在美国都战略性地设置了仓储设施，能够在两天内把书送到；“创建一个在售图书的数据库”，当时经销商已经为进入电子时代搭好了舞台。所有图书都被给予了一个 ISBN 编号（国际标准书号），对贝佐斯来说，“所有书籍信息已经被精心地整理好了，可以放到网上了”；“折扣机会”，网上书店可以直接从经销商那里订货，而用不着有自己的库存，所以在价格上有很大的优势；至于“运输成本”，像软件和 CD 一样，书是很容易按照重量标准来邮购或者走第二天送达服务的；最后一个“在线潜力”，软件程序可以整理、查找、组织好署名和分类，让在线查找和购买更加容易。最大的实体书店也只能存储 17.5 万种图书，而贝佐斯知道，只要有两台配置够用的计算机，完全凭借软件就可以整理数据库中的上百万册图书。在分析了销售不同产品的利弊后，贝佐斯惊异于自己的发现：图书看起来竟然是最适合做电子商务的。就这样，当很多人以为这个想法太过简单，不足以开展一场变革时，天降大任于贝佐斯，他做到了，并且很快将颠覆——不止是图书出版业。

虽然贝佐斯一直强调亚马逊是一家网站，是一门新生意，但他没有把公司设在硅谷，却选择了西雅图，这又是为什么呢？对此，勃兰特揭示了其中原因：第一，贝佐斯的很多早期雇员也是通过华盛顿州大学计算机学院的关系网获得的，因此公司设立地必须有大量的企业家和软件程序员人群；第二，美国不同州销售税不同，精明的贝佐斯考虑到了赋税成本；第三，西雅图靠近某个书商仓库的城市。同时还要是各大都市枢纽，那样就能很快地把书递送给客户了。

最后是书名——一键下单，这是亚马逊的专利技术。贝佐斯总是希望利用先进技术来为顾客提供卓越服务，这一哲学的直接产物便是“一键下单”。可以说它既是亚马逊最著名的也是最受争议的一个项目。有人评价它说，该专利将订购过程缩短成一次点击究竟不需要多少思考，法律专家甚至将其称作“臭名昭著”的专利，“连最基本的新颖性都不满足，而且还会扼杀互联网上的创造力”。然而，贝佐斯可毫不在乎。事实上，正是这种对细节的关注使亚马逊取得了成功。贝佐斯会做他能想到的任何事情，来使顾客应用亚马逊的流程更简单，网上购书体验更卓越。贝佐斯知道，在一个被日益复杂的计算机、软件、互联网技术淹没的年代，在网上做任何事情都要极简至酷。实际上，几年以后，当佩奇和布林创建谷歌时，他们也采用了这一原则。

勃兰特没有介绍自己的写作初衷，也因此没有解释为何用“一键下单”作书名，此举虽然能昭示亚马逊的企业文化，但真的太简单了，像是都没有尽力去想个更有噱头的名字，这就好比用“网页排名”(Page Rank)来作谷歌企业传记的书名一样。同样的，对于亚马逊后来的进展，诸如Kindle、亚马逊网络服务、贝佐斯的内心、下一步的战略等议题，本书均未涉及。这也难怪，以200来页的篇幅，要面面俱到，实在难以负重。在这个意义上，理查德·勃兰特的这本书只是作为一则序章——既是他未来可能会推出修订升级版的前哨，也是后来人描绘更全面、更深刻贝佐斯肖像的指引。

数字时代的必修课

100

杨吉 TMT 百部全说

《价值观的力量》

# 重新发现商业的价值观

梅格·惠特曼（Meg Whitman），美国亿贝公司前首席执行官。她拥有普林斯顿大学经济学学士和哈佛商学院工商管理硕士学位。她曾在数家大公司任职，包括宝洁公司的客户服务部门、贝恩公司的旧金山分公司的管理顾问、迪士尼公司主管消费产品行销副总裁、鞋业公司 Stride Rit 的总裁、全球最大的花卉产品公司 FTD 的总裁兼 CEO，Hasbro 公司学前儿童部的总经理。2010 年加州州长候选人。曾担任惠普公司、应用材料公司、AMD 公司的高级行销执行长。对梅格·惠特曼的赞美不胜枚举，包括：《经济学家》称她为“在线跳蚤市场女王”；《时代周刊》称她为“最具有冒险精神的新型拍卖英雄”；《财富》杂志 2001 年最具商业力量的女性的评选中获第二名；《价值》杂志 2001 年最佳首席执行官的评选中排名第五；《商业周刊》杂志从 2000 年起每年都将其列为 25 个最强有力的商业管理人之一；2001 年底，在《时代周刊》和美国有线电视新闻网（CNN）评出的全球 25 位最具影响的 CEO 当中，名列第九；《财富》杂志 2004 年度“最有权力的商界女性”评选中，击败惠普女掌门卡莉·菲奥莉娜（曾经连续 6 年蝉联“权力女性”盟主宝座），成为 2004 年全美商界“女强人”。

【美】梅格·惠特曼、琼·汉密尔顿：《价值观的力量》，机械工业出版社 2010 年 8 月第 1 版，定价：39.00 元。

虽说是自传，但行文中讲得更多的是管理心得和经营思想；倘若就此认为是一本管理学著作，则又不像，贯穿全书始终的是作者的人生回忆与生活点滴。就这样，一本名为《价值观的力量》登场了，传主就是全球电子商务教母、被英国《经济学家》杂志称为“在线跳蚤市场女王”的亿贝（eBay）前首席执行官梅格·惠特曼。

惠特曼的这本书是我近几年读到的第五本出自“全球最具影响力或权力”女性之手的自传，按时间先后来算，有前美国第一夫人、美国现国务卿希拉里·克林顿的《亲历历史》、惠普公司前董事会主席兼首席执行官卡莉·菲奥莉娜的《勇敢抉择》、“美国电视新闻第一夫人”芭芭拉·沃尔特斯的《试镜人生》，以及前美国副总统候选人、最有争议女州长莎拉·佩林的《单打独斗》。包括眼前的《价值观的力量》在内，我发现了一个很有趣的现象——这些女性在写传记时，喜欢把自己推崇至极、希望别人记住的特质直接作为标题，例如，克林顿的那句“亲历历史”，看似云淡风轻、轻描淡写，实则在告诉世人，她是“老骥伏枥，志在千里”，过去她是亲历，未来便是创造；又如，菲奥莉娜干脆把那段在惠普的日子描写为临危受命、艰苦卓绝，至此，她的形象也清晰可见，那就是勇敢、坚强甚至有些独断的女强人；再譬如惠特曼，她在回顾十年的亿贝首席执行官生涯时，不高谈阔论商业思想，也不夸夸其谈管理技艺，她只想和人们分享什么是“应该做的正确的事”。当她随后高举价值观的大旗，并认为运用传统的道德观念来治理公司将事半功倍时，她留给人们的印象便是：直率、谦逊以及品格高尚。

这或许与亿贝固有的企业文化、公司价值有关。根据惠特曼的记载，在其加盟亿贝后不久，创始人皮埃尔·奥米迪亚说过一句话，“我们不必刻意制定价值观，我们的社区已经形成了自己的价值观。我们需要与它们协调一致，否则就不会有什么作用”，随后，奥米迪亚写出了他所认为的社区价值观（也许正反映了他个人的价值观），如相信人性本善，认可并尊重每一个人都是独一无二的，相信天生我材必有用，应该集思广益，鼓励为人处世要换位思考，相信诚信正直、公开透明可以引发人性的光辉。这些价值观让惠特曼大为震撼、感触颇多，正如她所说：“这引起了我强烈的共鸣，它们所反映的乐观精神与开放思想，与我从最敬重的朋友那里观察到的是一致的。”“在亿贝做了10 年的管理工作之后，我的体会是，如果亿贝是家没有核心价值观和道德原则的公司，对网络社区及成员只是加以利用的话，我们绝不会取得成功。”

因为有了前人的指引和实践，惠特曼笃信以正确价值观为导向的管理方式是必要的，也是适当的。尽管技术的进步，让信息流动更加快速，人际沟通更加便利，交易行为更加透明，但一些传统的价值观和商业理念是不会“与时俱进”的。例如，人性本善、行动导向、真诚正直、崇尚节约、注重结果、积极聆听、专心致志、团队合作、勇敢坚毅、灵活应变等。这些在米尔顿·罗克奇分类下被视为工具性的价值观恰恰构成了惠特曼认为需要传承、需要发扬和需要遵从的“商业基本底线”。

惠特曼早年曾做过管理咨询的工作，也担任过一系列大型企业的高层管理人员，其中就包括鼎鼎大名的迪士尼和孩子宝。这段职业经历无疑让惠特曼在管理理论和实践中找到了一个好的契合点、平衡点，从而使她在亿贝得以将之前的全部技能、知识和经验运用自如。即便偶尔会有些力不从心，但结果终究是柳暗花明、左右逢源。在某种意义上，这解释了促成惠特曼以“价值观的力量”为题写自传的原因。一来她想把管理亿贝的体会和想法与大家分享；二来她觉得有必要让这些价值观在亿贝之外的商业领域、企业组织推广开来；三来她相信运用这些价值观能帮助人们在经济衰退、压力重重的时刻重新打造光辉的未来——该书出版时正值惠特曼积极竞选美国加州州长，不可避免地，最后一个目的听起来也更像是施政宣言、竞选口号，但不管怎么去质疑她的写作初衷，惠特曼的这本书还是保持了传记类书籍的较高水平，没有沦落到一味的说教、单向的粉饰或乏味的灌输。

当然，惠特曼也承认，价值观导向并不是领导企业的唯一方式，激励员工的方式也有很多。例如，英特尔的安迪·格鲁夫就信奉“只有偏执狂才能生存”；通用的杰克·韦尔奇采取的则是不拘小节斗志旺盛的强硬领导风格，人称“中子杰克”，在他的带领下，企业官僚层级被打破，安于现状人浮于事的习气被消除；还有苹果的史蒂夫·乔布斯，他的特立独行、偶像风范也是一种领导力的体现；还有像彭博社的创始人、纽约市市长迈克尔·布隆伯格、著名脱口秀节目主持人奥普拉·温弗瑞；等等。风格因人而异甚至大相径庭，但结果却往往殊途同归，这究竟是为什么呢？或者，换一个问法，那些真正的商界领袖，他们是否有一些共同的必备的素质呢？这些素质又是什么？

在阿兰·道伊奇曼看来，答案就是“说到做到”。在同名书中，道伊奇曼首先把“领导”作了一个分类：真正的领导、统治者、职业经理人和硕鼠，其中后面三个是“伪领导”。统治者通过控制、操纵、欺骗、胁迫、武力及暴力保护和维持自己的权力与特权，其行径为人不齿；职业经理人只是“正确地做事”，而不是“做正确的事”，他不会试图努力改变组织根深蒂固的价值观以及偏好；至于硕鼠，他们是投机主义者、是功利主义者，他们会带着巨额财富全身而退，而全然不顾组织、员工、客户、股东的死活。道伊奇曼说，他的这本书是写给真正的领导或那些想成为像惠特曼、韦尔奇、乔布斯、格鲁夫那样级别的人看的——它要告诉世人，“说到做到”是一件最简单、最重要同时也是最容易疏忽的事情。

什么是说到做到，什么是言出必行？道伊奇曼从西南航空公司两位总裁赫伯·凯勒赫和科琳·巴瑞特的身上，从索尼的创始人井深大身上，从黑人民权领袖马丁·路德·金身上，从南非总统曼德拉身上，从麦当劳创始人雷·克罗克等人的身上汲取灵感，提出“说到做到”包括：知道把客户放在第一位，会与下属共进退，会深入一线，会无时无刻地教导、培养和引导他人，会以身作则，不需要虚名头衔，会激发他人的信念。总之，说到做到是领导者的必备品格——倘若回头再看看惠特曼及其倡导的价值观，这个结论毋庸置疑。

需要指出是，以价值观为导向，既不是让你空想妄谈，也不是教你泛泛而谈，它实则是一种哲学、一种态度、一种思路，更是一种方法。惠特曼在自传中也承认，价值观的工具性作用，即以价值观武装自己，有利于真正高品性领导的塑成，同样道理，正确的价值观引导，也有助于我们创造客户、达成交易，让“生意追着你跑”。

至少，帕特里克·兰西奥尼是这么认为的。在他的《示人以真：如何让生意追着你跑》一书中，兰西奥尼提出公司服务应当“以弱示人”，这个“弱”可不是能力弱、水平弱的“弱”，而是一种姿态，一种面对客户所展示的谦卑度、无私度和透明度。为了更好地诠释这一服务理念，兰西奥尼罗列了一些原则，如把生意抛之脑后、直言不讳、以身试险、承认自己的错误、勇于承担责任、事事以客户为中心、承诺自己的弱点与不足，等等。说说不难，做做也不简单，这些听起来也都是一些正确的废话，对此，我们不妨换个表达理解：不是金刚钻就别揽瓷器活，多少底气说多少话，不吹嘘不冒失，以真示人、以诚动人、以德服人。

《IT 创业疯魔史》

# 真实的创业书，真诚的回忆录

杰瑞·卡普兰，美国人，身兼技术创新家、创业企业家和畅销书作家三个身份。

1972年他在芝加哥大学获科学历史和哲学专业的学士学位，这一年他开始使用电脑。1979年他获得宾夕法尼亚大学计算机和信息技术专业的博士学位，是根正苗红的计算机专业科班出身。

1981年，PC革命之火在IBM的煽动之下，迅速蹿高。卡普兰也开始走上风险创业之路，与别人共同创办Teknowledge。1985~1987年，他是当时最成功的软件公司Lotus公司（那时候连微软都只能望其项背）的首席技术官。

1987年卡普兰下定决心，辞去丰衣足食的工作，创办了可以写入IT历史的GO公司。他把笔输入电脑市场煽乎得神乎其神，成为产业的最大热点之一，让投资者、媒体、业界为之入迷。

【美】杰瑞·卡普兰：《IT创业疯魔史》，江苏凤凰出版社2012年3月第1版，定价：39.80元。

一本出版于20世纪90年代的老书，在20多年后，被拿来重译、换了封皮、改了标题，于是便有了《IT创业疯魔史》。

相比较之前国内《硅谷传奇》（四川人民出版社1999年版）的译本，如今这版有点噱头用力过猛之嫌。IT创业没错，但何谓“疯魔”，又哪来的“疯魔史”一说？难不成指的是游荡在硅谷的一些疯子和魔鬼，而全书就围绕他们展开，讲他们的故事，道他们的历史？

想多了，书的主人公就一个，叫杰瑞·卡普兰。他原是软件公司Lotus的首席技术官，别小看这家公司，在当时（1985~1987年间），就连微软都还只是小弟一个，无奈只能望其项背。但就是在这样一家介于牛A和牛C之间的公司，处于举足轻重的职位，卡普兰竟说不干就不干了，置衣食无忧、待遇丰厚于不顾，毅然决然地选择创业。

从1987年决定单干开始，若要介绍卡普兰，就不得不提他创办的GO公司。这是一家IT公司，主打手写便携电脑。以今日的眼光看，该项技术再平常不过，但回到过去，那时家用电脑都尚未普及，CPU 都还只是 286 甚至更低，卡普兰能想到用手写输入取代键盘输入实属不易。重要的是，除了想法，还有行动，更有成效，最后卡普兰成功地研发了手写便携电脑，让梦想照进现实。一直到 1994 年，GO 被 AT&T 收购逐渐销声匿迹，终于在历史舞台消失。但这一路历程是幅完整的创业画卷，其中有为缺资金犯愁的时刻，也有遇到挫折情绪低落的时候，还有技术难题迟迟无法得到解决苦苦探寻的时期，甚至还有企业发展不顺迷茫无措的时段，所有这些都是创业必经的阶段，也因为这样，卡普兰的故事多了一份真实（他在自序中强调要“写一部最最真实的企业史”），也因而多了一份认同。虽然该书一再突出卡普兰“我为创业狂”的形象，但客观地讲，相比于其他几位企业家，论疯狂，他不如维珍的理查德·布兰森；论偏执，他不如英特尔的安迪·格鲁夫；论战略，他也不如曾交过手的微软的比尔·盖茨；当然，论技术天赋，他也不如当时已被清理出苹果门户的史蒂夫·乔布斯。

今天，对于大多数人而言，无论是卡普兰还是 GO 公司，都已经很陌生了。也难怪，在“成者王，败者寇”的商业世界里，人们热衷谈论时下最光鲜的事物、最流行的理论以及位于巅峰处的领袖人物。而对于卡普兰及其 GO 公司，到头来不算成功（对此作者却自认为有点失败），更确切地讲，关键是行得不远、待得不久。如果说伟大都是熬出来的，那么，卡普兰领导的 GO 由盛转衰、时间匆匆，证明了他们充其量只是 IT 业界的一段传奇、某段佳话，而无法成为为后人敬仰的界碑，至于伟大，还谈不上。

但即便如此，综观全书，对 GO 公司当年凭一己之力，曾震撼了几乎整个硅谷的事实是要加以肯定的。正如李开复在为该书倾情所作的序中写道：“微软后来嵌入 Windows 的笔输入体验，苹果后来的 Newton PDA，都直接受到了 GO 产品的影响，并与 GO 展开了竞争。当时的 GO 公司不但聚集了一批硅谷的顶尖人才，也向硅谷的巨人们‘输出’了不少杰出人物。比如对谷歌早期创业作出过重要贡献，长期担任谷歌资深副总裁的奥米德·柯德斯塔尼（Omid Kordestani），曾在苹果担任副总裁的比尔·坎贝尔（Bill Campbell）等人，均出自 GO 公司这个‘创业训练营’。”

“三分天注定，七分靠打拼，”有时候，创业就是这么一回事。不得不承认，GO 所走的手写输入这一技术不可谓不创新，不可谓不正确，不可谓不引领彼时的潮流。然而，过早介入，一旦时机不对，往往是白忙活一场。要知道，第一个吃螃蟹的虽然先“尝”为快，但味道好不好，吃了有没有问题，都还是未知。也就是说，相对于正确地做事，创业还重在正确的时间做正确的事。当技术、市场、环境、应用等因素还不成熟的时候，即便 GO 公司的战略理想再伟大，也难逃时运不济的命运。

不过，我们仍得向卡普兰以及他的 GO 公司表示最崇高的敬意。当别的创业故事，很多都大谈特谈成功、经验或领导力之际，杰瑞·卡普兰却在这本书中如实地记录了 GO 创业过程中遇到的一个又一个的麻烦、困境。这是一本很真实的创业书，也是一本很真诚的回忆录。卡普兰拿它追忆过去，我们不妨用它警示未来。

《20 个月赚 130 亿》

# 网上不去，且看陈士骏自传

陈士骏，1978 年生于中国台湾，全球最大视频网站 YouTube 的联合创始人，美国杂志《Business 2.0》公布的全球排名第 28 最具影响力企业人物。目前又持续创业中，现为创新工场投资人之一。

张黎明，《北京晨报》经济新闻中心记者，自 2004 年 11 月起，从事财经新闻报道；自 2006 年 6 月起，从事 IT 领域新闻报道，长期跟踪国内各大互联网公司创业历程。相关人物报道曾收入《中国式成功》一书。

拿到陈士骏的自传，老实讲，真有点搞不懂为啥国内出版方要给它取一个很俗、很“暴利”的名字——《20 个月赚 130 亿》。对很多人而言，别说 20 个月，就是 20 年，200 年，都不一定能赚得到 13 亿，这样的奇迹，往往也只有发生在互联网、高科技时代。

没错，陈士骏就是其中一位大名鼎鼎的 IT 英雄、新富传奇。他出生于中国台湾，儿时举家迁移至美国，接受正统的美式教育，然后就读伊利诺伊大学的经历可以忽略不计；哪怕他临毕业前几个月放弃学位，加入 Paypal 创业团队，年纪轻轻赚到百万，接着因公司被亿贝收购，不适应大公司的企业文化，毅然决然离职，这些也可以只字不提。重要的是，他从离开亿贝后，与伙伴查德·赫利创办了全新理念的视频分享网站 YouTube，是年 2005，那是一个春天。

简单介绍几句，YouTube 的出现是现象级的，在它之前，人们并没有多少网上发布和分享视频的渠道；它一下子激发了网友们上传视频、分享视频的欲望与潜能；它在一定程度上改变了传播范式，属于典型的 Web2.0 应用；还有，以它为模板的视频网站，包括国内有名的土豆、优酷、酷

【美】陈士骏、张黎明：《20 个月赚 130 亿：YouTube 创始人陈士骏自传》，中国华侨出版社 2011 年 11 月第 1 版，定价：35.00 元。

六、56 网等如雨后春笋般涌现出来，并相继开创了“视频传播”、“视频社交”、“视频营销”等一系列崭新的互联网生活方式。所以，说到这里，你应该对 YouTube 有所了解，再不然，总之记住一句话，20 个月后（2006 年 11 月）它被卖了个高价，16.5 亿美元卖给谷歌，折合人民币 130 亿。现在，知道为啥叫“20 个月赚 130 亿”了吧?

看整本陈士骏自传，文字平平淡淡，叙述平铺直叙，而内容侧重他在硅谷的创业经历。若谈得上有印象的，便是他凭直觉、追随内心的行事方式（风格）。如他在书中所写：“事实上，在我截至目前的人生经历中（决定创办 YouTube 之前），做所有重大决定都要不了 3 天，决定辍学，用了 15 分钟；决定买房，用了 1 天；决定要娶一个女孩子，用了 3 天……”你可以说，这样做太过草率，实在鲁莽，但这就是陈士骏，他做了，并且成功了，按事后诸葛亮的说法，这或许就是成功之道。

但不可否认，陈士骏有其天才的一面，他早早地表现出了计算机编程上的天赋。这一点，在阅读其自传时尤其要引起注意的。另外，还有一些成功的偶然因素，就连陈士骏本人也毫不否认。他在书中曾这么总结“三个幸运”：第一，宽带技术的发展；第二，Flash 应用技术的提高；第三，大众录音录像的普及。就像看其他成功人士的传记，在学习与品鉴的时候，务必得记住一句话“成功不可以复制，失败尽可能避免”。

当然，陈士骏在经营 YouTube 的过程中能给我们很多启示。例如，拥有志同道合的创业伙伴至关重要；创业最关键的是在正确的时间做正确的事情；创业绝不是第一个点子就能挖到金矿，YouTube 也是在尝试了社区等多种模式不成功后，才找到了真正的用户需求；做产品时要有爱，也要充满对技术创新的激情；创业时精干的小团队往往可以抵上大公司的大团队；核心团队的成员之间要避免日后陷入内耗和纷争，需要从治理机构上确保股权清晰、利益关系明确……

至于被谷歌收购之后，陈士骏没过多久再一次选择离开，很多人会解读为是否又融入不了大公司的管理风格，或者，陈士骏就是一个把公司当猪来养的人，肥了卖个好价钱。其实不然，他曾如此解释不继续留在 YouTube 的原因：“每次看到 YouTube 的名字在广告上、报纸上出现，我都感觉它不再是我的了，就好像发明照相机的人，当他每一次看到照片，都不会想到这个事情跟他有关系，因为照片上展示的是别人的生活。”所以在事业本该如日中天之际，他急流勇退，选择告别，然后下决心重新创业，为此，他甚至拒绝了谷歌方面高达 1 000 万美元的积极挽留。也只能这么看待了——陈士骏是那类异人，天生就有创业的基因，一腔热情、满腹理想，他对创业有瘾头。

如果对互联网业感兴趣，这本书还是值得一读的。不过话说回来，在中国的语境下，该书的出版会是一个绝佳的讽喻：书进得来，网上不去。若干年后，也许有人会说，切，这个网站算什么，还不是抄袭优酷、土豆、酷六的吗?

《Facebook 效应》

# 马克·扎克伯格之辩

大卫·柯克帕特里克，《财富》杂志高级编辑，网络科技版主编，长年执笔“快速前瞻”专栏；拥有19年技术写作经验，是《财富》杂志“头脑风暴”会议的发起人。2005年曾主持北京《财富》全球论坛。

【美】大卫·柯克帕特里克：《Facebook效应》，华文出版社2010年10月第1版，定价：49.80元。

2003年的某一天，酒吧，马克·扎克伯格和他的女友。

不知道因为哪个话题，两个人的对话开始有了点火药味。然而，不像一般男孩子懂得适可而止，会甜言蜜语加温柔攻势，“计算机宅男”扎克伯格却呆子味浓厚、书生气十足，他不仅丝毫没有哄女生开心的意思，而且还变本加厉，滔滔不绝、自说自话起来。一会儿说技术，一会儿说理想，一会儿说女友的不是，一会儿又指责他人的不是，总之，没有一句话是能让对面的女孩回心转意、心花怒放的。结果，她就对扎克伯格说了如下这番话：“听着，你会很成功，会很有钱。但是，你这辈子都以为女孩们不喜欢你是因为你是个技术怪胎。我想让你知道，这不是真的——原因是你是一个混账。”

近期在全美上映的电影《社交网络》以这样作为开篇，再现了全球最红的社交网站Facebook的崛起，以及其创始人扎克伯格的发家史。故事从2003年马克·扎克伯格在酒吧被女友抛弃讲起，然后喝得烂醉的扎克伯格回到寝室，当晚就入侵了哈佛大学的数据库，把非法获得的在校女生照片和姓名贴在了自己的网站 Facemash（砸脸），以此来让男生票选出哪个更漂亮和性感。尽管这个公然有侮辱性的票选美女活动，使得扎克伯格在各女权主义团体中臭名昭著，但也正是因为这个不经意间、偶然所为的举动，直接成就了后来用户人数近 6 亿的社交网络霸主——Facebook。

自该影片播出后，票房可谓喜人，但也引发不少争议。尤其是对那些 Facebook 的忠实用户和扎克伯格拥趸而言，他们想弄清楚，Facebook 的创意真的是扎克伯格的吗，还是他剽窃抄袭而来的？究竟扎克伯格是个怎么样的人？扎克伯格是否看过这部电影，如果有，他又会有什么样的反应呢？毫无疑问，一部《社交网络》，两本书，两派截然不同的观点，注定将扎克伯格及其 Facebook 推向风口浪尖，再次成为备受瞩目的焦点。

这里所说的两本书其实是扎克伯格传记的两个版本，一个是本·梅兹里奇写的《意外的亿万富翁：Facebook 诞生史，一个关于性、钱、天才和背叛的故事》，另一个来自大卫·柯克帕特里克的《Facebook 效应》。而人们看的电影《社交网络》改编自本·梅兹里奇的作品，故事中将扎克伯格塑造为一个孤僻的、野心勃勃的“电脑奇才”，会为了公司而选择背叛朋友。关于那个“Facebook 之父到底是谁”的问题，在本·梅兹里奇那里似乎也有了定论，如其所讲述的那样，同样毕业于哈佛大学的美国双胞胎兄弟卡梅隆·温克莱沃斯和泰勒·温克莱沃斯曾指控扎克伯格抄袭他们的创意，并与扎克伯格打了 4 年官司，最终获得 6 500 万美元的赔偿。因为这单官司，两兄弟也一夜成名，身价超过亿万美元。

难道这就是真相吗？不，绝对不是。大卫·柯克帕特里克声称：“《社交网络》这部电影确实有一些真实的内容，但也有太多的错误，太多根本性的误导。”例如，电影说扎克伯格创建 Facebook 是为了讨女人欢心，这完全是污蔑，彻底的误导。其实，扎克伯格之所以创建 Facebook，是因为他想改变这个世界，让用户乐享其中。事实上，他已经做到了。另外，扎克伯格并不是伦理和道德上有瑕疵的人，他不是像外界所说的那样，会对威胁其权力的人毫不留情。在《意外的亿万富翁》中，梅兹里奇援引消息人士说法，证实 Facebook 前高管西恩·帕克在会议室与扎克伯格发生摩擦及涉嫌毒品被捕之后引咎辞职（暗指帕克被以不正当手段挤出 Facebook），而柯克帕特里克不否认西恩·帕克在公司早期成功中曾发挥过的重要作用，直到现在，扎克伯格还定期向帕克咨询业务事宜。

不过该书也并未抹杀扎克伯格的反叛性，他仍然是“海盗船”的船长：真的入侵哈佛大学服务器发布备受争议的“Facemash”；商业名片上写着“我是 CEO，很下贱”等另类语言；员工在联谊会上喝得酩酊大醉；蔑视投资方 Sequoia Capital，穿着睡衣同对方会面。这就是扎克伯格，一个偶然成为社交网络王子的扎克伯格，既自负又天真，既多愁善感又英气逼人，但其本质是一位富有创造力和行动力的梦想家。

不难发现，柯克帕特里克的《Facebook 效应》是对早于一年前出版的《意外亿万富翁》的反击。相对于梅兹里奇写作《意外亿万富翁》主要观点来自 Facebook 的竞争对手 ConnectU 联合创始人爱德华多·萨维恩那边，后者曾与扎克伯格及 Facebook 之间有冗长的官司纠纷。而柯克帕特里克则得到了 Facebook 的官方支持。为了能更好地对 Facebook 进行客观、中立、严谨、详尽的报道，柯克帕特里克采访了众多与 Facebook 有关的内幕人士，其中就包括扎克伯格本人。综观全书，《Facebook 效应》在细节的描述上和若干问题的求证上有了更好的展示与纵深——当然，这句话的意思并不代表着，它所写的一定就是事实。

正如我们看到的，《意外的亿万富翁》和《Facebook 效应》代表了业界对扎克伯格的两种看法，而且黑白分明，没有语焉不详和模棱两可。一个旗帜鲜明的倒戈派，一个义正严词的支持派。说实话，除非你是扎克伯格身边的亲信，跟他一块经历过创业的成败得失，又或者，你获取的是第一手资料，不管是采访调研还是实地考察，不是人云亦云、道听途说的那种，你或许才有可能得到一个相对准确的判断。但不管怎么样，请记住以下一系列关键词：马克·扎克伯格，男，26 岁，性取向女，热爱极简主义、革命与禁欲，是他，创造了一个倡导透明、信任、分享、平等和自由的虚拟平台，而这个产物就是 Facebook！

数字时代的必修课

100

杨吉 TMT 百部全说

《马云管理日志》

# 马云再解读

金错刀·本名丁鹏飞。数字时代的商业观察者，新浪、网易商业、CNBC特约评论员。现为《中国企业家》研究总监。曾著有《鱼向反方向游》、《快品牌——新晋品牌一飞冲天的蓝海法则》、《公司山猛——〈财富〉500强的中国韬略》、《三星进化》、《公司黑带》等书。

你不得不佩服马云。这个被《福布斯》描述为“深凹的颧骨，扭曲的头发，淘气的露齿笑，一个5英尺高、100磅重的顽童模样”的男人，在他并不内行的互联网上搭了个平台，然后点石成金、化平凡为神奇，让天下从此再也没有难做的生意。与此同时，在过去的10多年时间里，马云所领导的、迅速扩张的团队仍然超乎寻常地保持着亢奋、激昂的“战斗欲”，即使是那些拿着国内同行业中下水平工资的绝大部分人，也有着职场人士对职责少见的忠诚、幸福感和向心力。

这一切源于马云独有的缔造“中国式狂想”的能力。在事业上，他充分相信自己的判断，认为互联网将是一个无穷的宝藏，里面有大大的生意可做，但它同时也是“一场影响人类未来生活30年的3 000米长跑”，要取得最终的胜利，“必须跑得像兔子一样快，又要像乌龟一样耐跑”。在管理上，他了解欲望所使、人性所向，他能全面、充分、彻底地激发出员工的积极性和意志力。他擅长以个人奋斗、成功经验为“诱饵”，用企业文化、价值理想来“包装”，拿豪言壮语、语不惊人来“布道”。事实上，当他动辄说出“如果我

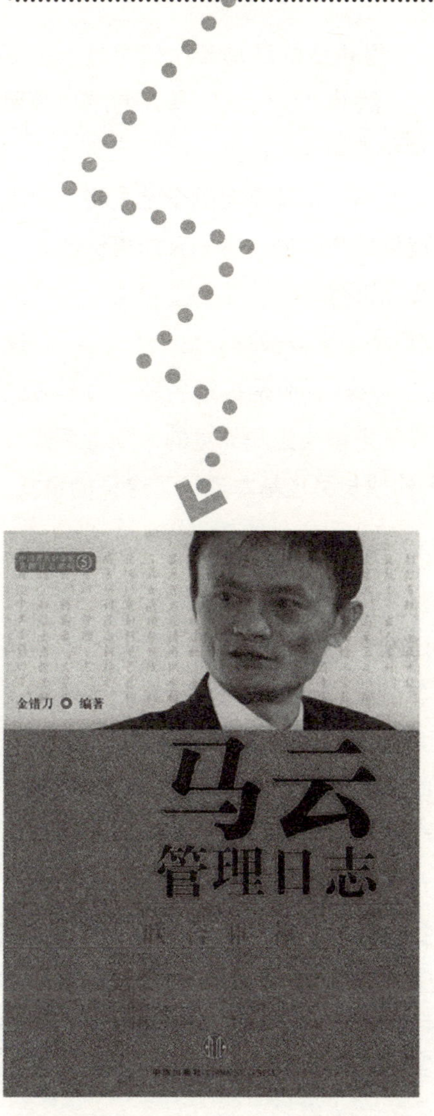


金错刀：《马云管理日志》，中信出版社2009年4月第1版，定价：42.00元。

马云能够创业成功，那么我相信中国 80% 的年轻人都能创业成功”、“全世界有很多投资者，但全世界马云就一个”等类似话语时，他实际上完成的是自我“神坛”形象的塑造以及对他人精神力量的控制。

当然，这并非马云的独创。对于国内多数互联网公司而言，个人崇拜、极富宗教感的文化保证着团队的成功。它的效果在于，当一个团队对领导者产生图腾崇拜的心理时，它内在循环所产生的力量，将导致遇敌时的所向披靡。只不过到了马云这里，所有都被发挥到了极致。大部分阿里巴巴的员工表示，他们在进入公司之前都或多或少听过马云的传奇，也一定程度上是“慕名而至”，而在此后的职业生涯中，有关马云的神话、价值观和理想在公司的各种场合被宣讲、重复，然后无孔不入地传播扩散。

不管对马云如此管理方式有多少肯定或诟病，不可否认的是马云让公司员工拧成了一股绳，成就了所谓的“梦之队”和“蚂蚁雄兵”。然而，仅仅认定马云的成功是因为妙语连珠的口才、坚持不懈的专注和有意为之的神化无疑是片面的。在马云身上，人们常常能看到其打破常规、逆反思维、反教条、出人意料、出其不意的个性风格；而人们又往往被他口若悬河、口吐莲花的语言所迷惑，就像他说过的“有一天如果你成为了成功者，你讲任何话都是对的”——其实很少人能真正读懂马云，正如金错刀在《马云管理日志》中写道的，“马云所展现的领导力及管理风格，可以被称为是‘新领导’，这种领导风格的核心并不是被大家所广为传颂的‘倒立思维’，而是被知名领导力学者约翰·科特称之为‘先知者先行’的能力——这个世界从来都是先知先觉的人领导后知后觉的人，再开发不知不觉的人”。种种迹象表明，马云的成长路径基本遵循了这样的模式。

例如，书中提到马云曾有一个被动的“三子登科”——骗子、疯子、傻子——的称法，那是因为他有一个在当时看来几近疯狂的想法，他拼命地推广互联网，声称电子商务时代即将到来，而且他要为中小企业搭建贸易平台，赚他们的钱……别忘了，马云本身是一个不懂技术、没怎么碰过电脑的人，而他偏偏还要向更加不懂电脑、不懂互联网的人推销。又如，阿里巴巴在初创时期，走的就是“远攻近交”的策略。因为在马云看来，阿里巴巴主要目的是帮助中国企业出口，如果要出口，关键是海外要有买家，这样一来，可以利用国际市场的影响力来拉动国内市场，而在短时间内又避开了国内的众人耳目，抓紧时间求发展。另外，马云非常强调眼光，他常说“眼光有多远，胸怀就有多大，你就能做多大的事”。这就是为什么有一次当马云和金庸探讨“何为笑傲江湖？钢铁是怎样炼成”时，马云能智慧地答道：“‘笑’要有眼光、有胸怀才能笑；‘傲’就必须有实力，胸怀是被冤枉大的，受冤枉多了，就有了胸怀。”在这个意义上，与其说马云有适合做传销的口才和有做狂人的胆识，倒不如说他有着难得一见、不同寻常的先知力。

为此，金错刀建议说，对马云最好的解读就是不解读，因为“原生态的声音更能体现出马云这种逆势经营的精髓”，而他所要做的，就是回归原点，实证历史，原生态展示。在《马云管理日志》中，金错刀将马云语录分门别类地置于12个主题之下，内容涵盖领导沟通、组织建设、创新精神、品牌传播、资本运营、市场竞争等。通过365篇管理日志，金错刀试图将马云艰苦创业所积聚的睿智思维和领导魅力展现在世人面前，尽管其呈现方式仍然是马云的语言，但区别是，这一次并非马云“别有用心”地说、“意有所指”地讲，就像当年马云为了能迅速把互联网宣传出去，特别杜撰了一句话：世界首富比尔·盖茨说“互联网将改变人们生活的方方面面”；这一次，马云的话是经人打乱、还原、解码之后的重构，是一种二度的演绎和诠释。

# 李彦宏和他的百度世界

程东升，就职于国内著名财经报纸《21世纪经济报道》；南方都市报深圳智库特聘专家，深商研究会成员，具有近10年媒体工作经历，从历史、人文与经济三个维度记录、观察中国本土企业和企业家的成长。1999年以来，持续追踪、研究华为，被业内称为华为研究专家。

程东升：《李彦宏的百度世界》，中信出版社2009年4月第1版，定价：42.00元。

2000年前，远在美国硅谷的李彦宏还没开始创业，当时的他非常享受自己的打工生涯，“觉得种种花草也挺开心的”。谁都没有想到，这个看起来野心不大、小富即安的年轻人会放弃外国公司丰厚的待遇，毅然决然地回国创业，支持他的是一以贯之的“用技术改变生活”的信念。

同样地，在他为创办百度而融资的时候，当有风险投资商问他“全球搜索引擎技术领域排前三位的人都是谁？”李彦宏报了三个人名，其中包括他前雇主的首席技术官（CTO）威廉·张，唯独不提自己。由于该投资者对李彦宏不熟，于是偷偷地向威廉·张求证，问“这个Robin（Robin是李彦宏的英文名）Li真的很厉害吗？”威廉·张就告诉他，“在搜索引擎技术方面，Robin Li在全世界可以排前三名”。那一刻，那位投资商才终于明白，原来李彦宏以其东方人固有的谦逊和内敛，隐藏了无比的锋芒。

这就是李彦宏，一个惯常以克制、内敛、低调、专注形象示人，却又往往出其不意、创造奇迹的人。在他的领导下，百度从一家中关村起步的小公司，历经10年发展成为中国互联网的巨人，并已成功地踏上了多元化、国际化的征途。作为世界上少数几家掌握搜索引擎技术的公司之一，百度力挫谷歌，赢得中文搜索的王者地位，这无疑激发了中国互联网产业的壮志雄心和普通民众在全球高端技术领域的自豪感。尽管百度在其初创之时，曾一度被指为模仿谷歌，但事实证明，百度青出于蓝而胜于蓝，至少在面对中国本土市场上，百度因“更懂中文”而让谷歌难以望其项背。

就拿公司名称“百度”来说，其出自宋朝辛弃疾的《青玉案·元夕》中“众里寻它千百度”的诗词。此外，百度在北京理想国际大厦的办公区的会议室也都以“满江红”、“庆千秋”等词牌名命名。“‘更懂中文’一直是李彦宏展示百度优势的‘杀手锏’。”根据程东升在《李彦宏的百度世界》中的描述，百度定位于全球最大的中文搜索引擎，以避免与谷歌产生直接、正面的冲突；同时为了更好地向投资人解释百度的中文搜索优势，其在设计招股说明书封面的时候，大胆采用将一个大大的英文 I 和 38 种“我”的中文表达相结合的方法。这么做，百度显然故意为之、意有所指，“38 个词映射出中华民族历久弥新的文化内涵，向外国投资者展现了中文表达方式的复杂与中文语义的丰富，更将百度中文搜索引擎的本质体现得一览无遗”。

不仅如此，李彦宏和他的团队后期还策划了“精准”、“百度流量就是大”、“你知道我不知道”等几个广告片来宣传自己在中文上的深厚功力。事实上，李彦宏成功的另一个关键在于，除了让搜索引擎更懂中文，还尽量满足网民上网的一切搜寻目的——甚至提供一直饱受争议的 MP3 下载搜索服务。尽管这引起了西方一些版权保护者的反感，然而正是这些西方人无法理解的文化和行为方式，在某种程度上造就了百度今日的辉煌。美国《洛杉矶时报》记者道恩·凯米尔勒夫斯基曾就此评论道：“百度以（中国）文化优势战胜谷歌”。他认为，百度按照中国人的网络搜索习惯，让被点击的搜索结果在新的窗口中打开以及提供 mp3 音乐下载搜索都是百度得以成功的关键因素。

多年来，正是由于李彦宏坚定不移地专注于提供优质的中文搜索服务，百度才能占得本土化先机，从而赢得市场商机。有人说，专注就是百度的代名词，正是因为李彦宏有着头脑冷静，不跟风、不抢潮的作风和强烈而又清晰的方向感，才引领着百度专注地走到今天。也有人说，李彦宏稳健、执着的风格是他同龄人所不具备的，而他又一如既往地保持着低调、理性，不管是面对突如其来的掌声，还是此起彼伏的骂声，抑或是外界的猜测、质疑——例如创业高管离职风波、劳资纠纷、竞价排名事件、音乐下载侵权等一系列问题，李彦宏总是能按照着自己的节奏和预定的目标步步为营、稳扎稳打，所以，从百度的发展轨迹来看，其步伐稳健得令人吃惊。

然而，这一切都将成为过去。正如程东升在书中提到，如今李彦宏正谋求带领百度上演一场“变形记”：以搜索为脚本，以国际化为旗号，以 C2C 和百度 HI 为左右先锋，全力将百度打造为集搜索、娱乐、交流、分享、社区化、平台化等多功能于一体的综合性门户网站。尽管业界对百度也按捺不住奔向门户的战略纷纷看空，但李彦宏却不以为然，始终坚持己见、我行我素。或许这印证李彦宏之前常对投资人说的那句话，“要看一年两年以后、甚至三年五年以后会是什么样子”。当谷歌正以搜索引擎为核心，携互联网广告、移动互联网、视频网站、企业级云服务等，在全球大扩张，轰轰烈烈引领着世界信息产业的革命，其实李彦宏比谁都明白百度应该走向哪里，百度的未来又在何处。

据说李彦宏喜欢《大国崛起》，并常以崛起的大国类比百度。他说，每一个新帝国的崛起，都是以前一个帝国的衰落为前提的，并且，必将面临着更新帝国的崛起，如此往复。在李彦宏构筑的梦想里，百度应当有更大的版图，应当更加伟大卓越——所以，它东渡日本、西征欧洲，所以它实施多元化战略，所以它又想涉足网游产业……不比从前，现在谁都看得出来百度想凭借网络搜索的技术基础和强势的品牌人气，实现一统互联网用户的野心，这个胃口着实有些过大。

尽管如此，程东升在《李彦宏的百度世界》里写道，百度还是有许多东西值得借鉴，包括它的商业模式、它的企业文化、它的资本运作、它的技术研发、它的市场营销，要知道它可是在纳斯达克创造过“中国奇迹”的本土公司。从现有的种种迹象表明，百度的一切会在中国企业史上成为神话，而李彦宏也将超越柳传志、张瑞敏等老一辈企业家，成为中国年轻人新的创业偶像和榜样。

# 炫公司

《IBM：蓝色基因，百年智慧》

# IBM：年已过百，富能过三

张烈生，IBM 大中华区前副总裁，并曾担任过世界最大管理软件公司 SAP 中国区总裁等职。在 IBM 和中国内地工作 20 余年，先后执掌过 IBM 大中华区金融事业部、服务部和 IBM 香港等重要机构，服务过大部分 IBM 面向市场和客户的部门，是 IBM 全球两次重大转型的见证人，并且亲历了 IBM 中国发展的几乎全部过程。他也是 IBM 销售年度奖“百分百俱乐部”的“不败将军”，并多次荣获 IBM 销售最高荣誉“金圈大会”的资格，后来更被董事长兼首席执行官彭明盛选为公司 300 余人的创新与变革全球领导小组成员之一。此外，在任职期间，他对推动中国银行业数据大集中工程以及 IT 服务行业转型也做出了巨大贡献。

王小燕，曾任 IBM、SAP 等知名外企的公关传播经理，从品牌传播的角度为 IBM 中国的服务转型作出贡献。此前还在国内领先管理媒体《中外管理》担任资深记者，写作了多篇影响广泛的管理文章。对企业战略、运营管理、IT 发展等领域有深入理解。

有关 IBM 的书不少了。记得最早读的是 IBM 前董事长郭士纳的《谁说大象不能跳舞》，后来陆续读过《IBM 方法》、《与大象共舞》，一本探讨营销，一本研究转型。这一次轮到了磨铁图书，出了本《IBM：蓝色基因，百年智慧》，书名意指明显、大气磅礴。书的封面赫然写道：IBM 大中华区副总裁解读企业长青密码。没错，掌勺者正是张烈生，在 IBM 工作 20 余年，而从职位看，来头还不算小。

然而对于写这样一本，张烈生表示曾一度不被看好。正如他在前言中所回忆的——当我的朋友知道我要写一本关于 IBM 的书时，他们大部分都投以惊奇的目光。然后他们会带着善意，不约而同地问这些问题：“IBM 很多人写过了，你还想写什么？”“你都离开了，为什么还要写 IBM？”“你凭什么资历写 IBM？”重复程度几乎百分之百。最有趣的问题是：“你的书跟那本 ××× (一本颇为流行的以 IT 行业为背景的职场小说）一样吗？”老实讲，抛开后者，前几个问题也是很多读者包括我本人要发问的。但张烈生似乎回避了这些疑问，不过对该书的内容及背景稍作了解的话，这些顾虑其实大可消除。问：“你还想写什么？”答：“如题，蓝色基因怎样，

张烈生、王小燕：《IBM：蓝色基因，百年智慧》，中国华侨出版社 2011 年 11 月第 1 版，定价：45.00 元。

百年智慧有啥？”问：“为什么还要写？”答：“正是因为离开了，才少了些牵绊和限制，随心所欲、畅所欲言。”问：“凭什么资历写？”答：“一言以蔽之，见头衔。”

相对于一般的商业观察者所作的“IBM考”，由张烈生来讲述IBM的故事，或许是合适的。因为来自IBM内部，而且一待22年，所以张烈生的很多说法具有“官方意味”。另一方面，恰如其本人所讲，“我亲历的经验去亲述IBM中国的经历。通过这些故事，我为IBM全球百年发展提供一个近距离的落地实例，特别是最近十多年的IBM转型过程”。亲身经历、现场参与，张烈生实则提供了IBM海外拓展、在华项目的“第一手资料”。

事实上，借由张烈生的讲述，任何一家像IBM一样积极投身“走出去”战略的公司都能汲取经验与教训。诚然，每一家企业走的路不会一样，在一个成熟国家和一个新兴市场发展也需要截然不同的策略。但无论如何，认识国与国的差异而且接受它们是必然的共通之处；而坚持哪些基本信念和在什么策略上变通则是考验中国企业家智慧的根本。关于这一点，差不多同期出版的《再联想》也有所谈及。该书的作者张小平，选择以“联想国际化十年”为切入点，试图梳理出联想海外战略的成功之道。有趣的是，在联想的国际化征程中，人们总是习惯性地以2004年12月8日收购IBM PC部门作为起点——虽然这一说法在《再联想》书中被证明不妥，但一个联想，一个IBM，一个得意并购，一个顺利剥离——双赢。

回到张烈生的这本书，全文共由三部分构成。除了之前提及的“IBM在中国”，余下两篇，一篇回顾IBM百年史，一篇总结IBM经营理念。虽然在这之前，其实已有很多重量级的作者包括IBM几任CEO写过IBM企业史，除郭士纳外，还有凯文·梅尼的《特立独行者和他的IBM帝国：沃森传》，小托马斯·沃森的《小沃森自传》等。但张烈生的这一版本与之前均不同，“很少有一本书从头到尾把IBM共冶一炉”，但《IBM：蓝色基因，百年智慧》做到了。而且张烈生希望为读者呈现一个起码从时间上完整的IBM，也通过他的理解，分享100年中IBM如何在带领行业发展的同时，完善自己的核心能力。

书的最后一部分便是对IBM核心能力（也可以称之为“蓝色基因，百年智慧”）的总结。毕竟是来自管理一线，所以在张烈生的书中没有什么深不可测的理论模型或概念数据，有的只是一些很朴实的心得。印象深刻的是那句“近十多年，IBM的执行能力严谨如一台超级机器，几乎是滴水不漏”。俗话说得好，一流的战略二三流的执行，倒不如一流的执行二三流的战略，执行力的重要性不言而喻。

中国人信奉一句话“富不过三”，百年IBM何止三代？低调高效，且能及时华丽转身的IBM能打破如此魔咒，实现基业常青，自有其一定的道理。以前，不少写IBM的书着重介绍公司的管理经验；如今，张烈生添砖加瓦，独到地剖析了IBM常青的密码。书很厚，就像IBM沉淀的百年经营史，值得细细品味。

# MySpace：不是被“偷”了，而是被“毁”了

朱丽亚·盎格文（Julia Angwin），《华尔街日报》记者，普利策奖获得者，专为该报撰写有关科技与传媒相结合内容的文章。

【美】朱丽亚·盎格文：《谁偷了 MySpace》，中信出版社 2011 年 1 月第 1 版，定价：45.00 元。

五年前，国内网络社交一时风行，我也不甘落后，在 MySpace 上注册了一个账号。

当时，MySpace“登陆”不久，有个不错的译名叫“聚友网”，意指“朋友聚集之地”（ a place for friends ）。至于为什么选它，这里还需交待下背景：第一，众所周知，上 Facebook 得翻墙，嫌麻烦；第二，校内、人人、开心虽成气候，但嫌山寨；第三，MySpace 背靠新闻集团这座大山，来华发展信誓旦旦、雄心勃勃，总有几分期待。所以刚开始几天，满心欢喜地装扮着自己的“门面”，时而上传个人图片，时而调整主页风格，时而变换背景音乐，时而更新几篇博客，也交了不少朋友，但大多不认识，年纪还很小，在线时有一搭没一搭地聊个几句。

有一次，跟一个在美国耶鲁大学念书的学姐聊天，问她是否玩网络社交，是否也知道 MySpace。没想到，她的回答有些令我失望，她说：我们基本都用 Facebook 的，MySpace 主要偏向于十七八岁小年轻的，不那么主流和有品……天哪，听君一席话，猛然发觉，原来我不知不觉地“装嫩”了一回。后来，可能是“主观偏见”，也可能是真的不搭，MySpace 对我根本谈不上有什么吸引力，一来网上的朋友差不多都比我小个六七岁的，而且还不认识，没什么共同语言；二来我周围的朋友要么不玩，要么就上校内、人人等，所以没过多久，我就再也没去 MySpace 逛逛了——但关于它的消息，我还常有关注，据说它因为业绩问题频频更换 CEO，据说它转型为社交娱乐网站了，主打音乐，据说它最近要被新闻集团分拆或出售了，据说它国内裁员得厉害仅剩 10 来个人……

或许时至今日，默多克还没想明白，MySpace 究竟发生了什么，为什么行的时候很行，说不行就突然不行了，以及它未来到底还行不行？尤其和 Facebook 相比，曾经一度可以收购对方的 MySpace 怎么越到后来越不中用、越被拉开差距了呢？对此，朱丽亚·盎格文在《谁偷了 MySpace》一书中有较为全面的分析："Facebook 的创办理念和 MySpace 差别很大。MySpace 是开放型网站，但 Facebook 是一个封闭的网络，它只接受大学校友的注册，用户注册时必须提供包含其所在学校名称的有效电子邮箱地址。MySpace 欢迎网友以虚构网名登录，Facebook 却鼓励用户使用真实姓名，联络在现实生活中已经结识的朋友。扎克伯格喜欢用数学语言描述 Facebook——就像一张反映人们社会关系的函数图像，我们能够从中看到每个人的交际范围。MySpace 将自身定义为网络版音乐电视台。"在朱丽亚·盎格文看来，加速 MySpace 失败的原因可不是因为当年对于扎克伯格要价 7 500 万美元错失收购良机，而是 MySpace 太过自由，"虚拟账号"、"匿名性"等宽松环境导致色狼、网霸以及其他恶意分子有机会戴着面具从事违法勾当。书中有两个章节，对 MySpace 在言论监管和色情审查上的不力（或"不作为"、"少作为"）给予了批评。第 19 章"性感和色情之间"，说的是通过 MySpace 被色情业"发掘"的女孩数不胜数。第 20 章"网聚天下淫魔"，有真实案件为例，MySpace 成为了滋生约会强奸、一夜情等不法行为的温床。

没错，回顾 MySpace 的商业史，它在社交网络领域比 Facebook 更有先发优势，在社区运营上积累了大量音乐和流行文化资源，被收购后又有新闻集团大力支持，遗憾的是，种种优势叠加在一起反而将其拽入泥淖。除了上面提及的原因外，朱丽亚·盎格文指出：默多克骨子里对互联网的抵制和新闻集团根深蒂固的传统媒体思维给 MySpace 造成了最大负担。正如《环球企业家》在一期题为《谁"杀死"了 MySpace》的文章中写道："尽管创始人克里斯·德沃尔夫曾发誓永远不做广告，但被默多克收购后，广告在 MySpace 上流行开来。在马克·扎克伯格坚持 Facebook 不必急于赚钱而是保持有趣和酷的时候，MySpace 因为承担着母公司作为上市公司的业绩压力，开始按新闻集团的广告模式运行。由于 MySpace 页面上充斥着大量广告，加剧了页面混乱程度并伤害了用户体验，同时也让页面载入更慢。后来，MySpace 还开辟了诸如音乐、视频、游戏、体育、新闻和时尚等内容频道。这使其定位逐渐模糊，既像 Friendster 这样的社交网站，也像雅虎门户网站，甚至还像 Youtube 视频网站和 Flickr 相册。以致在 2010 年 10 月改版时，越来越像媒体的它干脆将自己彻底定义为社会化娱乐网站。”

事实上，就像人们如今看到的那样，MySpace 已将核心转移到内容上，希望通过人际关系进行内容传播和消费；而非像 Facebook 那样将社区关系链作为核心，在此基础上寻求更多商业模式。这种平台产生内容，再通过用户获得广告和其他增值收入的思路与传统媒体模式无二。当产品思路都是围绕于广告而非用户时，显然不是真正的社交网络——如 Facebook 将成功建立在 6 亿用户的行为价值上，而非任何媒体资源。

另一方面，朱丽亚·盎格文认为 MySpace“抄袭网络中一切最优秀创意”的做法既助推了 MySpace 很快崛起，也拖垮了 MySpace 后续不利，许多人对 MySpace 的最初和最深刻的印象就是花哨和混乱——页面排版从色彩到布局都显凌乱，大量图片与文字凑在一起，而且到处都是导航按钮，反而更容易让人迷失。没错，花哨的个人页面一定程度上确实引发了 MySpace 热潮，但这不是社交网络的本质。一部分年轻的重度用户忙于装点自己的页面、希望引人注意，但更多用户对于这些复杂页面载入所需的漫长时间越来越不耐烦。曾经 Friendster 的页面载入需要二三十秒，MySpace 只需两三秒；后来变成 MySpace 页面载入要二三十秒，Facebook 只需两三秒。

这便是 MySpace 含糊不清最终沦为青少年音乐文化主导的定位，而且在这个网上，人们似乎容易忽略交流与互动的重点，而急于表现自我，每个人都在大喊大叫“快看我有多酷”。于是 MySpace 的下场自然是：大部分人（包括我）遇到这一群不走寻常路、张扬个性特立独行的小年轻后，通常会感到不适，眉头一皱，然后选择离开。

知道吗，朱丽亚·盎格文在《谁偷了 MySpace》中还向我们介绍说 MySpace 的两位创始人克里斯·德沃尔夫和汤姆·安德森，他们在创立 MySpace 之前，曾涉足计算机黑客、网络色情、垃圾邮件和间谍软件等多个领域，另外再加上默多克长久以来的“小报”(如《太阳报》、《世界新闻报》)情结——种种迹象表明，MySpace 不是被外人“偷”了，而是被自己“毁”了。今天的 MySpace，不再“聚友”，更像是杂乱无章的“聚集”。

《至关重要的关系》

# 成功的捷径就是“找关系”？

里德·霍夫曼（Reid Hoffman），毕业于斯坦福大学和牛津大学，是举世闻名的企业家、投资人士。入选2013《福布斯》全球富豪榜前500名。

他是世界上最大的职业社交网LinkedIn联合创始人兼执行董事长。该网络会员突破2亿，且每1秒钟就有3名新会员注册。里德之前任PayPal执行副总裁兼创立理事。他还是著名的硅谷风险投资公司Greylock的合伙人，也是100多家技术公司，包括Facebook和Zynga的早期投资人。

本·卡斯诺瓦（Ben Casnocha），优秀的企业家、作家。他曾经为《新闻周刊》撰稿，并在CNN、《早间秀》以及CNBC担任过嘉宾。他被《商业周刊》誉为“全美最棒的青年企业家”之一。

【美】里德·霍夫曼、本·卡斯诺瓦：《至关重要的关系》，北京联合出版公司2013年5月第1版，定价：39.80元。

LinkedIn是干什么的，这在国内还真是个问题。

简单讲，它是一个职业社交网站，而且是同行中全球最大。比照国内，它不像智联、前程无忧（51job）、中华英才，后三家走的是招聘路线，联结用人单位和应聘人员；也不同人人、开心、QQ空间，这三者主打交友功能，提供熟人间分享互动的平台。所谓纲举目张，在LinkedIn这里，职场为目，社交为纲，为的是打通求职者、创业者、管理者、销售者、猎头间的沟通平台。俗话说，出门靠朋友，多个朋友多条路，人脉即财脉，无疑，LinkedIn天生就是冲着“关系”去的。很功利？很有目的性？没错，可对职场人士，它却很好用。商业就是这样。

不过很可惜，LinkedIn定位中高端公司人，市场分众而非大众；又加上得用英语登陆使用，便造成了LinkedIn的传播不畅，其名气远不如 Facebook、Youtube、Twitter。虽然国内也有类似职业社交网，例如，早期的天际、大街、若领，新近的经纬、优士、人和。但用户数和品牌度完全被拉开好几条大街，不，是好几个世界。甚至有的网站基本处于发展停滞状态，弃之不舍，用之无望。至于个中原因，有说是产品不够好，有说国情有别，但这不是本文讨论的重点。

所以当我们说到里德·霍夫曼，再补一句他出书了，很多人不关心。他是谁？不知是谁的人出的书又有什么要紧？当然，他就是 LinkedIn 的联合创始人兼执行董事长。在他所办的这个网站用户突破 2 亿，且每 1 秒就有 3 名新会员注册，市值高达 110 亿美元，我们有必要知道他。而作为一名“硅谷英雄”，里德·霍夫曼还曾创办过 PayPal，4 年后以 15 亿美元卖给了亿贝，同时他投资过 Facebook、Zynga、Flickr、Digg 等互联网业界赫赫有名的公司，对此，我们更有必要去了解他——看看他出了什么书，听听他究竟想表达什么观点。据说，在硅谷创业圈里流传着一句话：“你和里德·霍夫曼聊过吗？”事实上，即便尚未听君一席话，但也好过不读其一本书。

《至关重要的关系》是里德·霍夫曼的首本书。这个书名对比原英文名“你的成长”（The Start-up of you）则译得更为精妙，一语双关。一来全书霍夫曼都在谈如何利用人际网络、扩大社交圈子，从而在职场取得竞争优势；另一方面，每次倡导用“企业家精神”（霍夫曼的定义是“创造、冒险”）重新审视自己的职业、布局关系网，他的 LinkedIn 就多了一次被推广。要知道，LinkedIn 的译名就叫“关系网”。

很奇怪，LinkedIn 已然很成功，但关于它的企业史传记至今未得一见。目前已有的图书几乎都是对 LinkedIn 的“使用说明”，像韦恩·布莱特巴瑟（Wayne Breitbarth）的《从 LinkedIn 走向成功》，该书能帮助读者快速了解 LinkedIn 的价值与功能，并教会如何更有效地利用它实现商业目标的方法。另外还有像埃瑞克·巴特罗（Eric Butow）、卡西恩·泰勒（Kathleen Taylor）的《如何利用 LinkedIn 实现商业成功》（*How to Succeed in Business Using LinkedIn*：*Making Connections and Capturing Opportunities on the World's*）、布莱恩·卡特（Brian Carter）的《编织你的商业“关系网”》（*LinkedIn for Business*）等。所以，试图从《至关重要的关系》读到 LinkedIn 完整的发展史，有这样的想法结果会令人失望，虽然该书不乏回忆创办 LinkedIn 的内容。

从书的开篇“自媒体时代：每个人都是企业家”，里德·霍夫曼的写作初衷清晰可见。他显然是要写一本像汤姆·彼得斯《个人品牌 50》、史蒂芬·柯维《高效能人士的七个习惯》一类的书。通常这类职场励志、自我管理的书籍往往会在开头突出“变革的时代”、“巨变的世界”等基调，然后作者根据自身的经历提出若干应对的法则。为了论证方法的正确性，作者一定会通过大量事例加以说明。就像里德·霍夫曼，他首先提出了“自媒体时代”这个不算新颖的概念，然后横向比较今日的底特律和硅谷，揭示了一衰一盛的现象。倘若换成是国人来看，对此就解释为“三十年河东三十年河西”，风水轮流转，但在霍夫曼认为，变化的商业社会不变的是创新。而这就是为什么“硅谷成为了21世纪创业和进步的典范”。据此，霍夫曼说，明智并果断地承担风险，方可做成大事；建立职场网络，从而帮你提供信息，分享资源，共同出击——它们正是霍夫曼要在书中分享的经验，亦被称为“硅谷法则”。

接下来，霍夫曼不厌其烦地举例，并且如数家珍。在这个案例名单上，有奈飞（Netflix）的里德·黑斯廷斯、美捷步（Zappos）的谢家华、亚马逊的杰夫·贝佐斯、谷歌的拉里·佩奇和谢尔盖·布林、Flickr的特琳娜·菲克、Facebook的首席运营官谢丽尔·桑德伯格、Zynga的马克·平卡斯、Twitter和Square的杰克·多尔西……借助这些成功人士的例子，霍夫曼总结道，想要获胜，必须做到：将个人资产、雄心壮志和市场现状三大板块结合起来；制定人生规划，然后根据后期反馈和经验教训重复或调整计划；建立真实长久的人际关系，组成强大的职场人际网络；借助人脉搜寻并创造机会，扩大信息渠道，蓄势待发；抓住职场机会，正确评估，合理冒险；咨询职网精英，洞察形势，明智选择。老实讲，霍夫曼本人就是网络时代的大赢家，而且很多他提到的当事人都是其朋友，所以，方法论由霍夫曼来讲授，可信度十足——哪怕许多听起来都像是“正确的废话”。

值得一提的是，霍夫曼乐于分享他的经验，但全书却并不因此沦为一本纯粹个人化的“教训录”。除此之外，他也是一个热爱阅读、喜欢思考，并懂得将读书心得与他人分享的人。在书中，他提到了理查德·鲍利斯的“职场圣经”《你的降落伞是什么颜色？》，并指出“任何时代最畅销的职业生涯书籍总会有一个稀奇古怪的书名”，“我们的降落伞能否在变化莫测的情况下继续飘浮在空中，这才是值得我们思考的问题”；还提到了里克·沃伦的《标杆人生》，在肯定其观点有积极面的同时，也认为用它在当今社会规划职业生涯会遇到诸多困难；戴尔·卡耐基的《如何赢得朋友及影响他人》也没有逃过霍夫曼的评论，他说“朋友是无法赢得的，而是共同维系的关系”。另外像格拉德威尔的《引爆点》、哈米尼亚·伊瓦拉的《工作身份》、詹姆斯·奥斯汀的《追逐、机遇和创造性》、邓肯·瓦茨的《六度分割》等作品，被霍夫曼很自然地“拿来主义”，进而加强佐证自己的论点。霍夫曼的阅读涉猎也再次说明一个道理，正如沃伦·巴菲特所说：“洞察人性最好的方法就是阅读！”

总之，这是一本教你在互联网时代如何提升职场生存力和个人竞争力的书。它没有花里胡哨的理论，也不讲脱离实际的策略，霍夫曼基于多年的经历、凭借奋斗的成功，毫不掩饰他对“关系网”的依赖。从某种意义上讲，霍夫曼告诉我们“成功的捷径就是找关系（网）”。当然，如果你愿意在听完他的一番陈述后，决定立即注册LinkedIn（“关系网”）的会员，他一定会更开心的！

《搜》&《被谷歌》

# “搜”是主语及其他

约翰·巴特利（John Battelle），是《连线》杂志的编辑及创始人之一，他还创办了《工业标准》杂志和TheStandard.com 网站。他目前是 Web 2.0 Conference 的项目主席，《商业 2.0》（*Business 2.0*）的专栏作家，以及 Federated 传媒出版有限公司的创办者，主席、出版商。

肯·奥莱塔（Ken Auletta），自 1992 年开始，一直在为《纽约客》杂志撰写“传播年鉴”（Annals of Communications）专栏文章，已有八部著作问世。在把奥莱塔命名为“美国首席媒体评论家”时，《哥伦比亚新闻评论》指出：“没有任何其他记者对于新媒体的报道像奥莱塔一样彻底。”

【美】约翰·巴特利：《搜》，中信出版社 2006 年 1 月第 1 版，定价：35.00 元。

【美】肯·奥莱塔：《被谷歌》，中信出版社 2010 年 9 月第 1 版，定价：39.00 元。

约翰·巴特利写了一本《搜》(*The Search*)，这在当时很让人费解。要是写一本靠搜索服务起家的谷歌发展史，或写一些有关浏览器、电子邮箱、博客的书，这都会比现在的要好写（搜索有什么好写的，这是大多数人的看法）。当然，作为《工业标准》(*The Standard*)和《连线》杂志的创始人、编辑，巴特利要是写写经营杂志的经历兼而说说互联网的浪潮，这更能让人身临其境、乐在其中。对于这些质疑的、期待的以及建议的话，巴特利在书中回应道："搜索曾经推动了网络的发展，而且现在还在继续发挥作用。是搜索造就了谷歌这个无疑是互联网时代最具魅力、最成功的企业之一……我相信搜索的概念比任何一家公司都重要，而且搜索对文化的影响也惊人得深远。"这话说得其实还不够煽动，就以巴特利整本书在拿谷歌说事得来的启发，《搜》证实了一个趋势：搜索是通向整个世界的兴趣和欲望的窗口，因此，它注定会成为 21 世纪资本的枢纽。

现在，回头看看谷歌模式，再简单不过。四两拨千斤的说法，谷歌整合了人们可能需要的资源（网页），然后提供一个矩形的输入框，供你寻找。在过去，这个可以叫作"倒爷"，如今，它是"媒人"、是中介、是整合商。关键是，当信息可以创造价值、资讯可以成就财富的时候，那些谷歌式的信息源实际上扮演着商机对接点的角色，而它正是使"一切皆有可能"成为可能的关键。玛丽·米克（Mary Meeker）曾说："这个时代最重要的趋势是将世界上的信息组织起来，让每个角落的人都能够找到它们。"这位"互联网女皇"用她对互联网的敏锐洞见为搜索这个趋势做了最好批注。

读《搜》的时候，读到"谷歌的目标是组织世界上的所有信息并在人们需要的时候提供给他们"。不难想像，信息社会的下一个未来或许如艾萨克·阿西莫夫（Isaac Asimov）在《最后的问题》里的那个描述，"一切存在的资料终于搜集齐全。没有任何资料不被包括在内"。然而，我们不能忽略紧随其后的那句话，"但所有搜集得来的资料还需要完全综合起来，并依其可能有的关系，逐一分类、排列和组合。这一工作花费了一个没有时间间隔的'顷刻'"。现实毕竟不是小说所杜撰的时间可以被任意摆布，当我读《搜》时，想的始终是，当信息多到已经包围整个空间，搜索的引擎也渗透到任意一个生活细节，我们该如何取舍、如何鉴别、如何权衡？要知道，搜索是商业的，它的背后会因为广告投入的多少而直接影响被搜索信息的排序——你应当知道，排名在前面的信息可不仅仅是因为它的访问量。

当然，在另外一方面，信息的计量会越来越多，并不像时间那般吝啬，这意味着制造一个能引起注意力的信息要比过去难得多。巴特利虚构的未来的搜索只要输入"给我所有中东地区网站中至少包含一页以上阿拉伯文字的文档，它们要至少与两个其他文档内容相似，但是与阿拉伯半岛电视台官方网站内容相似的不要。然后再告诉我恐怖嫌疑犯名单上所有人的名字"的命令，就可以得到相应结果。至少，就目前而言，它是一个白日梦。所以，托马斯·达文波特的《注意力经济》和马尔科姆·格拉德威尔的《引爆点》倒是为如何能浮出信息海洋的水面提供了参谋。也就是说，关于《搜》所引发的一个联想，我认为，酒香不怕巷子深或真金终有一天会发光的，这些话都即将成为过去式，宣传或营销的“噱头”因此不再带有贬义色彩。

“在不远的将来，搜索的范围将从以个人电脑为基础的互联网发展到各种各样的设备中。”“想想吧，你可以搜索你的狗、你的孩子、你的钱包、你的手机或者你的汽车。搜索的范围不断被扩大，甚至到无限。”“搜索已经不再是一项单一的应用，一个在互联网上搜索有用信息但是冷冰冰的工具。搜索可以帮助我们理解自己和世界。它为我们在无限的知识海洋里导航。”约翰·巴特利不无深情地抒发着他对“搜”的钟爱。在他心里，搜已经不简单是一个动词，它还可以是名词，是形容词，是未来生活样貌的主语。

除了这本《搜》之外，你还可以选择读戴维·怀斯与马克·马西德合著的《撬动地球的 Google》，或看理查德·勃兰特的《谷歌小子》，来多一点了解谷歌及其创始人的故事，总之，肯·奥莱塔的《被谷歌》未必是一个好的推荐。那么，它又是一本什么书呢?我们为什么要关注它呢?

虽然肯·奥莱塔大名鼎鼎、如雷贯耳——自 1992 年开始，他一直为《纽约客》杂志撰写“传播年鉴”（Annals of Communications）专栏文章，至今已出版 8 部作品。因为“没有任何其他记者对于新媒体的报道像他一样彻底”，新闻界权威期刊《哥伦比亚新闻评论》封奥莱塔为“美国首席媒体评论家”。于是，当面对同一个谷歌，要为其立传言说之时，奥莱塔自然会从媒介及传播学的角度进行切入，这也正是他习惯和擅长的研究路径。在奥来塔看来，谷歌不仅仅是一家网络公司、搜索引擎服务商，它更是一个新媒体，一个来势汹汹、所到之处旧媒体“尸横遍野”、“哀声一片”的革命者。所谓“被谷歌”，一言以蔽之，既有的传播方式要么被谷歌创新，要么被谷歌取代。

难道这不是事实吗? 奥莱塔写道：“当今，谷歌的软件创新已经蚕食着传媒产业的各个领域：从电话、电视、广告，到报纸、杂志、图书出版，再到好莱坞的电影制作，一直到像微软、亚马逊、苹果或亿贝这样的数字公司。”到处都有谷歌的身影，到处都是谷歌创造的新信息分享模式。就拿广告来说，以往厂家动辄就投放数百万至千万不等的广告，至于效果，如同投机赌博，除了创意更凭运气。而谷歌到来后就大为不同了，它提出了一种“点击加收费”的全新广告销售模式，即只有在用户点击查阅广告后，广告商才需要向谷歌付费，这样一来，不仅能节省许多无谓的广告开支，而且还能使每次营销精准到达、毫不浪费。

不止是广告，过去平日里我们消费的图书、报纸、杂志、电影、音乐等传媒产品也在发生着剧烈的改变，而这个时间点就在谷歌出现之后。奥莱塔评论道：“谷歌由一批工程师掌控着，他们喜欢经常问诸如此类的‘为什么’：为什么我们做事情必须循规蹈矩? 为什么不将所有出版过的图书数字化? 为什么我们不能在线阅读任何报纸和杂志？为什么我们不能在电脑上免费观看电视节目？为什么我们不能复制音乐或 DVD 并与朋友一起分享？为什么不可以把广告投放和销售给特定人群，而省去再向媒体中间人支付大笔的费用？为什么我们不能以更便宜的价格拨打电话与朋友沟通？”这不是“十万个为什么”，但是在谷歌工程师一次又一次天真而又执着的追问下，众多信息产品和服务被转化成各种数据模型，在帮助用户提升体验感的同时，也革新了既有传播的范式。时至今日，谷歌已远远超越了它当时的主营业务——互联网搜索，而正大踏步地迈向下一个高峰——数字媒体巨头。

“我们不是在搜索信息，而是在发现世界。”这是作为用户的奥莱塔对谷歌的最大体会（也是一个很高的评价）。而对谷歌首席执行官埃里克·施密特来说，他们的目标就是要改变世界。2007 年，施密特曾对奥莱塔说过，谷歌将来某一天可能成为千亿美元规模的传媒公司，比目前世界上最大的三大传媒集团时代华纳、迪士尼以及新闻集团的规模大 2 倍以上。对此，奥莱塔认为，“也许谷歌用不了一代人的努力就可以达到这一目标”。身为新媒体研究者，奥莱塔下任何一个结论不能草率、随性，正如他看到的，在谷歌横空出世、所向披靡的时代，版权和盗版活动正遭到颠覆；报纸在宣布破产，从事深度报道的新闻杂志面临灭顶之灾；图书出版商为履行对著作权人的承诺，利润空间受到挤压；广播电视网真人秀或无剧本表演降低节目制作质量；有线电视新闻网说得多听得少；社区和隐私的概念被重新定义；公众对信息的读取和处理方式正在发生改变……毫无疑问，这是数字化公司谷歌的机会，当传统媒体式微，新媒体必将崛起。

然而，稍显遗憾的是，在这么一本关注谷歌、研究谷歌、探讨新媒体发展趋势的书中，奥莱塔把更多精力放在了叙事描述上——把谷歌成立以来 11 年的大事、要事进行了记录，而缺少了对未来趋势的研判和分析。尽管奥莱塔口口声声说，大多数传统媒介方式正受到谷歌这样的数字公司的重新配置，但如何配置，怎么个走向，以及还需要关注哪些方面，奥莱塔未予涉及。

就这个意义上，我们倒不如把《被谷歌》看作是这样一本书：它借用谷歌的成功事迹讲述了该公司内在的运作模式和整个传媒业可能有的未来。你可以把它解读为新媒体战胜传统媒体的商业案例，但它本身无法帮助我们看清或还原新媒体生态的全图景。仅此而已。

《数字战争》

# 江山如画，总是各领风骚三五年

查尔斯·亚瑟（Charles Arthur），《卫报》资深科技编辑。他在科技领域有长达25年的报道经验，并多次采访过比尔·盖茨、拉里·佩奇、史蒂夫·乔布斯等人。

江山如画，总是各领风骚三五年。

1998 年，对全球互联网业发展而言，是不寻常的一年。

这一年，美国一家名叫“德拉吉报道”（Drudge Report）的新闻网站率先将克林顿与莱温斯基的性丑闻公之于众，它的新闻传播学意义在于，首次打破了重大事件由传统媒体第一时间发布的既有方式，网络报道正式登上历史舞台，并逐渐影响到主流传媒界。

这一年，美国波士顿东北大学的新生肖恩·范宁 (Shawn Fanning)，因听到室友对网上低效的 MP3 音乐链接的抱怨，朦胧之中产生音乐交换服务（P2P 对等模式）的构想。随后，共享软件 Napster 诞生，它为音频文件在互联网上分享打开便利之门的同时，也在网络空间生根发芽。

这一年，两位斯坦福小子拉里·佩吉和谢尔盖·布林，研发了一款各项性能均优于当时同类技术的搜索引擎，随着谷歌（Google）的上线，它给人们在网上搜索信息的方式带来了革命性的变革。

同样是这一年，在中国，腾讯公司成立，

【英】查尔斯·亚瑟：《数字战争：苹果、谷歌、微软的商业较量》，中信出版社 2013 年 7 月第 1 版，定价：49.00 元。

网易163开通了中国第一个免费中文电子邮件系统，国务院信息化工作领导小组办公室发布《中华人民共和国计算机信息网络国际联网管理暂行规定实施办法》，第九届全国人民代表大会第一次会议批准成立信息产业部。中国互联网进入了一个空前活跃的时期，网络应用和政府管理齐头并进。

然而，从世界IT产业格局看，1998年还有一个特殊的含义——数码世界粗具雏形。

这是查尔斯·亚瑟的观点。在名为《数字战争：苹果、谷歌、微软的商业较量》一书中，他指出："1998年，苹果、谷歌和微软首次发现彼此共享着同一片数码空间。它们无法了解即将到来的战争。但是，这场战争可以改变世界。"一场伟大的博弈，一个听起来激动人心的论调，不是吗？

既然重要，《数字战争》就从1998年开始讲起。平心而论，当时的苹果和谷歌根本不是微软的对手，所谓三足鼎立之势远没有形成。那时候，史蒂夫·乔布斯顺利回归苹果才第二年，而苹果的处境又是危机重重、麻烦不断。不过，再次归来的乔布斯与离开时已经完全不同了。按照查尔斯·亚瑟的说法，过去的乔布斯会将大笔钱用在没人注意的小细节上，不愿在严格的企业框架里工作，并且引狼入室雇用了最终赶走自己的人约翰·斯卡利。而复出后的乔布斯，在经历了NeXT的失败、皮克斯公司的成功后，懂得了如何小心翼翼，最重要的是，知道收敛自己的随性，而认真地去做个商人。回归后的乔布斯，为苹果带来了一系列的大动作。例如，抛弃苹果过去的各种多余无价值的产品，处理功能失调的供应链，改善资产负债表，还有，邀请蒂姆·库克加盟。

至于谷歌呢，在当年9月4日刚刚成立。公司启动资金不过10万美元，这还得感谢太阳计算机系统公司联合创始人安迪·博切托谢姆提供的一张同额度的支票。虽然佩奇和布林清楚自己的使命和公司愿景，但和苹果一样，谷歌与行业领头羊"Alta Vista"相比根本就是小巫见大巫。当行业老大年收入达5 000万美元，日受理问题超8 000万个的时候，谷歌一切少得可怜。

反观微软，如日中天、达到鼎盛时期。公司市值达到了2 500亿美元。当时年仅43岁的比尔·盖茨因此成为世界首富。全球大约95%的个人电脑操作系统都是微软的Windows，年销售量达1亿，并且年增长率在15%～20%。在它推出MSN.com后又摧毁网景，并且有实力能轻松将对手赶出市场，微软在科技产业获得了"邪恶帝国"的称号，而比尔·盖茨在接受肯·奥莱塔（《纽约客》杂志作家、《被谷歌》一书的作者）采访时，被问及担心哪一个公司（会成为竞争对手）。盖茨也只能以"我担心的是某个待在车库里的人正在设计出某种全新的东西"来搪塞过去。

盖茨的回答其实也是能被理解的。因为此时他可以说打遍天下无敌手。另一方面，苹果还在内忧外患中找寻出路与方向，谷歌完全是新生儿一个，很少被互联网大佬们正眼瞧过。就像雅虎，一度有眼不识泰山，错过了收购谷歌的机会。曾经谷歌小子对

“雅虎酋长”杨致远说，他们研发了一款优于雅虎的搜索引擎，能将最具关联性的结果呈现在首页。杨致远耐心地解释说，雅虎并不需要优秀的搜索引擎，雅虎盈利靠的就是陈列式广告 (Display Ads)，人们翻阅的网页越多，广告就卖得越好。

但正如人们对于 IT 与互联网业演进规律所总结的，创新是一切大公司最大的敌人。以硅谷车库为代表的科技型创业，其革命性、颠覆性、破坏性的创新是推动技术发展和社会进步的巨大动力。传媒业、互联网、IT 界经营者们的普遍焦虑在于，对未来的不确定和对机会的稍纵即逝的无奈感。不过回头想来，它不正是机会与成功的来源。江山如画，总是各领风骚三五年。

正如查尔斯·亚瑟试图在《数字战争》中描绘的。微软开局如此之好，布局如此之早，可偏偏起了个大早、赶了个晚集。之后的故事进展，我们不再陌生，在各种版本的人物传记、公司史中被提及。譬如，就在乔布斯返回苹果立足未稳之时，盖茨一时大意，有点放虎归山的意味，给予苹果以投资、放开产品标准兼容等多方面的支持，苹果借此得以喘息，在几乎没有太大压力的情况下走上复兴之路。此外，苹果公司推出 iPod、iTunes 之际，在普遍质疑和嘲笑中上演了一场“屌丝的逆袭”。其结果，不仅让苹果咸鱼翻身，从此在数码界确立霸主的地位，而当年根本没有预计到销量会大到惊人、而是仅仅收取了非常低廉的授权费用的唱片公司也懊恼不已——授权给乔布斯，加速了传统唱片业、音乐产业的解体。

再说谷歌，它致力于提供最卓越和优质的搜索服务体验，并专注于提供快速、高效的解决方案，并运用其数据分析能力作出决策，常常打得对手措手不及。例如，它很早地发现了移动互联网的趋势，所以早早地立足智能手机。它开发了一套开放的、具有生命力的安卓手机系统，在降低手机制造商成本的同时，像当年“Intel inside”那样连带在手机浏览器中推销它的搜索引擎。

虽然微软因其路径依赖，多次失去扩大领先的机会，但整一本《数字战争》并非在唱衰微软或着重描写微软的大败局。微软仍然是一家伟大的公司，只不过在搜索技术、移动音乐、智能手机和平板电脑领域，它的屡次犯错和对手的孤注一掷、抓住时机，使得产业格局形成了今天相互抗衡、长期对峙的态势。事实上，这也是在情理之中的，又有哪一家公司可以垄断全部、称霸一世的？而杰克·特劳特和阿尔·里斯在《商战》中就对商业竞争中常用的战略形式进行了归纳，如防御战、进攻战、侧翼战和游击战等，苹果、谷歌与微软彼此间的较量不失为对这些战略战术绝佳的案例演绎。

《数字战争》的作者查尔斯·亚瑟，其本人是英国《卫报》资深科技编辑，在科技领域有长达 25 年的报道经验，并多次采访过比尔·盖茨、拉里·佩奇、史蒂夫·乔布斯等人。由于他对数字产业界的熟谙，所以即便回顾三巨头从 1998~2011 年的“三国演义”，也不是那种流水账式的记录。书中有作者的思考。在探讨为什么微软会从

1998 年有点走下坡路其深层次的原因时，亚瑟认为“美国政府对微软进行反垄断调查，此次审判决定了微软公司对未来 10 年的看法和思维方式”。虽然这个案子的宣判结果（分拆微软）并未付诸实施，却因“世界首富”卷入案件获得的广泛报道，严重影响了微软在工程师、程序员、创业家乃至投资者心目中的形象，更严重的影响在于，微软的主导权从盖茨手中交到了鲍尔默手中，前者开始更多的参与慈善业务，后者没有任何编写程序的背景，而这恰恰是作为科技公司失去的最本质的东西。

整本书一直写到 2011 年乔布斯去世，但结尾处却以乔布斯仍然在世的口吻落笔：“史蒂夫·乔布斯一直都知道，他可以获胜。他需要的只是找到正确的战场。”这句话一语双关，既暗示了他所了解的蒂姆·库克会很好地遵循乔布斯的遗志，继续带领苹果一路前行（至于外界和投资人怎么看则是另一回事了），也预示着苹果、谷歌与微软三巨头主导的“数字战争”并不会偃旗息鼓。在相当长的时期内，它们之间的争夺会愈加激烈，战线也会全面铺开。总之，好戏依旧在上演，谁输谁赢仍扑朔迷离。

而此时，在中国，百度、阿里、腾讯这三家中国互联网巨头竞争格局也早已形成。如果要像查尔斯·亚瑟那样给它定个历史分水岭的节点，我认为是 2005 年，即阿里收购雅虎并更名为中国雅虎，尝试布局搜索引擎……

# 《只有偏执狂才能生存》

# 你读懂了吗?

安迪·格鲁夫（Andrew Grove），1956年移居美国，他参与了英特尔公司的创建，于1979年成为公司的总裁。1987年兼任英特尔公司的CEO。格鲁夫还在美国斯坦福大学商学院的研究生院任教。目前他任英特尔公司董事会主席。在格鲁夫的领导下，英特尔成为世界上最大的电脑芯片公司，并在美国《财富》杂志500家最赚钱的公司中排名第7位。

说到安迪·格鲁夫，我们知道的大概有两点。第一，他是英特人的创始人、前董事长兼首席执行官，在他的带领下，英特尔差不多凤凰涅槃，不仅在激烈的竞争中得以生存，而且还成为全球最大的芯片制造商，证明就是那个随处可见的“Intel Inside”。第二，他写过一本书，中文译名是《只有偏执狂才能生存》。在20世纪90年代中期，该书一出版便引起业界关注，圈内流传甚广。有人说，这是从事IT业必读的一本“红宝书”；也有人说，书中的观念极具革命性、颠覆性，其价值完全不亚于当年他的英特尔合伙人戈登·摩尔提出的“摩尔定律”。然而，时过境迁，当格鲁夫已辞去原职，退居二线；当这本经典著作一版再版，依然畅销时，我们不妨自问一句，我们读懂了吗？

先说说那个译名吧。书名原文是“Only the Paranoid Survive”，直译是“只有那些迫害症妄想者能生存”，说白了，格鲁夫相信只有那些没有安全感唯有紧迫感，成天认为自己处于危机四伏、隐患不断的企业才可能免于灭亡。所谓未雨绸缪，“人无远虑，必有近忧”，箭在弦上，蓄势待发，这样的状态和心境放在格鲁夫管理行为，那就是一句话，时刻准备着，注意熊出没！

【美】安迪·格鲁夫：《只有偏执狂才能生存》，中信出版社2010年11月第1版，定价：35.00元。

这一点在书的第二章、第四章得到了印证。安迪·格鲁夫指出，影响企业竞争力的有六大因素，即分别来自竞争对手、企业客户、供应商、企业经营项目、潜在竞争对手和互补企业。与迈克尔·波特五力战略模型不同，安迪·格鲁夫创造性地加入了“互补企业”这一因素变量，因为在他看来，“Windows+Intel 模式”可谓 IT 业中最经典的竞争与合作案例，而且令他受益匪浅、感触颇深。在“六力竞争模型”（暂且这么称吧）基础上，安迪·格鲁夫还提出了一个叫“10 倍速变化”的概念。它是对“摩尔定律”在新经济时代下的理论升级和经典重述，说的是，只要其中一个影响企业竞争力的因素产生了“10 倍速变化”的突变，那么该产业规则将被重新改写，竞争的态势也将彻底改变。

或许是 IT 产业的固有特征吧，不断地升级换代，不停地技术革新，这使得安迪·格鲁夫始终处于不安、焦虑、忧患、紧绷的境地之中，像身临四面楚歌，惶惶不可终日。他说，只要涉及企业管理，他就相信迫害妄想狂万岁。企业繁荣之中孕育着毁灭自身的种子，你越是成功，垂涎三尺的人就越多，他们一点点地窃取你的生意，直到最后一点都不剩。所以，他觉得作为一名管理者，最重要的职责就是防范他人的袭击，并把这种警惕意识传播到整个组织内部。然而不知道为什么，这种“妄想”被国人理解成了“极端”、“偏执”，并取而代之。如果一个人没读过原书，难免不被误导为格鲁夫是一个性格乖张，喜欢特立独行、剑走偏锋的人。于是乎，他所倡导的管理理念也差不多如出一辙——不过，你现在应该明白，这恰恰是一种误解。

其实，与其说“偏执”，倒不如说“极致”，特别像从事技术研发的，没有最好，只有更好，没有完美，只有尽善尽美。关于“只有偏执狂才能生存”在一定程度上我们可以把它理解为“聚焦”、“专注”与“独一无二”的经营策略。对此，英特尔已是一个成功范例。多年来，它只“钟情”于微处理器领域，哪怕其他再赚钱、利润再高，它都能忍得住、憋得牢，说不干就不干。

当然这不是说，所有类型企业的战略都应该向英特尔学习，也并非代表格鲁夫的管理思想放之四海而皆准，可以通吃。事实上，在以英特尔坚持“专注战略”之余的，还有通用电气公司的“多元化战略”。需要强调的是，多元不是“样样通，样样松”的那种多元，而是成熟一个，发展一个，完善一个，延伸一个的多元。通用之所以能成功，不在于它做得很多，而在于每一项都能做得很好，做到数一数二。正如人们常说的那句“云层之上阳光灿烂，云层之下大雨倾盆”，卓越成功必在“云之上”，而要上云层，关键就是能否始终专业、竭尽全力做好它。表面上看，英特尔和通用电气的战略各有所长，各有所重，但结果却是殊途同归，一言以蔽之，坚守核心理念，上下步调一致。

重读《只有偏执狂才能生存》这本书，稍加归纳，有三句话可作总结，也作为对格鲁夫其人其书其思想的一个概括。第一，任何企业都需要有一个像格鲁夫那样的卡桑德拉式的英雄。第二，妄想恐惧不再是一种精神病，它可以且应当成为商界生存的必需品性。第三，不管是集中专注，还是多元经营，战略无高低优劣，关键在于坚守，一定有值得坚守的东西。最后，祝开卷有益！

数字时代的必修课

100

杨吉 TMT 百部全说

《黏住顾客》

# 玩转四方，玩“赚”时代

卡迈恩·加洛（Carmine Gallo），全球多个著名品牌的传播顾问，沟通专家，为多家世界知名企业提供演讲、媒体公关和沟通技巧方面的培训。他还是艾美奖获得者，《商业周刊》专栏作家，《纽约时报》、《华尔街日报》以及《投资者商业日报》等著名媒体撰稿人。多年在 CNN、CNBC、CBS、ABC 等广播电视公司担任新闻主播、节目主持人与商业采访记者，采访过英特尔、思科、谷歌、美敦力、辉瑞等集团公司的高层管理人员。他出版过多部全球畅销的著作，其中《非同凡“想”：乔布斯的创新启示》和《乔布斯的魔力演讲》最为知名。

“The Power of foursquare”，为什么不翻译成“Foursquare（四方）的力量”或“了不起的 Foursquare”，似乎有意在回避一个冷门词，而选用了毫无特别之处的“黏住顾客”？当我翻阅卡迈恩·加洛的新书《黏住顾客：Foursquare 如何打造重视客户群》时，书名的这个细节引起了我的注意。

已经不是第一次读加洛的作品了，在这之前，先后读过他的《乔布斯的魔力演讲》和《非同凡“想”：乔布斯的创新启示》。作为一名长期混迹于媒体圈的财经作家，加洛写商业故事自然手到擒来。他很懂得挑热门、找由头、抓亮点，上一次是乔帮主的“言”与“行”，这一次是 Foursquare 的“营”与“销”。噢，对了，可能很多国内读者并不知道 Foursquare 为何物，这或许也直接导致了出版方在引进该书时，即便将书名最后整成了一本貌似讲客户关系维护的书籍，也不敢轻易突出 Foursquare——他们有难言之隐吧，怕写出来鲜有人知、不好推广。

那么 Foursquare 究竟是什么？简单讲，它是一款移动应用软件，也是一个社交媒体工具，基于时下最流行的“基于地

【美】卡迈恩·加洛：《黏住顾客：foursquare 如何打造重视客户群》，中信出版社 2013 年 1 月第 1 版，定价：45.00 元。

理位置服务”（LBS）理念的网络平台。就像任何一款 APP，在你的智能手机上下载它，接受协议、认证注册，然后大功告成。外出时，你可以打开 Foursquare，了解好友们所在的地点，顺便看看他们附近的情况，例如标志性建筑、商场、饭店、咖啡馆、酒吧、健身屋等。根据你的签到（check-in，书中翻译成“检入”，我认为“签到”更符合用语习惯）历史和好友们的签到指向，Foursquare 能向你推荐周边值得一去的地点，并给出一些活动建议来。只要点击手机上显示的某个地点或者输入地名，你就能完成签到，之后可以选择是否向好友公开自己的位置和正在进行的活动内容。当然，你还可以上传照片、留下信息，甚至给好友发私信。实际上，玩 Foursquare 的人常常会把它与 Twitter（国内的如新浪微博、腾讯微博）、Facebook（国内的是开心网、人人网）上的账户关联起来一起使用。

当然，为了鼓励人们多用多分享，用户在 Foursquare 上每签到一次，就可增加积分。在某些情况下，用户还可获得虚拟勋章。如果某位用户在特定地点签到的次数最多，他有可能获得该地点虚拟“市长”的头衔。这听起来有点可笑，但这些奖励措施，恰恰是 Foursquare 取得成功的关键。正是这些“小甜头”，使用户觉得签到过程不再枯燥无味，而是充满乐趣和竞争意识。有些用户甚至会为了获得自己所喜爱酒吧或饭店的虚拟“市长”称号，会有意增加该地点的签到次数，其结果自然是多前往、多消费，商家乐得合不拢嘴。与 Facebook、Twitter 相比，Foursquare 在国内的人气显然要低不少。同样是全球新锐、热门的社交应用，但 Foursquare 的“登陆”情况只能和 Pinterest、Instagram 几类属于一个梯队。据了解，目前中国本土也有几款模仿 Foursquare 的产品，如街旁、开开、玩转四方、多乐趣等，但受欢迎程度远不如微博、微信、陌陌、YY 等。

总之对于 Foursquare，你可以说它是一种移动社交工具，是一个基于地理位置的应用程序，是一种好玩的社交游戏，是一个全新的但在国内尚未真正落地的通信工具，也可以说是一个社会化媒体营销平台。然而卡迈恩·加洛显然不是要写一本关于 Foursquare 的使用说明，虽然他一再举例，多到让人有点腻味，但他无非是想揭示 Foursquare 为什么会在美国这么红，Foursquare 对于商家有什么商机和启示?

加洛的阐述建立在以下这样的逻辑：一方面，智能手机用户将增至 7 亿，这是一个不可小觑的数字，这意味着未来网络应用将以移动手机为主战场（而不是传统 Web），社交网络不仅是大势所趋，更会是占据主流地位的新型媒体；另一方面，Foursquare 的用户正以每秒钟 23 次的频率签到，而且它还将不断推陈出新，开发出新的功能与工具，来吸引更多的用户。就像几年前的 Facebook、Twitter，这个平台也具备了十足的上升潜力（截至 2012 年，用户数量达到 3 000 万，并累计签到 30 亿次）。所以，当人们与时俱进、紧跟潮流，大谈社会化媒体运营、社会化媒体营销、社会化媒体趋势，加洛只是“由面到点”地选择了 Foursquare 这个全球知名社交网站，来帮助我们建立和加深对 Foursquare 的认识。

如同书名，不管是原文的“Foursquare 的力量”还是现在的“黏住顾客”，加洛都在强调 Foursquare 的能量要多加重视并且要懂得加以利用。他说，Foursquare 能让用户的生活更有情趣。有了 Foursquare 这个平台，品牌、零售商或者本地的商家能够吸引新的客户、加强客户的品牌忠诚度、提升品牌的形象。对于企业主和营销人员来说，Foursquare 不仅能让你展示自己的品牌故事，还能为你创造更多的条件和机会来吸引、留住、回馈客户，加强商家和客户之间的联系。

按照加洛的归纳，Foursquare 至少能给你 7 把开启无限商机的金钥匙。第一，让品牌和社交网络战略同步；第二，利用新支持者的力量；第三，发动追随者的积极性；第四，提供奖励回馈客户；第五，在竞争中立于不败之地；第六，创造激励机制；第七，为顾客创造快乐，永不止步。看起来很巧，这 7 大钥匙的英文首字母连起来，刚好就是 check-in，同 Foursquare 最具特色的活动设置一样（当然，这种把戏其实是作者精心策划的产物，在财经畅销书中常常能看到）。事实上，翻开全书，加洛对每一种方法都有专门一章介绍，这些章节之后，紧跟分析章节，具体阐述了两个案例，以加强读者对这些理念的把握。

加洛坦言，写作本书希望能够激发读者重新考虑自己的经营模式，正视 Foursquare 对事业成功的价值。“现在该轮到你签到，自行体验 Foursquare 的魔力了。”加洛写道，“你一定要与众不同，卓尔不凡。赶紧使用社交媒体战略，一起来玩转 Foursquare 吧！”加洛用了整整一本书的篇幅来论证 Foursquare 中自有千钟粟，Foursquare 中自有黄金屋。书中极尽溢美之词，对 Foursquare 是推崇有加，要不是加洛有专门报道管理、沟通和创新的财经记者身份，你甚至会怀疑本书是不是一本“公关稿”。但不管怎么样，加洛有一个观点是对的——今后，只有玩转社交网络，才能玩“赚”移动互联时代。

数字时代的必修课

100

杨吉 TMT 百部全说

《轻公司》

# 还能“轻”多久

李黎，《IT 经理世界》CIO 版主编，资深媒体人，对制造业、民营企业、零售业、互联网商业模式、电子商务等领域都有深入研究，2007 年以来对互联网和信息技术引发的商业变革和商业模式创新做了大量报道，亦是"技术深刻影响商业变革"的推动者。

杜晨，曾在《IT 经理世界》担任五年时间记者，长期关注互联网对商业及生活带来的持续性影响。在任职记者期间接触并研究了数以百计的创业公司，最终成为其中一份子，如今是基于数据分析平台的新型互联网服务公司——诺博特信息技术有限公司——的联合创始人。

凡客诚品、钻石小鸟、京东商城、携程、盛大文学、奇虎软件……来，找一下规律，这些公司都有什么共同点?

回答之一，它们都是国内公司，都是新经济时代催生的产物，它们虽然来自不同行业，但都依托互联网平台和 IT 技术手段，将成本优势和服务创新进一步放大，是对传统商业模式的一次充满想像力的颠覆；

回答之二，它们都看清了产业链上自己所能切入的价值层面，以贴近市场的方式去聚集消费者，了解客户需求，再反向匹配资源；

回答之三，它们都试图通过流动的数据成为匹配资源的纽带，从而延伸了企业的边界，实现借资源杠杆增长，而非通过自主投资或者并购获得成长；

回答之四，它们都是从渠道切入产业链，试图做产业链中掌握核心价值层的企业。

尽管每一个答案都有所侧重，但都不妨碍它们成为破坏既有商业规则，以全新模式

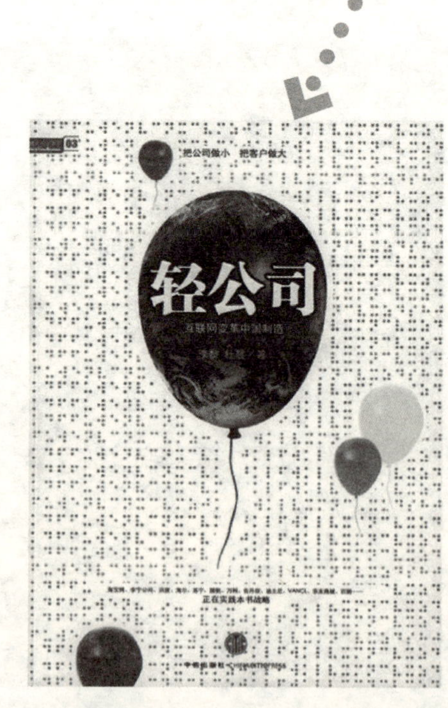


李黎、杜晨：《轻公司》，中信出版社 2009 年 7 月第 1 版，定价：39.00 元。

实现快速增长的“轻公司”。这个概念原创自李黎，她是国内知名杂志《IT 经理世界》CIO 版的主编。2007 年 6 月，李黎在该杂志上发表《轻公司》一文，从此成名，而“轻公司”一词也迅速为国内业界所关注和讨论。原因无它，李黎发现并归纳的“轻公司”模式对中国新一代电子商务做了细致而又深入的分析，当她说出，无限靠近市场端，拥有强大的客户组织能力，通过互联网和 IT 技术，反向匹配上游产业链资源，在带动产业链高效联动的同时，以非资产方式快速成长的企业就是“轻公司”时，实际上，她为中国商业的未来书写了一种可能、指明了一种方向。

当然，“轻公司”都还很年轻，年轻到有其不可承受之重和冲动的惩罚——就像从默默无闻到万众宠爱再到昙花一现的 PPG，它是李黎笔下典型的“轻公司”，但正所谓“成也萧何，败也萧何，”当初成就 PPG 的质量控制、供应链管理和消费者服务大部分外包的模式也最终让 PPG 四面楚歌、无力回天。从 PPG 身上，人们看到了“轻公司”模式令人振奋之余需要冷静反思的地方——没有工厂、没有工人、没有实体店，甚至没有销售人员，仅抓住产品设计和推广销售两端就能在短短几年实现传统企业需要毕十年之功才能达到的销量。然而，这只是“轻公司”光鲜的表象。潜藏在繁华背后的风险投资对赌协议、售后服务跟不上、竞争模式易复制、产品差异性小、消费者忠诚度低等问题都将是困扰和制约“轻公司”能否长效、有序发展的根本障碍。

事实上，“轻公司”的运营并非如外界所猜想的那样美好，很多时候，经营它就像是一场高风险的赌局，管理者一方面确信自己可以持续充分利用与消费者间的巨大信息不对称的情况下，打造成一个可存续的让人尊敬的品牌；另一方面，它们与风投签订的对赌协议，在很大程度上导致企业成败的关键完全在于扩张速度，而非一个企业自然成长的节奏。一旦其增长所高度依赖的营销攻势力度减弱，或是热钱的水龙头被关上，因疏忽产品质量和服务等核心环节而付出的代价，要远比它们预料中来得大。PPG 的瞬间崛起又迅速陨落恰恰佐证着“轻公司”的经营逻辑——越轻越好，越快越好，是“轻公司”其实也是“快公司”。

李黎说，因为业界对“轻公司”毁誉参半，特别是 PPG 的大起大落更是令业界对“轻公司”们多了一丝迷茫，然而，不可否认的是更多的“轻公司”正在冉冉上升，它们挑战着业界对于“轻公司”的怀疑。于是我们需要在众多的公司中去发现、去思考、去辨别，而这个过程最终促成了李黎在写过《轻公司》报道之外，又写了一本同名的书。李黎对她的新著寄予厚望，她表示，这本书记录和诠释了她对“由互联网和信息技术引发的商业环境变革以及商业模式创新”的理解。

正如我们后来看到的，李黎在传统制造业、零售业、教育业、互联网业、公路货运业、出版业等众多行业领域中都觅得了“轻公司”的踪迹。也就是说，“轻公司”只是一种商业模式的称法，本身并不受制于行业的局限。李黎指出，“轻公司”并不仅仅局限于电子商务企业，而是传统企业和互联网的嫁接体，互联网和信息技术给了传统行业以非资产手段组织资源的机会，使得过剩的中国制造有了资源优化配置、直接面向消费者的可能。就此而言，相对于之前以报道出现的《轻公司》，在本书中，李黎对其创造的“轻公司”一词也有了更为深刻的理解和更为完善的考究。

我们不妨这么来理解李黎所说的“轻”，它至少包含了以下几重意思：第一，它是一个经济学上保持低负债、高运营的学术概念；第二，是一个对于企业来讲，如何发现自己内部流程中的轻基因的问题；第三，是一个如何用自己的“轻重缓急”来实现与消费者需求对接的问题。所以，万万不可把“轻公司”简单地理解为依靠一根网线和一台电脑的电子商务模式的植入，其实它反而需要更为深厚的运营管理功力——把公司做小，把客户做大。

数字时代的必修课

100

杨吉 TMT 百部全说

《浪潮之巅》

# 潮起潮落话 IT

吴军，毕业于清华大学计算机系（本科）、电子工程系（硕士）和美国约翰·霍普金斯大学计算机科学系（博士）。在清华大学和约翰·霍普金斯大学期间，吴军博士致力于语音识别、自然语言处理，特别是统计语言模型的研究。他曾获得 1995 年全国人机语音智能接口会议的最佳论文奖和 2000 年 Eurospeech 的最佳论文奖。

于 2002 年加入谷歌公司。在谷歌，他和艾美特·辛豪（Amit Singhal，谷歌院士，世界著名搜索专家）、马特·卡特斯（Matt Cutts，谷歌反作弊官方发言人）等三位同事一起开创了网络搜索反作弊的研究领域，并因此获得谷歌工程奖。2003 年，他和谷歌全球架构的总工程师朱会灿博士等共同成立了中、日、韩文搜索部门。是当前谷歌中、日、韩文搜索算法的主要设计者。在谷歌期间，他还领导了许多研发项目，包括许多与中文相关的产品和自然语言处理的项目，并得到了当时公司首席执行官埃里克·施密特和创始人谢尔盖·布林的高度评价。此外，他还在谷歌黑板报上发表了《数学之美》系列博客。

在国内外发表过数十篇论文，并获得和申请了十余项美国和国际专利。他于 2005 年起，当选为约翰·霍普金斯大学计算机系董事会董事。2007 起担任风险投资基金中国世纪基金的董事。

2010 年，离开谷歌，加盟腾讯公司，担任负责搜索业务的副总裁；并担任国家重大专项“新一代搜索引擎和浏览器”项目的总负责人。

浪奔浪流，潮起潮落，古往今来，多少回，成败转瞬、兴亡过手。最终还不是，前人播种后人收，一切尽付笑谈中。

虽然说岁月更迭、历史轮回，但作为一名商业观察者，总试图“以史为鉴，为知兴替”，譬如吴军。有人问他，为什么写《浪潮之巅》？他回答道，这只是为了让中国的读者更了解美国，更了解科技产业，特别是其背后的发展规律与商业教训。倘若三言两语作个归纳，或许以下这段再合适不过：“近一百多年来，总有一些公司很幸运地、有意识或者无意识地站在技术革命的浪尖之上。一旦处在了那个位置，即使不做任何事，也可以随着波浪顺顺当当地向前漂个十年甚至更长的时间。在这十几年间，它们代表着科技的浪潮，直到下一波浪潮的来临。”它出自该书的前言。

吴军：《浪潮之巅》，电子工业出版社 2012 年 8 月第 1 版，定价：55.00 元。

读《浪潮之巅》，很自然地会把它与吴晓波的《激荡三十年》、《跌荡一百年》和《浩荡两千年》这“企业史三部曲”作关联。当然，有很大的不同。除了关注领域，最主要的是写作的落脚点。吴晓波多次提及，“一部中国企业史，就是一部政商博弈史”。但在吴军这里，他强调的是“浪潮”——既是信息化的浪潮，又是产业化的浪潮，还是流行化的浪潮。吴军指出，新旧浪潮前赴后继，自然更替，这本身就是一个客观规律。在一波又一波的浪潮中，公司首先要满足普通大众的多数需求；其次，要有关键的技术革新；最后，要有必要的盈利模式。而对于IT业创业者来说，浪潮不会一夜兴起，昙花一现，而一般都会持续个十几二十年，在此语境下，所谓“时代幸运儿”，莫过于一生能够赶上个一波大潮了。

很明显，吴军深受马尔科姆·格拉德威尔在《异类：不一样的成功启示录》一书中观点的影响，后者认为，机遇对成功很重要，并介绍了这样一个事实：在人类历史上最富有的75人中，有1/5出生在1830～1840年的美国，其中包括大家熟知的钢铁大王安德鲁·卡内基、石油大王约翰·洛克菲勒。他们都在自己最年富力强时，赶上了美国内战后的工业革命浪潮。第二个高峰年代就是20世纪50年代末到70年代初的20年间，像苹果的史蒂夫·乔布斯、微软的比尔·盖茨、太阳公司的安迪·贝托谢姆和比尔·乔伊、戴尔的迈克尔·戴尔、谷歌的拉里·佩奇和谢尔盖·布林等都出生在这个年段，并且都赶上了信息革命的大潮。如今，这一浪潮正势不可挡地出现在中国、当下这个时代，吴军的意思是，第一，我们将有幸亲历；第二，我们当三思而后行。

所以，吴军再三表示《浪潮之巅》不是一部IT史记，也无意写就一本硅谷传奇。虽然在书中，能读到如AT&T、IBM、苹果、英特尔公司、微软、思科、雅虎、惠普、摩托罗拉、谷歌、太阳、Novell、网景、RealNetworks、诺基亚、GE等众多大公司的“企业简史”，但讲史是其次，重点在评析——评述成败，分析得失。正因为如此，《浪潮之巅》更像是一部IT业的《大败局》外加《资治通鉴》。至于作者，学至计算机博士，从事互联网多年，十足的老兵一名。加之本身在搜索、语言处理上的研发天赋和在大公司谷歌的职场经历，这让吴军对同行科技公司的思考与观察不会道听途说、人云亦云，且不论其文字功底如何（事实上，从最初的博客连载到最后成书，吴军的文笔一直为人称道，其既能做到逻辑严密、观点鲜明，又能确保语言活泼、表达生动），仅第一手资料，内行人门道以及秉持独立客观，就足以成为全书的亮点。

可能出于工程师、技术人员的思维范式，同样解读公司案例，吴军的视角和立场始终离不开IT业的固有规律或定律。比如，在介绍英特尔和微软时，就必定会谈及半导体行业的摩尔定律和微机时代的WinTel体系，以及由此产生的IT产业生态链（安迪—比尔定律和反摩尔定律）。又比如，会花一定篇幅提到投资银行和风投公司，因为很多时候它们是推动科技公司业务发展和规模壮大的幕后推动力；再比如，会穿插一些70—20—10定律、诺威格定律和基因决定定律等规律性的东西，这不仅会影响到公司决策，也意味着，更要顺势而为、踏浪前行。

其中，值得一提的是“基因决定定律”，吴军在书中多次提及。评说“蓝色巨人”IBM 公司，他谈到了这个定律；评说“没落的贵族”摩托罗拉公司，他又谈到了这个定律；评说“成功的转基因”诺基亚、3M 和 GE 公司，他还是谈到了这个定律。在吴军看来，大公司都有自己的基因，以中国的三家互联网公司，即阿里巴巴、百度和腾讯为例，你会发现它们虽然在其他领域也投入大量的资源，但真正做得最好的还是自己主营的领域。比如百度后来放弃了社区，阿里巴巴从收购雅虎中国开始就试图进入搜索领域，至今没有做成。原因就在于它们的基因仅限于其所擅长的特定范围。再以国外的谷歌为例，在收购 YouTube 前，研发出了自己的谷歌视频服务（Google Video），但由于谷歌的主要精力还是花在搜索上，对在线视频的运营并不在行，加上投入度有问题，因为它也只是大公司里的一个小项目。于是，尽管前者比 YouTube 早几个月上线，但后者很快就超过它，并把它远远地抛到了后面。所以，大公司重视一个新潮流，并不意味着就能把握住机会，而且还得积极地基因改造（当然这一点谈何容易）。它的推论是，正如人的基因决定了生老病死，“没有人能活两百岁，也没有公司能辉煌两百年，这就是规律，很难超越”。针对吉姆·柯林斯和杰里·波拉斯在《基业长青》中的结论，相信吴军是持反对意见的。

作为一本大部头，《浪潮之巅》确实系不可多得的好书佳作，而它位列“2011 年度最佳商业图书”也实至名归。书名取“信息化浪潮，居产业巅峰”之意，描绘了 IT 巨头的群体肖像和行业系谱。对比其他同类作品，不乏拼凑、组合、二道贩，这本书不仅视野宏大、论点独到，而且一手经验、干货十足。说它是“所有立志进入 IT 行业的年轻人的必读之作”毫不为过。

数字时代的必修课

100

杨吉 TMT 百部全说

《沸腾十五年》

# 中国互联网史：千呼万唤始出来

林军，中信出版社、蓝狮子财经出版中心签约作家，英鹏兰德公司执行董事，互联网老兵群（www.laobingqun.com）创始人，曾任 IT 第一中文网站天极网创始人和总编辑等职，归属中国互联网创业第一代，记者生涯中曾任《电脑报》新闻中心主任和《知识经济》副总编等职，是中国资深互联网观察家之一。过去数年随妻女栖居盐湖城，现旅居深圳，致力于中国互联网史和中国高科技史的梳理和写作，著有《马化腾的腾讯帝国》（合著）、《柳传志管理日志》、《大企业病》等。

下一本书会是什么？2005 年，当我与方兴东合作完成了《21 世纪的书：信息时代商业思想 10×10 阅读》后，我问方兴东。当时，这位中国信息产业最具影响力的独立评论家、博客教父回答我说，准备梳理互联网十年史吧！

我知道方兴东的这个构想由来已久。早在 2000 年的时候，他就曾表示想写一本《中国互联网史记》，力争 2004 年底完工，希望可以在“互联网十年”（2005 年）上有所展现。但后来由于运营博客中国分散了很多精力，该计划不得不一再推延。原本以为 2005 年重启创作会是一个不错的时机，一方面我和方兴东刚刚出版了新书，兴趣正浓、意犹未尽；另一方面，梳理中国互联网史也不是一蹴而就的，至少要有 3～5 年的持久战心理，粗略一算或许还能赶上 2009 年中国互联网十五年的纪念。

尽管听起来似乎很美，但无奈最后还是因为彼此时间安排无法一致而再次导致写作的搁浅。而最近一次得知方兴东与《中国互联网史》的消息，也已经是两年前了。2007 年 9 月，方兴东携其互联网实验室正式对外

林军：《沸腾十五年：中国互联网 1995～2009》，中信出版社 2009 年 7 月第 1 版，定价：59.00 元。

宣布启动《中国互联网史》项目，他说，该书将展现一批批互联网科学先驱、决策人物、创业领袖、投资家以及富有远见的思想启蒙者，通过这些人物的创业和这些企业的创新为节点，第一次系统梳理中国互联网十多年发展历程的风风雨雨。同时，对于互联网创业、企业和产业等各个层面，及互联网对中国社会、文化、生活等各个方面的影响，该书也将给予恰如其分的评价和论述。

据报道，《中国互联网史》的创作会陆续展开，届时除了方兴东、王俊秀外，还有姜奇平、吴伯凡、胡泳、刘韧、段永朝等在内的国内知名互联网人士也都会加入写作队伍中。然而，就是这样一本万众瞩目、令人期待的作品总是“犹抱琵琶全遮面”、“千呼万唤不出来”。两年后的今天，我们还是未能一睹为快，看的也就是以互联网实验室名义出版的《第三浪：互联网未来与中国转型》——它应当算是《中国互联网史》的阶段性产物或半成品，该书除了回顾中国互联网的历史外，侧重于提出“第三次浪潮”的概念。在方兴东看来，中国互联网的十五年历经前商业化期（1986 ～ 1994）、商业开拓期（1995 ～ 1997）、第一次浪潮（1998 ～ 2000）、互联网寒冬（2001 ～ 2003）、第二次浪潮（2004 ～ 2006）、第二次调整（2007 ～ 2008）以及以电子商务、移动互联网、Web 2.0 为内核的正在酝酿之中的第三次热潮（2009）。不难发现，基本 3 年一个阶段，趋势波动振荡向上，而这正是方兴东等人原本要在《中国互联网史》中所归纳、总结的观点。

不论方兴东的历史划分是否准确，至少他作出了一种有益的探索。我始终认为，在中国互联网发展到第 15 个年头的时候，应该有人去整理、去还原、去发现、去反思。因为当下人们对于互联网的视角主要集中在商业资本层面的泛庸俗化、泛娱乐化的理解上，而对其社会影响、变革力量和历史意义存在着严重低估，所以，只有通过像《中国互联网史》一类的书的编写和重现，才有可能把互联网在中国的意义全方位展现出来。而这，事实上正是我之前对方兴东雄心勃勃的写作翘首以盼的根本缘由。

如今，终于有人率先走了出来，为我们奉上了他的“中国互联网史”。之所以称是“他的”，而不是“我的”、“你的”或者“方兴东等人的”，而是因为我比较认可罗伯特·埃文斯所说的“凡事都有三面，你的一面、我的一面和事实真相。没有人撒谎，只是回忆不同而已”。在《沸腾十五年：中国互联网 1995 ～ 2009》中，林军就是按照自己的“回忆”来展开的。例如，他的中国互联网 15 年是以人物为线索，将每一年的几个重要人物、重大事件贯穿起来，构成一整年的主题，像 1995 年是“互联网商业元年”，因为宁波电信员工丁磊开除了自己，下海经商了；大学教师马云也“不务正业”，开始推销起中国黄页了；还有清华研究生沙龙主席万平国创办中网，学生会主席张树新成立了“瀛海威”，等等。林军还是遵从着传统的“产业路线”的叙事框架，将中国互联网 15 年的回顾主要定位于“产业故事会”，而放弃了从技术、产业、资本、文化、社会、生活、思想等各个层次、各个方面的系统阐述。当然，林军这样的考虑也在情理之中，要知道“面面俱到”有时候就是“面面不到”，倘若最后沦为一部没有立场、没有观点、资料堆砌、浅尝辄止式的互联网史，其写作的意义也就荡然无存了——因为这些信息，在今天谷歌或百度一下，我们全都知道！

不过要指出的是，林军对于《沸腾十五年》还是有所聚焦和寄予的。正如他在前言中写道：“本书记录了一群在中国创造属于自己历史的人以及他们的故事……在这本书中，我试图给这些人作一个集体画像：他们有的是 60 年代人，也有的是 70 年代人，其中还有一小部分是 80 年代人。他们都有一个被公众自觉不自觉遗忘的共同属性，那就是：这些人有着比起其他人更加强大的和自信的内心世界，他们都志向高远、目标远大，希望改变自我的同时，改变世界。”在林军看来，正是互联网赋予了很多人创造财富、实现价值的机会，也正是互联网挟带着资本的力量推动着科技中国、现代中国的迅速崛起。而在整个过程中，人是当然的主语，不管他们是海归，还是极客，抑或是商人，这三类人在一起共同缔造着各自人生和国家命运的传奇、复兴。

过去的 15 年，中国互联网的发展亲历过风风雨雨，经受过起起落落，最后还是以无比强大的生命力、战斗力笑到了现在。那些在美国、中国资本市场上市的中国互联网公司除了向世界证明中国科技力量的同时，也在给这个行业以足够的信心——我们完全有理由相信，未来的 15 年，中国互联网所能缔造的财富传奇只会比上一个 15 年多得多，同时，它会给中国经济的进一步腾飞提供更多产业升级的契机，要确信，这个行业已被认为是为数不多的能产生世界级中国大公司的行业之一。

林军坦言，他希望通过本书的写作能让我们清晰地见证我们这个中国、这个民族伟大的创造力和重大社会变革。不管是过去，还是将来，中国的互联网将会继续谱写一种气势恢宏、激荡人心的光荣与梦想。这种笃信，林军不仅如此，方兴东以及后来的书写中国互联网历史的人亦如此。

数字时代的必修课

100

杨吉 TMT 百部全说

《十亿美金的教训》

# 你的教训值多少钱?

林军，中信出版社、蓝狮子财经出版中心签约作家，英鹏兰德公司执行董事，互联网老兵群创始人，IT第一中文网站天极网创始人并曾任总编辑等职，归属中国互联网创业第一代，记者生涯中曾任《电脑报》新闻中心主任和《知识经济》副总编等职，是国内互联网资深观察家之一。长期致力于中国互联网史和中国高科技史的梳理与写作，著有中国互联网第一部专史《沸腾十五年》以及《马化腾的腾讯帝国》、《柳传志管理日志》、《大企业病》、《李开复：从心选择的智慧》、《从不竞争》等。

唐宏梅，资深媒体人，IT产业及创意产业的观察者与记录者。先后任职于《知识经济》、赛迪集团《中国计算机用户》，并曾任天极Chinabyte软件、安全频道主编，视频访谈节目《问道》、《E领袖对话》主持人及策划人。

虽然林军坦言，他的新书《十亿美金的教训》极易被误读为“互联网大败局”，同时，他再三强调，该书跟之前的《沸腾十五年：中国互联网1995～2009》一样，仍然是一本关于中国互联网英雄人物和他们波澜壮阔的创业故事的作品。倘若较真地追问一句，要真是“《大败局》的互联网版”怎么了，很丢人吗？还是违背了写作的初衷？

老实讲，我并不觉得《十亿美金的教训》不是在讲一些互联网企业的“败局”。正如该书所归纳的“中国互联网的十个教训”（见封底）：51.com——曾经拥有中国最大最早的社交网络，互联网热潮Web2.0的标志性公司，因内讧失败！3721——曾经国内中文上网市场的老大，力压百度，因安插流氓软件失败！ITAT——曾是规模发展世界第一的国际品牌服装会员店，一度位列中国零售榜排行第三，终因错失细节陷入困境，失败！PPG——曾

林军、唐宏梅：《十亿美金的教训》，浙江大学出版社2011年5月第1版，定价：39.00元。

勇夺中国服装业“大佬”的宝座，声势浩大，但因创始人公众形象尽失、商业链断裂失败！分众——曾被业界奉为经典，比新浪值钱，因狂热于兼并而失败！港湾——专注于宽带网络通信技术领域的国际化中型企业，曾经抗衡华为，终因过度依赖风投，失败！联想 FM365——联想圈 30 亿做互联网，赚钱少，烧钱快，最终始乱终弃，失败！联众——中国最早的网络游戏平台，曾经中国网游的三巨头之一，高峰时占据了国内网游市场 85% 的份额，终因决策无主、无序、衰落而失败！盛大盒子——集多家厂商技术、功能齐全的电脑终端，时机不对，失败！ 8848——曾经位于中国的电子商务之巅，因资本冒进失败！

十家公司、十起案例、十个失败，不是败局，又是什么？尽管我对林军轻描淡写地归纳公司失败的原因有所保留，但确定无疑的是，他所提及的这几家公司着实没有成功——确切地讲，它们曾一度万众瞩目、辉煌万分，但终究昙花一现，难逃极速衰败的厄运。“它们是最接近成功的失败者！”现实的商战，残酷而激烈，现实又无情，从来都是赢家通吃、败者全输，即便轮到事后总结，也是“成功了，叫经验；失败了，是教训”。幸好，对于产业梳理和商业观察的写作者来讲，“只见新人笑，不闻旧人哭”的势利眼不会那么明显。

这也正是林军携手另一个作者唐宏梅共同写就《十亿美金的教训》一书的由来。用他们的话来讲，“本书以案例解读的方式进行更多的总结和反思”。之后，他们又得出了什么样的“启示录”呢？

首先是书名“十亿美金的教训”。很多人会问：为什么是十亿美金？作者写道，本书所描述的 10 个案例，每一个案例的主角一旦能少犯错误、做出正确选择，都至少能成就 10 亿美元公司；另一个显著原因，这些公司所获的最少投资额都是以 5 000 万美元计，而联想 FM365、盛大盒子、分众、ITAT、港湾、3721 这 6 个案例本身都接近和超过 1 亿美元的投入。“由于这些投资只是占被投资公司的一部分，因此，这 10 家公司所形成的经验教训，如果用钱来衡量的话，也是十亿美元的量级。”

把教训用金钱来量化，这算得上该书的一个创举。但话说回来，它难免有点抽象、文学化修辞。对读者来说，我们需要了解什么是教训的真正所指以及如何避免。对此，作者们认为，创始人无法完成从个人英雄到商业领袖的跨越，没能抵挡住热钱的诱惑而自乱阵脚，以及在用户体验等细节问题上渐行渐远，是“十亿美金的教训”所具体表现的三个方面。

在林军等看来，互联网企业创业起初，有个人英雄的带领非常重要，譬如有激情、有梦想、有胆识、有行动力，但问题是企业到了中后期，当需要制度建设、权力制约、民主决策、企业伦理时，个人英雄主义反而会成了绊脚石。这就是为什么书中会提出，从个人英雄到商业领袖的跨越需要从道义、团队和决断时刻三个层面来进行修炼。

为什么都是热钱惹的祸？书中提到了“博客教父”方兴东，他也是我的好朋友，曾经一块合作过《21 世纪的书》。他在反思自己创办的博客网失败时有句话说得很好：钱太多了，让自己乱了分寸。是的，钱多人胆大，胆大什么都敢做，战线拉长、人浮于事、欲望贪婪、迷途不知返，什么都会来了。正如书中所讲，也许当初只给 ITAT 500 万元，它也就成功了；联众少试一些跟个人收费有关的业务，它或许也就熬下来了；港湾的李一男如果控制得好董事会，也不至于被公司驱逐出局……当然，不可能有这么多的如果，但还是一句话，如果再有热钱，总得拿人的手短、吃人的嘴软，小心为上了。

怎么就没有坚守用户价值第一了？按理说，书中所列举的这十家企业，团队的领导者个个是人中龙凤、胆识过人、聪明绝顶，怎么会连最起码的“客户为导向”都给疏忽了呢？不可能吧。但事实是，那些风险投资商、投行们和基金经理们总是希望用最简单、最直白、最快速的方式来实现复制，迅速扩张。但结果往往就忽略了用户，置用户的真实需求于不顾，集体直勾勾地盯着规模效应和 IPO。产品 / 服务质量青黄不接、贪多嚼不烂则成了必然。

事情的开始总是很美好，但过程往往不堪一击。读完《十亿美金的教训》，感触颇多。对我们大多数人来说，一生中足够走运的话，总会有一次最灿烂的时刻，看能否把握得牢、坚守得牢了。有时击垮你的不是对手，恰恰是自己——不是刚愎自用就是为钱多所累，不是欲望无穷就是远离客户。尽管教训未必够得上十亿美元，但如果少一个失败，能多一个哪怕值一亿美元的机会，又何乐而不为呢？

《下一个倒下的会不会是华为》

# 华为首揭神秘面纱

田涛，北京无限讯奇信息技术有限公司董事，北京山石网科通信技术有限公司董事。创业融资“指导性刊物”《投资与合作》杂志总编辑，长期从事创业融资方面的研究，并担任国内外多家商业机构顾问。通过13年与任正非的交往，对任正非及华为的发展有深刻的了解。

在正式读《下一个倒下的会不会是华为》之前，读到的先是吴晓波“爆料”的一则内幕。据说，书的两位作者田涛、吴春波曾将书稿命名《卓越与孤独》，然后去征询华为高层的意见。其中一位高管看了，不甚满意，表示说“有何‘卓越’可言呢？华为能不倒下就不错了。”这个回复竟让在现场的皆有同感，一拍即合，书名遂定了如今这一版本。

我愿意相信这则趣闻是真的。首先，这符合华为人一贯的心态和风格，就像其创始人、那个低调到颇具神秘色彩的任正非常说的一段话：“我大大思考的都是失败，对成功视而不见，也没有什么荣誉感、自豪感，而是危机感。也许是这样才存活了10年（当然，现在这个数字已是25，而且相信还将继续增加）。失败这一天一定会到来，大家要准备迎接，这是我从不动摇的看法，这是历史规律。”作为一家民营企业，起点低、压力大，随时都可能因为政策、决策、市场等原因，一腔热情进去，一身伤痕、一地鸡毛出来。所以，它们确实没有天生的优越感，也没有什么安全感或得以维系生存的依赖感，有的也只是紧迫感和焦虑感。不过，在华为身上这表现

田涛、吴春波：《下一个倒下的会不会是华为》，中信出版社2012年12月第1版，定价：48.00元。

得尤为明显。所以，同样是一个对未来趋势的研判，人家或许是乐观积极、欢欣鼓舞，说“冬天来了，春天还会远吗”，而对于华为来说，则有可能是“好花不常开，好梦不长在，春天来了，冬天也就紧随其后了”。其次，从结果来看，取名“下一个倒下的会不会是华为”远比“卓越与孤独”这样四平八稳的方案更有吸引注意力和制造话题效应的元素。现在的书名看起来很惊悚，不管最后这本书能不能解答谜题，至少它引发了人们的思考——华为为什么不会倒，又或者为什么会倒下，里面有什么经验值得学习和借鉴的吗？君不见，当年电信制造行业的“巨大中华”四家（即巨龙、大唐、中兴、华为），历经 20 多年的跌宕沉浮，如今巨龙消失了，大唐衰落了，中兴依然坚挺，而唯独华为脱颖而出，这又是怎么一回事呢？无疑，本书会给人一种期待。

然而即便如此，也有一点令聪明的读者抱有必要的怀疑。究竟是什么原因让向来保持隐秘者姿态的任正非决定敞开心扉，竟授权他的好朋友田涛和他当年的同事、曾协助其起草《华为基本法》的吴春波来写一部回顾华为 25 年的企业史。要知道，从创办华为至今，任正非几乎从未接受过任何媒体的正面采访，也从不参加什么评选、颁奖活动和企业家峰会，甚至连有利于华为品牌形象宣传的活动也一律拒绝。对此，他的一段语录可以解释原因。“华为的灵魂是客户，只要客户在，华为的魂就永远在，谁来领导都一样。如果公司寄托在一个人的管理上，这个公司是非常危险，非常脆弱的。华为公司已经实现了正常的自我循环和运行，这是我们公司更有希望的一点”。

听话听个理，这段话可从两个角度来理解。其一，华为不像生产大众消费品的企业，它的客户不在终端市场，而是电信行业内设备商、运营商那几个大佬级客户。对他们而言，任正非是不是常上财经封面不重要，华为是不是常被镁光灯照耀不要紧，重点是所采购的设备产品质量好不好、硬不硬，价格合不合适。所以，任正非有着极为清醒的认识，与其把精力花在“面子”上，倒不如脚踏实地去做足“里子”。不过话虽如此，这终究还是受企业领导人的影响（左右），观念不同、品性各异，做法也大不一样。例如，任正非与郭台铭。其二，企业的目的是赚钱，不能赚钱的企业是没有价值的（也谈不上尽到企业公民责任）。然而，赚谁的钱？当然是客户的钱。谁能让客户自愿自觉地掏腰包，让更多的客户掏腰包，让客户长期地掏腰包，谁就有可能变得伟大。百年西方管理学的核心思想，绕来绕去也不外乎“以客户为中心”，围绕他们的需求去发现它、满足它甚至引领它。这也就是为什么管理大师彼得·德鲁克会把企业的使命定义为“创造客户”，道理便是如此。在书中有一则段子写道，有地方领导来华为“莅临指导”，任正非没去接待，原因是他认为这没必要去，他们又不是我们的客户，如果是客户，再小的他都会去亲自接见。这就是任正非本人，偏执、固执，哪怕放到中国企业史上看，也算得上一个相当醒目的异类。于是，疑惑自然而来，这一次任正非及其华为怎么就愿意与外界交流了呢？同样的疑问，上次是对乔布斯，他到底怎么就同意让沃尔特·艾萨克森写《史蒂夫·乔布斯传》了。

很可惜，本书并没有给出回答。从只言片语中，我们大抵能读出：作者想求解华为的成长基因以及持续进步的期限。展开来说，华为能不能长盛不衰，还是很快将盛极而衰？华为坚守的核心价值观能否常拭常清？时至今日，已经是世界数一数二的华为还能自降身段、谦卑地聆听客户的心声吗？随着企业的变大和管理的加强，华为已经变成了中央集权方式，其垂直的行政指挥系统，使总部的权力巨大，它还能再转变成灵活机动的让“听得见炮声的人来呼唤炮火”的模式吗？华为所处的行业，面临的过剩越来越严重，这种过度竞争造成的伤害，会不会损害华为的整体竞争力？华为如何在全球化的浪潮中构筑起自己稳健的运营体系？还有，当“宗教领袖”任正非终有一天交接权力指挥棒，华为上下还有那种强大的思想力量、坚定的价值信仰和敢于战胜任何挑战的强力意志吗？

一系列追问被统一在些许耸人听闻的“下一个倒下的会不会是华为”的命题上，本书试图全面解读和还原任正非及其华为。与其他同类写华为的书籍相比，本书无疑在深度上、系统上、权威上多了一份厂家的“信誉担保”，然而，也正因为如此，我们能否把这本书看成是华为人又一次自省和自我批判的成果呢——就像当年，华为不惜重金聘请过埃森哲、波士顿咨询集团、普华永道做企业顾问，花大力气在管理流程上改进；同时，也较早聘请 IBM，让其在公司研发、产品开发、供应链以及财务管理上提供帮助。到了今天，华为人会不会通过一本书来掀起一场“批判与自我批判”的思潮，制造舆论氛围让外部力量迫使自己“自我革命，涅槃重生”？孔子说，“未知生，焉知死”，华为或许干脆来一次“置之死地而后生”的悟道、践道。

其实就全书的内容来看，倒下的会不会真是华为，作者也没有一个准信。事实上，华为仍然保持着极快的发展势头。不过，本书倒是对华为的成功做了较为全面的阐述。如果仅用三言两语归纳，大致有：（1）对产品质量的完美主义和在技术投入上的不遗余力；（2）对客户服务的重视，始终以客户为导向；（3）狼性的公司文化与强调能者上、庸者下的公平用人机制；（4）居安思危、如临险地、如履薄冰的忧患意识。这些成功经验近乎常识，但鲜有人长年累月去做，旷日持久地坚持，但这恰恰衬托了华为的过人之处。

伊查克·爱迪思在《企业生命周期》一书中提出企业最终会因“控制性的增强，灵活性的减弱”而走向死亡，这是规律。也就是说，总有企业会倒下，完成“生命”的轮回。但身为企业管理者，总是要力挽狂澜，保证紧随其后的下一个不是自己。而对于华为，我们要从其身上学习些“延年益寿”之法，不妨先从读《下一个倒下的会不会是华为》开始；如果还嫌不够，建议认真体会任正非的“危机语录”。

# 快营销

《互联网商规 11 条》

# 当“定位”理论遭遇互联网

艾·里斯（Al Ries），定位理论创始人、里斯伙伴主席，作为第一作者，与杰克·特劳特合著《定位》、《营销战》、《营销革命》、《22条商规》、《人生定位》等享誉世界的营销经典，贡献了这些著作中的核心思想并撰写了主要内容。20世纪90年代以来，艾·里斯与劳拉·里斯先后合著《聚焦》、《品牌的起源》、《董事会里的战争》等商业经典，把定位理论带上新的巅峰。

劳拉·里斯（Laura Ries），里斯伙伴总裁，定位理论的卓越继承者，美国公认的新一代营销战略大师，美国福克斯新闻频道、CNBC、美国广播公司以及CNN等频道和栏目的特约战略顾问，并为全球《财富》500强企业提供品牌战略咨询服务。1994年劳拉·里斯成为艾里斯的合伙人，先后合著《品牌22律》、《品牌的起源》、《董事会里的战争》等商业经典，把定位理论带上新的巅峰。

把“定位”理论用到互联网，结果会怎样？不用猜，翻翻《互联网商规11条》就是了。

这本书出自艾·里斯和劳拉·里斯二人之手。艾·里斯大名享誉全球工商界。他和杰克·特劳特两人联手贡献了“定位”，后者被美国营销协会赞为“有史以来对美国营销影响最大的观念”。虽然“定位之父”的头衔最终给了杰克·特劳特，但艾·里斯功不可没。有几点值得注意的，特劳特是进了艾·里斯的广告公司后，才有了与里斯合作，写出经典的《定位》一书；艾·里斯还是《定位》的第一作者，并撰写了主要内容；随后，两人合作越发紧密，陆续出版了《营销战》、《营销革命》、《22条商规》、《人生定位》等一系列畅销世界的营销学作品。因此，有时候甚至可以这么说，没有艾·里斯，没有特劳特，可能也就没有了定位说。

【美】艾·里斯、劳拉·里斯：《互联网商规11条》，山西人民出版社2012年7月第1版，定价：32.00元。

虽然《互联网商规 11 条》合著者换了人，但它与“定位系”可谓一脉相承。关于这本书的创作背景是：劳拉·里斯，艾·里斯之女，在成为里斯伙伴营销战略咨询公司合伙人后，迅速继承了其父辈定位理论的衣钵。同时，基于对高科技、新经济、时尚领域感兴趣，劳拉自然会想到拿定位的方法论（工具）去重新审视和发现。面对人们的疑问——诞生于传统经济领域的定位理论是否也适用于新商业形态的互联网？里斯父女想通过该书证明两点：其一，互联网品牌照样需要“聚焦”和有效“区隔”；第二，商业是巨变的，但定位的生命之树常青。

如果你之前读过里斯或特劳特其他的作品，一定会发现，他们非常强调聚焦的概念，它的衍生词包括“独一无二”、“差异化”、“与众不同”、“成为第一”、“品牌区隔”、“显而易见”等。没错，这些都是“定位战略”的另一番表述。而且，两位作者在不同的著述中也常常提到这些例子，如戴尔通过定位于“商务机直销”而成为全球最畅销的个人计算机品牌；星巴克通过聚焦于“咖啡社交”成为全球最大的餐饮连锁店；宝马通过强化“驾驶性能”做到全球领先的豪华汽车品牌；谷歌通过专注“搜索功能”成为全球最有价值的互联网品牌……按照里斯等人的看法，实施定位战略，旨在避免同质化竞争，让你的潜在客户能迅速判断你与其他公司的区别所在。换言之，要以最简单和有力的方式告诉人们，你是干什么的，以及为什么就要购买你的产品或服务。

这便是聚焦的力量，或者说是因独特而产生的优势。在书中，艾·里斯举例道，提到社交媒体你便想到 Facebook，提到团购网站你便想到 Groupon，提到照片分享你便想到 Instagram，提到微博你便想到 Twiiter，这说明了，这些品牌成功地在你的心智中建立起了认知，进而构成了其企业竞争力的核心资源。记得艾·里斯和杰克·特劳特在《定位》一书中也曾提出过企业应该“聚焦”，让自己的品牌成为同类产品的代名词，并且坚持专一的“专家”形象，拒绝品牌延伸的诱惑。在《互联网商规 11 条》中，里斯沿用了这一论断，当然，他还针对性地进一步提出通用名定律、独特名定律、唯一定律和分化定律，分别指出通用名是互联网品牌的死亡之吻；你的名称在互联网上独立存在，因此，最好取个好名字；你要不惜代价设法避免成为品类中的第二个；以及人人都在谈融合，但发生的事实却恰恰相反。不妨设想，当前面提及的网站分别用 socialmedia.com（社交媒体网站）、dailydeals.com（每日购物网站）、photosharing.com（照片分享网站）、shortmessages.com（短消息网站）来命名的话，情况又会变得如何？它们还能成为今天炙手可热、卓尔不凡的网络品牌吗？

11 条互联网商规，除去前面 4 条，余下的 7 条分别是二者其一定律、互动定律、广告定律、全球性定律、时间定律、自负定律和转变定律。其中，互动、全球性、时间以及转变这四个定律并无太多新意，实则是对作为新媒介的互联网诸多特征的一个归纳，像我们熟悉的开放、分享、互动、即时、扁平、无国界、去中心化等。不过，鉴于成书时间较早，在 2000 年它首次出版的时候，谷歌出现还不到 2 年，4 年之后才有了

Facebook，6 年之后 Twiiter 才问世，而像最新的热门网站包括 Pinterest、Instagram、LinkedIndeng、Yelp 等连个创意的影子都还没有。因此，该书难免有失准确，有待商榷之处。艾·里斯自己也承认，在转变定律中所提出的众多对未来互联网发展的预测中，关于“网络搜索工具将越来越不重要”这种情况显然没有发生。当时之所以会这么想，原因是过多关注了电子商务类网站，而忽视了人们对信息日益激增的需求。不过瑕不掩瑜，在确有些许纰漏的同时，我们仍应看到艾·里斯早在十多年前便有的先见之明：纸质目录面临着一个不确定的未来、分类广告将会移至网上、所有类型的金融服务都将移至互联网、包裹快递业务将会有大发展、网上零售会成价格战、线下零售将变成一项服务竞争、互联网会改变电话行业的诸多方面……

至于二者其一定律和自负定律其本质上是一致的。“要么做业务，要么做载体，两者不可兼得”（二者其一），因为“在所有错误中，最大的错误就是相信自己能做任何事情”（自负定律）。至于如何分别，艾·里斯作了如下总结：你必须做出的第一项决定是互联网对于你的产品或服务而言，是业务还是媒体？如果对于有形的品牌，互联网往往是个媒体。无形则反之；如果是流行品牌，互联网往往是个媒体，其他产品则反之；如果产品有数千种变化，互联网则是一项服务；如果在品牌购买中，低价是一个重要因素，那么互联网倾向于作为一种业务；与购买价格相比，如果运输成本是一个重要因素，那么互联网则倾向于做一个载体。对此，国内可能有人会以腾讯为例，来证伪艾·里斯的“二者其一”定律。但我觉得不妥，要注意的是，自 2012 年 5 月 18 日起，腾讯将对公司组织架构进行调整。具体做法，会将现有业务重新划分成企业发展事业群（CDG）、互动娱乐事业群（IEG）、移动互联网事业群（MIG）、网络媒体事业群（OMG）、社交网络事业群（SNG），整合原有的研发和运营平台，成立新的技术工程事业群（TEG），并成立腾讯电商控股公司（ECC）专注运营电子商务业务。此外，腾讯以 QQ 为核心，产品线极为丰富，从即时通讯到社交到电商到搜索到电子支付再到游戏等，不少都冠以新品牌，走的其实也是品牌集群、分门别类、各有所长的路线。

最后，有关“线下的广告将比线上的广告更多”的广告定律，艾·里斯所持的理由很简单，说互联网是互动式的，在这里第一次由用户主导，而非媒体所有人。用户有权决定去哪儿、看什么和买什么，在许多网站，用户还能决定如何提取和安排最符合用户需要的资料。“当人们和广告内容互动时，他们通常会把它们关掉”。难道正因为如此，就能推断说，线下广告一定就比线上的更多，而且还作为一条定律，会永远持续这样的趋势吗？对此，艾·里斯的阐述显然力道不足，过于武断。

然而即便如此，《互联网商规 11 条》仍不失为关于打造互联网品牌的必读宝典，也是定位理论运用在互联网行业的文本典范。毫无疑问，每一个希望在互联网商业上有所作为的人，都不应该错过他们的高见。

《新规则》

# 适应新规则，拥抱新媒体

戴维·米尔曼·斯科特（David Meerman Scott），是一位营销战略家、演讲者和研讨会举办者。他所开发的计划赢得了无数的奖项，而且帮助一些产品和服务在全球的销量超过10亿美元。斯科特主要从事在线新闻工作，他曾任新闻边际公司（NewsEdge Corporation）的营销副总裁，也在Knight-Ridder（当时世界上最大的报业公司之一）的电子信息部门担任过管理职务。现在，他在世界各地的各种组织发表主题演讲，把营销和公关新规则传播给更多人。

接二连三读了好几本“社会化网络营销”的著作，如《湿营销》、《微力无边》、《社会化营销》、《信任代理》、《正在爆发的互联网革命》等，眼前是最近看的一本，欢迎新成员——《新规则：用社会化媒体做营销和公关》。

一开始会有些奇怪，在作者戴维·米尔曼·斯科特这里，营销和公关是可以相提并论的。“由于在网络上营销和公关没有明确的界限，因此并不像过去那样可以很明确地确定一个最佳的媒体”。按照我们的理解，斯科特大概是认为营销和公关其性质是一致的，即“面对特定受众，传播己方主张”。当然，在网络空间里，需要借助博客、播客、维基、社交网络、搜索引擎、微博等社会化媒介，并辅以全新的规则体系作指导。

这也便是书名“新规则”的由来，虽然表达力十足，但也颇具争论，在很多人看来，它太常见了，很多书都自诩是新规则，但鲜有名副其实的，说白了，就是一个幌子。但对于这样的选择，戴维·斯科特自信满满。他指出，以前，不管是营销还是公关，不花昂贵的费用做广告或通过媒体报道（软文），根本无法把你的消息传达给数以百万计的潜在

【美】戴维·米尔曼·斯科特：《新规则：用社会化媒体做营销和公关》，机械工业出版社2011年1月第1版，定价：45.00元。

客户群，但在互联网上，旧有的一切可以被推倒重来。“我坚信我们现在处在一个新规则控制的环境中，”斯科特写道，“而本书正是帮助你进入新世界（在线世界）的指南。”

举例来说，2009年，澳大利亚昆士兰举办了一场别具匠心的视频比赛，主题为“世界上最好的工作”。写到这里，读者可能会“噢”的一声回忆起来。没错，就是这个选拔赛，获胜者将担任大堡礁群岛的管理人（岛主）。工作为期6个月，主要负责写博客和发布视频，任职期满后将收到150 000澳元的报酬。大赛要求每位报名者提交1分钟的视频，来说明自己应当选的理由。结果，有超过3万人提交了申请，而他们的视频也被无数人转载、浏览。另外，成千上万的新旧媒体（包括博客、报纸、杂志、网站、广播、电视）都报道了这一赛事，从而引发了更大范围、更加热烈的讨论。事实上，除了赛事本身，真正火起来的是那个叫大堡礁群岛的地方，而偷着乐的却是昆士兰旅游局。

通过这一极富创意的网络营销，人们对该区域的认知明显提升，前往当地旅游的国际游客量也显著增加。虽然斯科特并没有提及该活动的费用，但可以想见，跟动辄数千万乃至上亿的全球范围营销成本相比，肯定是节省了不少，最重要的是，“不看广告，看成效”，活动所达到的效果已大大超出预期。

书中有很多类似的案例，而它们正是斯科特所推崇的“新规则”下的运作产物。既然说到“新”，就有必要谈谈“旧”，什么是“旧（传统、过去）”的营销和公关规则呢？斯科特总结道，过去，营销只不过是做广告；广告需要打断人们并吸引他们的注意力；广告是单向的：公司到消费者；广告只与销售产品有关；广告只是一些短暂的宣传活动；创造力被认为是广告中最重要的部分；广告公司赢得广告奖比客户赢得新的消费者更为重要；广告和公关是两种独立的活动，由不同的人员来完成，它们的目标、策略和评测标准各不相同。至于公关，以前，公司向外界传递消息的唯一途径就是通过传统媒体；公司通过新闻稿与记者交流；除了少数记者和编辑之外，没有人会看到实际的新闻稿；公司必须有了重大新闻才能写新闻稿；使用行话并没有什么问题，因为记者们都理解；消费者要想了解新闻稿的内容，唯一的方式就是通过媒体写的报道；公司评测新闻稿工作成果的唯一方式就是整理一份“剪报”，把每一次媒体“赐予”的报道收集到一起。

从现在开始，这些规则就应该被抛弃，因为网络已经改变这些规则，你的营销与公关策略也必须随之改变。于是，贯彻全书的内容都在讨论以下新规则：营销并不仅仅是做广告；公关远远不只是主流媒体；你发布的内容展示了你的形象；人们需要真实，而不是欺骗；人们想要参与，而不是只被当作宣传对象；营销不再是单向的信息来打断人们，而是在客户恰好需要的时候为他们提供内容；营销人员必须转变思想，从面向大众的主流营销转变为通过网络服务于那些数量众多、未得到良好服务的客户群；公关并不是让你的雇主在电视上看到对你公司的报道，而是让你的客户在网络上看到你的公司；营销不是让你的公司获得广告奖，而是让你的客户赢得业务；公司必须通过精彩的在线内容把人们吸引到公司的购买流程当中；社会化媒体能够直接与消费者进行交流，而消费者欣赏这种方式。

事实上，网络已经改变了营销和公关的既有规则，诚如斯科特所说，“互联网迫使营销与公关再次面向公众，而不仅仅以媒体为中心”。他的陈述可以转换为另一种表达方式，更短且更有力：要么适应，要么失败。而《新规则》一书则在如何利用新媒体、应用新规则上给我们提供了众多有价值的建议。

综观全书，不乏涉及一些我们之前早有所闻的理论概念，如长尾理论、维基协作、病毒式营销、UGC（用户生产内容）、体验经济、人人参与等，但自始至终都围绕着社会化媒体营销的核心——倡导开放、真实与分享，其媒介上的参与者，既是信息的受众，也是创作者、传播者，所以，需要重新定义我们与客户的关系，扩大品牌触点，积累人际资源。

社会化媒体营销是近些年兴起的一个话题，同样也是一个开放的课题。包括《新规则》在内的作品，及时弥补了该领域的知识空缺，不过话说回来，它们也都是在摸索，随着实践的展开、案例的增多在不断丰富自己的理论建构。尽管如此，就当下来看，《新规则》等做到了新知普及，且能通俗易懂、举一反三，相信对许多人而言既是“扫盲”，也是“指南”。

《新营销战》

# 所谓“新”，怎么一个新法？

马国良（化名：乌梁），资深社会化网络营销专家和产品运营专家，国内最早的社会化网络从业者之一，对互联网产品运营和电子商务的社会化营销有系统而深刻的认识，在大量实践中积累了丰富的经验。电商服务和人才平台“爱业内”（http://www.iyenei.com）创始人，先后服务于人人网、阿里巴巴、淘宝网等大型互联网公司，从事与产品运营和电子商务营销相关的工作。专栏作家，在国内媒体上发表过大量关于互联网和营销方面的文章，合著有国内第一本关于社会化网络的著作《正在爆发的互联网革命》（畅销 10 万册）。

南存徽（化名：唐风），资深网络营销和产品运营人士，对互联网产品运营和电子商务的社会化营销有系统而深刻的认识。崇拜并信仰营销，痴迷于对一切新媒体和新营销模式的研究，精通现今流行的各种新型互动营销模式，擅长网络创意策划和网络营销活动策划。先后就职于阿里巴巴和淘宝等大型互联网公司，从事产品运营和电子商务营销相关的工作。

彭旋子（化名：旋子），资深社会化网络营销专家和产品运营专家，对互联网产品运营和电子商务的社会化营销有系统而深刻的认识。长期工作于电子商务社会化营销一线，曾先后为数百家知名电子商务企业提供社会化网络营销方面的理论培训和实战指导，积累了丰富的运营和营销经验，并掌握了大量一手的电子商务营销资料。现就职于淘宝网 SNS 部门，负责掌柜说的运营。

一个家具生产商最近比较烦。他们发现，近几年来产品（外观设计）被仿冒、抄袭得泛滥，虽说作为行业领军企业，享受着“一直被模仿，从未被超越”的成就感，但每每在同一个展销会上，看到别家销售跟自己一模一样或相差无几的家具，就气不打一处来。时间一久，企业领导们也都见怪不怪，司法维权成本太高，得不偿失，只好由它去。但最近发生了比较夸张的事情，据说，这边厂里刚设计出一款最新的家具款式，那边，就有竞争对手在生产和销售了，毫无疑问，有内鬼……

究竟谁是内鬼，如何启动知识产权保护，以及怎样采取法律手段，这并非本文的重点。结合当下被炒得火热的“社会化媒体营销”的理念，思考一下，我们可以为这家焦头烂额、

马国良、南存徽、彭旋子：《新营销战：社会化网络营销实战解密》，机械工业出版社 2012 年 4 月第 1 版，定价：49.00 元。

已急得不知所措的企业支哪些招呢?

本人不才，试举一例。在为该企业提供法律与媒介咨询服务时，我说，我们打蛇打七寸，但不要逼得太紧，当心狗急跳墙。尤其是在企业准备申请 IPO 之际，更得小心招惹是非，引来不必要的、有可能久拖未决的诉讼纠纷。中国人有句话，“明枪易躲，暗箭难防”，因此采取强硬措施得三思而后行。但借助媒体，效果可能就不同了。我建议，可以考虑开一个新闻发布会，会上除了“别有所指”地公布企业正式启动知识产权战略保护的消息外，还可以针对有客户反映许多其他品牌生产和销售的家具与本公司的“有所雷同”，开展为期数月的“你抓拍，我埋单”的有奖征集活动。活动大意是，如果你看到有跟该企业的家具商品相似或相同，可能有抄袭、仿冒之嫌的，可以拍照下来然后 @ 一下企业的官方微博，一经查实系侵权的，立即以几百至几千元不等的现金予以奖励。当然，也可以用来直接抵扣你在该企业购买的家具货款。

具体策略、细则不展开，仅就事论事地评价创意。当我向该企业管理层提出前面的构想时，得到了他们的一致认可。就想法而言，它既是一种正面的宣传——它向公众传递这样一个信息，只有名牌的、畅销的东西才会被不断地盗版、山寨；同时它也是一种引起潜在消费者兴趣，促使他们加以关注的行为——据说，有这么一个品牌的家具生产商不堪侵权之扰，打算维权了，而且还有丰厚的现金奖励呢；另外对侵权者而言，它还是一个间接的、具有威慑力的严正警告——你们小心，我已经发动连我都不清楚具体数目的眼线，只要你们一旦陈列、展示、销售侵权家具，那么他们就会 @ 告诉我们，并且，这些照片及其摄影者指不定还是书证、人证呢！这就是新媒体，或者准确地讲，就是社会化网络的威力所在。

对此，我不敢说这一定是打响了马国良等人所言的“新营销战”，但不可否认，传统营销遭遇困境，社会化网络来袭，以及基于新媒体的营销应用的日益频繁，这些都是客观存在、因时而变的新气象或新创举。在马国良等人看来，社会化网络营销有其不同于其他传统媒介的营销优势，包括：有的放矢，精准营销；一触即发，引爆潮流；小投入，大产出；整合营销，雪球效应。事实上，从最早的戴尔电脑建立官方微博，抢占新营销高地至今，有越来越多的国内外知名大企业加入到了“社会化网络营销”的千军万马之中，像宜家、立顿、必胜客、大众、微软、佳能、欧莱雅、奥迪、雅诗兰黛、诺基亚、优衣库、伊利、招商银行、凡客诚品、吉利、麦包包……老实讲，面对这股大潮，倘若有哪一家需要面向终端消费者的企业不迎潮赶上、踏浪前行，我敢很负责任地说一句：它，奥特曼——Outman——了。

按照马国良等人的说法，“社会化网络营销是一种趋势，也是一种风暴，它马上就要来了（这话不准确，在我看来它早已到了），你准备好了吗？”客观地讲，有没有准备好，这是“良心作业”、“对自己负责”，得问企业自己，但仅就理论准备来看，却也准备得差不多了，至少应付现在、指导实践还是够用的。

包括马国良等人合著的《新营销战：社会化网络营销实战解密》一书在内，就我已经看到、读过，甚至都不用细细想张嘴就来的书目就还有沈健的《浪潮求生：社会化媒体时代危机管理及网络营销》、陈永东的《企业微博营销：策略、方法与实践》、苏萌等合著的《个性化：商业的未来》、珍妮弗·阿科尔与安迪·史密斯合写的《蜻蜓效应》、戴维·米尔曼·斯科特的《新规则：用社会化媒体做营销和公关》和《微博时代的实时营销与公关》、塔玛·温伯格（Tamar Weinberg）的《正在爆发的营销革命：社会化网络营销指南》……这些书，都无一例外地告诉你：社会化网络营销时代的到来；微博、SNS、IM 和各大电子商务平台是这一新营销的主战场；你需要系统地建立起社会化网络营销体系，从制定目标到研究平台再到最后的监测效果；此外，要更关注乃至重视活生生的"人"的存在，懂得倾听、吸引注意、与他们互动。当然，这需要大量的技巧、策略、方法，但不管怎样，这些书都会告诉你。

同样的基于新媒体——微博，我在上面也写道（大概意思）："目前，目之所及的大多数讲社会化媒体营销的书，基本都是刘姥姥游大观园式的介绍、普及，还鲜有论道、说理，深层次挖掘的。"这样的评价同样用在这本《新营销战》上。可能对于大多数人，尤其是那种之前不怎么涉猎社会化网络营销书籍的读者，本书一定是"新的"，新鲜的案例、新颖的观点、新意的方法，但对看多的或相对熟悉的读者（如我）而言，难免会腻。但这个"腻"不怪作者，要怪只能怪当前国内社会化网络营销的发展水平。实践提升认识，同理，行之不远，言而无文。

不过话说回来，《新营销战》一书的三位作者均有在国内最大电子商务平台淘宝的工作经历，而且从事的就是与网络营销、SNS 整合有关的工作，所以，由他们来书写"社会化网络营销实战"，案例必然是充足的，资料可以是一手的，经验完全是亲历的。此外，他们可以把在淘宝网工作过程中与各店家交流、切磋的心得体会一并写进去，而不至于人云亦云。在我看来，这也恰恰是《新营销战》尚可一读的原因。

说到本书的书名，不禁让人想起 20 多年前杰克·特劳特与艾·里斯合著的《商战》（又译《营销战》）。在那本书中，"定位大师"特劳特介绍了商战中常用的防御战、进攻战、侧翼战和游击战四种战略形式，他一定没想到，20 年后，还可以有一种被称为"社会化网络战"的模式。请注意，它不仅仅是平台、媒介发生着变化、不同以往，更重要的是，无论是从理念还是到受众再到策略，它或许是翻天覆地的巨变。没错，较之于杰克·特劳特书写《商战》的年代乃至此后的一二十年，你完全可以称它为新营销战，如果要加一个修饰词，我建议是：革命的。

数字时代的必修课

100

杨吉 TMT 百部全说

《决战第三屏》

# “第三屏幕”引爆革命

恰克·马丁（Chuck Martin），美国知名智库移动未来研究院执行长，也是媒体邮报传播集团媒体研究中心主管。他创办的《互动时代》是第一本同时发行印刷与网络版的刊物。他曾任 IBM 副总裁。身为数字领袖、研究者和公众演讲者，马丁是最能掌握移动市场脉搏的人。他在移动未来研究院致力于研究移动世界的商业与营销策略，探索营销人员与移动消费者进行互动的最佳方法、时机和地点。他在媒体邮报传播集团则专为媒体、营销与广告专业人士研究分析传统与线上广告的效益和趋势。他也是多本畅销书的作者，著有《数字化阶级时代》、《E 时代的七大趋势》等。马丁有自己的社群媒体平台，是 CNN、CNBC、FOX、ABC 等媒体的常客。

第五媒体、拇指时代、移动互联、个性化工具以及恰克·马丁笔下的“第三屏”，没错，说的都是手机。若以今天的语境，称“智能手机”，会更精确。

事实上，不管智能与否、多大程度智能甚至第几代通信标准，以手机为载体，探讨其特性、应用和产业上的对接，人们早在 8 年前就开始了，而且曾经一度备受关注、被捧得很高。你应该还记得，最早《中国妇女报》推出了全国第一家手机报《中国妇女报——彩信版》，引起各类媒体轰动；随后重庆各大报纸联手推出《重庆晨报》、《重庆晚报》和《热报》WAP 手机上网版，跃跃欲试者摩拳擦掌；又后来，《浙江手机报》正式开通，引发其他报业同行的上网热。一时之间，手机报热潮迅速席卷全国，它还被许多人视为报纸复兴的希望；等手机报稍微冷了一阵，手机视频业务开始兴起，例如，上海文广与中国移动合作开通手机电视“梦视界”，中国联通与央视新闻频道、央视 4 套、9 套以及凤凰资讯台等 12 个电视频道联手推出“视讯新干线”……

【美】恰克·马丁：《决战第三屏：移动互联网时代的商业与营销新规则》，电子工业出版社 2012 年 8 月第 1 版，定价：59.00 元。

如果你的记忆足够好，在随后的日子里，像手机小说、手机音乐、手机影院、手机短剧等各类“新生玩意儿”相继登场，然后又很快消失无踪。现在回过头去看，当时很多技术和应用都很不成熟，初创阶段难免显得有些幼稚。但不管摸索了多远，坚持了多久，最终盈不盈利，当初有一个判断是对的：随着3G的到来，手机将创造出一个巨大的媒体市场。冬去春来，如今我们将迎来更快（速度）、更高（性能）、更强（技术）乃至更多（应用）的4G时代。

然而即便如此，移动互联网产业上有多大的作为，其取决于我们对移动科技有多少认识，想象的边界决定未来的空间。换句说法，早前我们可以务虚一点喊喊“移动改变世界”、“移动引爆革命”等口号而没有实际措施；可以在技术上指出其信息存储量有限、终端屏幕小、传输速度不够等限制发展的“瓶颈”；可以从价值链角度发现其缺乏作为一个真正产业应该有的生产分销体系和商业模式。现在，历经数年，无论从技术还是从市场，从理论研究到商业实践，都取得了长足的进步——就像恰克·马丁在《决战第三屏：移动互联网时代的商业与营销新规则》一书中所写的：“本书详细描述了企业如何利用新型的移动市场、分析市场动态，以及如何利用移动技术建立新的商业模式。同时介绍了正在积极投身移动营销的品牌，看看他们在做什么，一路上有何发现，以此向读者展现移动行业的魅力，以及各类商业应用移动科技的现状。”当然，在此基础上，我们还将看到移动营销如何潜移默化地改变消费者行为，以及企业该如何踏浪前行，积极作出回应。总之，“欢迎加入第三屏幕革命！”，恰克·马丁在书中写道。

前面提到过，恰克·马丁把智能手机称作“第三屏幕”，其相对于作为“第一屏幕”的电视和作为“第二屏幕”的个人电脑，并以其引起文化、商业、互动体验、消费行为、生活方式上的变化视为“一种革命”。相比之下，“前两次革命都黯然失色”。在马丁看来，之所以第三屏幕引起的是质的、突破性的变化，原因在于人们与移动终端（智能手机）之间是一种充分互动的关系——拿到眼前式的（这里有个形象的比喻，在客厅躺在沙发观看电视是“后靠式”的，身体前倾盯着电脑屏幕是“前倾式”的）。“这种互动是贴近性的、个性化的，而且时刻在线的”。

这实际上就涉及智能手机的独有属性。虽然不少同类书籍都有提及，但在马丁的《决战第三屏》中有系统的表述。马丁认为，智能手机有以下十大独特之处：个性化、多元交互能力、定时定位实现供需、站着用的媒体、庞大的用户群、基础设施完备、自助服务平台、召集行动能力、移动生态系统、以消费者为中心。这些特性的实现，有赖于智能手机的普及。倘若“论功行赏”，应该给iPhone记上一笔功劳。对此，马丁写道：“随着新一代的iPhone手机在全球超过17个国家发行，智能手机的扩张已经变得非常全球化。全球的品牌和营销者都在利用手机的各种功能。”

不难发现，《决战第三屏》像是通篇在为智能手机的光明前途和无限商机高奏凯歌。

例如在书的第二章，恰克·马丁专门讨论了“智能手机一统天下”的话题。他指出，智能手机诸多功能，例如网络（可保持一直在线）、定位（精准位置查找）、摄像（视频分享的前提）、计算能力（相当于一台小型电脑）、影音（可以观看高清视频，包括广告）、重力感应（可辨识方向、被摇动及其他使用者的动作）、触摸屏（对于触摸及手势非常敏感）、便携（随时随地跟随用户）、语音（通话、语聊）等，为手机实现各种用途打下基础。同时，不容忽视的是，越来越多应用程序（APP）、增值移动业务的出现，让一机在手，越来越觉得心应手、无所不能，因此也愈加寸不离手。这是对用户而言的，从商家的角度来看，移动科技驱使他们走向一个空前彻底的“从实时到随时”的时代。无时不在、无处不在、无所不能，这便是移动互联产业极具想象力和爆炸力的地方。

不过，正如该书的副标题所框定的议题——移动互联网时代的商业与营销新规则，因此，书中除了介绍像 LBS（基于位置服务）、LBM（基于位置销售）、RTB（实时竞价）、移动搜索、拉动型传播、O2O（线上线下）等商业新趋势外，也同样在介绍移动营销的新气象。究其实质，后者才是全书的重中之重。马丁通过大量具体案例，介绍了当前那些走在创新前沿的公司是如何利用移动互联做好品牌推广与市场营销工作的。在这一份榜单中，包括洲际酒店、百事、锐步、耐克、史蒂夫·马登（知名鞋品牌）、快思无线……借此，马丁形象而务实地向我们展示了移动营销中应该考虑到的方案制订、广告形式、基于位置营销策略、移动社交等。

移动营销，其实是让所有营销成为最纯粹的面对面营销，这有点像直销。要完全实现企业与消费者的一对一沟通。但知易行难，即便算上马丁及其这本书，众人大谈移动营销的优势、潜能，这也只能说明一种“可能”，不是“可以”。因为，这首先需要吸引消费者的注意、引起他们的欲望、挖掘他们的需求；其次，企业必须有针对性地提供真正个性化的信息服务，而不仅仅是把广告投放到第三屏里去；最后，当人人拥有“自媒体”时，渠道不再是王道，内容创意终究最重要。好吧，如果嫌这个归纳啰嗦，不适合移动化阅读，那就简单点：移动营销 = 移动终端 + 社交媒体 + 基于位置 + 针对个人。

至于本书，同样简而言之：移动互联应用从最早的手机报开始人们喊了 8 年，如今倒有点渐入佳境；读这本书，或许在明确方向上有点找得着北的启发和参考。

《社会化营销》

# 人类都无法阻止的“社会化营销”

陈亮途，创意营销人，极具感染力的培训导师。生于中国香港，大学主修营销，之后在英国获得 MBA 学位。在中国香港及内地传媒界有超过 20 年的成功出版和营销管理实战经验，深具国际视野。认为营销应当“尊重市场、顾客至上”。目前专注于社会化媒体营销领域。

还记得那个人类都无法阻止的海底捞吗？或者，对之前微博上流行的“海底捞体”还有印象吗？好吧，试着挑几段说。

有传说，客人吃完饭想把剩下的切片西瓜带走，服务员说，“对不起，打开的西瓜不能打包”。于是作罢，可当客人临走时，服务员却提来了一整只西瓜，并且抱歉地说：“对不起，打开的西瓜不能打包，给您一个没打开的。”

又传说，一位顾客结完账，临走时随口问了一句：“有冰淇淋送吗？”服务员回答：“请你们等一下。”5 分钟后，这个服务员拿着“可爱多”气喘吁吁地跑回来：“小姐，你们的冰淇淋，让你们久等了，这是刚从易初莲花超市买来的。”

还传说，有位客人在海底捞用餐时不慎将苹果 iPhone4 手机丢失，跟服务员反映情况，以为不了了之。结果他们耐心倾听、态度诚恳，并把失主的身份信息、通信地址等做了记录。几天后，该客人收到快递包裹，是海底捞寄来的。打开一看，竟是一部全新的 iPhone4，旁边还留着一张纸条。大意是你在我们店里丢东西，不能因此让你有不愉快

陈亮途：《社会化营销：人人参与的营销力量》，万卷出版公司 2011 年 9 月第 1 版，定价：45.00 元。

的回忆，所以我们决定补偿你一部。

一个又一个的传说，一次又一次在微博上的转发、评论，眼看着海底捞从一个名不见经传、还算可以的火锅连锁，短短时间内神奇般地成为无所不能、贴心服务好到爆的强势品牌。有管理学者还专门为此写了一本大肆褒奖、歌功颂德的《海底捞你学不会》。倘若你受这些网络段子的影响，抵挡不住诱惑，心驰神往，恨不得赶紧前去实体店体验。那么，以我个人的经历来看，期望越大失望也就越大，你一定会后悔。当然，你最终感觉好不好不要紧，第一，你去过，消费过，海底捞就是赚了；第二，哪怕从你这边流出个负面的信息，强大的网络宣传攻势，足以让精心编造的“美谈佳话”继续口碑营销下去。要问我的体会是什么——那天带着怀孕 7 个月的夫人去用餐，足足等了 45 分钟，直到快晚上 20:00 才轮到自己。其间，有跟服务员表示，能否通融照顾一下，海底捞的服务员只是报以微笑，若无其事地回答：“不好意思，请耐心等候。”倘若，西瓜都能整只送，冰淇淋都会跑出去买，五六千的手机都会免费送，我的这个要求还能不答应吗——所以，传说总归是传说。

但凡去海底捞消费过的人都知道，虽然它的服务尚可，但远没有网络上说得那么神乎其神，甚至有些太扯、太离谱了。然而不可否认的是，一场由海底捞精心策划或默认结果的微博营销确实是成功的，抛开有些道德层面的不齿成分（有媒体评论说，这是“网络恶意公关”），海底捞的“社会化营销”够得上是借鉴和反思的典型案例。

这里有个概念——社会化营销，何解？在号称“第一本全面揭示社会化营销应用的著作”，陈亮途的《社会化营销：人人参与的营销力量》一书中，相关的定义是：利用社会化媒体，如博客、论坛、微博、社交网络等进行的营销。与传统媒体营销，诸如电视投放广告、报纸上刊登软文、户外 LED 播放视频最大的区别，其实并不是“媒介”本身，而是在于过程。按照陈亮途的理解，企业和品牌要变成社会化品牌（Social Brand），跟消费者“社交”起来：聊天、互动、玩游戏、开玩笑，放下身段，让品牌活在人群里，成为一个鲜活的品牌（Living Brand）。这实际上等于重新定义了企业与消费者的关系。过去，一卖一买，一个传播一个接收，单纯的商业交易；现在，有来有往，消费者既是受众也是传播者，转变成了朋友联络。这也就是社会化营销的特征所在。我的理解是：重视自媒体，传播模式不再是“一个大喇叭”，而是“人人麦克风”；平等、自由、礼貌地对话；去中心化，不能单打独斗，要聚合资源，讲求整合营销；培养与建立和客户的关系；鼓励创造，让用户更多地参与到营销活动中来；最后，回归人性，突出个性，照顾个体差异，把营销落实到一个个人。诚如该书的副标题所写，“人人参与”，这也正是社会化营销的“力量所在”、“厉害之处”。

虽然书的接下来部分，陈亮途花了 2/3 篇幅用来介绍各种社会化媒体，从社交网站到微博到视频分享到定位服务网站，并且配以大量生动活泼、精彩纷呈的案例，让读者能更好地理解与应用社会化营销。不过在讲述网络营销策略的同时，陈亮途特别强调了创意的重要性，书中对应的章节是“创业就是‘哇’”。他以自己试用“快书包”的经历现身说法，说明一个好的创意将对消费者产生的非凡吸引力。当时他正在咖啡厅准备与朋友谈事，心血来潮地想试一下上午才从微博获知的“快书包”服务——这个购书网站宣称，能在客户订书后一小时内送达。于是他当即发私信给“@ 快书包徐智明”，订购了两本书。没想到短短 23 分钟后，速递员真的如约将书送到了手中。同样是电子商务，同样是在线购书，但对于“快书包”的创意与服务，确实给了陈亮途“哇”的一下的惊喜感，所以至今赞不绝口。

值得一提的是，陈亮途近年来专注于社会化媒体营销领域的研究与实务，而他的这本《社会化营销：人人参与的营销力量》的确是目前国内用中文写就、探讨社会化营销最为全面和透彻的一本书了。并且语言通俗易懂，可读性极强。不过可惜的是，陈亮途在书中并未对曾经红极一时的海底捞个案进行点评，这未免是一种缺憾。

《强关系》

# 社会化营销：将关系进行到底！

斯科特·斯特莱登（Scott Stratten），病毒营销、社会化营销专家，被《福布斯》誉为“五位社会化媒体最有影响力人士”之一，TED 大会新锐演讲者。Un-Marketing 公司总裁。他在有 Twitter 上有 11.4 万名追随者。他为客户制作的病毒营销视频已有超过 6 000 万的点击量，为客户带来了可观的收益。

“把关系当作一笔重要的生意来做。”《强关系》的开篇，取这样一个标题，读来不免让人内心一怔，觉得太过直接，虽然它说的基本是事实。

例如，你是券商一员，朝中有人，认识证券发行审查委员会的主要决策人员，同等条件下，由你保荐的公司总是优先过会、上市，自然而然的，闻讯赶来、主动上门找你的客户会络绎不绝；又如，你开了一家餐馆，不仅味美价廉，而且服务周到，很多初来驾到光顾的客人最后都变成了回头客，他们除了经常光顾，还不时带朋友过来捧场，因此你的小店总是门庭若市、生意兴隆；再如，你是一个初出茅庐的年轻律师，刚开始总是人脉不广、资源有限，为了迅速打开市场，你身边的同学、朋友、亲戚都将是重要的潜在客户，你期待着他们一有需要，第一时间就能想到你。

这样的例子很普遍，也很真实，没什么不好意思。就像很多人去念 MBA 或 EMBA，读书不是目的，结交朋友才是关键。最理想的状态，自己所供给的恰恰是人家正需求的；或者是，自己正犯难的刚刚是人家最

【美】斯科特·斯特莱登：《强关系：社会化营销制胜的关键》，中国人民大学出版社 2012 年 7 月第 1 版，定价：45.90 元。

擅长的，志同道合、一拍即合，这就是“同学经济”，也是“关系生产力”。当然，在斯科特·斯特莱登这里，“关系”可没有这么庸俗，也不厚黑。当我们更多时候在上不了台面时言说使用时，斯特莱登却将它作为一门学科正大光明地讨论。

这得说是得益于一次酒店的美妙体验。某日斯特莱登入住一家斥资几十亿美元的超豪华酒店。对他而言，这不算什么，因为再奢侈也不是他喜欢的菜。但当真的走进那家酒店雄伟的大门，有一位正在清洗地毯的员工冲他微笑，那种笑不是职业化的，而是发自内心、真诚温暖的。细节决定成败，正是这么一个细微的举动让斯特莱登为之感动、印象深刻。后来他专门写了一篇题为《洗地毯的师傅》的博客来称赞这家酒店、这名员工。好的口碑就此得以广泛传播。通过这个事情，斯特莱登受到启发——营销不是一项任务，营销不是一个部门，营销不是一份工作。营销，就是你与从前、现在和将来的客户打交道的过程。

与马克·格兰诺维特笔下、社会学意义上的“强关系”有所不同，斯特莱登是在营销学范畴内来探讨强关系的，而且重点是，他认为营销就是“加强关系”、“增进互动”和“建立信任”，其目的不在于发展客户，而在于建立互信。对照传统营销讲究的“4P”理论，即产品（Product）、价格（Price）、渠道（Place）和促销（Promotion），在社会化媒体时代，还得加一个“P”，即人（People）。在推动口口相传、触动事件（病毒）营销乃至驱动购买产生上，人与人之间的关系比什么都重要。然而与此相反的是，格兰诺维特更推崇“弱关系”对信息传播的比较优势，他认为，相比“强关系”这种信息同质化的情感连接，“弱关系”的社会关系网络更为广泛，能够跨越不同社会群体。因此有可能接触到更为异质性、关键性的信息。

斯科特·斯特莱登是知名的社会化营销、病毒营销专家，被《福布斯》誉为“5 位社会化媒体最有影响力人士”之一。虽然关注此类议题的人不少，作品也层出不穷。但斯特莱登的切入点是“关系”，落脚点是“信任”，借以贯穿的是“互动”，他的《强关系》一书更像克里斯·布洛根和朱利恩·史密斯合著的《信任代理》的姊妹篇。后者阐述这样一种思想，在社交网络世界中，被许多人信任的账号可以有很大的影响力，所以想提高社交网络中的影响力，就需要把自己变成他人所信任的信息代理。而在《强关系》中，斯特莱登则反复提及，“要成为人们信任的权威专家”，“在购买层级中，信任是主要驱动力之一。信任度越高，人们越愿意与你做生意”。该是和过去营销方式说再见的时候了，企业再也不能用“推送 + 祈祷”的方式做老掉牙的单向销售。要迎合时代、脱颖而出，必须得用“拉近 + 留住”式的社会化营销。请注意，拉近的是“人情”，留住的是“人心”，离不开人。这正是社会化营销最本质的一点。

道理也许一点就通，然而问题就在于该如何在社会化媒体上强化这样的关系？换言之，我们常说的“先交朋友，再做生意”是怎么做到的？就这一议题，斯特莱登在书中系统地提出了经营社会化媒体的三阶段、六准则和七宗罪。

三阶段第一是牵引，意思是说在社会化媒体上做营销，并不只是发布内容，要跟客户拉近距离，需要主动去别人的空间“混”；第二是推进，就是加强与粉丝的关系；第三是扩张，企业不要只在一个平台上跟粉丝拉近距离，而应该投入并参与到包括不同社会化媒体以及线上线下的整合式营销中。六个准则包括：即时性与相关性；让互动公开化；让客户成为品牌放大器；口口相传的威力；主动聆听“沉默”的声音；当心网络中的“鲨鱼”。同时也要警惕社会化媒体常犯的从贪婪到贪食到最后傲慢的七宗罪，因为每条微博，每条私信，每个举动，都代表着你的公司，更确切地说，代表着你的为人——可以回想斯特莱登之前在酒店的“感动之旅”，要不是那个洗地毯师傅的真诚笑容与诚挚问候，这也仅仅是又一家星级酒店罢了。

客观地讲，斯特莱登为社会化营销的支招并无太多新意，从实务操作层面其具体性、针对性甚至还不如国内杜子健的《企业微博管理手册》。至于立意高度也没有超越同类著作，如《社会化营销：人人参与的营销力量》、《新规则：用社会化媒体做营销和公关》以及前面提到的《信任代理》。它终究是不断强调“真实与透明”、“开放与分享”、“对话与沟通”在网络空间的必要性和重要性。

阅读《强关系》，即便没有“哇”、“啊哦”的惊喜感，但它仍不失为社会化营销领域的一本好书，值得一读。从中我们将悟到——如果也用几大原则的语式来归纳：第一，关系意味着客源，信任预示着购买；第二，社会化营销就是将人际关系进行到底；第三，以用户为中心，主动积极、用心经营；第四，也是最后，别忘了放下身段，聆听对方。

《公众风潮》

# 社交媒体的财富契机

查伦·李（Charlene Li），社交网络方面的权威研究人士。原为全球顶尖调查公司弗雷斯特的副总裁、主要研究员，也是 Web 2.0 方面的研究主力。

乔希·贝诺夫（Josh Bernoff），乔希是 Forrester 的副总裁、主要分析师，首创了不间断科技消费学问卷调查。

2007 年 5 月 1 日，一名用户在社交网站 Digg.com 上发布了一个链接，指向一篇记录着可破解高清晰 DVD 版权保护密码的博客文章。迫于索尼、微软、英特尔和各大电影制片公司称其违反版权法的压力，以及“不撤下这个链接就去死”（Cease and Desist）的通牒，Digg 的网管在第一时间删除了该链接。不曾想，此举激起了 Digg 用户的强烈反对，开始不断地发布链接与网管斗法，而网管只能忙于删帖、封 ID。眼看事态不断升温，Digg 向用户发表声明，网站必须在法律范围内运作，否则公司面临关门大吉的风险。然而最终，“密码淹没了整个 Digg 网站”。

这个 Digg 网站“用户暴动”的故事后来被查伦·李和乔希·贝诺夫写在《公众风潮：互联网海啸》的开篇。他们认为，这个事件其实是一种风潮的缩影，它预示着一场革命时代的到来，“人们通过网络技术，在与人互动的过程中获得彼此想要的东西，而不再通过企业这种传统渠道获得。而这，已然成为一种社会趋势”。作为社交网络研究的权威人士，李和贝诺夫注意到，当联合利华透过专属社区，找出年轻男士的重要话题；当 Mini

【美】查伦·李、乔希·贝诺夫：《公众风潮：互联网海啸》，机械工业出版社 2010 年 1 月第 1 版，定价：48.00 元。

Cooper借助品牌追踪找出新诉求，针对老客户而非潜在客户做营销，让口碑和业绩飙升；当安永会计师事务所利用Facebook上的职业群，与社会新鲜人进行对话，成功吸引职场新秀，每年为自己招聘的大学毕业生多达3 500名；当50位惠普主管亲上火线，在博客写文章、响应读者问题，以深度对话取得客户信任；当宝洁的女性卫生用品不靠打广告，而是成立少女社区，专门解决少女的成长问题，成功掳获顾客芳心……种种迹象表明，在网络时代，企业的一个全新课题便是学会驾驭社会化媒体，它既是契机，也是挑战，存在机会，也潜藏风险。

我们现在读到的《公众风潮》前身是查伦·李和乔希·贝诺夫还在全球知名互联网研究机构Forrester公司撰写的调研报告《社会化计算》。该报告深入研究了早期社会化网络行为，如博客、维基百科、网络社区等今天被统一称为Web2.0的网络现象。而本书则更像是报告的增订版和实践版，如同他们在书中写道，“有很多关于博客、社区、维基的书和文章，但是企业决策层却不知从何入手。我们希望给客户也给全世界，在整个趋势上带来清晰的远景。不是管中窥豹，而是一整套明确的策略建议”。

例如，同样对于阿尔文·托夫勒在《财富的革命》中提到的“生产—消费者”，查伦·李和乔希·贝诺夫勾勒出了Web2.0图景下的行为类型和特征。他们指出，参与社会化网络的人们有着不同的“行为积极程度”和对于整个网络的“贡献程度”，依次是：创造者（拥有个人主页或博客的网络最活跃分子）、评论者（积极参与各项产品或服务的网上测评，在论坛或博客留言发表自己的意见）、收集者（擅长搜集并整合信息）、参与者（社交网站上注册并时常访问）、观看者（奉行只动眼不动手的原则，浏览博客、视频、论坛以及各项网络调查评比，但自己却不参与）和不活跃分子（不参与前述的任何活动）。作为企业的营销者，必须充分地理解和运用不同的网络营销手段，才有希望尽可能地满足消费者的需求。

不难发现，查伦·李和乔希·贝诺夫的立论基础在于“社会化技术人口分布”（Social Technographics）。为此，他们认为，任何开发利用公众风潮的成功战略，都必须始于对消费者网上社交行为的评估。之后，才能决定自己想完成什么目标，才能规划自己和消费者的关系应该如何改变，并最终决定采取什么样的社交技术手段。事实上，这就是他们提出的制定有效策略的POST四步法，即人（People）、目的（Objective）、策略（Strategy）、技术（Technology）和五项主要目标，即聆听、对话、激励、支持、拥抱。毫无疑问，根据他们所描绘的未来，企业营销将变得更为复杂——营销者不仅要懂得网络营销学，还要理解网络社会学和网络文化学等全新领域。

与《长尾理论》、《维基经济学》、《众包》、《免费》等书一样，《公众风潮》同样以互联网技术对商业格局的影响为主题，但区别在于，《公众风潮》不只是探讨互联网技术对人类社会、对商业实践可能带来的正反面意义，而是更注重实战性、操作性，把更多的笔墨着力在“公众风潮”下如何制定一个行之有效的企业战略。当然，就热门程度而言，《公众风潮》与《长尾理论》等书相比不可同日而语，但作为一本全面阐述社交性网络商业应用的书籍，本书不失为一本经典之作。正如思科主席兼 CEO 约翰 · 钱伯斯所说，“互联网的第一个阶段是让所有人互联。在第二个阶段，它开始改变我们工作、生活、娱乐和学习的方式。人们开始意识到，互联产生的新沟通、互动形成的人际网络价值巨大。《公众风潮》详细记载了这种变化，并且这种巨大的市场变化对所有人都是机会”。

总之，《公众风潮》值得我们阅读是因为，它深刻地记录了社交性网络促使商业变革的这一趋势，更清晰地指出了其中的机会所在。面对这股风潮，我们无法回避，要么被影响，要么将被影响。既然如此，何不顺势而为、顺流而上呢?

《浪潮求生》

# 社会化媒体时代，如何踏浪前行

沈健，迪思传媒集团副总裁、营销管理硕士、北京网络媒体协会理事，北京市微博客发展管理专家顾问团成员。具有长期在知名外企公关和营销的工作经验，曾经在诺基亚工作13年，从事企业公关、危机管理、CSR等沟通方面的工作。近几年专注于社会化媒体公关和营销的研究与实战。曾经担任大旗网副总裁，带领大旗网客服团队为多家世界500强企业提供社会化媒体营销等方面的策略服务。

有一个段子。大叔说：小妞，别闹，我可是有官衔的人；小妞答：大叔，别闹，我可是有微博的人。

对话颇具讽刺意味，看过的人不禁会心一笑。话里的意思很简单，某怪叔叔估计是垂涎他人美色，狗仗权势欲用官威吓人，就像当年那位“交通部派来”的同志那样。而这名姑娘除了有邓玉娇女侠的勇气，不畏权贵、威武不能屈外，更多的是一份智慧和灵气，她打蛇打七寸，拿捏对方的软肋恰如其分，人家怕什么（公开、曝光），她就提什么（微博发布）。试想，如果她说，“我可是有防狼喷雾剂的人”，效果又会怎样，保不准反而激起大叔的征服欲。

当然，从微博的应用切入，它也形象地反映了当今社会化媒体的成长力、辐射力和影响力。正如当年“9·11事件”突发，第一个报道的竟然不是《纽约时报》、《华盛顿邮报》、CNN等传统媒体，而是博客。而更早之前，一个叫“德拉吉报道”的个人博客率先捅出克林顿和莱温斯基的绯闻案。而发生在2011年的“7·23温州动车事故”也是由一个ID名为“@羊圈圈”的博友发布的，一条求助微博，全文为：“求救！动车D301现在脱轨

沈健：《浪潮求生：社会化媒体时代危机管理及网络营销》，机械工业出版社2012年3月第1版，定价：38.00元。

在距离温州南站不远处！现在车厢里孩子的哭声一片！”事实上，在接下来持续数日的救援过程中，微博一直起着工作联络、信息发布、现场直播的作用。同样，这场面让人们联想起汶川地震、玉树地震发生后，人们通过微博、QQ、MSN 等网络发布寻人启事，四方相助、八方支援，积极募捐救灾。至于通过互联网，引发网络监督、产生网络舆情、推动网络问政等，类似的例子更是不胜枚举。

然而，这真的是一个被沈健称为“谈网色变”的时代了吗？从老百姓的角度讲，很大程度上得感谢网络，因为有了它，能有更多样的休闲方式，有更丰富的文化生活，也有更广阔的资讯世界。而作为行政相对人的一方，也正是因为有了网络，才敢挺直腰杆叫板公权力的滥用，对抗部分政府部门的恣意妄为，监督某些官员的贪污腐败。如果说这也是一种“变”，那么，对于广大民众而言，谈网必然是和颜悦色的心情转变。但是，倘若从政府机构、企业组织的立场出发，有时候还真的有些战战兢兢、如履薄冰了。面对拿着社会化媒体话筒“来势汹汹”的亿万网民，传统的营销和公关显然已经力不从心了。

沈健在《浪潮求生：社会化媒体时代危机管理及网络营销》一书中提到了罗永浩对西门子发起的“一个人的公关战争”的案例。想必读者都有印象，罗永浩，这位牛博网和老罗英语的创始人在新浪微博上发布了一条信息，大意是西门子冰箱和洗衣机质量很差，对此表示严重不满，其中语气强硬、措辞犀利。几天下来被无数次转发、评论，最终导致一起个体事件正式转变为社会的公共事件、西门子企业的公关事件。与此同时，随着关注度持续上升，有相同经历的投诉者数量也与日俱增，并且借助网络使得这样的负面情绪进一步被释放、扩散，这就是社会化媒体时代的真实写照——网络将品牌与消费者之间相隔的那层窗户纸变得越来越薄，消费者互诉衷肠、意见领袖争相布道，口碑效应显著放大！

所以写到这里，你自然应该明白沈健的这本《浪潮求生》是为谁而写的。沈健深知作为企业的市场、公关人员，或者作为政府部门的官员，他们对这种传播范式的改变有点措手不及甚至无所适从，于是他要做的，便是通过一本书对社会化媒体时代下网络舆情的变化、公关行业面临的挑战、国外网络营销最新动态、危机应对的策略和手段、微博工具箱、整合营销传播攻略等做个全方位、系统化的介绍。在此，所谓“浪潮求生”，其实便是迎着信息化的浪潮，求得一线生机，化危机为转机与契机的意思。常言道，挑战总是与机遇并存。

就书论书，《浪潮求生》并没有什么深奥的理论，也没有太多深刻的分析，它只是把社会化媒体时代的表象及改变作了及时归纳，并以浅显易懂的语言呈现给大家。倘若一直以来你都在关注该领域，那么，《浪潮求生》中的诸多案例，看起来或许是似曾相识的，也正因为如此，而少了一份新鲜滋味，多了一份老生常谈。但话说回来，这样的你毕竟不是该书要面对的读者。很多试图对社会化媒体想建立起初步认识的人，却能从这本书上学到有益的知识。例如，沈健认为社会化媒体有 7 大影响力，包括言论传播扩散化、成为一种社会动员工具、企业面临的机遇与挑战、公关人员面临的挑战、口碑营销的力量、营销模式的改变和对个人的影响。又如，他还提出了负面舆情及危机的六大特点，即负面来源多样化，“绝对封锁”难度较大；传播速度呈非中心、几何式裂变扩散；负面影响放大化；微博成为网民情绪宣泄的阵地；谣言的传播速度加快；危机已成为全媒体危机。

毫无疑问，信息化浪潮，已经势不可挡。唯有求变，才是不变的应对法则。在日前出版的众多社会化媒体营销与公关著作中，《浪潮求生》不失为一本优质的入门读物。如果之前你已经读过《微力无边》、《社会化营销》、《信任代理》、《新规则：用社会化媒体做营销和公关》、《企业微博营销：策略、方法与实践》等书，可以不用再看《浪潮求生》，否则，建议认真一阅。

《病毒循环》

# 病毒营销的“以案说法”

亚当·潘恩伯格（Adam L.Penenberg），纽约大学新闻学教授、商业与经济项目部助理主任，《福布斯》杂志前高级编辑以及 Forbes.com 网站记者。1998 年，因揭露《新共和》（*New Republic*）杂志连续造假者史蒂芬·格拉斯（Stephen Glass）而广受关注。一直为《连线》、《经济学人》、《快公司》、《福布斯》、《纽约时报》等多家权威财经媒体撰稿。

Netscape、Ning、Hotmail、eBay、LinkedIn、PayPal、Flickr、Youtube、Facebook、Myspace、Twitter、Digg……有一本书把这些曾经及当下热门的互联网企业的发展简史都写了个遍，当你以为这会是一本像《硅谷之光》、《硅谷热》或国内《浪潮之巅》、《沸腾十五年》的书时，那么，你就错了——它实际上是一本讲网络营销的书，确切地讲，是“病毒营销”。

病毒营销，人们不陌生。正面的，如一段视频、一个网站；负面的，就像垃圾邮件、网络水军。但知道它并不等于认清它。正如在《病毒循环》一书中，亚当·潘恩伯格观点鲜明地指出：病毒营销，成就伟大企业！不信？请看前述公司花名册。

“这些企业之所以能够成功，离不开身后‘病毒循环’的支持。”潘恩伯格写道，“所谓‘病毒循环’，是指将产品的病毒性与功能性相结合。简单来说，是指公司依靠用户吸引用户来实现增长。”幸好潘恩伯格写的是一本商业畅销书，对于概念的精准性自然就不加苛责。从定义来看，潘恩伯格说的“病毒循环”就是“口碑营销”，只不过借助互联网的媒介属

【美】亚当·潘恩伯格：《病毒循环》，浙江人民出版社 2013 年 5 月第 1 版，定价 56.90 元。

性使传播更显几何级和病毒性（效果）。

当然，潘恩伯格需要一个新词汇，就像互联网泡沫之后IT业界和资本圈都需要一个“Web2.0”的划分，以表示与过去诀别、迈入新纪元。同样的道理，倘若用“口碑营销”的理论，不足以全面描述网络上究竟发生过什么。在《病毒循环》一书的开篇（前言部分），潘恩伯格提到了曾经风靡一时的“Am I Hot or Not”网站的创业故事，讲述其两位创始人詹姆斯·洪和吉姆·杨是如何灵机一动想做这样一个网站，又是怎样将这个网站在很短时间内通过口口相传在网络上迅速传播开的。但请注意，在随后的篇幅，也就是正文第一个案例，潘恩伯格讲的却是特百惠的发展史，它实则开创了直销模式的先河。用文化历史学家、《特百惠：20世纪50年代美国塑料产品的希望》一书的作者埃里森·J.克拉克的说法，直销模式之所以能在大萧条时期蓬勃发展，主要得益于高失业单位迫使失业人员转向从事“低资本、低技能、低学历”的临时工作。试比较这两个不同时期、不同产业、不同产品形态、不同媒介形式，但共同赖以“推荐人模式”成功的企业，Am I Hot or Not成长在虚拟空间，特百惠扎根于现实社会；一个通过网络传播，一个借助面对面交流；一个注重趣味性，一个贵在实用性；两者传播人数都可以是复利式增长，但前者速度要更迅猛、更具爆炸性。潘恩伯格认为，病毒更适合在没有任何摩擦力的互联网“生长”，在那里，足够多的点击率就能将一条信息传播给数千万人。从这个角度讲，不妨说病毒循环就是口碑营销的Web2.0版。

谈到互联网，《病毒循环》几乎把篇幅都用在讨论过去、现在那些知名的互联网公司，但很可惜，仅限于电视上的“以案说法”水平——大段落的案例叙事，少量浅尝辄止式的要点提炼，既然面向大众，不求理论体系、观点间自洽、相互照应，就应该讲求个见招拆招、略懂即可。例如，潘恩伯格在介绍Hotmail、iTunes时，总结的病毒营销策略是“有机式”，那么什么是“有机式”，具体怎么运用，通常在什么时候下使用，它和“推荐人模式”是什么关系，对于病毒营销而言，它是必要条件还是充分条件？类似种种，潘恩伯格都语焉不详。又如，潘恩伯格指出，“病毒循环可分为三个类：病毒循环、病毒式网络，以及双重病毒循环”，这三个概念怎么理解、如何区分，潘恩伯格无一说透，他的“只管生，不管养”的写作方式着实让读的人不看倒罢，越看越糊涂。要做好心理准备，类似的提法还有扩展病毒式平原、病毒系数、病毒式集群、叠堆……

在引进出版《病毒循环》时，国内出版社称赞这本书是“全球病毒营销案例大全”和“社会媒体和科技类必读书”，这话说对了一半，就前部分。作为一本走“以案说法”群众路线的科技读本，书中不乏故事，但缺乏观点和理论，因而也缺少力度与深度。就拿“病毒循环”的定义来说，潘恩伯格总共用了“病毒性”和“功能性”两个短语四两拨千斤，倘若病毒性尚可自行体悟，那么，功能性从何说起呢？难道除了那些榜上有名的互联网公司外，其他失败者都败在了功能性不足？再者说了，仅产品的一个功能性就够了吗？

自欧莱礼媒体公司（O'Reilly Media）总裁兼 CEO 蒂姆·奥莱理（Tim O'Reilly）最早提出“病毒营销”这一概念以来，营销学界也在不断丰富其内涵外延。譬如，美国著名的电子商务顾问拉尔夫·威尔森（Ralph F. Wilson）博士将一个有效的病毒性营销战略归纳为六项基本要素：（1）提供有价值的产品或服务；（2）提供无需努力地向他人传递信息的方式；（3）信息传递范围很容易从小规模向大规模扩散；（4）利用公共的积极性和行为；（5）利用现有的通信网路；（6）利用别人的资源。同时他强调，一个病毒性营销战略不一定要包含所有要素，但是，包含的要素越多，营销效果可能越好。

很多时候，病毒营销（或潘恩伯格笔下的“病毒循环”）被视为互联网企业的经典营销途径。对此，前面提到的 Netscape 创始人马克·安德森（Marc Andreessen）在一次活动上对病毒营销的理解值得借鉴。他说，“病毒营销”中的“病毒”为主，而“营销”为辅。他提出，大多数企业家都低估了病毒营销的难度。“你没有办法拿一个已经开发出的产品，点一点鼠标，选择去‘病毒营销’它。人们过于憧憬这一方式的原因是：如果做得对的话，公司甚至不用在广告或者营销人员身上花钱。然而，病毒营销的关键在于，该产品的核心功能必须是有一些‘病毒’的特质的。例如，Dropbox 的功能是让人们分享文件，这就隐含了一个意思，即一名用户将与另外一个用户分享文件，而这另外一个用户就有可能是一个新用户。Spotify 则在音乐领域达到了同样的效果。当人们使用某样产品时，他们会鼓励身边的其他人也去使用。但这并不是简简单单的说在产品上加一个按钮叫‘去告诉朋友吧！’就可以了的。”安德森的结论是，“病毒营销”的关键还是要在产品上下工夫。

见山是山，见山不是山，见山又是山。循着马克·安德森的启发，读着亚当·潘恩伯格的《病毒循环》，我觉得当务之急，还是赶紧想想去培育一个能让消费者“哇！”的病原体吧！

《O2O》

# 是运动还是革命?

张波，上海翼码公司（电子凭证行业领导者）业务支撑部总监，专注于电子凭证和 O2O 的研究和实践 6 年多，是该领域的先驱者之一。作为“Home O2O”的开创者和实践者，不仅对 O2O 在营销、支付和消费体验等领域的应用和商业模式有系统性的认识，而且对 O2O 的产品、组织、支撑和运营也有深入的研究，实践经验非常丰富。他乐于分享，在《信息与电脑》杂志和雷锋网发表了关于 O2O 的系列文章，同时还在多贝网举办了关于 O2O 的系列在线讲座，深受广大网友欢迎。

O2O 不是什么新事物。早在 2010 年，团购潮一时兴起，“线上优惠，线下消费”的模式广为流行。如果将视线再往前，那种像 ATM 机一样的“优惠券自助打印机”何尝不是一种 O2O？

就这样，直到 2011 年 8 月，一个名叫阿里克斯·兰佩尔（Alex Rampell）的人，他是在线支付和推广平台 TrialPay 的创始人兼 CEO，其通过对 Groupon、OpenTable、SpaFinder 等公司研究，发现它们都是线上交易、线下消费的电子商务模式，即 Online to Offline，至此，O2O 概念被正式提出。

然而时过境迁，随着人们不断地探索、实践，后来者对于 O2O 究竟是什么反而产生了分歧与偏差。例如，有人说二维码手机拍码就是 O2O，也有人说团购网站就是 O2O，还有人说生活服务类电商也是 O2O，更有甚者将 LBS 服务也纳入到 O2O 的范畴。他们说得对吗?

在张波看来，如果仅仅将 O2O 定义成 Online to Offline，无非是线上线下的互动，让互联网成为线下交易的前台，那么这种理解显然会以偏概全。在《O2O：移动互

张波：《O2O：移动互联网时代的商业革命》，机械工业出版社 2013 年 2 月第 1 版，定价：49.00 元。

联网时代的商业革命》这本国内首部系统研究 O2O 的著作中，张波以著名电商网站“1 号店”为例，指出个人消费者拿着手机通过二维码识别软件对着 1 号店的商品的二维码电子标签进行识别，然后解析到指定网址，针对二维码指向的商品网页，完成线上下订单的交易支付。这其实是“Offline to Online”（线下营销，线上交易），难道它就不是 O2O？

此外，根据张波的观察，至少还有“Offline to Online to Offline”（线下营销到线上交易再到线下消费）和“Online to Offline to Online”（线上交易或营销到线下消费体验再到线上消费体验）两种模式。对前者举例说明，每年年初，三大电信运营商都会开展“预存话费 ×× 送 ××”的活动来吸引顾客，这个模式基本就是线下营销，在线上完成交易，然后手机客户再到线下完成消费体验。至于后一个模式，张波也坦言“查遍互联网的业务类型，这个模式不多，如果有也是很牵强的”，但他觉得会爆发出来。例如，他在线上玩一款网游，该游戏的道具有麦当劳某款套餐；他在游戏中买了麦当劳道具，该游戏让他在线下的麦当劳实体店能吃上该套餐，然后再回到线上玩这款网游，的确线上那个麦当劳道具也已经被使用了，而且他在线上角色的能力大增。“这难道不是经典的线上线下互动模式吗，我相信它是！”张波写道。

在总结现有的四种模式后，张波提出线下是现实世界，线上是虚拟世界，而营销、交易和消费体验三个基本商务行为将两者连接。所以，张波笔下的“O2O”就是在“移动互联网时代，生活消费领域通过线上（虚拟世界）和线下（现实世界）互动的一种新型商业模式”。简单讲，就是生活消费领域中虚实互动的新商业模式。

不难发现，张波笔下的 O2O 走的是“泛定义、宽路径”。尤其像“Offline to Online to Offline”和“Online to Offline to Online”，准确讲更应该是 O2O2O。但这里线下线下的互动是重点，虚实结合的消费体验是核心，张波开辟出了一条颇具中国特色的 O2O 研究之路。当然，鉴于国内相关研究现状，张波的思考还是较为深入且处在前沿的。例如，他在阐明完“什么是 O2O”的前提下，针对人们普遍疑惑的 B2C 和 O2O“傻傻分不清楚”，他引述了当前比较流行的解释：O2O 更侧重服务性消费，B2C 更侧重实物购物；一个消费者要到现场获得服务、涉及客流，一个消费者待在办公室或家中，等货上门，涉及物流；一个库存是服务，一个库存是商品；一个服务是本地化的，一个服务是全网络的。“这解释清楚 O2O 了吗？”张波批判道，“显然没有，因为如果是这样解释，直接说 B2C 2.0 即可，是无法解释 O2O 的内涵的。为什么没有解析清楚 O2O，是因为这个问题本身是错误的。”张波进一步指出，这个问题一开始就问错了，因为掺杂了先验的东西在里面，先把 O2O 直接定义为电子商务，然后把传统电商的模式（比如 B2C）和 O2O 进行了假设区分。另外，现实世界和虚拟世界通过什么规律使两者互动和依存，找到这个规律，才能使 O2O 的概念清晰起来。

整本书中，最值得一读的部分我认为当属第一部分（后面两部分则分别讲业务应用和组织架构，但拼凑痕迹明显，浮于表面，不像张波对 O2O 理论本身的讨论来得深刻、有见地），即第一章、第二章。正如前面提到的，张波从 O2O 业务模型推导出 O2O 的正解，并归纳了 O2O 将使中国消费者形成“为生活为消费”的消费理念。与此同时，还非常及时（必要）地介绍了时下热门的二维码技术及其对 O2O 发展的有利推动。事实上，在我撰写本文的时候，一旁电视机里正播放着新闻节目，主持人在播报新闻时介绍说，有兴趣参与话题讨论的观众也可以拍下电视画面右下方的二维码参与互动。是的，诚然对于二维码应用趋势如何，业界有唱多和唱空两派，但就眼下而言，二维码很火、随处可见，该技术着实为移动互联提供了“虚实相接”的平台与入口。

作为一名产业从业者，6 年前张波参与到上海翼码的创业，该公司开创了基于电子凭证构建业务的新商业模型，说白了，其本身就是将线下商家的商品或服务电子化，推送到线上去完成线上营销引流，线下交易确认的 O2O 模型。从这个意义上讲，张波既是中国 O2O 最早期的实践者之一，也是不遗余力鼓吹 O2O 革命的先驱者。一次，他在某主题演讲中谈到 O2O 的本质，他提到“答案其实就是渠道的碎片化和内容的颗粒度化”，这终究是一场场事先预谋事后张扬的精准、互动的社会化营销。

最后，对于 O2O 的未来，当你读完本书会不自觉地有“移动互联，O2O 大势所趋”的感觉（也可能是“错觉”哟）时，我所关心的议题是——大互联时代，人与物一切皆可在线、即时，虚拟与真实的界限被打破（模糊），O2O 还尚能在否。我期待张波的回应和“张波们”的探寻。

《社会化媒体运营》

# 社会化营销的"生意经"

杰米·特纳（Jamie Turner），社会化媒体运营专家，60秒营销者网站（The 60 Second Marketer）内容总监，该网站为全球营销人员提供全方位的营销支持。

在20多年的营销生涯中，他为AT&T、CNN、摩托罗拉以及可口可乐等知名公司运作过具有极高影响力的营销方案，为公司带来了巨大的销售额和利润。

列什马·沙阿（Reshma Shah），埃默里大学戈伊苏埃塔商学院助理教授，拐点营销集团（Inflexion Point Marketing Group）创始人。她的营销战略和见解曾帮助通用汽车、IBM、可口可乐、UPS以及视康等知名公司提高了营销投资回报率。

社会化媒体被热炒得过度了，至少从图书市场来看。算上眼前这本《社会化媒体运营》，我在近段时间都读了不下10本。当然，需要澄清，此《社会化媒体运营》非之前提到的叶开的《社会化媒体运营》。它出自两位社会化媒体运营专家杰米·特纳和列什马·沙阿之手，他们讨论的“社会化媒体运营”有个更直接的目的，正如该书中文版的副标题所写：如何利用社会化媒体赚钱。

也正因为如此，在种类繁多、琳琅满目甚至有点重复建设的“社会化媒体运营”书目中还是有必要提提这本书。作者写道：“一个运作良好的社会化媒体活动应该是一个经过精心策划、严格执行并管理良好的项目。设立社会化媒体活动有一系列清晰的目标、行动方案和策略。更重要的是，设计社会化媒体活动的终极目标只有一个：赚钱。其他任

【美】杰米·特纳、列什马·沙阿：《社会化媒体运营：如何利用社会化媒体赚钱》，中国人民大学出版社2013年3月第1版，定价：45.90元。

何事情都只不过是沿途的风景罢了。”相比较其他作者或将重点放在社会化媒体趋势描述，或着重介绍社会化媒体应用及策略，两位作者抓住营销的“销”字，旗帜鲜明地将“赚钱与否”作为检验标准。套用一句熟悉的话，不管白猫黑猫，能抓到老鼠就是好猫。

我认为在乱花渐欲迷人眼，充斥着人云亦云的社会化媒体大探讨中，两位作者尚能冷静、理性地来检视社会化媒体营销的本质是非常可贵的。就像很多朋友问我如何开展微博营销，我都会反问，“你觉得真有必要去做这些吗？”同样道理，如果你在正式行动前，仍不清楚自己正在做什么、要得到什么，那么社会化媒体很可能让你花费很多时间和金钱，而且收效甚微、得不偿失。不妨去看看那些政府、企业组织的官方宣传平台，从 Web1.0 的门户网站到 Web2.0 的微博微信，有多少是名存实亡的，有多少是叫好不叫座的，有多少是赔本赚吆喝的，又有多少是名利双丰收的。

于是，眼前这本《社会化媒体运营》对作者来说的写作初衷和对读者而言的阅读价值，就在于为相关人士提供一个利用社会化媒体赚钱的可视路线图。没有人是因为想要社会化而从事社会化媒体行业。他们走进社会化媒体，实际是因为他们需要完成以下三件事：第一，寻求新顾客；第二，促使现有顾客再次购买；第三，请新顾客或者现有顾客推荐新人。如果用一句话来归纳，便是：通过社会化媒体，让客户有所了解、产生兴趣、引发渴望，最后促成购买。

按照作者的观点，其实作为数字时代背景下营销工具的一种（很多作品为了增加其销量，会有意夸大社会化媒体的重要性），想利用社会化媒体赚钱，第一步就是得懂得它首先是“花钱”的。从来都没有免费的午餐，社会化媒体也是如此。从最先招兵买马搭队伍到中期投入预算做方案，再到后期宣传推广搞活动，这些都是靠钱砸的。如果投入许久未见产出，又或是投入产出不成比例，这就说明营销思路错了。

看看社会化媒体运营中最容易犯的那些错误吧——没有评估推广活动的结果；没有设定清晰的目标；认为社会化媒体仅仅是指 Twitter、LinkedIn、Facebook 和 Youtube（对于国人而言，这部分可替换为新浪微博、街旁、人人和优酷）；不知道如何构建登录页面；没有重新锁定你的潜在客户；不知道如何将社会化媒体推广活动转化为促销活动和营销活动；只是个旁观者；低估了社会化媒体的重要性；误以为每天只要 10 分钟就能搞定社会化媒体推广；认为社会化媒体和传统媒体毫无差别。以上是两位作者初步归纳出的一些“失败基因”，当然，对于原因，他们还可以不停地讲，但他们写道：“不过我们想就此打住。因为我们要做的是告诉你如何利用社会化媒体取得成功，而不是怎样失败。”

作为全书最关键的一部分，也是检验“干货”多少的重点篇章，第三部分“如何利用社会化媒体平台赚钱”是本书的核心。在此，两位作者创造性地提出社会化媒体的三大平台，即社交、营销与分享。他们实则是对当前一些热门的社会化媒体（工具）

作了人为的划分。像 Facebook、Twitter、Friendster、Mylife 等主要是用来交友、联络的；像 Flickr、谷歌、Youtube、必应、Pinterest、Instagram 等是用来做博客、视频分享、图片分享的平台，多数企业利用它们发布带有广告营销性质的内容，以期达到促销效果；至于像 Digg、Delicious、Crowdstorm、Feedback、维基百科、Yelp 等是分享平台，顾名思义是给顾客或者潜在顾客提供有帮助的工具、秘诀或技术，换句话说，它们不是用来强行促销的，而是用来树立口碑、培养忠诚度的。

客观地讲，这种区分有相当大的理论价值。从认识上告诫人们社会化媒体不仅仅只有社交属性，它还包括分享和营销功能，并在此基础上，施以不同的营销目的和策略。另一方面，社会化媒体营销不光是“强推硬销”，还有“湿关系”、“软销”。关于这一话题，最近由约瑟夫·派恩二世与吉姆·C·科恩合著的《湿经济：从现实到虚拟再到融合》，这本书给了较为全面的阐述。然而，需要指出的是，三大平台在实践中其实很难做到精确分类。包括在书中，像 Twitter 既是社交平台也属于营销平台甚至算得上分享平台，那么这样的划分还有什么意义？它究竟按照什么标准？很可惜，在这一点上，两位作者的论证显然不够严谨。

谈到社会化媒体具体营销策略，特纳和沙阿提及了“整合营销”概念。它可以从以下几个角度进行理解：第一，社会化媒体运营是一个系统性战略，要求跟品牌的定位、方向、核心理念等匹配；第二，要做到营销策略的一致性，说白了言行要一致，内外要统一；第三，把品牌核心通过不同社会化媒体平台清晰地表达出来。最后，要懂得随时监控、阶段性评估，具体来说，分为三步走：衡量“数”，这些数据包括跟帖人数、入站链接量、点击排行等；衡量“质”，收集客户对你品牌或服务的情绪、想法以及感情强度的信息；评估“投资回报率”，计算每获取单位收益的成本、顾客终身价值、投产转化率——记住，任何营销都是有成本的！

好了，关于利用社会化媒体赚钱，两位作者说了这么些。它究竟能不能帮助读者赚到钱，我不知道；而我所知道的是，这本书教你意识到不是为了社会化而社会化，也不是为了营销而营销，它们都是精打细算的生意。

数字时代的必修课

100

杨吉 TMT 百部全说

《社会化媒体运营》

# 社会化媒体的“壳”，客户关系管理的“核”

叶开，国内 Social CRM 及社会化媒体运营的先行者。一直从事制造、电信、金融、汽车、连锁服务、零售、餐饮、房地产和互联网等行业的客户关系管理、数据营销、会员忠诚体系与社会化媒体运营的咨询实施服务。

专注于客户关系管理领域十余年，在企业客户运营策略、运营流程、信息管理及绩效考核体系方面，具有丰富的实践和系统实施经验。著有《中国 CRM 最佳实务》、《圈住客户》、《客户关系管理之叶问》等作品。

社会化媒体运营，这个题目其实很大，不好写。

第一，什么是社会化媒体？如果只谈微博，难免有失偏颇了。按照一般定义，社会化媒体是“能互动、对话”的媒体，其有两个关键词，一是 UGC（用户生产内容），二是 CGM（消费者自主的媒体）。照此概念，社会化媒体除了言必称的微博外，还包括博客、播客、维基、书签、视频分享、图片共享、群组、IP 语音、协作工具等应用。这也就意味着，要讲好、讲透社会化媒体运营这个话题，首要前提，先方方面面（全媒体视野），而不是以点带面（拿微博说事）。

第二，运营是个过程，涵盖了运作、管理、渠道、营销、客服等，所以，只谈其一不谈其二，或只知其然不知其所以然，很容易泛泛而论。既不全面也不深刻还无实战指点，即使成书也就只剩下普及和启蒙意义了。

第三，时下社会化媒体很热，甚至还有点热过头。图书、文章，出了一大堆，喧嚣之余已显疲态。很多作品，开门三板斧：（社会化媒体）是什么、为什么、干什么，然后拿来主义，拿一些成功案例，来加强自己

叶开：《社会化媒体运营》，浙江人民出版社 2013 年 1 月第 1 版，定价：49.90 元。

观点的说服力。

好了，写到这里，还有谁想写《社会化媒体运营》这类书？还有谁敢声称自己写得好，值得读？当然话说回来，多少还是有的。

叶开的《社会化媒体运营》号称“社会化媒体运营第一书”，而他本人则被奉为“SCRM 第一人”。这是个国内的“双料第一”。就拿书来说，杰米·特纳和列什马·沙阿两位数字运营（营销）专家合作的一本书就叫《社会化媒体运营：如何利用社会化媒体赚钱》。可别光盯着“赚钱”二字，所谓“殊途同归”，叶开的“社会化媒体运营”也不是在讲公益。例如，他在书中写道：“关于社会化媒体的好消息是，当你用时间来衡量它时，你会发现这是一个利润来源。”“本书整体结构围绕企业的社会化媒体运营的整个流程，从企业了解社会化媒体的基础开始，即如何进行客户、品牌、流量引导。”有时，懂得如何花钱（计算社会化媒体的投资回报率）和怎么赚钱（利用社会化媒体做市场）是同一回事。

至于“SCRM”，全称 Social Customer Relationship Management，叶开将其称作“社会化（媒体时代）客户关系管理”，如果“从业务来源来看，其更适合被叫做社会化媒体管理系统”。不管具体叫什么，Social 与 CRM 的“跨界结合”是一定的了。而从叶开从业经历看，专注于客户关系管理十余年，在《社会化媒体运营》之前，他出版了《中国 CRM 最佳实务》、《圈住客户》、《客户关系管理之叶问》一系列“客户关系管理”的专业书籍，其也算得上业内资深。

对于这一次从传统到数字领域转变，叶开坦诚“实则万变不离其宗”。如他所说，“难道我一直专注的不是CRM吗？自始至终就一直是CRM。从技术到业务，从IT到运营，从企业信息化到电子商务，从传统 CRM 到新媒体的 CRM 进化转变……在这个过程中，我学习到了更多的知识，也更觉得学无止境，不懂的太多。”叶开这段独白有自谦的成分。时光退回到 2007 年，那时他曾写过一篇“CRM2.0”的文章，讲述的就是 CRM 在 Web2.0 时代下的发展与进化。可以这么说，如今的《社会化媒体运营》无异于那篇文章的升级、补全版，区别的是社会化媒体的“壳”，CRM 的“核”。

那么，在这部被称为“国内首部社会化媒体运营实战指南”的书中，叶开究竟提出了哪些独具创新、别具一格的观点呢？他说，Social CRM 是社会化媒体运营与企业 2.0 的交集，左手是社会化媒体运营，右手是企业 2.0，这是 Social CRM 的本质。Social CRM 是将海量的、无序的、非结构化的社会化媒体数据转化为企业有序的、结构化的信息数据，因为只有结构化的数据信息才可能转化为价值。在整个社会化媒体中有两大核心主题：人和内容。Social CRM 要做的就是通过社会化引擎的要素对接各个社会化媒体平台的接口，把人和内容的信息转化成不同类型的社会化信息数据，借助关键词等进行结构化数据组织，梳理后再呈现到传统 CRM 中进行价值转化。与此同时，

Social CRM 的两个核心主体是：人和话题。Social CRM 的核心基础是微信息（人和话题的信息数据模型）、微价值（社会化网络中某个人或话题的资产价值评估模型）和微网络（人或话题的社会化网络结构模型）。这些要点构成了叶开的 Social CRM 理论体系的核心，也是全书最不好读懂的一部分，或许这就解释了明明很重要，应当需要开门见山的内容却被放在了最后一章——而前面几章节分别阐明了社会化媒体运营的目的、策略的制定、元素、计划、流程和评估。

无疑，社会化媒体运营为企业管理赋予了新使命，也为传统客户关系管理拓展了新疆界。叶开敏锐地把握了潮流，与时俱进，在其擅长的知识领域积极作出回应，且有所作为。如果再结合时下另一个很热门的“大数据”概念，叶开实则强化了这样一种论调：CRM 本身是一种渠道管理、客户营销，在新媒体环境下，数据才是基础。只有牢牢凸显这一特性的 CRM 才是成功的。

数字时代的必修课

100

杨吉 TMT 百部全说

《微信营销解密》

# 微信营销？微信罢了

程小永，资深微信营销专家，国内权威微信营销机构微信海创始人，微信营销领域的先驱者和布道者，微信营销理论的奠基人之一。艾瑞、易观国际、梅花网等多家专业媒体特邀的微信营销专栏作家和营销分析师，撰写了大量关于微信和微信营销的深度文章，被各种媒体大量转载，在业界颇有知名度和影响力。为众多上市公司担任营销顾问。

从事网络营销多年，擅长 SNS 社区和微博等新媒体的营销，对互动营销和效果营销有深入的研究和独到的见解，为国内多家知名品牌企业提供新媒体营销顾问。熟悉传统互联网、移动互联网生态关系，对微信营销、移动互联网营销拥有深刻的见地。

李国建，资深微信营销专家（业内称为“网络营销领域的庞统”），国内权威微信营销机构微信海合伙人之一，微信营销领域的先驱者和布道者，微信营销理论的奠基人之一。腾讯“名人堂”成员，曾先后在连锁行业、电商行业、本地服务类行业以及多家上市公司担任网络营销顾问，掌握各行业网络营销实战技巧。2013 年开始先后为医疗、餐饮、美容、B2C 等诸多行业策划并实施了微信营销方案，取得了丰硕的成果，积累了丰富的实战经验。

精通微博等各种互联网媒介的营销，尤其擅长事件营销，策划了多起颇具影响力的营销事件，对精准营销和效果营销也有非常深入的研究。可以深邃专业的角度解读互联网相关产品及事件，同时拥有超强的策划能力与执行力，故被业内称为“庞统”。

很早以前，数字世代间打招呼，第一句话会是：你有 OICQ 吗?

后来，OICQ 变成了 QQ。

接下来，是 MSN、是博客、是 Skype、是人人、是微博……

信息后浪推前浪，一代新品胜旧品。今天，花样翻新到了微信。

什么是微信？如果还要解释它是什么、干什么、怎么用，那么，这差不多就是“检验你是否被数字时代淘汰”的唯一标准。如今大街小巷，当听到一阵悦耳的嘟嘟声，那表示有最新的微信消息；当看到有人拿着

程小永、李国建：《微信营销解密：移动互联网时代的营销革命》，机械工业出版社 2013 年 4 月第 1 版，定价：39.00 元。

手机在使劲地甩动，那说明这个人或许正在使用微信的“摇一摇”功能；当发现有人在不停地刷屏，那表示他要么在刷微博要么就在刷微信的“朋友圈”；还有，当注意到有人在看一大帮陌生人的信息，那意味着他可能想用微信的“附近的人”的应用功能去搭讪。当然了，你还可以用微信去拍二维码、可以用它去看新闻、可以用它视频聊天、可以用它关联 QQ……这款 OTT 产品，拥有超高人气，也因而惹来纷争，电信将对微信收费的新闻曾一度甚嚣尘上；与此同时，它正尝试以换个“WeChat”的马甲进军国际市场。从目前势头来看，它最有可能成为第一个真正打响欧美市场的“made in china”的互联网应用。特别声明，前述文字仅为客观表述，并非商业推广。

作为社会化媒体一员的微信，其同时也是典型的移动互联应用。除了看到它的实用价值外，人们自然也会关注其商业价值。例如它的品牌估价，它的商业模式，它的营销平台，它的互动传播，它的大数据采集，它的基于地理位置服务（LBS）等。就像前段时间，社会化媒体火了一阵子，从社交网站到图片分享到微博到二维码再到 O2O，大家铆足了劲去研究它的电子商务模式和作为企业营销的平台（利器），这方面的著述自然也不少。梳理其观点，大致无外乎：社会化媒体开启了全新的营销时代！将带来商业的创新与变革！更注重互动、平等、分享的“信任代理”模式！要么主动迎接挑战，去革命；要么被动地匆忙应对，被革命！

是的，你没看错，用的都是“感叹号”，保守点，也起码得“句号”。在鼓吹者们看来，社会化媒体发展是大势所趋，基于它的工作、生活、学习、娱乐方式的改变也毋庸置疑。所以，关于它在营销上的推导似乎就成了“因为热门，所以必须”，但事实真是这样吗?

在读到程小永和李国建两位合著的《微信营销解密：移动互联网时代的营销革命》一书时，我的第一个反应，连社交网站、微博、图片 / 视频分享等社会化营销都还未来得及消化、吸收，就极为应景地推出“微信营销”，是不是有些匆忙、草率了些? 当日，我发了一条微博表达同样的观点。大意是“在某次社会化营销年会上，主持人问在座嘉宾，微博和微信，哪一个更具商业价值（潜力）？众人都投票给了微博。也就是说，微信的用户数见增未必代表它有清楚的商业模式了。所以，谈微信营销或许就是个伪命题。连 SNS、微博、啪啪等都一时摸不着南北，微信小老弟要不再多等等吧。”微博一经发布，引来评论者若干，有支持者，也有反对者（好像没什么中立派）——反对者中，有认为微信商业价值确实高于微博的，也有认为微信、微博不分伯仲，但谈不上是伪命题的。总之，在这个反对意见的阵营中，包括了《微信营销解密》的两位作者。

在程小永和李国建看来，“微信改变我们的生活”，“微信改变企业的营销环境”。他们指出：“之所以会被改变，是因为企业目标用户的沟通交友方式、获取信息及服务的方式改变了。每一个新媒体的出现，都会带来企业营销方式的巨变。微信也不例外，它已经拥有了近 4 亿用户，而且专为企业提供了公众平台和技术开发平台，企业可以在微信上完成从市场调研到客户管理、客户服务、销售支付、老客户维护、新客户挖掘等的所有工作。”他们之所以如此看重微信的营销平台价值，是因为看到了它区别于其他社会化媒体（主要是微博）的优势。

他们是这么作区分的：微博主要用于获取资讯和分享信息，而微信则更倾向于私密交流与沟通；在传播方式上，两者也不同，微博是裂变传播，呈几何级，而微信是发散式，呈数量级；微博倾向提高品牌知名度和发展潜在客户，而微信则更倾向维护忠诚客户。鉴于当前在利用互联网技术上营销传播可以更精准、互动、更有“据”（大数据）可循，所以相比较而言，微信的价值俨然高于微博了。以此为展开，两位作者谈了微信营销的诸多新范式，并对比了早前微博、短信、搜索、门户广告等不同媒介营销策略和技巧。

倘若抛开该书前六章大谈特谈微信营销的“无所不能”、“无往不利”，后面六章才是体现该书“干货”多少的部分。其中，相对有用的内容莫过于第 7 章有关获取粉丝的五大法宝（可以同时参考微博上如何获得更多粉丝方法的相关讨论的其他作品），第 8 章企业微信公众账号的十大运营准则，第 10 章微信营销的步骤和技巧以及第 12 章微信营销的 13 个经典案例。

但不免令人遗憾的是，作者在案例的分析上仅限于列举，而没有进行深入的探究。蜻蜓点水式的介绍无法代替指向启发式的引导。为此，它的效果只能是证明微信营销在开展，而且还不赖，但无法得出它一定就比微博营销更具优势的结论。另外，或许为了突出微信营销的正面性，两位作者似乎有意回避了微信自身的负面性或至少是固有问题。譬如，微信的 O2O 能否形成闭环，它的网络隐私和安全隐患如何防范？企业可以利用 Wi-Fi 免费向众多关注它的客户发布信息，但会不会因此而不加节制，导致逐渐演变成信息骚扰？微信重在互动，但又如作者所言，微信重在依赖，那么企业该如何协调高昂的信息回复成本和客户较高期望值之间的关系？还有最重要一点，微信具备了一套完整、成熟的商业模式了吗？它和其他社会化媒体相比，是互补还是取代，它真的就有过人的吸金能力吗？很可惜，对于这些疑问，作者都没有给出答案。

虽然在研究深度和广度上欠缺，但作为一本目前市面上为数不多的关于微信营销的书（在该书之外，尚有赵黎的《玩转微信实用攻略：史上第一本微信营销实战指南》、邱道勇的《微信改变世界》），作者与时俱进地走在潮头，第一批系统地总结了微信营销的原则、方法与策略，这个探索是值得肯定的。

不过话说回来，正如很多人在微信上的签名那样：微信？微信罢了。在微信营销的话题上，两位作者和其他研究者们要走的路还很长，遇到的障碍也会更多。所以，这个时候稳妥的说法还是：微信营销？微信罢了。

# 潮观念

《失控》

# 如何阅读这本“神人之作”

凯文·凯利（Kevin Kelly），《连线》（*Wired*）杂志创始主编。在创办《连线》之前，是《全球概览》（*The Whole Earth Catalog*，乔布斯最喜欢的杂志）杂志的编辑和出版人。1984 年，他发起了第一届黑客大会（Hackers Conference）。他的文章还出现在《纽约时报》、《经济学人》、《时代》、《科学》等重量级媒体和杂志上。被看作是“网络文化”（Cyberculture）的发言人和观察者，也有人称之为“游侠”（Maverick）。1999 年的电影《黑客帝国》（*Matrix*）在某种程度上是对凯文·凯利对网络文化的观察和预言的一种隐喻。《失控》也是该片导演要求主要演员必读的三本书之一。

“神人之作！”对待凯文·凯利写于 18 年前的作品《失控》，不少人表示读到一半，实在读不下去了，于是只好发出类似这样的感叹！

莫非是不知所云或者人云亦云，写得不好？按理说，不会。克里斯·安德森，这位美国《连线》杂志的总编辑、“信息时代的精神领袖”，曾写出了《长尾理论》、《免费》等影响全球数字经济思想的畅销书作家，对凯利的这本书可是推崇备至。他评价道：这可能是 20 世纪 90 年代最重要的一本书了，并且是少有的一年比一年卖得好的书。尽管书中的一些例子在十几年后可能有些过时，但它们所传递的信息却越来越成为真知灼见。在那时人们还无法想象博客和维基等大众智慧的突起，但凯利却分毫不差地预见到了。这可能是过去十年来最聪明的一本书。还有大家熟知的电影《黑客帝国》系列，其导演沃卓斯基兄弟要求演员把《失控》作为必读书目之一，以便更好地理解上帝、科技以及人类的关系。另外，据说该书还深刻启发了苹果的创始人史蒂夫·乔布斯，这一点，随着当事人的离世已无从考证，但凯文·凯利却直言

【美】凯文·凯利：《失控》，新星出版社 2011 年 3 月第 2 版，定价 98.00 元。

他不喜欢乔布斯，“他是一个独裁者”，“乔布斯一旦身死，苹果就会面临分崩离析的局面”。当然，我认为对该书最大的肯定莫过于如下这段话：大众智慧、云计算、物联网、虚拟现实、网络社区、网络经济、协作双赢、电子货币……这些在当时看来难以置信的东西，今天一个个都实现了，并且都在本书中提及了。

实话讲，翻阅了全书，这些概念其实并未出现，出现的仅仅是一些与此相关的理念，而这就又有点说不清了。也许是洞若明烛，也许是牵强附会，也许还是诠释过度。人们不知如何去反驳凯文·凯利，可能他是对的，也有可能他没那么神——在长达 700 多页（中译本）的“大部头”面前，许多人放弃了。

凯利视野宽阔、知识丰富、雄心万丈，试图将生物、物理、化学、哲学、艺术、计算机、控制论、运筹学、社会学、心理学等诸多学科体系融会贯通，并结合当时技术革命、神经网络、生态平衡、人工智能和混沌理论等前沿领域的研究成果，在大开大合、跳跃式的行文中阐述他的“技术哲学观”——科技对人如何重塑，以及对社会如何再造？在凯利看来，这是互联网的本源问题，事关未来的研判与创新的引领，是信息时代占领制高点的前提。

尽管如此，人们并不一定领凯利的情。一方面，由于协作翻译（该书由国内知名网站东西网组织，利用“众包”模式召集众译者合作翻译完成）可能导致阅读障碍；另一方面，多数人的知识结构、认知习惯远跟不上凯利天马行空、随手拈来的广阔思路。所以，读不了、看不懂成了多数人对于眼前这本百科全书式的、信息时代“新进化论”的读后感。

因为不解，难免产生误解。很多人一开始以为《失控》是本互联网著作，结果它更应该隶属于“科技哲学”范畴；以为它会探讨“全人类的最终命运和结局”，而按照原文副标题，它实际上是“机器、社会与经济的新生物学”（The New Biology of Machines, Social Systems, and the Economic World）；包括书名“失控”（Out of Control），中文意思“失去控制”、“乱哄哄”，但凯利坦言，这个翻译并不贴切，“应该说成‘半控制’或者‘共同控制’，它指的是，放手让这些事物自己去发展”；但当时找不到更合适的词，那些词都太技术化了。还有，以为凯利是一位“技术布道者”，信奉技术至上。但事实是，凯利对技术持中性态度，既可以用来行善，也可以拿来作恶。同时，技术与人性毫不冲突，它是人类的第一个发明，与人密不可分。用凯利的话来说，“正是技术带来了人性”。

到此，我们或许可以弄明白，为什么在《失控》开篇，凯利便开宗明义：人造与天生的联姻正是本书的主题。有两种具体趋势正在形成：人造物表现得越来越像生命体；生命变得越来越工程化，这是总论。此外，他还从计算机科学和生物研究的最新成果中以及交叉学科的各种犄角旮旯里，提取出了大自然用以无中生有的九条规律，亦称“造物九律”，它们是：分布式、自下而上的控制、递增收益、模块化生长、边界最大化、鼓励犯错误、不求最优化但求多目标、谋求持久的不均衡状态、变自生变。凯利说，“由复杂性科学所累积的大量观察中总结出来的这九律，是最为广泛、最为明确、也最具代表性的通则”，他相信，“只要坚守这九律，就能够有如神助一般无往而不利”。但如果光记忆这些定律意义不大，整本《失控》掐头去尾，凯利实际用了 22 章的篇幅来阐述他究竟是如何得出这些结论的。我们注意到，凯利的论证方法有点像法布尔在《昆虫记》、阿尔弗莱德 · 拉塞尔 · 华莱士在《马来群岛自然科学考察记》中所运用的田野调查、归纳论证。这一点不奇怪，凯利自己也承认，“由于我们创造的这个世界变得过于复杂，我们不得不求助于自然世界以了解管理它的方法”，况且，“我们的技术所引导的未来，朝向的正是一种新生物文明”。

深究凯利的思想，不难发现其沿袭了超验主义的脉络，崇尚自然、重视以人为本。在他看来，有机体和人造物在本质上是相同的，因为它们有着共同的灵魂——活系统（vivisystem），一个被凯利造出来的词，代表所有具有生物活力特质的系统。不过和那些超验主义者区别的是，凯利以经验与实验代替直觉，用数据和案例加强论证，关注的是极广义的“技术”，所以，当人们亲切地称凯文 · 凯利为“KK”（Kevin Kelly 的缩写）或敬称其为“网络文化发言人”，他却自称“技术超验主义者”。

深谙“道法自然”的凯利意识到，若想让自己创造的系统保持长久的生命力，就必须臣服于生命的本质，遵循生物的逻辑。就像凯利通过细心观察得出的“蜂巢思维”，他援引古典学派生态学家和昆虫学家威廉 · 莫顿 · 惠勒的观点，认为昆虫群体就是一个有机体，并且高唱“一个由两万个群氓合并成的整体”，其群体智慧要远高于单独的一个、两个。在此基础上，凯利试图进一步归纳蜂群的仿生学意义，它被称为“分布式系统”，是以生物逻辑建立起来的群集模型。它表现为“没有强制性的中心控制”、“次级单位具有自治的特质”、“次级单位之间彼此高度连接”以及“点对点间的影响通过网络形成了非线性因果关系”。这便是“活系统”固有的典型特质，也印证了当今互联网的权力架构——去中心、扁平化、协作分享、集体决策……

除“蜂巢思维”、“造物九律”，书中还有一段话令人印象深刻。凯利写道：“在我们刚刚迈入的网络时代中，频繁的交流正在创造日益成熟的人工世界，为共同进化、自发的组织以及双赢合作的涌现而准备着。在这个时代，开放者赢，中央控制者输，而稳定，则是由持续的误差所保证的一种永久临跌状态。”在凯利看来，人的创造不是在一个中央集权的环境中实现的，而是在自治、分享、多样化中运行的。这就是说，人的创造性不是人为控制的结果，人能够创造以及怎样进行创造往往是在突破人的自我控制或者既有控制后实现的。这符合天理寻常、万物规律。“自我是在我们控制之外的，是失控的”，在该语境下，“失控”也意味着“走出控制”。

顺着这个思路，既然技术是人的创造，是对自然系统和人类生活的延展，它也应当具有一种生命性。这个观点在《失控》中曾惊鸿一瞥，终于在 18 年后，被一本《科技想要什么》集中阐明。书中，凯文 · 凯利令人震惊地宣告：技术就是一种生命体！

《科技想要什么》

# 技术亦是生命

凯文·凯利（Kevin Kelly），《连线》杂志创始主编。在创办《连线》之前，是《全球概览》（乔布斯最喜欢的杂志）杂志的编辑和出版人。1984年，他发起了第一届黑客大会（Hackers Conference）。他的文章还出现在《纽约时报》、《经济学人》、《时代》、《科学》等重量级媒体和杂志上。被看作是“网络文化”的发言人和观察者，也有人称之为“游侠”。1999年的电影《黑客帝国》在某种程度上是对凯文·凯利对网络文化的观察和预言的一种隐喻。《失控》也是该片导演要求主要演员必读的三本书之一。

“技术亦是生命！”凯文·凯利在《科技想要什么》中宣称，“现在人类已定义的生命形态仅包括植物、动物、原生生物、真菌、原细菌、真细菌六种，但技术的演化和这六种生命体的演化惊人相似。技术应该是生命的第七种存在方式。”

毫无疑问，这是一个令人吃惊的结论。在既有的观念里，技术为人所发明，是后者的媒介与延伸；它具有双面性、利弊同存；作为工业化的体现，它是冷冰冰的。或许，只有凯文·凯利才会视技术如生命，赋予其灵性，而这不仅仅是一种拟人化的修辞。

很多人不解，为何凯文·凯利会有如此想法。用创新、独特来评价远远不够，它简直大大超越了这个时代的理解，其远见卓识、深邃思想犹如“以上帝之眼，统观天下”。若借用“穿越剧”的流行表达，他，不会就像晴川、若曦，是来自几个世纪后的某位科技传教士吧？当然，这是个玩笑话。

了解凯文·凯利，并读过他以前作品的人一定不会感到意外，“技术是独立生命体”的论断是有缘由的。早在18年前，凯利以一部《失控》横空出世、震惊四座，书中的观点至

【美】凯文·凯利：《科技想要什么》，中信出版社2011年11月第1版，定价：58.00元。

今读来都仍觉得新颖且富有洞见：人造与天生的联姻正是本书的主题。有两种具体趋势正在发生：人造物表现得越来越像生命体；生命变得越来越工程化。在凯利看来，科技系统具有模仿自然的能力，若以计算机程序和合成化学品为例，前者可以自我复制，后者可以自我催化——还有简单的机器人，它们甚至可以像细胞那样自我组装。许多复杂的大型系统，例如电网，被设计成具有自我修复功能，与人类身体的同类功能竟差别不大……也就是说，很早以前凯利就揭示了“科技的生命化”特征，只不过这一次，他想更进一步探寻：科技是否具备人性？以及答案如果肯定，那么，科技它想要什么？

对于后一个问题，凯利认为尤其关键。“为了确定应对科技的方法，我们必须掌握科技的需求”。如凯利所言，这句话实则包含了三个逻辑层次。第一，科技是把“双刃剑”，有正面意义，也有负面效应，甚至灾难，所以我们更加应该利用好它；第二，科技有它的独立性，我们不能要求科技服从我们，就像不能要求生命服从我们一样。所以，有时我们应该臣服于它的指引，乐于感受它的多姿多彩；有时又该努力改造它的本来面目，以迎合自己的需求。第三，通过感受科技的诉求，应试图建立一些准则，以助于人们认清这个不断壮大的科技孵化网络。意识到它的需求，大大减少了我们在决定如何与科技交往时的困扰。不过，要使得“科技想要什么”的命题成立，其大前提还得是科技具有独立的生命性。

对比于在《失控》中提出的“技术仿真性”、“人与科技的融合”，凯利在《科技想要什么》中的相关论述显然又迈进了一大步。他首先援引科学家的研究成果，指出生命的定义本质不在于 DNA、机体组织或肉体这样的物质，而在于看不见的能量分配和物质形式中包含的信息。借此，他顺理成章地得出科技也是生命，因为“随着科技的物质面纱被揭开，我们可以看到，它的内核也是观念和信息”。接着，他又说，“科技的主导地位并非因为它诞生于人类意识，给予它这种地位的是一个同样可作为其本源的组织，并且这个自组织还孕育出星系、行星、生命和思维。它是始于大爆炸的巨大非对称轨迹的一部分，随时间的推移而扩展为最抽象的非物质形态”。再后来，他沿用《失控》里曾提及的“共生进化”概念，认为千百年来，科技也一直与其他生物共同进化，且彼此交叉、缠绕，构成如今这个姿态万千的生态圈。

说到科技的进化，自然有一整套起源、发展、演化的过程（生命周期）。或许是为了有所区分、强调，凯利自创了“技术元素”与“外熵”两个概念。前者指环绕在我们生活周围的一切科技、文化、社会制度等物质或非物质的创造，也可以理解为“技术系统”或“技术生态”；后者用来抵抗“外熵”所对应的混乱、无序、最终走向“热寂”，这股“有序扩大”的力量始终保持差异的努力，最终孕育了像人类的生命体。至此，科技不再只是一个名词，它正在成为一种力量，一种生机勃勃的精灵。而关于它的起源，也可以从三个层面予以审视：其一，伴随着人类漫长进化历程的“同步进化”；其二，“借助外力”，被人发现、发明、打磨、雕琢、替换、更新等；其三，“超越大脑外体”，

“外熵”的辅助。不管具体哪一种方式，技术元素总给人“相伴而生，相伴而行”的感觉，这既是它的独到之处，也是它成为“第七个生命王国”的根本原因。

洋洋洒洒说了些许，做足了铺垫，凯利开始把重点放在讨论技术元素的特性上。例如，进化的“三种动力”——适应性（类似达尔文的进化论）、偶然性（就像彩票中奖的运气成分）以及必然性（“外熵”性质的推力，自组织内部的动力）。趋同性——任何物种的诞生，有赖于其他物种组成的生态系统是否准备好养分和生存空间，这也回应了为什么从文明史上看，很多发明往往在同一时间出现。选择必然，即“科技的三元力量”——“科技自身的需求”预示着预定式的发展，是首要的助推力；其次是科技史的影响，相当于代际传承、脉络延续；还有便是人类社会在开发技术元素或确定选择时的集体自由意志。在这三种力量中，凯利指出，前两种分别显示了技术元素内在的、规律性的、符合物理化学定律的发展态势，以及历史长河的进化作用（内在的进化驱动力）。但是第三种力量更值得关注。因为这意味着，技术与人类的进化密不可分，相互交织影响，用心理学家谢里·特尔克的话来说，“科技是人类的‘第二自我’”。

在万众期待的最后揭开“科技想要什么”的大幕前，凯利还花了一定的篇幅来探讨“选择”，它由“邮包炸弹客言之有理”、“阿米什改装者的经验”和“寻找欢乐”三部分展开。这里的“选择”并非寻常意义上的诠释，如挑选货品，非 A 即 B，毕竟，科技不是静静地躺在那里，任意挑选、供君使用。按照凯利的本意，应当是体悟技术元素自主的活性，然后主动预测和评估技术可能的发展方向，如同对待生物后代一样。在如何选择（使用）科技的问题上，凯利在剖析“禁令原则”、“预防原则”的基础上提出了“警醒原则”，后者一言以蔽之，“学会与技术元素共同进退，而不是针锋相对”。对任何有害技术的合理反应，不是放弃研究或者停止生产，而是开发更好的、更具生命亲和力的技术。关于这一点，其实既回应了书本开篇凯利的种种担忧与疑惑，也解释了为什么乔布斯领导下的苹果会走向成功——它的触摸界面和 Siri 操作，更符合人的习惯——有一种说法，要测试产品仿真性，简单做就是把产品交给婴童。婴儿最先学会使用的产品，一定是最具人性的产品。如两三岁的孩童会用 iPad 但不会用电脑。

全书最重要的是第十三章“科技的轨迹”，因为它最接近“科技想要什么”的定论。凯利认为科技想要的，就是人类想要的。“一项技术找到自己在世界上的理想角色后，会积极地为其他技术增加自主性、选择和机会。我们的任务是引导每一项新发明培育这种内在的‘善’，使之沿着所有生命的共同方向前进”。凯利的这种思想近似于老庄的天地有度、道法自然，崇尚返璞归真的方法路径。为此，他借助“外熵”的概念归纳出了 13 种科技与生命共同的动力需求。它们是：提高效率、增加机会、提高自发性、提高复杂性、提高多样性、提高专门化、提高普遍性、增加自由、促进共生性、增加美感、提高感知能力、扩展结构、提高可进化性。总之，科技也像人一样，想要拥抱生命，想要进化，想要秩序，想要可持续、充满神奇与活力的未来——这就是科技想要的。

作为《失控》的“姊妹篇”,《科技想要什么》与前者在主题上前后呼应，在思想上一脉相承，在叙事上一以贯之。倘若要读懂本书，则最好先选读《失控》；同样，如果要读透《失控》，则建议同时参读《科技想要什么》。不过话说回来，与《失控》相比，这本新作在国内引起的反响显然要小许多。个中原因，一方面除了凯文·凯利这一次没有来华，亲自布道宣传外；最主要的是，领教过《失控》晦涩难懂、“神人之作”的读者，可能不自禁地望而生畏、缴械投降了。但即便如此，在技术哲学、未来学领域，这本《科技想要什么》仍是一本公认的、堪称精品的佳作。

《免费》

# 对它的可能性误读

克里斯·安德森（Chris Anderson），自2001年起担任美国《连线》杂志总编辑。他被誉为“信息时代的精神领袖”。在其领导下，《连线》杂志九度获得“美国国家杂志奖”的提名，三次获得“卓越杂志奖”金奖。他的作品《长尾理论》开创了一个崭新的商业模式，在全世界范围内引起了极大轰动，该书也成为全球畅销书。

【美】克里斯·安德森：《免费：商业的未来》，中信出版社2009年9月第1版，定价：39.00元。

“天下没有免费的午餐”被颠覆了吗？很多人读完克里斯·安德森的《免费：商业的未来》都相信这是真的。当然，如果你不信，他们会引用安德森在书中的批驳来证明自己的观点：“如果我们能在所有可能存在的市场——货币市场和非货币市场——中权衡利弊，并且计算出合适的转化率，那么无疑弗里德曼（前芝加哥大学经济学教授、诺贝尔奖获得者米尔顿·弗里德曼提出“没有免费的午餐”的理论）是正确的。”安德森写道，“但是我们无法做到这一点，因此我们能够从理论上计算你刚才喘口气所分摊的生态成本，但实际上它是免费的。”例如，有人邀你共进午餐，并且是他最后埋单，尽管你花在午餐上的时间本可以用来做其他事情，存在一个机会成本的问题，或者，人家请你吃饭原来是有事相求，是人情债上的“有借有还”，但撇除这些（假设你认为都无关紧要），就当时孤立的环境和个体的你而言，这顿饭显然是免费的。然而，这就是安德森的真实意思吗？

不，并非如此。事实上，人们对安德森的本意存在着误解，犯的恰恰是听风是雨、一叶障目之病。在安德森看来，所谓对“有没有免费午餐”的讨论实际上牵扯两个问题：一个是经济学问题，而另一个是实际操作问题。对于前者，其实不难回答，世上绝没有免费的午餐，因为最后某人必须支付所有费用；至于后者，由于现实世界并不属于经济学语境下的“封闭型”，于是很多被隐藏起来的或被分散了的成本则常常因为过于细小而忽略不计。“在这一点上，我们正在讨论‘一分’钱的若干份额，也可以说是在讨论 1 美分的若干份。换句话说，尽管你可以说你最终还是为浏览维基付了钱，但这只在下面这层意义上是正确的，即远在中国的一只蝴蝶扇动一下翅膀就能影响你所在地方明天的天气。从理论上讲，这其中存在某种联系，但这种联系细微到以致无法测量，因此我们也就不必为此费神了。”这是安德森的原话。此外他还说，“免费并非真正的免费。但在很多情况下，也可能是真的免费。”不难发现，安德森所谓的“免费”包含了两层含义：其一是成本的转移，即今天的账明天付，你的账我来付，这里的账那里付，等等；其二是极小成本的不予计较，如 50 元的网络包月费平均下来每天不到 1.7 元，该上网成本与产生巨大价值的上网收益（学习、工作、娱乐、交友、购物、联络等）相比，明显是微不足道的。

就连安德森自己也承认，“免费这个词可以表示很多含义，它从来不像字面上看上去那么简单”。这就好比人们之前的误会，以为安德森“免费经济”的提出是对“天下没有免费午餐”观念的反驳和革命。但结果证明，安德森的免费原来另有所指——在此，他特别引入“交叉补贴”这个概念，让钱在不同的产品之间、人与人之间、现在和未来之间、不以钱衡量的领域和用钱结算的市场之间进行转移，从而使得“免费”有了可实现和操作的基础。在书中，安德森认为“世界本质上就是一个‘交叉补贴’的大舞台”，并据此提出了免费的四种常见模式：第一，直接交叉补贴，如超市里的买一赠一、某服务的免费试用体验；第二，三方市场，最典型的如我们花远低于报刊采编、印刷、发行的成本价买到报刊，而报刊则将读者“卖”给广告商；第三，免费加收费模式，其表现为基础服务免费和增值业务收费的经营二分结构；第四，非货币市场，它成立的前提在于金钱并非人们行为处事的唯一动力，利他主义总是存在的，而网络则给了人们追求共同兴趣、爱好、价值、信念的舞台。

如果上述安德森对于免费的界定或多或少有一种“不妨视为免费”的态度，那么，当他在书中写道“数码化可以让销售成本接近于零”（这里指的是在必备硬件设备的固定成本之外，额外售出一件商品所增加的成本），他对免费则更多了一种“可以使之免费”的乐观展望。需要指出的是，后者才是安德森写作《免费》一书的最直接动因。用他的话来说，“21 世纪的‘免费’同 20 世纪的‘免费’是截然不同的。”“经济学上没有哪个降价理论或是定价模型让你把价格压到零。然而，早在‘免费’有经济学模型来解释它之前，它就已经悄然形成了一个蔚为大观的产业。”“在过去 10 年中生根发芽的‘免费’概念同之前已经大不相同，但对于这种不同是怎样产生的，又为何产生，却很少有人进行研究。”不仅如此，当你今天把东西“真的”白送给别人却能“真的”赚钱，而且有时候你得到的还远比你相应花的钱更多时，对“免费”现象的研究着实令人着迷和向往。

不过话说回来，仅仅凭兴趣是不够的，《免费》的写作还得益于安德森上一本著作《长尾理论》中“未完待续”的议题。在《长尾理论》一书中，安德森探讨了互联网无穷大的货架空间（如亚马逊、淘宝网、亿贝等）使得“长尾”式多样化的产品销售将成为可能。而与此同时，要想得到无论是大众市场还是细分市场，主流商品或是非主流商品，都可以呈现的海量货架空间其途径只有一个，那就是把架设空间的成本压缩到近乎为零。到那个时候，网络的平台共享（基础性服务）也自然是免费的了。就此来看，尽管《免费》和《长尾理论》所谈的事情相差很大，实际却一脉相承。因为《免费》关注的价格和《长尾理论》聚焦的品种都是互联网经济的延伸思考，是一个硬币的两面。在这里，价格和品种的关系在于：品种越多，成本越低；既是长尾，也能免费。

100 多年前，当金·吉列送剃刀、卖刀片的销售策略大获成功后，它宣告着一场消费革命的到来，并决定了未来百年的商业走向。而安德森宣称，生活在 21 世纪初叶的我们，正创造着一种新型的“免费”模式，它不再是左口袋出、右口袋进的营销伎俩，而是一种借助互联网把货物和服务的成本压低到零的卓越生产力，这也就意味着，免费将成为“比特”经济时代下重要的商业模式。毫无疑问，自《长尾理论》之后安德森再次以其对互联网丰富的经验、敏锐的洞察和深刻的远见为我们指引了一条清晰的范式突围之路。

数字时代的必修课

100

杨吉 TMT 百部全说

《未来是湿的》

# 互联网未来的美好一面

克莱·舍基（Clay Shirky），被业界誉为“互联网革命最伟大的思考者”、“新文化最敏锐的观察者”，致力于网络科技对社会经济影响的研究。目前任教于纽约大学，是微软、诺基亚、宝洁、BBC、乐高和美国海军等知名机构最为推崇的咨询顾问。在《纽约时报》、《华尔街日报》、《哈佛商业评论》、《连线》等权威媒体上发表了多篇指引网络科技未来的前瞻性文章。

如果不是因为读过迈克尔·斯旺维克、布鲁斯·斯特林或鲁迪·卢克的小说，我们一定会对克莱·舍基新书的中文译名感到奇怪——为什么是湿的？为什么是未来？以及为什么未来是湿的？

对此，译者胡泳有一番解释。他说，克莱·舍基的这本书英文名叫做 *Here Comes Everybody*：*The Power of Organizing Without Organizations*，主标题的灵感来自詹姆斯·乔伊斯的《芬妮根守灵夜》。在那部令人难以卒读的小说中，主人公在梦中变成了 Humphrey Chimpden Earwicker，简写就是HCE。这三个字母有很多象征意义，其中之一就可以被解读为 Here Comes Everybody（缩写也是 HCE），中文意思即“此即人人”或“人人皆来”。胡泳没有同舍基聊过，所以无法知晓舍基选择这样一个意味深长的题目做书名的深刻考虑，所以他的理解基本是“自由心证”的结果：舍基始终围绕着互联网和其他技术的进步改变了群体构建、分享、对话、合作和行动的方式展开论述，而这正是未来的趋势——人们从分散在全世界的不同地方走来，共同致力于种种社会目标的实现。而正当胡

【美】克莱·舍基：《未来是湿的：无组织的组织力量》（新版又名《人人时代》），中国人民大学出版社 2009 年 5 月第 1 版，定价：39.80 元。

泳决定把该书译成《人人时代：无组织的组织力量》的时候，他的老朋友，长期关注信息化产业发展的《互联网周刊》主编姜奇平给了胡泳建议：何不把书中的主体思想诠释为“未来是湿的”。因为舍基谈的无非就是人和人可以超越传统的限制（物理的、地理的），基于爱、正义、共同的喜好和经历，灵活而有效地采用多种社会性工具并联结起来，一起分享、合作乃至展开集体行动。这种关系恰恰与卢克出版于 1988 年的科幻小说《湿件》中的哲学思想不谋而合，后者大胆想像后工业时代人类进化的前景。届时，人的主体性愈加突出，人际关系愈加紧密，毕竟“人才是主语”。

尽管在书名的取舍上，中国学者有自己的考量和坚持，但他们并没有因此误读或曲解了舍基。相反，他们在谨慎、细微地推敲着舍基一字一句、微言大义的同时（深怕稍有不慎，忽略乃至遗漏了重要信息），也借由舍基在书中始终不渝强调的互联网将重塑社会群体的主题发出自己的呐喊。他们在译者序中写道：“不错，我们需要从‘未来是湿的’角度理解作者所讲的社会性软件（例如博客、论坛、聊天室、维基、搜索引擎、开放源代码等）和社会性网络。这是我们的诠释，我们的概念，我们要借他人之酒浇我们心中之块垒。原因无他，中国社会太干巴巴了，需要加湿。”这里，“湿”是一种隐喻，它可以被指向是协调合作的态度，可以被指向为社会资本的累积，可以被指向是思维方式的由一维变万维，也可以被指向成交流空间的鸦雀无声到众声喧哗，而互联网正是这一切革命性转变的开端和契机。于是，它自然被比喻成了中国未来的“加湿器”。

当然，在舍基的书中，“湿”的概念和线索并没有体现，取而代之的是对互联网时代背景下组织机构、社会群体、媒体形态巨变的描述。例如，舍基发现因为有了互联网，人们可以更加轻易地组建各种群体、运动和商业性的力量，许多企业乃至行业的基本面正在发生动摇，甚至可能出现覆灭的情形。“人们拥有了在机构之外组建群体、共同行动的能力，这是巨大的变化，它不是对当今社会的一种改进，而是一种挑战”。除此之外，舍基还一直希望更多的人懂得，现在群体可以为自己创造价值。“像由协作完成的百科全书式的维基百科一样的模型，像 Linux 操作系统一样的开源软件，不断让我们意识到一个群体可以在不追求金钱、不在制度框架内运行的情况下创造巨大的价值”。舍基认为这是正在到来、势不可挡的情形，他的洞察和预言使得他的这本书更多了一份警世恒言的意味。

在创作《未来是湿的》之前，舍基一直从事有关互联网的社会和经济影响的写作、教学和咨询工作。同时，身为“互联网革命最伟大的思考者”、“新文化最敏锐的观察者”，以及《纽约时报》、《华尔街日报》、《哈佛商业评论》、《连线》等知名报刊的撰稿人，舍基对未来媒体的形态也有独到的见解。舍基指出，以出版业为代表的媒体行业已经呈现出“大规模业余化”和“去职业化”的趋势。以前信息由媒体以权威的姿态“先过滤后出版”，但现在以互联网为代表的“社会性媒体”的出现已经让信息“先出版再过滤”。你发布的信息能被多少人看到？是“评论”和“顶”这些代表受众选择的功能决定了信息的价值和生命力。当出版不再是一种稀缺资源，当媒体不再掌控机构特权，当大规模业余化的旗帜被高高举起，当社会性媒体清除了公众表达的障碍，当任何人在任意时间都可以发布任何事情的时候，这就是“人人皆记（者）”的新时代的到来。对此，舍基有一句结论很是精辟，他说：“诸如博客、论坛类的社会性媒体已经铲平了出版的门槛，却也伴生着残忍的经济逻辑：有价值的不是信息，而是注意力。”

事实上，有关互联网的书已经很多了，但舍基还是为我们带来了新的视角、观点和理念。舍基说，他的最大期望是读者在读完他的书之后，能够为两样事情而激动：“一是存在多种社会实验的可能性，二是还会有更多的社会性工具的新用法被发明出来。”不管舍基的希望能否最终实现，但通过互联网，人们能够各抒己见，能够为权利而斗争，能够为目标去集结，进而影响和改变社会。而这正是舍基为我们描述的互联网未来的美好一面。

《认知盈余》

# 有闲时间，改变未来

克莱·舍基（Clay Shirky），研究互联网技术的社会和经济影响的美国作家，顾问和老师。近年来，舍基在纽约大学的互动电信项目中任教，其咨询客户包括诺基亚、宝洁、BBC、美国海军和乐高公司等。此外，舍基的课程报告还包括社会性网络和技术网络的拓扑结构之间相互关联的影响，以及网络如何影响我们的生活。从1996年起，舍基开始撰写关于互联网的报道，其专栏文章和著作刊登在*Business 2.0*、《纽约时报》、《华尔街日报》、《商业评论》和《连线》杂志等多家媒体。其代表作《未来是湿的》在中国读者中亦深受好评。

是否留意过，网络上活跃着这样一群人。每天，他们从国外找到最新一集的美剧片源，把它录制下来，然后听译、校对、做时间轴，接着压缩、做种子，最后上传到网上，供网友下载分享。除了个别几个名气大的组织者、发布平台能拉到赞助赚钱，更多人是无偿的，不图名不为利，完全“义务劳动”。当然，热衷公益、甘于奉献的人在网络上不占少数，他们会积极参与维基百科的构建，对一个词条进行编辑、修改、补充、完善；他们会主动回答网友们在贴吧、论坛上提出的问题；他们还会热心帮助有困难的人寻找线索、提供信息……

以传统经济人角度来看，像这种无酬动机、慷慨文化、集体创造似乎是反逻辑和不可能的。然而，就在互联网上，一切皆有可能，而且就这么发生了。对此，有人不以为然，有人大为不解。这不，新媒体观察家、被誉为“互联网革命最伟大的思考者”的克莱·舍基就亲历了这一幕。

那是4年前，当舍基写的《未来是湿的》出版后，一个电视制片人试图决定是否让他在节目上讨论这本书时，问他：“你认为目

【美】克莱·舍基：《认知盈余：自由时间的力量》，中国人民大学出版社2012年1月第1版，定价：49.80元。

前社会性媒体有哪些有趣的用处？”舍基随即向她提起了维基百科，并以作为词条的“冥王星”举例说明。舍基介绍道，早在2006年，天文学家认定冥王星和其他行星不一样，因此将它从太阳系行星中剔除。此事件引发了网友们的热烈讨论，并就如何最贴切描述冥王星地位的问题上争执不下、相互较劲。经过几轮从章节到句子甚至到词语选择上的斟酌，最终词条内容从“冥王星是第九大行星”改成了“冥王星是一颗位于太阳系边缘，形状不规则，围绕不规则轨道旋转的石头”。

舍基原以为那位制片人在听到这个案例后，会和他开始讨论关于知识的社会结构、权力的本质或者任何一个谈到维基百科会引出的话题。但是令舍基万万没想到的是，她不仅没有问这些问题，相反她叹息道：“人们哪儿来的时间？”

是呀，哪来的闲余时间，可以这么不计名利、不图回报？女制片人的疑问恰恰也是绝大多数人的疑惑，但舍基早有答案，他听到后，立即回应说：“别人可以问，但是电视人绝对不能问这个问题。你应该清楚那些时间是从哪儿来的。”这是因为她供职于一个在过去50年中消磨掉人们大量自由时间的行业。

需要声明，舍基倒不是专跟电视业过不去。他只是为了强调，人们其实有的是时间，但很多却花在了看电视上。按照舍基的说法，美国人一年花在看电视上的时间大约是2 000亿个小时，而这几乎是2 000个维基百科项目一年所需要的时间。想象一下，如果将全世界受过教育者的自由时间看成一个集合体，一种认知盈余，这该是有多么巨大呀？那些问“人们哪儿来的时间”的人恐怕没有意识到，相比我们全部拥有的自由时间的总和，维基百科项目所占用的时间是那么的微不足道。

将这个观点加以延伸，再经系统化地表述，于是便成了克莱·舍基的新书《认知盈余：自由时间的力量》。老实讲，“认知盈余”的概念不是很好理解，三言两语难以说个明白。正如在书中，舍基也没有专门的术语界定，而是直接把它作为一个不言而喻、众所周知的语词来使用。根据舍基的描述，我们或许可以在两个层面理解“认知盈余”：第一，人们天生有分享、协作、奉献的意愿，它无关金钱，无涉功名；第二，社会化新媒体的出现为人们“剩余价值”的释放提供了技术与平台。事实上，媒介的作用不仅在于“消费”，更在于帮助人们创造、分享，这也是新媒体区别传统媒体的本质所在。

通过写作《认知盈余》，舍基试图唤醒人们对认知盈余的认识，并呼吁把“自由时间当作一种普遍的社会资产，用于大型的共同创造的项目，而不是一组仅供个人消磨的时间”。虽然舍基大肆鼓吹新媒体的价值，但他也知道，认知盈余较早的运用并非发生在网络空间里，而是在现实中的技术团体的计算机编程。在那里，人们抱着共同的目标，平等信任、分享协作，致力于开发类似Apache、Linux等开源项目。至于到了互联网上，用认知盈余的方式开创事业的故事更多，除了被舍基津津乐道的维基百科外，还有让患有相同慢性病的病友分享信息、提供帮助的PatientsLikeMe.com（同病相怜）网站，旨在报道冲突情况并且能在地图上实时显示地点的“Ushahidi”(斯瓦希里语,意为“目击”或“证明”)平台……

集体利用自由时间可兑现不同价值，从公用到公共到公民，而舍基希望看到更多的推动社会进程、文明进步的公民价值。例如，国内有个 Web2.0 的开放翻译平台译言网。在 2008 年 5 月汶川地震发生后，它通过近 600 名译者的协作，在不到两周的时间里翻译出了《地震救灾手册》等 10 余万字的资料。另外像东西网，借助社区译者组成的底层平行网络和由编辑团队组成的上层引导和控制的层级架构，共同翻译完成了凯文·凯利写于 20 世纪 90 年代的大部头科技著作《失控》。此外新近的《小布什传》、《史蒂夫·乔布斯传》也借由这种模式翻译出版。

集合志同道合者的有闲时间，从协作、分享的过程中衍生，认知盈余所创造的不但是社区利益，更多是社会价值。它是对社会化媒体最为意义深远的运用。记得在上一本《未来是湿的》书上，舍基坦言最大期望是读者在读完他的书之后，能够为两样事情而激动：“一是存在多种社会实验的可能性，二是还会有更多的社会性工具的新用法被发明出来。”此话既是寄语，亦是指引。结果证明，仅隔两年，舍基对社会化媒体又有了新发现，并且较之以前有高度、深度和维度上的拓展。

不过即便如此，两本书在思想渊源上一脉相承、前后呼应。用舍基的话来说：“本书从上一本书遗留的地方开始，观察人类的互联网如何让我们将自由时间看待成一种共享的全球性资源，并通过设计新的参与及分享方式来利用它们。”正如无聊经济催生分众传播，有闲时间促成维基模式，后者引领社会与商业全新的未来。读舍基的书，总是颇受启发。他擅长用讲故事的方式、很随意地抛出些有趣的想法——社会化媒体不仅改变了人际关系，而且促进了生产关系，即消费、生产与分享，三位一体！他很乐观，但愿他是对的。

《众包》

# 你准备好了吗?

杰夫·豪（Jeff Howse），《连线》杂志著名资深编辑，负责娱乐产业方面的报道。在到《连线》杂志之前，他是Inside.com的资深编辑，同时也是《村声》（*Village Voice*）的著名撰稿人。在他15年的记者生涯中，杰夫走遍全球，考察各国的市场和行业发展情况，他的报道内容广泛，影响很大，涉及中亚淡水危机、基因专利的影响等。同时，他也为《时代》杂志、《美国新闻与世界报道》（*U.S News & World Report*）、《华盛顿邮报》（*Washington Post*）、《琼斯母亲》（*Mother Jones*）等众多报刊撰稿。现居布鲁克林。

或许连托马斯·弗里德曼都没有想到，他在《世界是平的》中推崇备至的最大的“推土机”——外包，正在被一个新的力量颠覆，而它就叫众包（Crowdsourcing）。

众包的概念最早出现在2006年6月的《连线》杂志上，是由该刊的资深编辑杰夫·豪提出的。指的是把传统上由内部员工或外部承包商所做的工作在互联网的平台上外包给一个大型的、没有清晰界限的群体去做。《连线》杂志在全球IT界声名显赫，原因在于它总能及时地发现并描绘信息世界的未来，而且在高度和深度上独树一帜、引爆革命。要知道，就在杰夫·豪创造“众包”一词之前，他的同事克里斯·安德森刚刚贡献了“长尾理论”，而该理论的诞生对于互联网产业发展来说有着里程碑式的意义。如今，杰夫·豪的“众包”将在延续着“长尾”路径的基础上，系统而又完整地提出网络化社会生产的具体组织形态。它的出现将极有可能开启一个新的时代，届时，网络社区相继崛起、大众力量席卷而来、群体智慧大放异彩，而外包已然寿终正寝，人们正应用众包这种全新的商业模式去追寻未来……

【美】杰夫·豪：《众包：大众力量缘何推动商业未来》，中信出版社2009年6月第1版，定价：36.00元。

大到一项技术工程，小到一个问题解答，众包思想的要义在于协同生产、集思广益、群策群力。尽管提法是新的，但相似的做法其实早在 18 世纪就有了。1714 年，英国政府曾公开悬赏 2 万英镑征求测定经度的方法。包括到现在，很多公司都在积极使用众包模式。如医药制造商礼来公司 (Eli Lilly) 于 2001 年资助成立的“创新中心”( InnoCentive ) 网站，目前是化学和生物领域的重要研发供求网络平台。像宝洁、波音、杜邦等世界著名跨国公司把各自最头疼的研发难题抛到“创新中心”上，寻求隐藏在网络背后高手的外援。而这么做，既降低了研发成本，又提高了创新效率，与网上“招贤纳士”的做法相比，“传统的雇用研发人员”要来得更经济、更高效。又如，格蒂图片社 ( Getty Images ) 花了 5 000 万美元收购 iStockphoto 网站，该网站拥有超过 23 000 名摄影爱好者上传他们的摄影作品，此举颠覆了库存图片的传统，而格蒂图片社因此占据了全球市场 40% 左右的份额。再如，在线 T 恤生产厂商 Threadless.com，它由杰克・尼克尔和雅各布・德哈特于 2000 年创办。该网站是为那些崭露头角的设计师提供展示设计灵感的平台，同时帮助他们克服自身不足。无论是专业设计师还是业余爱好者，都可以为新 T 恤衫提交设计想法，社区再对这些设计和顾客购买意愿进行投票调查。通过这个机制，Threadless.com 每周都能为其中一个产品挑选出 6 ～ 10 个新设计方案。胜出者除了得到一笔不菲的奖金之外，还被允许在 T 恤衫标签上印上自己的名字。现在，Threadless.com 每周都能收到 800 多个新的设计方案，每天有超过 1 000 名新注册用户来进行设计和艺术方面的讨论，并根据设计方案所激发的灵感，提交配套的音乐和视频，而这一切都不依赖于传统的广告宣传和营销，也不借助大型零售商在全世界的门店来进行销售。

除了以上这些公司，类似的做法也在被谷歌、亚马逊、亿贝、IBM、摩托罗拉、雅虎、戴尔、宜家、乐高、宝马汽车、阿迪达斯、欧莱雅、麦当劳、万事达卡、陶氏化学等公司所采用。这充分说明，众包体现的“众人拾柴火焰高”的道理众所周知、广为接受。事实上，从《韩非子・大体》的“太山不立好恶，故能成其高；江海不择小助，故能成其富”，到阿尔文・托夫勒的《第三次浪潮》中的“生产消费者”再到齐・本克勒的《网络财富：社会生产如何转化为市场和自由》中的“社会生产”，众包背后的哲学思想早深入人心，人们对此应该并不陌生。所以，《纽约邮报》在评价杰夫・豪《众包》一书时，指出：“他不是第一个‘创造’众包的人，但他无疑是将其真实功用第一个完整展现在我们面前并给我们重要启示的人。”

在杰夫・豪的笔下，众包基于这样一个假设：每个人都拥有对别人有价值的知识或才华。在一定场合下，他们都有可能是艺术创造者、方案提供者和问题解决者。与此同时，互联网将发挥极为重要的作用，它提供发表观点、释放能力、激荡灵感的平台，人们可以在它之上人人出力而又人人受益。也就是说，众包模式让有价值、有效用的个性化得以施展，进而间接地促进了总体上的多元化和多样性。

尽管在商业运用上，众包为公司带来了种种好处，包括行政开支的降低、创新动力的补给，但并不是所有的商业行为都适合众包。像核弹头的设计和涉及商业秘密保护的领域就不能利用开放创新模式。这也就意味着，众包的实现除了要借助互联网平台、大众参与之外，还需要有用知识的广泛分布、权利边界的授予以及敞开式生产机制的确立。当然，不管在理论上，还是在实践上，众包的出现宣告着一种新的商业范式的全面到来。众包的倡导者和亲历者们理应将眼光放得再更远些，日后拥有一家数十亿“员工”或“顾问”的公司不再是妄想。对此，我们应当有所准备、有所作为。

《社交网络改变世界》

# “互联网改变世界”的变与不变

马修·弗雷泽（Matthew Fraser），欧洲工商管理学院（INSEAD）高级研究员，既是公认的传媒行业专家，又是经验丰富的学者和记者。曾任加拿大国家级日报《国家邮报》的总编辑，并担任过加拿大广播电视台新闻世界频道黄金时段节目主持人。著述颇丰，其中包括畅销书《软实力》等。

苏米特拉·杜塔（Soumitra Dutta），康奈尔大学S.C.约翰逊管理研究院院长。加州大学伯克利分校哈斯商学院、牛津大学互联网研究所以及剑桥大学贾吉商学院客座教授。欧洲工商管理学院数字化实验室创始人，致力于建立数字经济中一流的教学与研究中心。两家企业的联合创始人，也是数家创业企业的董事。曾多次受邀参加达沃斯世界经济论坛。

【加】马修·弗雷泽、【印】苏米特拉·杜塔：《社交网络改变世界》，中国人民大学出版社2013年5月第1版，定价：56.9元。

让我们从一句普遍认同的断言开始：互联网改变世界。

究竟哪些被它改变了——小到工作、娱乐、学习，大到商业、政治、社会，方方面面。因此，早在16年前，著名社会学家，西班牙人曼纽尔·卡斯特就在其那本雄心勃勃的著作《网络社会的崛起》中，系统且不无创见地描绘了“信息时代网络社会的完整样貌”。卡斯特指出，权力正从国家向网络转移，旧的国家结构崩溃了，与之伴随的是无序网络组织力量施以新模式的行为和新形式的社会组织。总而言之，我们的社会结构正由信息技术通过创建新形式的社会互动而转变，这些社会互动正“取代了一体化的等级制度作为社会组织的主导形式的地位”。对于这本网络社会学的扛鼎之作，学界给予了一致好评。如，法国社会学家阿兰·杜罕（Alain

Touraine）盛赞“本书将成为21世纪的经典”；而英国思想家、《现代性的后果》等书的作者安东尼·吉登斯则认为，“《网络社会的崛起》之于信息化社会，正如一个世纪前的马克斯·韦伯的《经济与社会》之于工业社会”。

然而，在曼纽尔·卡斯特写作《网络社会的崛起》之时，哪怕是随后的《认同的力量》、《千年终结》以及《网络星河：对互联网、商业和社会的反思》，他所处的还是互联网Web1.0阶段。那个时期，以网景（Netscape）为代表的浏览器是通向虚拟空间的主要窗口，以雅虎为典型的门户网站是获取信息的重要平台，点击流量换广告是唯一的盈利模式。另外，内容生产和传播是单向的，即网站将经过专业编辑好的信息“推送”（Push）给用户看。

到了2004年，在旧金山的一次新媒体会议上（这次会议相当于互联网产业革命的“遵义会议”），针对早前互联网泡沫的破灭，业内开始反思、痛定思痛寻找新的方向。Web2.0概念被正式提出，同时，像谷歌这样的搜索引擎脱颖而出和Friendster、MySpace、Facebook、Toutube、LinkedIn等社交网站的萌芽壮大，互联网正从一种发布信息、发送电子邮件和出售书籍的“推媒”，发展成为运用创造力和集体智慧的动态网络[信息不再靠Push，而是利用搜索引擎通过关键词“拉取”（Pull）信息；到了社交网络上，则干脆“追随”（Follow）——关注你朋友所关注的]。倘若给这个阶段添加标签，无疑是：知识共享、集体协作、交互参与、开放合作……对此人们不禁要问，Web1.0下的卡斯特是否老矣，《网络社会的崛起》是否过时。或者，有什么新的观点需要补充呢？于是自然地，马修·弗雷泽和苏米特拉·杜塔的《社交网络改变世界》应运而生。

这本书成书于2008年。Web2.0早已完成从概念到实践的转变。事实上，Web2.0所倡导的分享、交互、协作、公开等理念不仅冲击了传统的商业模式、管理方法和官僚制度，而且对消费市场、组织行为乃至民主参与的影响也是深远的。就在这一年，美国公选出了历史上第一位黑人总统巴拉克·奥巴马，而奥巴马同时也是继“广播总统”罗斯福、“电视总统”肯尼迪之后的“网络总统”。正如弗雷泽和杜塔在书中所描写的，“社交网络正在逐渐向民众开放，以使得选举动员和选举人的反馈更加直接有效。MySpace和Facebook如今已是民主对话中必不可少的交流工具。”按照作者的说法，这正是“社交网络改变世界”的表现之一，你可以理解为“Web2.0之下的国家2.0”。

作为一本阐述Web2.0时代社交网络如何引发变革的著作，马修·弗雷泽与其搭档并没有将议题随意扩大，进而让讨论变得空洞泛泛。他们集中在权力和社会结构的演变问题上，正因此从某种意义上讲，作者踌躇满志，他们的《社交网络改变世界》在沿袭了《网络社会的崛起》的研究脉络的同时，试图再超越与突破——但不管怎样，有一点他们是做到了，他们续写了卡斯特当年未完成的Web2.0篇章。

为了让他们的结论看起来更凝练、好记，作者在书中提出了一个 ISP 和 3-D 化的模型。所谓 ISP，分别是身份（Identity）、地位（Statue）和权力（Power）首个英文字母组合。他们认为 ISP 反映了有史以来社会组织那些不可动摇的动态机制。“所有的社会组织，第一个阶段就是身份结构，既包括个人身份，也包括集体身份。第二个阶段就是社会资本的不规则分配方式，它也导致了不同的地位和竞争优势。第三，因为社会是由分配稀缺资源和剩余资源的制度结构管理的，所以，社会资本作为各种形式，包括实体意义上和象征意义上的控制权必须得到部署”。

接下来是 3-D 化。它同样是 3 个 D 字母起头的英文单词组合，即多元化（Disaggregation）、民主化（Democratization）和分散化（Diffusion）。至此，弗雷泽和杜塔创造性地提出，社交网络正引起了三种现象的突然兴起：身份日益多元化（ID）、地位日益民主化（SD），而权力则日益分散化（PD）。

毫无疑问，这样的归纳令人耳目一新。但这里的“新”仅限于形式而非实质。譬如，身份多元化所讲的正是虚拟空间的多重身份，而后者早就是 Web1.0 相对于现实物理空间固有的特征。相反，作者在之后的篇幅里提到的强关系、弱连接、开放、封闭、隐私权保护等倒是社交网络被广泛使用后所引发的新现象、新问题。关于这些方面的探讨，不出所料的是，作者势必要引用到“邓巴定律”、马克·格兰诺维特的“弱连接”、阿尔伯特·赫希曼的《退出、呼吁与忠诚》、丹尼尔·沙勒夫《隐私不保的年代》等一些论述。如果这本书再晚几年出版，想必维克托·迈尔—舍恩伯格的《删除：大数据取舍之道》、斯科特·斯特莱登的《强关系：社会化营销制胜的关键》和尼古拉斯·克里斯塔基斯的《大连接：社会网络是如何形成的以及对人类现实行为的影响》等书籍也会被援引在内。

同样的道理，书中所说的地位民主化和权力分散化实则是 Web1.0 网络空间的平等和扁平。当然，他们照样会提及一系列 Web2.0 领域优秀的作家与书名。不难发现，要不是有“日益”的强调和区分，《社交网络改变世界》相比《网络社会的崛起》或里克·列文、戴维·温伯格等人合著的《线车宣言：互联网的 95 条军规》在回答“究竟多大程度改变”上并没有本质差别。由此可以得出两个推论：第一，Web1.0 和 Web2.0 不是割裂式发展，其始终围绕着互联网精神，区别的只是程度的深浅；第二，从门户网站到社交网络再到已经来临的移动互联网时代，改善的不仅是带宽、应用、体验，还包括 ISP 的 3-D 化。

写到这里，你应该明白阅读《社交网络改变世界》究竟意味着什么？首先，它是 Web2.0 的一本集大成之作，是社会化媒体研究的必读之书；其次，它梳理了历史脉络，综合了多家学说，不失为一本不错的延伸阅读索引；最后，随着移动化浪潮的全面来袭，它很可能像《网络社会的崛起》那样略显过时。所以我们更期待它的升级版——或许下回书名就叫《移动网络改变世界》了。

《无界》

# 欢迎来到“无界”时代

艾米莉·内格尔·格林（Emily Nagle Green），研究全球互联变动趋势的领先公司扬基集团的总裁。扬基集团以其卓越的构想、预测、会议和战略咨询，支持世界各地的企业使用、经营和建立网络。格林也是美国规模最大的数字营销和媒体科技协会MITX的副会长。

Anywhere（无处不在）一个很普通的单词，在艾米莉·内格尔·格林看来，必将引发一场科技和产业的革命。为了称呼方便，也或许特别纪念，她坚持使用一个更简单的词，来命名即将迈进的世界——无界。

无界，就字面意思理解，除了“无处不在”，还有“没有边界”。够了吗，不，它还包括“无远弗届”。后者最早出现在《书·大禹谟》：“惟德动天，无远弗届。”意指不管有多远，没有到不了的。好吧，现在的问题是，艾米莉·内格尔·格林所谓的“无界”又是在哪种意义上的？

翻开《无界》，格林写道，无界有三个要素组成：第一，一个公共的数字通信网络，它可以容纳任何压缩或转换成二进制的事物：语音、文字、音乐、视频、图像；第二，网络容量，通常人们用带宽表示，即1秒钟能传输的字节数量，毫无疑问，它要求越快越好；第三，无线的无处不在，就像时下的Wi-Fi、蓝牙、ZigBee技术等。按照格林的说法，但凡具备前面三大要素的，就是一个全球性的开放式通信架构，就是一个可以被称为“无界”的网络。

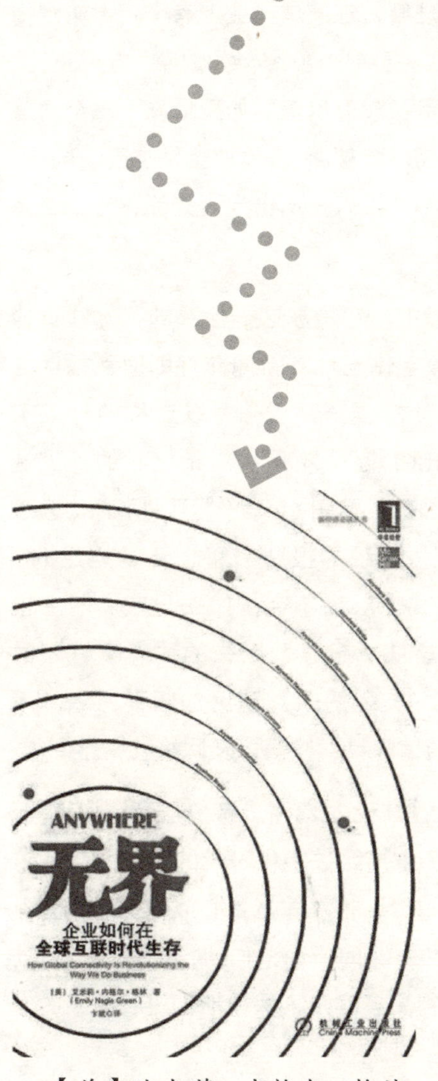


【美】艾米莉·内格尔·格林：《无界：企业如何在全球互联时代生存》，机械工业出版社2011年4月第1版，定价：39.00元。

当然从物理性质讲，不少国家和地区现在都拥有了这样的无界网络，但是格林指出，还有三个额外的关键性质会随着这种无处不在的网络而出现——无缝的、安全的和智能的——它们对希望从中获利的商人很重要。这实际上也表明了写作的初衷，正如《无界》一书的副标题所示，“企业如何在全球互联世代生存”。作为研究全球互联变动趋势的专家，格林试图呼吁企业应着眼于当下趋势、抓住机遇，尽早制定出基于无线互联的商业策略，从而获利。

这是一种前瞻性的号角，与 21 世纪初期兴起的互联网热潮不同，这次的“无界”是相对而言的再升级和再革命。它必须建立在互联网技术的成熟之上，必须建立在移动电话的爆炸性增长之上，同时反过来，要最终使得这两项发展像第一代汽车、手机和其他技术革新那样具有基础性和普遍性。这一点不难理解，在通信产业上有个定律叫“梅特卡夫定律”，它说的是在一个网络的价值上升与网络中连通个体数量的平方成正比。例如，当世界上只有一台电话，不仅架设成本高，而且没有价值；如果地球上每个角落都安装了电话，运营成本反而降低，而且使用电话的需求会被激发，价值会被提高。同样，无界网络仅靠一两家企业的全城覆盖是不够的，且不论投入—产出是否划算，光一个商业价值的不明显就足以把方案否决。

那什么是格林心目中理想化的“无界”？在书中，它是被这样诠释的：互联上的无处不在、互联设备上的琳琅满目、媒体普遍的数字化呈现、新闻允许即时点播、支持移动支付、信息服务转向个性化定制、社交互动的频繁紧密……以这样的标准来看，当前尚处于“新兴”过渡到“无界”的“转化阶段”。不用太过记忆它的标志性特征，只要环顾四周，便一目了然：不少地方开始覆盖无线网络，你可以用 iPad、手机、上网本等浏览信息，当然，除了数字媒体外，传统的报刊书籍也还是充足的；支付方式主要是现金支付为主，但电子支付的方式也层出不穷，如支付宝、网上银行、一卡通，最近还有 3G 手机支付；服务市场这块，超越了以往的“大喇叭”时代的大众模式，转而分众传播、细分市场；亲朋好友之间的互动更加频繁，除了手机、电话，对年轻一代来说，更主要的是一些 IM 通信工具、微博以及网络社交空间。

至此，格林的这本《无界》前半部分很像是尼古拉斯·尼葛洛庞帝的《数字化生存》或唐·泰普斯科特《数字化成长 3.0》的姊妹篇，侧重描绘数字化时代的生活样貌和对消费者、企业的影响。到了后半部分，全文行将结束时，格林才把重心放在探讨“企业如何面对全球互联的挑战与契机”这一主题上。“什么时间行动，如何行动，以及行动时要注意的事项。你会找到一些想法，关于如何赢得更多客户，保持他们更长时间的忠诚度，卖给他们更多的东西，并用最少花费做到以上几点”。

客观地讲，格林的这番表述略显泛泛，现实指导性的意义也欠缺。这恰恰也是《无界》的软肋和不足之处。洞见性的思考和对趋势的研判，注定了《无界》会成为一本前瞻之作，它的积极意义毋须多言。然而需要指出的是，也正是因为它的过于理论化和超前性，使得给人印象有点务虚、不切实际。譬如本应该是全书最主要、最核心看点的“落地方案和行动指南”上，格林采取的是跟主题不太相关的摘录拼接、案例罗列，从逻辑性、思想性、建设性来看都不能完整地承载该书的核心论点，这未尝不是一种遗憾。

所幸，“无界”时代才刚刚开启，其关联的商业也启程不久。包括格林在内，每个人都在这未知、不确定，但方向明确的征程上前行！

《无处不在》

# 做好准备，社会化企业！

拉里·韦伯（Larry Weber），数字营销专家，曾著有《社交网络营销》一书，现任W2集团公司总裁。这家公司专门为企业提供数字营销方面的全方位服务，旗下拥有一家以社交媒介为核心、提供数字营销战略的机构——数字影响集团，以及一家全球公关咨询公司——锐博（Racepoint）集团。韦伯是世界上最大的公关咨询公司之一万博宣伟（Weber Shandwick）的创始人。

【美】拉里·韦伯：《无处不在：社会化媒体时代管理面临的变革与挑战》，中信出版社2012年5月第1版，定价：42.00元。

《众包》一书的作者，也是《连线》的资深编辑杰夫·豪，在写给杂志的一篇报道中描述了高露洁是如何运用社交网络，来解决一个困扰公司内部研究人员很长时间的技术难题。作为一家生产牙膏的企业，高露洁想找到一种办法，在不把氟化粉末散发到周围空气中的同时把它们加到牙膏管里。公司把这项技术难题贴到了InnoCentive网站——一家通过社交网络将企业的产品研发项目与一群来自不同专业领域科学家的创意相连接的经纪公司。来自安大略省巴雷的埃德·梅尔卡雷克很快想出了解决这个技术难题的方法，赢得了2.5万美元的奖励。为什么高露洁研发部的员工对此一筹莫展呢？梅尔卡里克解释说："因为他们缺乏物理学的素养，只会与试管打交道。"

还有戴尔电脑，这是众多传统的、"前社会化媒体时代"的公司之一，它也在学习着如何更加开放、透明、平等地去拥抱变化。通过Facebook，戴尔的用户可以随意地与朋友分享公司的动态，还可以邀请对方对公司的产品提出建议。为了进一步与消费者互动，公司甚至着手建立一个内部的社会化媒体大学，并且正在培训1000多名员工在社交环境下为公司抛头露面。这用戴尔首席营销官埃林·纳尔逊的话来说："保持与用户的联系以及为促进品牌的发展而提升我们与用户的沟通能力，这些对我们公司至关重要。"

以上仅是数字营销专家拉里·韦伯在《无处不在：社会化媒体时代管理面临的变革与挑战》一书中列举的两个案例。如他所说，一个不可避免而又普遍存在的转变发生后，会影响每一个领域、行业、公司或是职能部门。回顾汽车、铁路和信息技术行业的发展，莫不如是。而现在，社会化媒体领域也正经历着这样的变革。在他看来，社会化媒体的应用不再专属于公司的市场营销部门——它不应当只是一个新营销的工具，还可以成为推动组织乃至行业变革的触媒（或一种行为模式）。对此，韦伯写道："社会化媒体已然渗透到了公司的产品销售、客户服务、产品创新、人力资源、财务审核、发展规划以及经营管理等各个方面。"

就像高露洁和戴尔公司，它们分别利用社会化媒体解决了产品创新和客户服务的难题，当然，远不止这一些。如同知名管理咨询公司博思艾伦，它建立了内部门户网站 Hell.bath.com，公司员工可以通过它建立博客，创建维基词条，兴趣相投或工作任务相似的员工可以在这上面自由地分享、交流。公司认为，这些社交工具有助于员工更快地找到信息和帮助，与专家合作，与同事进行网络交流，同时还能感受到这些网络工具带给他们的乐趣。通用电气深谙此道，它创建了一个名为 MarkNet 的内部社交网络，这个合作平台可以让公司分布在全世界的 5 000 多名营销人员相互沟通。此举除了让公司每位营销人员得以熟悉公司的运作流程，并了解到如何才能理解并充分利用公司在全球的资源优势，关键还在于，正如通用公司战略营销总监阿努巴夫·兰詹所说："任何一家分公司的营销人员，不论什么级别、身处何地，都可以通过这个平台找到掌握专门技能的人来帮助解决问题。"

在韦伯眼里，这些都是社会化媒体的最新应用。如果说，之前侧重"社会化营销"，是 1.0 版本；那么现在则强调"社会化企业"，是 2.0 版本。后者是指那些积极地在企业经营的过程中把社会化媒体作为一种生存方式的企业，它们通过挖掘、利用参与式网络的多重功能来实现自己的目标。

在《无处不在》一书中，韦伯试图通过介绍一些企业早期的成功举措和它们如何制定全面的数字商务战略的经验，来帮助那些对社会化媒体有所认识、有所领悟的企业管理者，使其意识到：倘若成为一家真正的社会化企业，你可以轻松实现与市场同步前进、走在产品上市周期的前面、开发具有市场影响力的新资源、改善企业的成本结构以及赢得人才竞争等目标。

按照韦伯的观点，当下企业要取得成功，关键在于确保公司整个价值链能群策群力——它必须仰仗社会化媒体沟通、互动的工具属性，不仅仅是对外部市场、客户、伙伴，也包括对内股东、部门、员工。在这个意义上，书名所用的"无处不在"既代表了社会化媒体的发展现况，也揭示了今后公司内部社会化架构的未来构想、应然之义。结合云计算的无处不在、无所不能，社会化企业也应当有这样的追求和功能承载。

书中，韦伯援引了不少同行书籍，例如里克·莱文等人合著的《线车宣言》、唐·泰普斯科特的《维基经济学》、查伦·李的《开放：社会化媒体如何影响领导方式》、克莱·舍基的《认知盈余》等。没错，从书的立意到主题再到行文来看，《无处不在》正是它们的“复合体”，一本讨论社会化媒体对企业管理冲击与影响的综述。毫无疑问，这意味着倘若你对这个领域尚不熟悉但颇有兴趣，可以读一读这本书。因为，你需要对社会化趋势有所准备。

数字时代的必修课

100

杨吉 TMT 百部全说

《平台战略》

# 引爆平台革命

陈威如，美国普渡大学战略管理学博士，中欧国际工商学院战略学副教授，讲授包括平台战略及打造创新型企业等前沿课程。加入中欧国际工商学院之前，在全球排名前5的欧洲工商管理学院（INSEAD）任教多年，并获得杰出教学院长奖及MBA课程杰出教授奖；教学与研究方向主要集中于行业与竞争分析、平台商业模式创新和低端市场创新战略。其研究成果发表在国际著名的权威学术期刊上，并得到多个学术年会最佳论文奖。

余卓轩，身兼创作者与创业者两职，现任 Prophesee 世界观概念公司叙事总监，White Chaos 创意工坊负责人。主要从事创意概念与平台战略研究。中欧国际工商学院管理学硕士，加拿大英属哥伦比亚大学社会学学士。涉及领域广泛，曾任企业责任全球论坛主席，联合国会议正式观察员，以及2041南极远征队员。

陈威如、余卓轩：《平台战略：正在席卷全球的商业模式革命》，中信出版社2013年1月第1版，定价：58.00元。

身边总是不乏这样的声音：打造平台、整合资源。这话谁都会讲，道理谁都懂点，但从结果来看，成效甚微，虎头蛇尾者居多，这是为什么？有了平台，参与方可以各取所需、实现共赢，可就是少了稳定性和向心力，这又是为什么？生活中，平台意味着“人脉即财脉”，产业上，平台是“产业生态圈”，这更是为什么？

在阅读陈威如和余卓轩的《平台战略：正在席卷全球的商业模式革命》时，多少有点喜出望外。多少人、多少回说平台，期望从平台上谋点事、图点利，但似乎没有潜心下来好好想过究竟什么是平台，平台到底能做些什么。然而，两位年轻的本土作者却深入思考了“平台模式”，并系统地和创造性地提出了一种被称作“平台战略”的理论。与一般意义上“拉郎配”式的人或组织的合作不同，两位作者笔下的“平台”有着更新的诠释，读来令人耳目一新。

他们认为，平台是连接两个（或更多）特定群体，为他们提供互动机制，满足所有群体的需求，并巧妙地从中盈利的商业模式。比如，人们熟知的淘宝网，连接的是买家和卖家，让他们完成网上交易，而淘宝网则通过大流量、大数据、大量沉淀资金从中获利。类似的例子不胜枚举，可以是虚拟的网络平台，也可以是现实的公司组织——后者如证券交易所、物流快递、电信公司等。总之，这里的“平台”和通常人们所说的平台是不同的。“一个成功的平台企业并非仅提供简单的渠道或中介服务。”两位作者写道，“平台模式的商业精髓，在于打造一个完善的、成长潜能强大的‘生态圈’。它拥有独树一帜的精密规范和机制系统，能有效激励多方群体之间互动，达成平台企业的愿景。”按照他们的定义，事实上，综观全球能符合“平台模式”的公司，诸如苹果、亚马逊、百度、谷歌、阿里巴巴、腾讯、Facebook、新浪微博、盛大网游、无线 T 恤、拉卡拉、分众传媒等，它们都连接两个以上群体，弯曲、打碎了既有的产业链，从而建立起良好的“平台生态圈”。

不妨想象，在这个生态圈内，有供方、有需方，还有基础设施建设方、运营方等，他们互相吸引，相互依存，且在一方壮大的同时，牵引着其他方一起成长。在一个相对封闭（除开源社区等特殊环境）的空间内，彼此共生共存共荣、自给自足自洽。好比某次去北京出差，抽半天空闲我一个人跑去某天桥剧场听相声。那个剧场由某文化公司打理经营，演出方系某个相声社团，观众则来自四面八方。这个环境就是一典型的“平台”。有花力气说相声的，有掏钱来乐呵乐呵的，也有收门票赚票房的，甚至还有靠房屋、剧场设备、演出设施出租谋生的。在这个平台里，大家遵循着一定规则（如买票入场、对号入座、不得大声喧哗、不得拍照），各取所需、各得其所。当然，对于做平台的一方来说，一定要有“赚小头”的心态，应该本着追求生态圈共赢的局面和一荣俱荣、一损俱损的理念去打理维护。

这是作者之一陈威如在一次接受国内财经媒体采访时表达的观点大意。他再次提到淘宝的案例（书中也提及了），他说，（淘宝）在共赢的过程中，从商家那里抽取的费用是很少的，所以才有那么多商家和消费者愿意在这个平台上。一旦这个平台开始赚很多钱，就会开始有新的平台参与竞争。因此，平台主要靠大的流量赚钱，但每一笔交易中抽取的费率是非常微小的。在此基础上，平台需要非常了解交易双方的需求。比如淘宝现在提供的金融服务就是为平台上的中小商家定制的。淘宝了解到这些商家要继续发展就得融资，但在现有的银行体系中又拿不到钱，因此开发出了金融服务。

做平台的价值和盈利表现需要被重新挖掘，而且，在互联网的驱动下，21 世纪将是历史上通过平台战略全面普及人类商业行为的分水岭。在作者看来，互联网为平台概念的产生提供了前所未有的契机，并以令人难以置信的速度和规模席卷全球。比如，对于音乐、小说、电影等感官式的体验性产品来说，互联网的兴起使复制成本几乎下降为零。同样，对于众多产业而言，互联网也大大降低了经销成本，使平台企业搭建的“生态圈”以前所未有的速度扩张。至此，作者完成了对“为何还要研究平台”的必要性论证。其实，平台模式的概念并非近代才出现。像古代欧洲的“市集”或者中国的“农贸市场”都是平台的不同形式地呈现。当然，在 21 世纪，平台的主要和集中典型是互联网平台。这也就是为什么整本书说的是平台，但通篇举例的仅是网络平台（各种互联网应用，各家互联网公司）。另一方面，作者也想强调“学会正确运用平台战略的企业将会颠覆原有产业的价值链”以及“由于平台商业模式的创造性破坏本质，许多平台企业在短时间内会被更强大的平台企业推翻”。所以要引起足够的重视和警惕。

与《长尾理论》、《蓝海战略》等书籍一样，《平台战略》光提出一个新概念是不够的，作者必须还得从方法、原则、技巧、案例等各方面完成对“平台战略”理论的建构。正如我们看到，在随后的章节里，两位作者分析了搭建一个平台所需的基本元素（步骤），如定位多边市场、激发网络效应、筑起用户过滤机制、设定“付费方”和“被补贴方”、赋予用户归属感、开放式策略和管制式策略选择、决定关键盈利模式。另外，他们还讨论了平台生态圈的成长，包括突破引爆点、促进用户规模的持续扩大、追求质的提升、细分市场精耕细作、累积双边话语权刺激成长等方法。在说到平台生态圈的创新思路上，两位作者提到了三种有趣的模式：以“时间”为平台内核模式、以“地理”为平台内核模式以及布建实体基础设施。顾名思义，这三种模式分别以时间、地理和实体设备来布局和推广各自的平台，其一些经典的案例可以各自归结为“快乐女声”（或“中国好声音”、“中国梦想秀”等节目）、街旁网（还有像国外知名的 Foursquare 等以区域作为划分的平台）和拉卡拉线下支付（分众传媒的液晶屏、苹果的 iPhone 手机、亚马逊的 Kindle 阅读器等）。

按照作者的说法，任何地方只要有供给和需求的商机，就会出现平台。并且可以预见的是，平台模式将渗透商业领域各个角落，成为新世界的战略主轴。这是一个赢家通吃、输家完败的市场，一个产业内顶多只能有一两个平台出现，而不会有太多平台共存、诸侯割据的现象。也就是说，得天下，除了民心（消费者），还要先得平台（战略要地）。当然，先得未必就占了先机——作者告诫我们，除了“同质竞争”外，更得提防“覆盖战争”。前者就像博客网起了大早，但被新浪名人博客后来者居上，劫杀；后者比如苹果 iPad 和 iTune，改变了传统出版、音乐、游戏、电脑等行业通则，完杀。

《长尾战略》

# 中国语境及其本土实践

姜奇平，毕业于南开大学中文系，中国网络文化启蒙者之一，中国“数字论坛”发起人之一，青年经济学者，著名IT评论家，IT界“奇平视点”专栏作家，《北京青年报》1999年财富风云人物之一，1999年中国网络十大杰出人物的提名奖获得者。现为中国社科院信息化研究中心秘书长。

姜奇平：《长尾战略》，中信出版社2007年4月第1版，定价：30.00元。

2004年9月，杨勃创办豆瓣网，并以“郎太乐”作为第一个用户名。此时，除了杨勃，没人知道“郎太乐”背后的丰富含义，更没有人能料到就是这个“郎太乐”后来一度成为商业流行词汇，其中包括杨勃本人。

诠释和过度诠释，最适合由后来者完成。有人说，杨勃的豆瓣网就是受长尾理论启发的，如果不是，他怎会想到去创办一个小众读书网？如果不是，他又怎么会想到用“长尾”来命名自己的ID（长尾，英文是Long Tailer，通“郎太乐”的音）？不知道杨勃的真实想法会如何，但比较遗憾，如果是由杨勃发现长尾理论，又是由杨勃推广长尾理论，最后又由杨勃以一个豆瓣网实践长尾理论并获得成功，那该有多好？毕竟，国人在新经济理论的知识贡献上从未如此之近距离过，离原创仅一步之遥。只可惜，长尾理论最终还是与我们擦肩而过，我们只是接受者，是膜拜者，是学习者，是实践者，而不是创造者，创造出长尾理论的又再一次是美国人——克里斯·安德森，《连线》杂志的主编。此人通过研究音乐商Rhapsody每月统计数据发现，小众歌曲也有市场，如果能解决成本的问题，小众的、冷门的、需求量小的东西总利润加起来甚至会超过大热门。这就是长尾理论要讲的故事。

大热门虽好，但不是人人都能中头彩；反过来，经营好那些没被发现的小众需求，一样可以取得不错的效益。这便是长尾理论的要义。它与我们熟悉的商业经验一样，比如说“冷门发大财”，如果以中国语境来解读，长尾理论就这么点内容，简单得让人都怀疑它能否成为一个理论？事实上，据姜奇平在《长尾战略》中的记录，国内不少公司、不少行业，早已成功地实践了长尾理论，而当时克里斯·安德森的《长尾理论》连影都没有呢。例如，马云的阿里巴巴，它利用信息服务让无数的中小企业摆脱了传统销售渠道的控制，得以用最低的成本进入到任何一个开放的市场。而像黄铁鹰领导的知识产权出版社，最先启动“按需出版工程”，专门从事断版、绝版图书的再制作及短版图书的业务化出版，这条低成本经营冷门书的思路便是典型的长尾之路。其他的诸如建筑行业、房地产业、交通运输业、农林牧渔业、建材业、食品业、机械工业、电子制造业、信息产业等，都有长尾经营的案例，而这些行业的各自标杆公司都不曾知晓何谓长尾理论、自己的所为正是长尾理论。

所以说，知不知道长尾理论这个词不重要，重要的是能否亲身参与，以高效的行动力和执行力保障“冷门发大财”策略的实施。外来的和尚不一定好念经，同理，舶来的理论不一定总灵验。像长尾理论要在中国土壤上运用，得以两个问题的厘清为先决条件。第一，长尾理论的基本法则有哪些？第二，实施长尾战略所需的要件？

这就意味着不管长尾理论究竟是否就是“冷门发大财”，要把克里斯·安德森的创造应用于中国实践，必然要经过一个解读、还原的过程。在这个意义上，与其说姜奇平的《长尾战略》是对《长尾理论》的解释，还不如说是重新创造和发扬了长尾理念。根据姜奇平的理解，《长尾理论》的所有观点可以概括为两句话：提供所有产品；帮我找到它。提供所有产品，针对的是供给；帮我找到它，针对的是需求，合在一起，就构成了长尾的供求特点。供给上要帮助顾客增加选择（机会），需求上要帮助顾客减少选择（成本）。人们选择越多，自由就越多；人们选择的成本越低，自由就越容易。获得更多的自由，并且更容易地获得，这就是经济上的个性自由法则，同时也是长尾理论的本质核心。在此基础上，长尾理论可以派生出 9 项法则。法则 1：让存货集中或分散；法则 2：让顾客参与生产；法则 3～5：一种传播途径、一种产品、一种价格不适合所有人；法则 6：分享信息；法则 7：考虑“和”，不要考虑“或”；法则 8：让市场替你做事；法则 9：理解免费的力量。这 9 项法则按照阶段可以进一步分为“降低成本”、“考虑小市场”、“产消结合”三法则（每 3 个法则为一组）。在《长尾战略》中，姜奇平用尽可能简单、通俗的语言解释了长尾理论，并用一些国内案例进行印证。

在“长尾战略所需条件”方面，姜奇平极大改造了克里斯·安德森的长尾理论。一方面，他指出长尾理论在新经济条件下被总结出来首先适用于新经济（特别是网络经济），而且也可以适用于传统经济。另一方面，他归纳出长尾理论在中国应用的五个条件，它们是资金、市场、信息、技术和人才。“如果长尾企业的五大需求有条件通过信息化社会服务和发展环境保障得到有效支持，数字化长尾战略在中国落地的条件问题就会解决”。姜奇平提到的这点是非常重要的，用他的话来说，“中国每一次引进国外的理论，总要吃不讲条件的亏，拿过来照搬照抄，最后才发现与国情不符。长尾理论引进中国，必须有一个本地化的过程”。

全球思考，本地行动。姜奇平在中国的语境下反思长尾理论，创造性地提出了适合中国传统行业的五大长尾战略：利基型长尾战略、隐形冠军型长尾战略、蓝海型长尾战略、大规模定制型长尾战略、体验型长尾战略。以上五种长尾战略是姜奇平基于对长尾理论的发挥，而不是简单的称谓之争、文字差异。就像长尾理论都要求避开热门，寻找冷门，但利基型长尾战略和隐形冠军型长尾战略就是有很大的不同。姜奇平指出，隐形冠军型长尾战略在专注方向、社会知名度、目标人群、品牌战略、企业规模、防御对象、行业目标7个方面和利基型长尾战略有很大的不同。又如，蓝海型长尾战略和大规模定制型长尾战略的最主要区别在于，前者反对个性化，同时又不利于大规模定制。另外，姜奇平对蓝海战略和长尾理论这对容易混淆的概念给予了明确区分，他认为：“蓝海战略中的红海，就是长尾战略中的短头；蓝海战略中的蓝海，就是长尾战略中的长尾。蓝海战略是长尾战略的子集，强调低成本差异化。”

姜奇平的贡献在于他站在中国的本土上，从中国的语境理解了长尾理论，并对其有所批判和发扬。他批判了长尾理论不能只适用于网络经济，也同样适用于传统经济、传统行业。之后，他不仅发扬了5条本土化长尾战略，彻底终结“长尾理论不适应传统行业”的疑惑，还关注行业分析，引入利润池分析方法对长尾理论进行了更为深入的探讨。可以这么说，《长尾战略》在丰富了长尾理论的同时，还深刻揭示了该理论扎根中国的条件和方法，从而开拓了长尾世界。

《游戏改变世界》

# 当我们在玩游戏的时候，我们究竟在玩什么？

简·麦戈尼格尔（Jane McGonigal），著名未来学家，世界顶级未来趋势智库“未来学会”游戏研发总监，美国著名交互式娱乐服务公司42 Entertainment首席设计师，全球产值达604亿美元的视频游戏行业大使。TED大会新锐演讲者，受关注度超过比尔·盖茨，位居第16位；“纽约客大会”（New Yorker Conference）特邀演讲人；游戏开发者大会主讲人。被《商业周刊》誉为“十大最重要创新人士之一”，被世界顶级媒体《快公司》评为“全球百位创意商业人士之一”，被脱口秀女王奥普拉誉为“全球最令人惊叹的20位女性之一”，她的观点被《哈佛商业评论》誉为“最具突破性的观念”。她的作品经常发表在《经济学人》、《连线》、《纽约时报》、MTV、CNN及NPR等权威媒体上。

【美】简·麦戈尼格尔：《游戏改变世界：游戏化如何让现实变得更美好》，浙江人民出版社2012年9月第1版，定价：59.90元。

怕玩物丧志、网络成瘾，于是，大人们习惯性地视网络游戏为洪水猛兽，一边极力限制孩子们的玩乐时间，一边不忘呼吁出台相关政策。话虽如此，可别忘了，这些为人父母的，哪一个不是贪玩长大的，尽管那代人当时没有电子游戏机、电脑单机、网络游戏……

玩游戏真的一无是处吗，或者，换个问法，玩游戏到底有什么不好的？就拿我个人的经历来说，从小到大，玩过泥巴、玩过弹珠、玩过卡纸；有段时间无聊，一群男孩子可以把空可乐瓶当足球踢，一踢就是半天；后来玩电子游戏，从任天堂到小霸王再到几毛钱一个游戏币的游戏机厅，如今这些都成了80后的文化标签和美好回忆；再到后来，家用电脑普及，我们经历了拨号上网、高速宽带和无线Wi-Fi等阶段，与此同时，游戏也从单机时代过渡到网络时代。至今，我都能清楚地报出那些曾经陪伴我成长以及打发好几个寒暑假闲暇的游戏：《金庸群侠传》、《FIFA足球》、《破碎虚空》、《心跳回忆》、《仙剑奇侠传》、《古墓丽影》、《生化危机》、《疯狂赛车》、《足球经理人》、《红色警戒》、《反恐精英 CS》……我在想，如果没有它们，甚至没有游戏，我的生活又会怎样。

当然，现在的我，人到中年，身兼法律人、媒体人、书评人、经理人等数职，活得还算主流、有为。只是因为时间不允许，少了玩游戏的时间，但是我并不觉得游戏误了我，相反，引用哲学家伯纳德·苏茨的话来说："是游戏，让我们在无事可做时有事可做。所以，我们才把游戏当作'消遣'，视为填补生活空隙的调味剂，但它们远比这些重要得多。它们，是通往未来的线索。它们此刻辛勤培育的东西，或许正是我们日后唯一的救赎。"苏茨讲的并没有夸大其词，譬如我们在游戏中养成的策略思维、专注一致、协调能力、团队合作等，哪一个不是干好工作所需要的。实际上，很多持"游戏之恶"看法的人，不过是把过度沉溺直接等同于游戏本身了。试问，哪一个事物过犹是可及的?

要给予游戏正名，完成对其的辩护，其实不难，难就难在能从多大程度挖掘游戏的正能量。这就好比多年前，一个叫斯蒂文·约翰逊的文化观察家在《坏事变好事：大众文化让我们变得更聪明》一书中，一反习惯性偏见地提出，谁说大众（或流行）文化是庸俗、肤浅的代名词；相反，人们每天沉浸其中的大众文化，在逐年变得成熟，它所带来的认知挑战正使我们的大脑变得更睿智。对此，约翰逊举了不少例子，从热门美剧《反恐 24 小时》到真人秀节目《学徒》再到经典游戏《俄罗斯方块》，它们在提高人们的 IQ 值和认知力上面，作用不可小觑，而这些未必能从书本中学到。请注意，这里面可是有游戏的。

在某种程度上，你可以把简·麦戈尼格尔的《游戏改变世界：游戏化如何让现实变得更美好》视作《坏事变好事》的姊妹篇。区别的是，麦戈尼格尔把重点聚焦在游戏，确切地讲是网络游戏上，进而延续和深入当年约翰逊在"游戏（大众文化的一种）在让人们变得更聪明、生活变得更美好"这一观点上的专题讨论。在麦戈尼格尔看来，在现实世界中，没有一个地方能像游戏一样，让人更能活出自我、时时刻刻保持专注和投入；没有一个地方能比游戏里更能找到力量感、英勇无敌的目标感和团结一心的感觉；没有一个地方能比在游戏里更有成就后的振奋和创造悸动；没有一个地方能比在游戏里更能找到成功和团队获胜后心跳加速的快感。同样，现实世界没有办法像虚拟空间一样，轻松松松就能让人感受到精心设计的快乐、惊险刺激的挑战以及强而有力的社交联系，它没有办法高效持续地激励人们。现实从来不是设计来最大限度发挥人们潜力的，也不可能从头到尾都让人们兴高采烈，而游戏能。因此，对于玩家和像研究游戏社会效应的专家简·麦戈尼格尔来说，难免会有这么一种感觉：与游戏相比，现实已经破碎；正因为如此，我们需要创造游戏来修复它。

"现实已经破碎"（reality is broken）这一个关键句，最早出自简·麦戈尼格尔一次

2008年在游戏开发者大会上（GDC）的演讲。当时，面对在座的1 000多名世界最顶尖的游戏设计师和开发人员，麦戈尼格尔说出了这句话，她以为会招致同行的抵制或不屑，但不曾想掀起了整个行业的共鸣。此前，她一直试图探讨该如何利用游戏的力量，重新塑造一切，包括政府、医疗保健、教育、传统媒体、市场营销、创业精神乃至世界和平，并为此写出了一篇500页的博士论文；此后，她和她的业界同行开始尝试去针对性地设计一些“致力于改变个人和社会的游戏”、“创造积极影响的游戏”，她甚至大胆预测：“在未来25年里，见证某个游戏开发员赢得诺贝尔和平奖，似乎并不那么遥不可及了。”

作为“游戏业女王”，简·麦戈尼格尔本人也是一个著名的未来学家（在世界顶级未来趋势智库“未来研究所”任游戏研发总监）。她广受赞誉，除了被TED、纽约客大会等邀请作演讲嘉宾，还被《商业周刊》誉为“十大最重要创新人士之一”，被世界顶级媒体《快公司》评为“全球百位创意商业人士之一”，被脱口秀女王奥普拉盛赞为“全球最令人惊叹的20位女性之一”。麦戈尼格尔的作品经常发表在《经济学人》、《连线》、《纽约时报》以及MTV、CNN、NPR等权威媒体上，其观点被《哈佛商业评论》称为“最具突破性的观点”。

如今，这种极具突破性和革命性的见地充斥全书，也因此，《游戏改变世界》被公众奉为有关网络趋势的必读书目，当然，它也是研究游戏化社会效应的扛鼎之作。在本书中，简·麦戈尼格尔大量应用马丁·塞格利曼、泰勒·本—沙哈尔等积极心理学领域专家、学者的文献观点，来支撑其论证力度，为的是说明游戏对改善人的情绪，进而提高思考力、决策力、行动力等大有裨益。此外，她还参考互联网趋势大师克莱·舍基的作品，如《人人时代》（又名《未来是湿的》）、《认知盈余》，“数字经济观察者”杰夫·豪的《众包》以及“鬼才畅销书作家”马尔科姆·格拉德威尔的《异类》，来讨论游戏化对参与、协作、共享等这些支撑互联网发展的基本精神的助推作用。

经过一番系统论述，尤其是对一系列游戏的逐个分析，简·麦戈尼格尔得出：游戏的4大决定性特征：目标、规则、反馈系统和自愿参与；游戏化的4大目标：更满意的工作、更有把握的成功、更强的社会联系和更宏大的意义；还有游戏化的运作机制和带给互联网时代的现实价值，这些被麦戈尼格尔归纳为：全情投入当下（参与机制）、实时反馈（激励机制）、和陌生人结盟创造更强大的社群（团队机制）、让幸福成为一种习惯（持续性机制）、可持续的参与式经济、伟大的人人时代、认知盈余、超级合作者。

以说理强化，用事实证明，游戏可不单单用来消遣、消磨时光，它有更多积极与正面的价值等待人们去发现并加以利用。简·麦戈尼格尔说：“游戏不会带我们走向文明的灭亡，它们会带领我们重塑人类文明。”如果从前它还只是一个美好的祝愿的话，那么，自本书之后，它就是一种基于对未来洞察的引领。好吧，让我们大胆、安心地尽享游戏带来的欢乐时光。

数字时代的必修课

100

杨吉 TMT 百部全说

《网络素养》

# 数字时代教你如何生存与获得成功

霍华德·莱茵戈德（Howard Rheingold），作家、编辑、学者。“虚拟社区”概念的提出者。著有《虚拟社区》（*The Virtual Community*，1993）与《聪明暴民》（*Smart Mobs*，2002）等书。《全球评论》（*The Whole Earth Review*）与《千年全球目录》（*Millennium Whole Earth Catalog*）的编辑。

网络素养

数字公民、集体智慧和联网的力量

Net Smart

How to Thrive Online

【美】霍华德·莱茵戈德：《网络素养：数字公民、集体智慧和联网的力量》，电子工业出版社2013年8月第1版，定价：49.80元。

世界上最远的距离，不是生与死的距离，而是我在你身边，你却旁若无人地玩手机。所以，前段时间微博上流传着一个段子，说某咖啡馆，门上的牌子写道：“我们没有Wi-Fi，和你身边的人说说话吧。”不过请注意，这个信息也是来自手机！

数字时代，资讯爆炸、信息过载，此时，重要的或许不在信息本身，而是注意力或专注度。对于技术带来的进步与消极，从雪莉·特克尔的《孤独地在一起》（*Alone Together*）到威廉·鲍尔斯的《哈姆雷特的黑莓》再到尼古拉斯·卡尔的《浅薄》，还有麦琪·杰克逊（Maggie Jackson）的《分神：被侵蚀的注意力以及即将来临的黑暗时代》（*Distracted: The Erosion Of Attention and The Coming Dark Age*）、理查德·沃森（Richard Watson）的《未来的思维》（*Future Minds*）、杰伦·拉尼尔的《你不是个玩意儿》等，都表现出了相当的担忧。当然，在他们看来今后问题会更严重——当进入移动互联时代，人手智能手机，全城免费Wi-Fi，还有可穿戴智能设备，只要你想，可以随时随地永远在线。到时，虚拟（空间）与真实（世界）的界限被进一步抹平，充斥周围的是堆积如山的电子邮件、密布的待办事项列表、杂乱的电脑桌面、时时的手持设备干扰……正如何马克（Mark Hurst）所说，在这个“信息过载”的时代，这些“比特困扰”会愈发地凸显。

所以，在他的《比特素养》中，他提出了“比特素养”的概念，旨在为人们面对信息泛滥、不堪重负提供一种解决方案。当然他的方法是，有选择地接收恰当的信息——而非所有的信息。说白了，就是有所为、有所不为，贪多嚼不烂。

何马克的书给人以豁然开朗的感觉，但它启发我们思考的远远不止于“少即是多”。五年后，霍华德·莱茵戈德继续和深入了何马克曾经讨论过的话题，互联网究竟让人们变得负担过重、疲于应付、集中力受扰，还是相反？另外，谷歌、百度等搜索引擎会让人们成为“全知”的同时因为有依赖感而变得“愚蠢”吗？碎片化、基于屏幕的阅读会使人们更加“浅薄”吗？还有，我们能通过互联网有哪些积极的作为？在《网络素养》一书中，莱茵戈德试图对这些疑问给出回答，并指明方向。从之前的“比特素养”到现在的“网络素养”，变化的是社会化媒体（发展阶段），不变的是应对网络时代的技巧和能力。如果说，十七八年前，尼葛洛庞帝的《数字化生存》奏响了敞开怀抱、准备迎接数字时代的号角，那么莱茵戈德则是在“互联网彻底改变一切”的今天敲响了反思的警钟。

作为数字思想家的霍华德·莱茵戈德，其早年与斯图尔特·布兰德、凯文·凯利等人一道参与“全球电子链接”（Whole Earth Electronic Link）在线社区的编辑、写作，不久后，在《全球评论》上因发表一篇关于“虚拟社区”的文章而一举成名。他也是首位提出“虚拟社区”这个概念的作者、理论家（著有同名作品《虚拟社区》）。此前（20 世纪 80 年代中期），他因敏锐觉察到个人电脑将改变人们的思维方式，于是写出了《思想的工具》一书。而在《虚拟社区》之后，他又在《聪明暴民》中及时且富有远见地描绘了利用互联网的社会关系驱动社会变革的这一趋势。这便是莱茵戈德，他的高明不在于天马行空的想象，也不在于为遥远的下一代作出预言，他是个“聪明的狐狸”，非常懂得把握时机，在一场革命到来的前夜，快速和系统地为人们提供完整的理念、口号和行动纲领。

在《未来英雄》一书中，作者约翰·布洛克曼是这么评价霍华德·莱茵戈德的：“他永远比时代超前 10 年。他顽固，不怕得罪人，有时反而害了自己。这些特点造就了一位诚实的标准市民。”而莱茵戈德也坦承，他自己历经电脑、互联网、移动互联网（社会化媒体时代）几个阶段，社会时刻在变，也并不完美。但他强调，“想要学会跟未来科技相处，就必须学会做它的主人，而不光是被动的‘消费者’，要主动去影响如何规范这些科技运用的政策与规定。”莱茵戈德承认自己带着美国拓荒时代的信仰。

以这样的信念“介入”（萨特语）当下的数字纷扰、比特狂飞的世界，这就是莱茵戈德写作《网络素养》的宗旨。他说：“我希望通过这本书向你们介绍最新的技巧和训练方法……假如这些素养无法普及，我们很有可能会被不良信息的汪洋大海淹没，信息错漏、信息不足、广告泛滥、垃圾资讯、色情信息、噪音乱耳等问题都将成为烦恼来源。到那时,任何拥有电子邮箱的人都会感到不胜其烦,说'信息过载'简直过于轻描淡写了。信息在数字技术的辅助下得以自由流动,若加以合理应用,将大有可为。”那么,究竟什么是莱茵戈德的对策呢?他笔下的素养“路线图”与何马克的“比特素养”又有何不同呢?

莱茵戈德指出,有五种关键素养可以帮助人们更聪明地、人性地、用心地使用好社会化媒体(而不仅仅是何马克所说的有所为有所不为),它们是:专注、垃圾识别、参与、协作和联网精神。

这些总结基于莱茵戈德30多年接触互联网的所得,也是他向诸多网络新媒体专家取经的结果。所以,从文献综述的角度看,整一部《网络素养》不失为对近些年相关研究结论的一种梳理和评述。例如,在对注意力提升、避免信息干扰的话题上,莱茵戈德提及了前述几乎所有的作家、作品,在表明自己的立场外,还引用了相关心理学研究成果来丰富自己的方法论体系。不仅如此,他还提出了“垃圾识别术”的概念,用以鉴别垃圾或有用信息,从而提高单位时间选择、接收、消费资讯的效率。其实这部分议题和何马克的《比特素养》有雷同,但在阐述上,莱茵戈德则明显体现出“网络思想家”的学术风范。从尼尔·波兹曼到丹吉尔默再到凯斯·桑斯坦等人,莱茵戈德得心应手地引述他们的观点,继而谨慎地建构自己的策略框架。

懂得了“注意力”的重要性,学会了“垃圾信息识别”的技巧,接下来便是参与、协作和智慧网络人了。这三种素养将使“社会人”更好地融入到互联网从而成为“数字公民”。正是在这一部分,莱茵戈德大篇幅甚至有点不厌其烦地援引其他互联网研究者、新媒体观察家的作品(大卫·温伯格的《数字秩序的革命》、亨利·詹金斯的《文本盗猎者:电视粉丝和参与式文化》(*Textual Poachers: Television Fans &. Participatory Culture*)、尤查·本科勒的《网络财富》、杰夫·豪《众包》等),事实上,由于后者的畅销和为众人所知,从而使莱茵戈德的说理显得更加言之凿凿。这就像他在书中写道的那样,“求助于权威,一方面能够增加获得正确信息的概率,另一方面能减少犯错的惩罚”。

正如弗雷德·特纳在《数字乌托邦》中从斯图尔特·布兰德到霍华德·莱茵戈德由此及彼地提及,并称他们为“联网创业者”——通过网络免费地发布作品来获取声誉和观众。对此,身为当事人的莱茵戈德并不否认,反而,还进一步指出,“我们将之前孤立的网络连接起来,从连接中获益”。同样的,这本《网络素养》其实是“联网”的延续。莱茵戈德深信,身处这张大网中,只有持续丰富你的网络,借助并利用好它,我们的生活和整个社会才会变得更美好。毫无疑问,这是他的成功总结,也是我们的人生启迪。

《开放》

# 新媒体时代，想捂是捂不住的

查伦·李（Charlene Li），奥特米特集团（Altimeter Group）的创始人，与乔希·贝诺夫（Josh Bernoff）合著了广受好评的畅销书《公众风潮：互联网海啸》。她是社交媒体与技术方面的权威专家之一，同时也是领导力、战略、社交技术、交互媒体和市场营销方面的顾问和独立思想领袖。查伦·李曾任弗雷斯特研究公司的副总裁和首席分析家，以及摩立特集团的高级顾问，她曾获《快公司》杂志2008年度“十二位最具创造思想”奖项，以及2009年度“最具影响力科技女性”。

【美】查伦·李：《开放：社会化媒体如何影响领导方式》，机械工业出版社2011年9月第1版，定价：45.00元。

有一次给某地检察院授课，谈及国家机关如何应对网络舆情、媒体到访，提出了“三不原则”：不能敌对思维，不能围追堵截，不能避之不及。话没接下去讲，事实上，也不需要。在场的每一位都很清楚“三不”背后的潜台词——新媒体时代，想捂是捂不住的。

难道还不够深切体会吗？远的不说，就拿2011年在中国发生的几起公共事件，如郭美美与红十字会、“7·23”动车追尾、甘肃校车事故、小悦悦悲剧、广东乌坎事件等，哪一件不是发酵于现实，扩散在网络，引来网民关注者无数，最终形成一股强大的舆论力量，创造网络问政的契机、推动公民社会的崛起。或者，再追问一句，压制、封闭、欺瞒，又有哪一种做法可以行得通、走得远的？于是，除了开放、透明、真实与分享，别无他法。

这不，前段时间看到的两段新闻，其指向不言而喻。一则，国家互联网信息办公室于2011年10月13日在京召开积极运用微博客服务社会经验交流会。中宣部副部长，中央外宣办、国家互联网信息办主任王晨在会上强调，要深入贯彻落实中央关于互联网建设发展和管理的一系列指示精神，坚持“积极利用、科学发展、依法管理、确保安全”的方针，充分发挥微博客服务社会的积极作用，切实加强建设和管理，共同维护健康有序的网络传播秩序，为党和国家工作大局服务，为广大人民群众服务。另一则，有记者曝，清华大学新闻与传播学院院长助理董关鹏，为浙江省法院系统编写了一个《突发事件中如何应对媒体》的手册，其中详细罗列了各种应对记者到来的办法，如上网搜集记者作品、喝酒要有女性在场等。该手册据说已通过浙江省高院层层下发至各级法院，要求组织学习。

虽然不知道后续如何，但上述消息至少透露了几个信号。第一，社会化媒体（应用）给政府执政、企业经营、团体运作带来了全新的挑战，当然也蕴含了机遇。第二，不仅仅是个人在生活、工作上感受到了前所未有的变化，那些机构组织也日渐意识到新媒体对自身的影响，并且懂得直面现实、思变创新。第三，正如 IT 人士仍在积极地探索 Web2.0 商业模式，面对信息化浪潮，人们同样在寻找出路，包括如何化被动为主动，如何更好地顺势而为。

然而，这不仅仅只是中国问题，“风景这边独有”，在美国乃至世界多数国家都正受到网络效应的冲击。例如，查伦·李在她的新著《开放：社会化媒体如何影响领导方式》中，一开篇就提到了“卡特利娜”飓风后，美国民众对“有关部门”抛出的质疑与非议——为什么这个国家没有更多的应急准备？为什么这个世界上最富有的国家的公民在灾难确凿无疑地发生后，被抛弃了长达数日之久？后者矛头直指美国红十字会，关于它的各种诋毁谩骂、流言蜚语不绝于耳。但人们看到了事情的开头，未必猜到它的结果。随后的发展是，该红十字会聘用温迪·哈曼作为首席社交媒体经理，全权负责危机公关与善后事宜。具体细节不表，但成效甚好。用查伦·李的话来说，“这个故事的迷人之处在于，美国红十字会开始参与社交媒体活动是为了控制它。但是随着时间的推移，他们意识到更好的方式是开放，并与社交网站上的用户互动”。

这是查伦·李的评价，同时也构成了全书的核心，没错，如书名所示——开放。但开放有很多种，而本书则是“一本关于领导者如何通过开放获得成功的书”。说得再确切点，领导者如何以开放的心态面对社交技术，并有效地使用社交媒体去改善领导方式、提升领导能力，确保自己做正确的事以及正确地做事，并卓有成效。

如果对查伦·李稍有了解，应该知道《开放》是她的第二本书，之前一本是其与乔希·贝诺夫合著的《公众风潮：互联网海啸》，该书曾获亚马逊网站与《战略与经营》杂志共同提名的“2008 年度最佳商业书籍之一”，《商业周刊》“2008 年度最佳创意和设计书籍”奖项，而且还成为了当时的畅销书籍。《开放》系《公众风潮》的姊妹篇，在内容上延续了后者。倘若说，《公众风潮》关注社会化媒体的商业应用，那么，《开放》则是谈新技术对管理的辅助。“他们希望有一本能够告诉组织管理者如何改变，如何使组织变得更加开放的书。”查伦·李写道，“无论一项技术多么振奋人心，无论关系网具有多大的潜力，面对顽固的企业文化，没有正确的组织和恰当的领导力，任何数字技术战略都将注定失败。”在此语境下，与其说这本书是在讲技术，倒不如说是在论管理，这也正是它与《公众风潮》最本质的区别。

在随后的篇幅中，查伦·李着重介绍如何制定开放策略、如何打造开放文化以及如何研修开放式领导。论证过程中，李通过诸多公司实例，譬如微软、Facebook、丽嘉酒店、戴尔、福特、惠普、富国银行、思科、柯达、宝洁等，全面考察了新技术对领导方式的具体影响。在她看来，开放不仅仅只是思想层面的颂歌或是哲理（更不是口号），而是经过深思熟虑的严密方法，是一整个系统的组织架构。

不过话说回来，开放并不代表着全部的透明、公开甚至暴露，也不是说，没有任何商业秘密可言，竞争对手可以接触到全部信息。开放是一种态度，是一种方式，也是一种策略，其目的是帮助公司通过新媒体技术变得更加高效、果断，从而获得更多收益。多少年来，像彼得·德鲁克、汤姆·彼得斯、约翰·科特、沃伦·本尼斯、约翰·加德纳等管理学家都试图揭开领导力的神秘面纱。查伦·李的《开放》无疑为领导力学研究注入了新的元素。她向人们展示了新媒体时代背景下管理者所需面临的课题：要么开放，要么灭亡！

# 冷思考

数字时代的必修课：杨吉 TMT 百部全说

《总开关》

# 谈网络开放，先弄清楚谁在控制“总开关”

Tim Wu，中文名吴修铭。毕业于哈佛大学法学院，现为哥伦比亚法学院教授，同时是谷歌公司手机部门的负责人。2005 年，他被《科学美国人》杂志评为 50 位科学和技术领袖之一。2007 年，他当选为哈佛 100 位最具影响力毕业生之一。他是一位作风前卫的学者，参与过以荒诞著称的“火烧人艺术节”；也坦承破解过 iPhone。最为大家所知的是他提出了“网络中立”（Net Neutrality）理论。另外，他曾是帮助奥巴马成功获选的亚裔之一。

“一部有关现代通信媒介的鸿篇巨著”。《纽约时报》如此评价吴修铭（Tim Wu）的新作《总开关：信息帝国的兴衰变迁》。真的是这样吗?

因为那个副标题——信息帝国的兴衰变迁，我也一度认为，这就是一本对美国信息产业发展至今，尽数历史沿革的书。里面不仅有老牌的 AT&T、ABC、NBC 等公司，也包括苹果、谷歌和 Facebook 等新贵。然而这只回答对了一半，且不是最重要的。事实上，吴修铭在提醒人们，信息产业作为这个时代极具影响力的事业，当其中的各行业创建之初就以帝国式的联合与分裂演绎着兴衰更迭的循环现象，而如今是时候该引起我们足够的重视了——这正是吴修铭的写作目的所在。为此，他不仅引用了罗贯中在《三国演义》中那句“天下大势，分久必合，合久必分”的论断，而且还为全书起了个极富意味的名字：总开关。

“总开关”是一种隐喻，较早的用法出自时任哥伦比亚广播公司总裁弗雷德·弗里德利。他曾一针见血地指出，要谈言论自由，先要弄清楚是“谁在控制总开关”。不同于一

【美】吴修铭：《总开关：信息帝国的兴衰变迁》，中信出版社 2011 年 10 月第 1 版，定价：49.00 元。

般的产业，信息产业结构决定了谁掌握话语权。在吴修铭看来，“几乎就像气候特征定义人们的生活环境一样，信息流定义了我们这个时代的基调，定义了万事万物存在的环境，并最终确定了整个社会的特质”。总开关，也就是那些信息业寡头们，一旦占据垄断态势，对互联网格局形成支配地位，这不但会阻碍市场发展、技术创新，也会限制多元思想、自由表达，其后果不堪设想。

吴修铭的担心并非杞人忧天。从历史的演进角度看，信息产业似乎总是在开放与封闭之间来回摇摆、周而复始。其“生命历程”一般为：某个人的兴趣成长为某个人的产业，从七拼八凑的新奇小玩意儿演化为有模有样的绝妙新产品，从自由使用的公共渠道变成严密控制的企业（单个企业或者同业联盟）利器。这个现象不仅普遍，而且典型，吴修铭称之为“循环”。

这个理论适用于描述从电报电话到互联网新媒体等各个主要的信息技术领域。以广播为例，它的发明让创造者的声音能传播到更为广阔的区域，机会、收益也随之而来。与此相伴的，是数以千计的、规模不一的电台的崛起。但这显然会影响到广播行业中处于龙头位置、最强大力量的利益。于是他们往往以各种理由，最好是公共利益的幌子游说政府、社团，要求清除掉一些小电台，从而给予自己更大的舞台空间，来让更多人的收听到信息。至此企业的“中央集权”顺势而成，“信息帝国”得以建立。当然，这还不算完，按照“循环”的演进逻辑，还有一个最后阶段。当封闭系统持续一段时间，会出现一种开源的、代表先进生产力的通信技术，而原有的体系会被搅乱，就像20世纪70年代，各大传统媒体巨头纷纷遭受重创，要么分崩离析，要么寿终正寝——若仍以广播为例，有线电视成了它的时代“终结者”。自由、开放、创新的局面又一次形成，循环也开始了新一轮的运转。

但问题是，互联网素以开放性著称，也因为如此，才使得我们这个时代的文化与技术得到了史无前例、长足的进步，如果循环宿命不幸降临，它摇身一变成为另一个封闭受控的垄断产物，人类的信息未来将会怎样呢？吴修铭指出，这话题要是放在以前，说不定就是“天方夜谭”；但置于当下，则有必要引以为戒了。前事不忘，后事之师。一方面，种种迹象表明，“完全开放的互联网或将成为我们的美好回忆”；另一方面，总有人蓄谋已久，试图控制互联网。这不，六年前，吴修铭就曾与杰克·戈德斯密斯（Jack Goldsmith）合写过一本书——《谁控制了互联网》（*Who Controls the Internet*？）。

吴修铭确实看到了一些不祥之兆，而他也为此积极地寻找答案。其中，最为大家所知的便是他提出的“网络中立”。该原则认为所有的数据包都是平等创建的，任何一家网络运营商都不能拥有对数据包进行优先处理的权利。至于面对互联网的“开放与封闭”，吴修铭贡献了“分离原则”。他认为，那些生产信息产品的部门、拥有传递信息所需的信息网络基础设施的部门，以及那些控制消费者接受信息的工具或者地点的部门，都必须分开操作。除此之外，分离原则还设置了另一条规定：政府必须同信息产业保持距离，任何政府机构都不应被允许介入信息交易市场来为任何技术、网络垄断商，或者信息产业主要职能部门的整合活动施加助力。

“我们说的分离原则就跟政教分离的政策一样，目的是要在特定的领域取代政治的单一作用。”请注意吴修铭的这句话。在他的观念里，保障公众在互联网上享受充分的权利，其符合美国宪法第一修正案所确立的自由精神；正如霍姆斯大法官所说的“思想的市场”，允许社会每一分子有权兜售自己的主义，同样，互联网应当继续开放，包容一切价值，即便它们是对立冲突的。

虽然在《彭博商业周刊》看来，“吴修铭一直以‘最后的受害者’的身份声讨互联网的垄断苗头……吴先生的论点不太让人信服”，但我们也应该看到：信息业的巨头们总是千方百计让自己变得强大，然后渗透在各个领域、染指一切，而互联网领域垄断力量的负面效应要大于正面影响。和美国不同，当他们还有多种对抗垄断行为的方法时，在我们这里，情况又会怎样？或许，它可以再换个方式表达：连吴修铭都担心成那样了，我们还无动于衷、不以为然，实在太不像话了！

《代码 2.0》

# 代码就是法律

劳伦斯·莱斯格（Lawrence Lessig），现任斯坦福大学法学院教授，是斯坦福大网络与社会研究中心创始人，全球最负盛名的网络法律专家，被《商业周刊》称为“互联网时代的守护神”、“网络法律界具原创思想的教授”、“对互联网最具影响的25人之一”，被《纽约客》称为“互联网时代最重要的知识产权思想家”。他几乎参与了所有重大论争：美国在线—时代华纳合并案、微软反垄断案、俄罗斯黑客事件、DVD破解案……他还对美国微软反垄断案审判结果产生了重要的影响。

作者劳伦斯·莱斯格，被《商业周刊》称为“互联网时代的守护神”、“网络法律界最具原创思想的教授”；除《思想的未来》(*The future of ideas*)之外，他还写过一本书，名叫《代码2.0》(*Code and Other Laws of Cyberspace*)，而这本书又被给予了很高的评价，它是“迄今为止互联网领域最重要的书籍”、“网络空间法律的圣经”。教父级的人物写出圣经级的作品，仅凭这个“噱头”(中性用法)就能吸引相当数量的眼球，尽管他的这部关于网络与法律(控制)的书写得其实有些专业、有些晦涩、有些深度。

代码就是法律，莱斯格把它作为了第一章的标题。对此，他是这样解释的：“在现实空间里，我们明白法律的规制机理——通过宪法、法律及其他法律文件来规制。在网络空间中，我们必须明白代码的规制机理——造就网络空间的软件和硬件如何规制该空间。正如威廉·米切尔所言，代码就是网络空间的法律。”事实上，代码不仅为自由主义或自由意志的理想呈现出最大的希望，也为其带来了最大的威胁。我们可以构筑或编制网络空间，使之保护我们最基本的价值理念；我们也可以构筑或编制网络空间，使这些价值理

【美】劳伦斯·莱斯格：《代码2.0：网络空间中的法律》，清华大学出版社2009年7月第1版，定价48.00元。

念丧失殆尽。这里没有中间立场，这里没有一种选择不包含某种建造行为。代码从来都不是被发现的，它是被制造的，并且仅被我们所制造。借着那个模糊的“代码”概念，莱斯格进一步指出，对于控制本身而言不一定是指政府施行的控制，也不一定是指某种罪恶的、法西斯极端主义式的控制。在网络空间中，某只看不见的手正在建造一种与网络空间诞生时完全相反的架构。这只看不见的手正在通过商务活动构筑一种能够实现最佳控制的架构，一种使高效规制成为可能的架构。

然而，这种所谓的“规制的架构”又是如何表现的呢？莱斯格在第二章中借用“网络空间的4个难题”的故事文本来引出“可规制性”、“以代码来规制”、“相互竞争的主权”(网络边界)、“潜在的不确定性”这四个论述的主题。从宏观角度出发，这个预设能帮助读者以轻松的心境进入严肃的思考，是作者用心良苦之所在。可单就开门见山、一针见血的效果来说，我更愿意把第三章“网络空间的实然与必然”作为正文的第一部分。因为在这一部分，作者“开始”挑战我们业已习惯的观念：技术已经创造了一个自由的环境，因而网络空间无法被规制。也就是说，网络的特性使它摆脱了政府以及其他任何组织或个人的控制。对此，莱斯格坚定地告诉我们——各位，事实恰恰相反。

相反的事实，从另外一个方面来说不仅是莱斯格接下来要努力证明的，而且也是《代码2.0》一书的核心思想所在。按照莱斯格的观点，代码的存在证明，网络并不是本质上可规制的，它并没有什么“本质”，它只有代码——组成网络空间的软件和硬件。代码可以创造出一个自由的世界(正如互联网的原始架构所创造的)，也可以创造出一个充满沉重压迫和控制的世界。尤其是那些出于电子商业目的而旨在将网络商业化的代码。如果认识不到这一点，也就认识不到网络空间正在发生的变化。在商业活动的影响下，网络空间正在变成一个高度可规制的空间，在那里，我们的行为将受到比在现实空间更严密的控制。正如在第四章“控制的架构”和第五章“规制代码”中提到的那样，一个ID、一个密码验证、一个cookie文件，它们在很多场合下充当控制者的同谋，而它们又都是来源于控制者的代码设计。

“我认为，在网络空间，自由受到了一种新威胁。我称其新，不是指此前没有理论家注意到这一点，实际上，其他人已有所注意。我称其新，是说这是新近产生的、需要紧迫解决的事情。我们逐渐发现了网络空间一个新的强有力的规制者，但我们还不知道如何更好地控制它。”毋庸置疑，这个强有力的规制者就是代码，更普遍地说，是指社会生活的“人工环境”或社会生活的架构。对此，在第七章中莱斯格又给我们讲了一个故事：一个圆点的生活。他企图通过这个圆点(把它作为一个符号暗指每一个活生生的人)，来放大我们在现实生活中、在网络空间是如何被规制的。

假设这个圆点想要吸烟。那么，他将会面临哪些约束呢？第一个约束就是法律，至少在某些地方，法律规制着吸烟。如未满18岁不得在公共场所吸烟；第二个约束是社会规范，如不能在别人卧室内吸烟、不能在和别人进餐时吸烟；第三个约束是市场，如香烟价格的涨跌、香烟质量的好坏；最后一个约束，香烟生产技术或影响其供给的技术手段也会产生一些约束。如果这个圆点担心自己的健康，那么无过滤嘴的香烟对吸烟的约束会很大。经过尼古丁处理的香烟容易使人上瘾，故而比未经处理的香烟对吸烟的约束要大……就这样，一个生活习惯往往有法律、社会规范、市场和架构四种约束。在莱斯格看来，相同的模式也适用于网络空间对行为的规制。版权法、名誉权法及淫秽行为规制法等，那是法律规制着网络空间的行为；在论坛乱灌水、发恶意信息给别人的QQ，这会遭到别人的反感甚至封号，那是社会规范规制着网络空间的行为；信号繁忙会限制网速、人气不佳的网站会倒闭，那是市场规制着网络空间的行为；最后，浏览网页需要注册、下载需要密码，那是代码在规制着网络空间的行为。于是，与现实空间一样，网络空间也真切地为这四种方式所规制。

这四种方式尽管存在着差别，然而它们是相互依赖的，每一约束可支持或反对其他的约束。架构可削弱社会规范和法律的约束力，也可以使其增强。一些约束可成就其他的约束，亦可损毁其他的约束。虽然作用和功效不同，但这些约束是共同作用的。社会规范通过社区施加的声誉影响来进行约束，市场通过价格来进行约束，架构通过其施加的物理负担来进行约束，法律则通过来自惩罚的威胁进行约束。“我们生活在现实空间里，却要莱斯格屈从于代码的效力；我们过着普通的生活，却仍要服从于代码的效力；我们的社会和政治生活，也要屈从于代码的效力。代码规制着我们生活的方方面面，并且随着时间的推移，它要比我们生活中的其他规制者更具有侵略性”。这段话莱斯格说得有些悲壮，然而，在接下来的分析中，当他把规制放置到知识产权、隐私、言论自由和主权等一些现实案例中时，我们的确能强烈地感觉到作者所担心的并非是小题大做或者是空穴来风。毕竟，事实恰恰相反。

从第四部分，也就是从第十五章“我们所面临的问题”开始，莱斯格认为作出“回应”的时候到了：“变革是可能的。我不怀疑变革在未来会继续发生，开放代码运动正是这样的变革。”开放代码，又回到了这个关键词上。在《思想的未来》中，莱斯格也提到了开放代码，要把开放进行到底。不难发现，在这个随时都造就可能的时代里，莱斯格所秉持的自由主义的理念不断警示我们，我们有必要知道该用一种力量去保证网络的自由，并且更为重要的是，我们不该做的又是什么。

“我们对这个规制者只能被动服从吗？我们只能任由它影响我们的生活而无动于衷吗？”——不！莱斯格希望我们用行动来回答他的这个反问。

《思想的未来》

# 网络时代的控制革命

劳伦斯·莱斯格，现任斯坦福大学法学院教授，是斯坦福大学网络与社会研究中心创始人，全球最负盛名的网络法律专家，被《纽约客》誉为“互联网时代最重要知识产权思想家”，被《商业周刊》称为“互联网时代的守护神”、“网络法律界最具原创思想的教授”、对互联网最具影响力。

电影《十二只猴子》（*Twelve Monkeys*）在公映后被法院禁演 28 天，原因就是有一位艺术家声称该电影中有一把椅子模仿了他设计并享有专利权的一张家具草图。电影《永远的蝙蝠侠》（*Batman Forever*）受到了警告，因为蝙蝠战车驶过了一个据称受版权保护的庭院，原建筑师要求在电影公映前付给他使用费。1998 年，一位法官裁定《魔鬼代言人》（*The Devil's Advocate*）停映两天，这是因为，一位雕塑家声称他的作品被使用在背景中了……

以这样的例子开头，并不意味着我们开始要谈电影制作，而是因为它确实反映了一个贯穿《思想的未来》全书的问题，即：产生这种极端而又愚蠢的规则的原因是什么？为什么我们要用似乎与创新和创作毫无关系的规则来给创作过程增添负担。当然，这里所指的创作远不只是电影，也不只是笼统而言的艺术，而是更为广泛意义上的创新。当杰西卡·利特曼（Jessica Litman）写道：“对于版权法中遍布的规则，人们通常的反应却是：不可能有这样的法律，它是多么的愚蠢呀！”然而，事实上却有这样的法律，它的

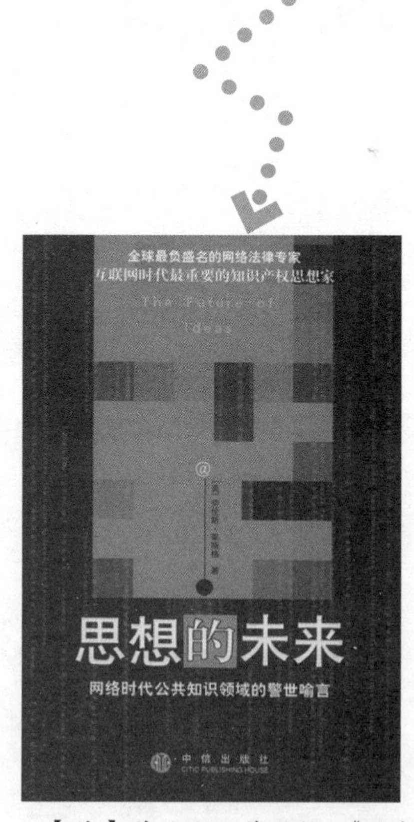


【美】劳伦斯·莱斯格：《思想的未来：网络时代公共知识领域的警世喻言》，中信出版社 2004 年 10 月第 1 版，定价：29.00 元。

规则也的确如此，并且如很多人所言，它很愚蠢。为什么会是这样？到底是何种心态将我们置于这种尴尬的境地：受过高等教育、享有高薪的律师跑来跑去为的是获取在电影里大学男生聚会的场景中使用的一张海报的权利，或者是为了从片中删去一个未经签名许可的广告牌？——“一个时代的标志与其说是那些招致非议的思想，倒不如说是那些大家认为理所当然的思想。一个时代的特征就在于那些不需要为之辩护的思想。权势伴随着只有疯子才会质疑的思想。‘理想当然’是心智正常的测试，‘众人皆知’是正常人与非正常人的分界。这意味着，社会有时会陷入困境。因为质疑的成本过于高昂，所以这些思想就可免遭质疑，有时就会因此带来问题。”这是《思想的未来》一书的作者，也就是全球最负盛名的网络法律专家劳伦斯·莱斯格对“为什么会是这样”发出的感叹。作为一个法律人，一个知识分子，一个怀疑主义者，莱斯格相信对他而言最为艰巨的任务，就是设法使大家重新思考那些深信不疑的东西，而他所面对的挑战正是去播撒怀疑的种子。

“因此，这就是我们面临的问题。”莱斯格说道，“我们生活在历史上最为重要的技术革命及文化革命的影响中。这场革命最有力、最广泛地激励着现代社会的一切创新。然而，对于繁荣根源的各种认识使我们陷入了迷惘。在迷惘中，我们改变着繁荣赖以滋生的环境。我们自以为知道繁荣的根源，我们无视繁荣的实质，我们在改变着互联网革命赖以存在的规则。”毫无疑问，这些改变将结束这场互联网革命。之后，正如莱斯格所说的，在我们面前有两种未来：一种未来是我们正在成就的未来，另一种是我们能够成就的未来。第一种未来描述起来很容易，那是将网络与最新潮的电视融合起来，或者增加一种简捷的购物方式，这大致就是正在成就的未来，它基本上与现实无异。第二种未来，即我们能够成就的未来，描述起来颇为困难。尽管没人能够预测出它会怎样发展，但我们完全可以想像出未来所具有的某一个特征，即成本的下降以及由此所致的创作壁垒的减少。两种被期许的未来，对此人们已经普遍接受了一个理所当然的观点，那就是“控制是一件好事，因此，控制越多越好；将资源私分一定会带来进步；对资源分得越彻底，我们的生活就会越好；自由是一种例外或是一种缺陷，它来自于利他主义，或粗心大意”。莱斯格相信网络时代的两种未来，但他并不相信未来之下的这种“理所当然”。

在现实空间中，经济学所讲的约束是正当存在的，但是，客观地说，这些约束根本没有正当性。莱斯格在《思想的未来》中极力想证明，约束的存在是我们人为的结果。而且许多人试图重构这些约束是有各自的意图的：他们将维护自己作为强权者的既得利益，以避免互联网所带来的竞争威胁。换言之，旧势力正在降服网络，以对抗新生力量。自由的网络空间和介入的强权主义，对莱斯格而言，这便是他要深入探讨的主要命题。

在论证观点时，莱斯格引入了纽约大学法学教授尤查·本科勒（Yochai Benkler）“层”的概念。后者把通信系统拆分为三个不同的层次以便理解。最底层是“物理”层，信息通过它来传递。物理层包括计算机以及将计算机接入互联网的网线。中间层是“逻辑”

或“代码”层，即那些让硬件运行的代码。这里，我们可将互联网的基本协议以及在协议上运行的软件纳入代码层。最顶层是“内容”层，即通过网线传输的真正有意义的东西，包括数字、文本、在线电影，等等。在原理上，每个层都可以是受控的，也可以是自由的。也就是说，每个层都可以被独占，也可以被置于公有领域中。于是，在接下来的论述中，不管是谈及 AT&T 公司遭遇，还是政府诉微软垄断一案，或者是“超文本图书”侵权，又或是 P2P 技术下的 Napster 命运，莱斯格把现实案例放在“层”的维度来进行逐一解读，并最终得出政府、组织超出必要的强权控制以及它对网络自由多元发展的消极影响。《思想的未来》第二部分“互联网·对比”和第三部分“互联网·控制”的第 9 章至第 12 章对以上问题有比较详细和集中的论述。

“今天——很可能自人类学会用火以来，没有一件东西是真正新颖的：文化，与科学技术一样，是在积累中发展的，任何作者都是在前人作品的基础上进行创作的。过度保护会扼杀本要呵护的创作力”。这虽是书中的一段引语，但它可以帮助我们理解莱斯格为什么如此强烈地反对现有的网络控制。因为过度的控制会带来集中的形成，而集中化会使我们失去创新的机会。他们将通过架构和法律规则，把网络使用方式的决定权从众多组成早期互联网的网端用户转移到少数网线所有者手中。在这个意义上，控制将再次降临到互联网这一原本自由的新兴媒体上。当然，需要说明的是并非所有的控制增加都源于对减少竞争的渴求，并非所有的控制增加都会遏制创新。

那么，在危害结果尚未完全形成时，我们可以做些什么呢？书的第 14 四章“走向公共资源”便是对这一问题的解答。莱斯格依然坚持“层”的分析并提出，在物理层方面，我们可以让频谱获得自由，开放高速公路为其他人开放和使用网络扫清障碍。在代码层方面，政府应当鼓励开发开放代码；应当继续阻止互联网空间的主要玩家通过构筑空间来实施战略性的行为；最后规制者们至少应以“端对端”的中立性为标准，对网络的变化加以评估。在内容层方面，我们必须牢记三点：第一，我们所生活的世界虽有“免费的”内容，但这种自由是不够的；第二，不以全面控制为目标的理由就是创新总是建立在他人成果的基础上；第三，如果说控制完全具有合理性并因此具有必要性的话，那么我们事先必须清楚这不能是理论上的合理性，而必须是事实上的合理性。

莱斯格坚信创作之所以繁荣，是因为互联网保护了创新的公共资源。互联网的独特设计营造出了一个中立的平台，最广大范围的作者们可在此平台上进行试验。在网络时代里，思想能够自由流动，从而激发出空前广泛的思想成果。然而，诸多强权力量正不断侵入网络，想“驯服”互联网，使之从一个开放的精神圣土沦落为一个“圈了地的牧场”。创新不再，自由不再，对此，莱斯格的一句话颇为经典，他说：“技术使非凡的未来成为可能，与此同时，思想的未来之门却在关闭。我们需要在进步与新黑暗时代之间做出选择。”

# 劳伦斯·莱斯格："平衡论者"的自由文化

劳伦斯·莱斯格，现任斯坦福大学法学院教授，是斯坦福大学网络与社会研究中心创始人，全球最负盛名的网络法律专家，被《纽约客》誉为“互联网时代最重要的知识产权思想家”，被《商业周刊》称为“互联网时代的守护神”、“网络法律界最具原创思想的教授”、“对互联网最具影响的25人之一”。他几乎参与了所有重大的论争：美国在线—时代华纳合并案、纳普斯特音乐版权大战、俄罗斯黑客事件、DVD破解案……他对美国微软反垄断案审判结果产生了重要影响。

劳伦斯·莱斯格毫不掩饰他对理查德·斯托曼（Richard Stallman）的感激和景仰之情。正如他在《免费文化：创意产业的未来》中写道：“本书从标题到内容的大部分灵感都来自于他以及自由软件基金会（Free Software Foundation）的启发。事实上，当我读到斯托曼的著作，尤其是《自由软件，自由社会》等一系列文章的时候，我深切地认识到，今天我所阐释的理论观点，斯托曼早在几十年前就已经想到了。”为此，莱斯格甚至建议读者，不妨将他的这本书定义为一本纯粹的“衍生”作品，是对斯托曼自由文化价值观的进一步捍卫和发扬。

如果天生极具艺术家气质的斯托曼曾以一副特立独行、理想主义者的姿态影响了技术界，催生了像Linux这样一个伟大作品的诞生。那么，到了莱斯格这里，他承袭前人的衣钵，然后像一个无所畏惧的勇士，以充满无比雄辩和理性的声音对抗着当今世界最强大的力量，它们是有线电视运营商、传媒业巨头、软件市场霸主、互联网大公司等。毫无疑问，这都将是一场力量悬殊的对决。对莱斯格来说，思想是他的唯一武器，他需要不断呐喊、呼吁，以唤醒民众参与到为争取

【美】劳伦斯·莱斯格：《免费文化：创意产业的未来》，中信出版社2009年10月第1版，定价：35.00元。

自由文化和开放社会的斗争中来。“今天，法庭和大公司一道，正试图瓜分网络空间，设立重重藩篱。就这样，他们正在摧毁互联网的潜能，阻止全球性的进程和经济增长。”莱斯格说道，“这就是我们的未来。这告诉我们一个开放的空间是如何被关闭的。在这个封闭的空间，少数人控制着多数人的接触；少数人控制着内容。在哪里使用、观看，或者进行批评意见，或者分享内容，你都需要其他某些人的许可。公有领域化为乌有……”莱斯格的到来显然是为了延缓和阻止这一幕悲剧的发生，为此，相对于“互联网时代最重要的知识产权思想家”、“互联网最具影响力的25人之一”、“数字世界的保罗·李维”等称呼，“互联网时代的守护神”这一封号更适合用来评价莱斯格每一次的针锋相对和慷慨激昂。

莱斯格著述不多，但每一本都是经典，影响深远。早前两部作品，《代码2.0：网络空间中的法律》和《思想的未来：网络时代公共知识领域的警世喻言》被誉为迄今为止知识产权领域最为重要和具有里程碑意义的论著，而之后的《免费文化》则可看作是三部曲的最后一本。该书试图告诉民众，垄断机构是如何通过操纵法律和技术禁锢了文化、抑制了创新，而自由文化和人们相关的数字权利应在新的千年里得到更大程度的保障，一如现今的人权。在书中，莱斯格尖锐地指出，“自由文化的对立面是一个‘许可文化’……在其中，创作者只有在原创作者或者强大势力的许可下才能创作”，而另一方面，“人类的文明就是一部‘盗版’”——不仅好莱坞电影很多是“盗版”，而且唱片、广播电台、有线电视都是“盗版”。莱斯格据此认为，“美国人多少是有些精神分裂的”，一方面，他们在文化的建立方面，鼓励创新、重视自由；但另一方面，他们却采取极端保护主义的版权法律架构，垄断知识，阻碍创新。

当然，千万不要以为莱斯格是个激进分子或极端主义者，那就大错特错了。他不左不右，是个理性而温和的自由主义者，他一边强调自由对创新的重要作用，一边承认控制对生产积极性的推动；他是中立的，他承认公共资源的悲剧，同时又转述杰弗逊的比喻，一枝蜡烛点亮另一枝，不会减淡原有的光亮；他强调平衡，他批评微软的垄断性地位对创新的遏制，可是也肯定政府必要的规制政策。莱斯格信奉的真理其实便是这些。对于文化传播、知识创新，莱斯格本质上是个彻底的“平衡论者”。他曾说“我努力想让你们看到我们的传统是怎样支持平衡的——一个财产和公有领域之间，特别是知识产权和知识公有领域之间有益的平衡。我已经尝试着描述当前的潮流是如何违背这个平衡的；现在忙着去做的事情是把对内容的控制最大化；完美无缺的控制得到永久性的保证；我已经尝试着提出，软件、代码是和音乐或者莎士比亚一样的内容。它也需要生存在开放和封闭的平衡之中。”而在《免费文化》中，“平衡”这一脉相承、一以贯之的理念再一次得到彰显，因为莱斯格清晰地写道：“我在本书中提出的自由文化是无政府状态和集权控制二者之间的平衡。”“要捍卫的是一个在无序和控制之间的平衡。”

值得注意的是，莱斯格在出版《免费文化》时就和出版商美国企鹅出版集团签订

“创作共享”（Creative Commons）协议，要求在发行纸质版本的同时，在网络上发布电子版，允许全球读者在遵守协议框架下免费阅读和自由传播。“创作共享”协议是针对数字作品的开放共享和保护原创者权利的一种新型授权方式，莱斯格作为其中的发起人之一和全球董事会主席，以身作则，起到了绝佳表率的效应。而另一方面，以某种“免费”方式发行《免费文化》，不仅创意非凡，而且也很好地回应了书中所探讨的主题。莱斯格认为，免费、共享并不必然会让原创作者利益受损，而《免费文化》引发下载热潮、引起公众热议，最终刺激了实际的销量——这一经历无疑是对莱斯格所主张的最有力的支持。

不管是当年的《代码 2.0》，还是后来的《思想的未来》，抑或是最近的《免费文化》，莱斯格以其雄心壮志，激情四溢的在布道一个信念——“代码就是法律，它可以限制自由，或者使自由成为可能”。“如果真的把自由当作头等大事来关心，我们应该保护自由，不论威胁来自法律还是代码”。这似乎已经成为莱斯格的职业。如果说，当年托夫勒预言并勾勒了信息时代的宏观视野，尼葛洛庞帝宣告和描绘了“数字化生存”的到来，那么在今天，是莱斯格唤起和引领着民众重新审视互联网时代的规则。按照这位“平衡主义者”的看法，这个规则肯定不能照搬工业时代的一切，不能只体现原有既得利益者的意愿，而是应该站在整个人类文明发展和历史进程的高度，重新协商确定！

# 盗版有罪，谁说了算

约翰·冈茨（John Gantz），现任 IDC 首席研究员。

杰克·罗切斯特（Jack Rochester），Joshua Tree Interactive 创始人。至今已出版了 9 本关于科技对商业和社会影响方面的作品。他的文章经常刊登在《哈佛商业评论》、《今日美国》等报刊上。

读书之前，扪心自问。有谁敢说，自己没下载过一首 MP3，没买过盗版碟，没用过翻版软件，对了，还有手里把玩的那只 iPhone 没“越过狱”……

是的，人们总有这样或那样的理由，或者干脆不需要理由。事实上，蔓延全球的数字盗版现象，正大肆挑战正统的知识产权观念与制度。这是一个老生常谈的话题，是一个不辩不明的法点，更是一个发人深思的事件，虽然广泛存在，但不必然合理。就在约翰·冈茨和杰克·罗切斯特写作《数字时代，盗版无罪？》时，他们再三强调：哦，别误解了书名，这不是反问，而是设问。

就像近来较为主流的观点，认为知识产权的理论基础在于“利益平衡”，而冈茨和罗切斯特也努力想把《数字时代，盗版无罪？》

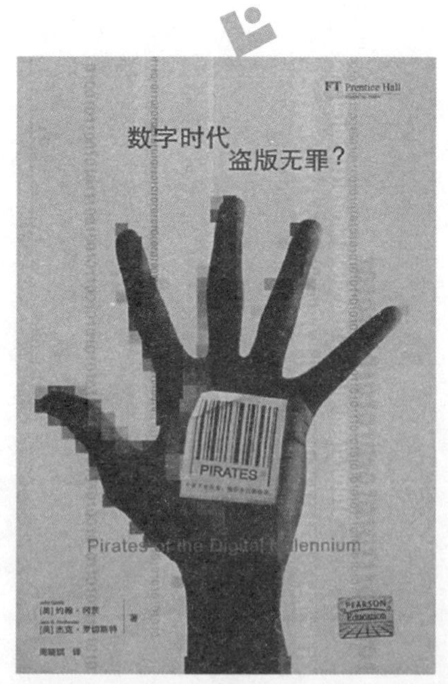


【美】约翰·冈茨、杰克·罗切斯特：《数字时代，盗版无罪？》，法律出版社 2008 年 1 月第 1 版，定价 28.00 元。

写成一本不偏不倚、客观中立“平衡”的书。虽然是合著，但冈茨和罗切斯特的立场可不太一样：前者对知识产权制度大有批判的意味，至于后者则对版权保护青睐有加，他认为若失去它，人类创新动力将无从谈起。不过还好，他们对知识产权法的起源以及合理使用、通知—删除等制度的介绍，观点基本是一致的。

他们认为，知识产权是一种原创性的创意，由某人想出、以某种有形的方式来实现，使其成为他或她的所有物——可以囤积、销售、授权、出租、让渡，或者免费分享。在此基础上，版权法（或我们习惯称的“著作权法”）的意义主要是，赋予知识产权所有者决定谁能拥有复制品的权利，版权保护的不是创意本身，而是该创意的独特表达方式。这也就是我们平常所讲的思想 / 表达二分法。

书的前半部分，两位作者追溯了制度的起源和回顾了版权法的历史。通过梳理，他们提出一个论点，它与人们惯性思维里的“版权总是保护创作者”是有所出入的。从早期的图书出版到现代的文化媒体产业，冈茨和罗切斯特发现，版权法其实是为了给予商人进行复制属于某人——名义上的创作人或艺术家——之作品的法律许可，通常是为了销售。但版权法从来都不是、可能永远都不是创作者的法律保障，至少不可能是他们的托付对象。版权法真正目的在于保障复制者（出版商）有钱可赚。在他们看来，无论是从现代意义上最早的版权法 1710 年《安娜女王法令》，还是到现在层出不穷、体系繁复的知识产权法律，那些依靠智慧从事创作的人们，虽然能很容易因他们的作品而获得报酬，但这只是一点点……钟摆的倾斜度不断地倾向智慧成果的拥有者，而非创作者。那么，究竟谁是“拥有者”呢？

冈茨和罗切斯特的罗列倒是很有意思，令人耳目一新。A 阵营——商业协会与游说团体。比如唱片业的 RIAA、电影业的 MPAA、软件业的 BSA。B 阵营——内容提供商。比如迪士尼、索尼、微软，A 阵营受其驱动为它们代言。不过 B 阵营并非铁板一块，互相叫骂是常有的事。C 阵营——技术提供商，包括硬件设备与软件程序。有许多 C 阵营里的人，会扮演 B 阵营人的敌人角色，比如一些播放设备，被 B 阵营认为助长对内容的盗版，而 C 阵营（有时候也会包括 D 阵营）认为 B 阵营是一群即将绝种的恐龙。D 阵营——互联网服务提供商（ISP），他们是 ABC 三个阵营和“我们”之间的中间人，有时候他们让“我们”充分享受盗版的好处，有时候他们也会因为前三大阵营的压力而属于“他们”。E 阵营——政客与法院，本来这个阵营应该代表“我们”（理由是基于民选），现在代表“他们”。F 阵营——一堆评论家，包括像冈茨、罗切斯特或像我这样的财经书评人。

更多时候，这些阵营都为了捍卫自己的利益积极争取、竞相抗争，包括后来的那部《千禧年数字版权法》，究其本质也不过是各方利益几经博弈后的一个妥协性产物。对于这部数字时代版权保护意义重大的法律，冈茨和罗切斯特是这么评价的：“如果你认为版权法的目的，是提供创作人在一段有限的时间内，在严格受限的情况下，凭其作品而获取一个公平合理的报酬，那么，《千禧年数字版权法》就是一部恶法。如果你认为版权法的目的是为版权持有人获取最大化的物质报酬，以及在获得版权之后保障他们的投资，让版权变得更有价值，那么，《千禧年数字版权法》就是一部好的法律。”但不管怎样，有一个事实必须看清，由于商业力量的介入，关于版权控制的斗争从来就没有停歇，但利益输送却越来越集中到少数人的手中。就拿这本书来说，成书于 2004 年，4 年后才被引进至国内，我读到它时已是 2012 年，这是不是一种变相的权利垄断？它一定程度上限制传播自由，而最大利益却被牢牢掌握在出版商的手中而非作者本人。读者不妨思考一二。

所以从另一个角度看，我们能否推出这样一个结论：盗版也是反抗，正如海盗湾（Pirate Bay）设立的目标是为了“实现真正的言论和文化传播自由”。其在官网上有这样的宣言：言论自由是我们建立的基石，但是它并不容易做到。你可能听说过伏尔泰的一句话，“我不赞成你所说的话，但是我誓死捍卫你说话的权利”。言论自由就是那么简单。虽然比起那些更恶心的论调，民主听起来还算是不错的，但是它并没有好到让我们需要放弃表述自己想法的权利。还有大家熟悉的电子边疆基金会（EFF），其创始人之一的约翰·佩里·巴洛曾在瑞士达沃斯通过互联网向全世界发出宣言：“网络空间不欢迎‘工业世界的政府’，以未来的名义，我们要求属于过去的你们，不要干涉我们的自由。我们不欢迎你们，我们聚集的地方，你们不享有主权，我们将在网络空间创造一种思维的文明，这种文明将比你们这些政府此前所创造的更为人道和公平。”

各位，“我们正困在没有赢家的战争中”，“版权法永远都不会消失”，冈茨和罗切斯特总结出了几堂我们当下亟须要学的课程，此外还有“盗版已经改变媒体信息产品买卖双方的关系”、“一切都和资本主义有关”、“成文法与判例的拉锯战”、“全球化造成共同的问题”、“不再将我们的孩子当成罪犯是当务之急”、“各退一步，海阔天空”以及“道德观很重要”。

不难发现，两位作者实际上并没有非 A 即 B、态度鲜明的结论，这也是基于现实的无奈。所以在随后的对策建议上，他们也是提供多种方案，以尽可能地协调各方利益。这些方案包括：开放源代码运动、免费复制区、契约性版权、Copylefts 协议、具有附加值的媒体、ISP 服务费，同时要创造新的销售渠道、开发新的商业模式、政府不必插手、重新开放公共领域、严厉打击全球性的盗版犯罪行为、按当地经济情况确定媒体产品价格然后刺激该国的产品发展……总之，要有回报，风险得担，变革得来！

数字时代的必修课
100
杨吉 TMT 百部全说

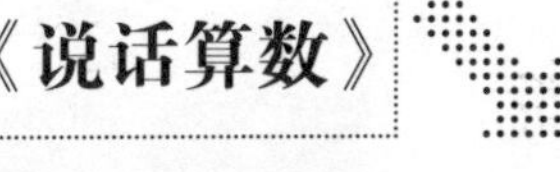


# 数字娱乐的未来之路

威廉·W. 费舍尔（William W. Fisher），哈佛大学法学院知识产权法讲席教授，伯克曼网络与社会研究中心主任，Noank/Feilio 数字媒体交换项目的创始人，国际最著名和最活跃的知识产权法和网络法专家之一。

肖恩·范宁（Shawn Fanning）或许根本没有想到，他研发的一个程序后来彻底颠覆了互联网的格局，令包括环球、BMG、新力、华纳、EMI 在内的娱乐业巨头一度惶恐终日、寝食难安。而他所做的只不过是对既有文件传输的方式作了改变——对等计算、协同作业。

那应当算是一次偶然所得。1999 年 1 月，范宁这位来自美国波士顿东北大学的一年级学生，为了帮助他室友尽快在网上找到音乐而编写了一个程序。这个程序能够搜索音乐文件并把它们存放在一个集中的服务器上，以方便用户可以有效地过滤掉成百上千的（链接）地址而找到自己所需要的文件。这就是 Napster 的由来。四个月后，范宁创建了文件共享社区网站，Napster 正式成立，首推 P2P 下载，提供媒体文件搜寻及共享服务，让音乐迷们直接交流，互相下载电脑硬盘里的文件。有点出乎范宁意料的是，Napster 一开始便赚足了人气，由于它的简单、快捷、实用，它成了网络上音乐爱好者视听体验必备的工具。似乎是在一夜之间，无数人都在使用 Napster，最高峰时有 7 000 多万的用户。

【美】威廉·W. 费舍尔：《说话算数：技术、法律以及娱乐的未来》，上海三联书店 2008 年 3 月第 1 版，定价：35.00 元。

然而，Napster 的成功却引发了一场持久而深远的战争。交战双方，一个是以Napster 为代表的 P2P 技术的拥护者、践行者，一个是以美国唱片行业协会（RIAA）领军、各路唱片公司电影公司参与的著作权利人。他们彼此争论不休、吵得面红耳赤，为的就是要得到一个定论——P2P 下载是否违法，文件共享是否侵权?

正如我们后来看到的，Napster 带来的革命令唱片业陷入恐慌，后者于是结成联盟用法律来还击，状告 Napster 导致 CD 销量下滑。2000 年，负责审理 Napster 侵权案的联邦地区法院支持唱片公司的诉讼请求，命令 Napster 停止“促进”音乐作品和唱片的非法复制和传播。随后，联邦上诉法院又维持了这一判决，Napster 最终被迫关闭。事实上，Napster 既非是最后也非是最大的一股冲击影音产业的浪潮，在它之后，由P2P 技术引起的有关知识产权的斗争从来就没有停止过。面对网络新技术的挑战，传统娱乐商业模式正受到越来越多的侵蚀，针对创新者的法律程序也进展缓慢，结果也不尽一致。问题的关键是，一方面文化娱乐业面临的威胁加重、危机重重，它们围绕着“谁应当对此负责”的争论也变得激烈非常；另一方面，消费者及其支持者越来越将唱片公司、电影公司视为“贪得无厌的垄断者”，而把 P2P 开发商和服务提供者视作“英雄”，他们笃信网络应当自由、信息应当共享。于是，两派意见相左、斗争不休……然而，这种混乱的局面究竟是如何形成的?我们又该如何摆脱这种局面呢?

威廉·W. 费舍尔的《说话算数：技术、法律以及娱乐的未来》（以下简称《说话算数》）将试图给出方案，以终结这场持续已久的娱乐产业与技术变革的战争。作为与劳伦斯·莱斯格齐名的、当今世界上几大网络法巨头之一，费舍尔有这样的资格和能力发出声音。他是赫赫有名的哈佛大学法学院的知识产权法讲席教授，也是网络法学界同样声名显赫的“伯克曼网络与社会研究中心”（Berman Center for Internet and Society）的主任。近几年来，费舍尔致力于因互联网的冲击而对娱乐产品（电影、音乐、视频等）著作权人的合理补偿机制的研究。就像莱斯格提出并已付诸实践的 Copyleft（部分权利保留）和 Creative Commons（知识共享）体系，日本北川善太郎倡议的 Copymart（版权市场）的设想，费舍尔则努力设计出一套可选的补偿体系。正如他在书中所写道的：“通过法律改革与体制创新，我们可重新构建音乐及电影产业。”不难发现，对于技术、法律及娱乐的未来，费舍尔信心十足，然而他将如何做到呢?

在《说话算数》中，针对版权保护和科技创新这一对矛盾，费舍尔提出了三种解决问题的思路。第一种思路是严格主义路径，即把对歌曲或电影作品的支配权（著作权、邻接权）与对土地财产的支配权（物权）一样，应有同样的权利范围和同等的保护力度。若这一建议被采纳，优点很明显，那就是一切非法传输数字文件将被得到有效遏制；唱片及电影公司可立刻推出在线注册和在线点播服务，进而扩大其收入来源；各种灵活的娱乐产品网络传播服务机构将大量涌现，娱乐公司可向这些机构授权，在增加利润的同时，也能丰富互联网文化产品的供给；消费者也可能更加方便、廉价、合法地获取音乐和电影作品。当然，数字内容版权保护机制是一把“双刃剑”，它也会造成一些我们不想看到的结果：产业更加集中，附加成本增加；消费者对娱乐产品再加工的权能受到限制；价格歧视方案会导致不好的文化反应；或许最重要的是，互联网软硬件创新的步伐将大大减缓、创新的领域将随之缩小。对此，费舍尔认为，采取这种路径虽然对娱乐公司（版权人）而言极为有利、一了百了（也比现状要好），但存在着严重的缺陷。

第二种思路，费舍尔建议人们摆脱传统知识产权法律保护的定式，转而探求传统被监管行业（电信、铁路）的理论及实践经验的可借鉴性。费舍尔指出：“娱乐产业与这些行业相比，存在共通点：产业为少数公司垄断；娱乐产品的公众性；与法定垄断的依存关系；众所周知的垄断企业与创作者及消费者之间的谈判能力的失衡性等。费舍尔将娱乐产业置于公共事业的范畴予以讨论，其出发点无非是想通过政府行政权力介入的办法来强制唱片公司及电影公司向传播者授权，对许可费进行规范，并预先拟定收益分配方案。同样，该方案也各有利弊。如费舍尔所说，“这些相关的改革措施会带来非常好的结果，如以互联网方式传播娱乐产品将迅速普及；提供给公众的服务将更加多样；创作者和表演者收入会增加；唱片公司及电影公司的营业收入会更加稳定。但是，其缺点也同样明显：交易成本过高；消费者创造力受损；政府监管企业经常会导致市场扭曲”。对于这个解决方案，费舍尔觉得虽然与第一种思路相比，缺点较少，但与理想状态还是相差甚远。那么，费舍尔所称的“理想状态”究竟是什么样的呢?

这也就引出了第三种思路，它相对于前二者而言算是“折衷主义”、最佳替代方案，既照顾到了著作权人的合法利益，又考虑到了文化市场的消费所需。其实，费舍尔写作《说话算数》的真实意图就在于“欲扬先抑”地对娱乐产业既有的商业模式、保护体系给予批判，从而为他推出“行政补偿体系”（费舍尔在书中写道：“以一种行政补偿体系——替代千疮百孔的版权体系。”）而作好铺垫。这一体系的运转机制大致如下：音频、视频作品版权人欲许可他人使用作品并获得补偿，则应向版权局申请作品登记。版权局给登记作品分配独一无二的文件名，以便后续检索作品传播、使用和修改信息。为补偿版权人，政府可收取必要的税费。其通常做法是，消费者通过某种设备（如 TiVo）或服务（iTune 音乐商店）来获得数字娱乐产品，政府对该设备或服务征税。政府管理部门可采用类似电视节目内容分级的做法，履行版权集体管理组织的职能，计算出歌曲或电影的收听率或收视率。然后，政府按登记作品的使用率将税收分配给相应的版权人。费舍尔同时指出，这一体系要投入运作，就必须修改版权法，取消对已发表的音乐及电影作品未经授权复制和使用的诸多限制——尽管如此，但它必须建立在一个重要的基础之上，那就是“版权集体管理制度”的合法存在和良好运行（这一点，是日后我国在设计互联网上音乐、影视作品收费模式时特别需要注意的地方。当然，这是后话）。

对于费舍尔积极推荐的这一补偿体系，我们会发现，它的社会效果还是非常显著的。至少，创作者获得了利益，消费者得到了实惠。就整一个娱乐市场而言，它使交易成本降低、经济效益提升，将有利于创造力的发挥。虽然这一体系也有缺陷，如某些艺术工作者会为图一己之利而操纵它，由此导致消费行为的失真；政府官员也可能会滥用手中的权力恣意妄为。但瑕不掩瑜，“权衡利弊得失，这仍是三种解决思路中最可取的”。

费舍尔力图在数字内容创作者、文化娱乐公司、媒体行业协会、网络运营商、内容供应商和终端消费者之间找到一个均衡点（尽管这个“均衡”不是数学上的一个最佳值），让数字内容能在 P2P 技术下合法且公平地被共享和使用。在这个意义上，费舍尔的贡献将帮助正在面临危机的美国娱乐产业走出困境，而且，它还会给其他国家带来积极的示范效应，以应对巨变的新媒体技术的挑战和知识产权保护体系的革新。不过，对最终建立一个完善的互联网下的版权收费体系而言，费舍尔的《说话算数》只是一个开始。事实上，版权危机并非仅局限于音乐及电影产业，在相同技术与文化力量的驱动下，电视、图书、摄影及网游产业也即将面临转型。另外，费舍尔提出的“行政补偿体系”终究是商业模式的一种，它是否能照顾到法律制定、政府政策、数字版权提供、科技创新、数字内容消费等方方面面，还需要经过实践的检验。但不管怎样，费舍尔给出的几种思路都对过去 10 年间技术创新与版权保护、创作者与消费者之间剑拔弩张的紧张关系给予了合作的可能和改善的希望。从书中的只言片语看得出来，费舍尔是一个乐观主义者，他对技术、法律以及娱乐的未来充满信心，他说：“如果各利益群体的代表能够认识到三种全赢模式不但可以憧憬而且可能实现，那么，我们就能齐心协力来改变整个娱乐世界。”——好吧，那就说话算数！

# 以最大的善意理解“我们的防火墙”

李永刚，政治学博士，南京大学政府管理学院副教授。主要研究方向为互联网政治、政治学基础理论、地方公共政策等。在《二十一世纪》、《战略与管理》、《开放时代》等刊物发表学术论文30余篇，合著《政治哲学关键词》等。在国内较早从事互联网政治的研究，主持多项国家社科和教育部人文社科基金相关课题。1999~2000年间创办学术网站“思想的境界”。

李永刚：《我们的防火墙：网络时代的表达与监督》，广西师范大学出版社2009年10月第1版，定价：32.00元。

2003年，中国互联网络信息中心（CNNIC）发布了新版的《中国互联网发展大事记》。值得注意的是，该“大事记”首次核实并确认了我国发出的第一封电子邮件。时间，1987年9月14日21时07分；内容，“跨过长城，走向世界”（Across the Great Wall we can reach every corner in the world）。然而，不曾料到的是，自1998年起延续至今，国人若想真正与外部联系，仍然得反复地作“跨越长城”的动作，虽然在今天，它被习惯地称为“翻墙”。对比昨日，今天居然一语成谶，这多少有点黑色幽默。

其实，自从有了网络互联以来，防火墙便有了现实之需，并且被广泛应用。不谈技术，只说原理，简单地讲，防火墙是一种确保信息安全的机制，它会依照特定的规定，允许或限制传输的数据通过；另外，它可以是一台专属的硬件，也可以是一套专门的软件。可别小看它的功能，如没有它，你的个人文档可被别人随意浏览，公司的商业机密会被轻易窃取，那些涉及国家安全、部门利益的重要数据指不定会被大量外泄。当然，把这样一种“过滤体系”架构在整个国内互联网上（而不是个别的局域网），它的作用，除了安全，更多是管控——这意味着，非经我允许，你不一定看得到你想看的。例如，同样是视频网站，你可以自由进出 youku.com（优酷），但你就很难登录 youtube.com。在这个意义上，一种更大型的防火墙技术，一个更普遍的适用范围和一套更政治化的审查与监管网络得以落地。尽管在官方话语体系中它好像从不存在，但它确实能被我们真实感受。它有个很形象的称呼，叫“防火长城”(The Great Firewall of China)，亦被译成“国家防火墙”。

写防火墙（技术、原理）的书很多，写“国家防火墙”的书却很少，原因不言自明。所以，当李永刚直面讨论国家审查、监管层面上的防火墙时，他的这本《我们的防火墙：网络时代的表达与监督》自然令人眼前一亮、期待万分。不过，他笔下的“国家防火墙”有较宽泛、多层次的指代。如他在绪论中写道：“早些时候，它主要是指国家对互联网内容进行自动审查和过滤监控、由计算机与网络设备等软硬件所构成的系统。后来逐渐扩大到国家在其管辖互联网内部建立的多套网络审查系统的总称，包括相关行政审查系统。在本书中，该概念更多是一种隐喻用法，以形容其法律的完善、技术的强大和主要用于政权保卫的政治功能。在少数地方，还被用来形容机构和网民的普遍自律，即‘防火墙在国民心中’。”

毫无疑问，无论是“国家防火墙”，还是“内容监管”，都不是一个十分精确的学术概念。李永刚在书中也承认，它们的内涵多少有被刻意放大。但即便如此，它们足以准确地阐明中国当下互联网监管与审查的现状，而且对很多中国网民而言，完全能达成默契、心领神会。事实上，这个网民人数超过 5.38 亿的国家，正面临如下的双重困境：一方面要努力追赶信息技术的时代潮流，一方面又要努力规避因新技术带来的政治杂音；一方面民众的虚拟政治参与已呈现剧增景象，一方面节制参与的监管理念和技术也在不断成熟。在可见的未来，公共参与和监管控制之间的力量消长，还将持续相当长的时间。这意味着，国家防火墙有它现实的政治治理的权宜考量。而且，在很长一段时间内，它会像一堵坚固的城墙，继续横亘在人们通往自由出入外部世界的路途前。

然而，对它的研究却是不易。正如李永刚所说，因为题材敏感，所以鲜有学者触碰（相比较而言，经济学的关注电子商务的新业态，管理学的研究电子政务的政府革新，社会学的探讨虚拟社区的人际新模式，以及传播学的讨论新媒介的潮流趋势就容易很多），即便是在少许的研究成果中，要么是苍白无力的辩护，要么是欲语还休的遮掩，总之，缺乏反击的力量与反省的勇气。书中专门有一节是用来对国内外研究现状的梳理，资料完备、文献丰富，评述也非常精彩，不失为网络政治学领域的一份经典的书单指南。但是，即便如此，你也不用过高期待李永刚会有什么石破天惊的惊人之举，这本书能最终顺利地在国内出版，结果本身就说明了该书的尺度拿捏不无得体、规矩。对此，李永刚都说了，“不充当火热的政策捍卫者或现实批判者，也没有指点航程的野心”，而是尽量以一种“温润的胸怀调适过热或过冷的各方，企图找寻各方的基本共识，从而促进和解与改良”。这一“温良中道的和事佬”定位直接导致该书的结论难免有点“温吞水”的感觉。李永刚建议“走向宽容与合作治理”，希望人们对政府要有“信心”，而公众则要保持“耐心”，在力求规范公权边界的同时，强调社会美德与公共责任，这便是李永刚理想中的“解决之道”。

在具体研究国内互联网内容监管与审查的问题时，李永刚介绍自己用了多种方法，如经验分析与规范假设并重、解释为主解读为辅和多阶层一多偏好的分析解释，但这些归根结底是通常研究的三种路径，即描述性研究、阐释性研究和规范性研究。它们分别侧重实际情况到底如何、为什么实际情况会是如此以及情况最好 / 应该是怎么样的。于是，在随后的篇幅里，我们将陆续看到互联网呈现三条变迁轨迹，即从精英到平民、从圈层到网格、从外接到嵌入；“江湖”的表达意愿如何对“庙堂”的施政产生影响；从法规到行动，互联网内容监管如何全面展开；政府是如何随时间推移进行“政策学习过程”并成就现有监管体系的，体系中不同角色（中央政府、部门和地方、机构与网民）及其不同行动逻辑，更深层面的社会文化机理（父爱主义执政风格、革命传统与假想敌、公众心灵的集体化），等等。

总体来说，李永刚的分析有助于我们更全面地认识我国网络监管政策，但其中有几个论点也仍值得商榷。例如，李永刚把网民当作监管体系的一个层级，将其内化的自我审查当作防火墙的一部分，存在一定本末倒置的论证。还有，李永刚提到地方和部门出于自己的“利益小算盘”，而会有与中央政府不同的行动逻辑，但在其后的论述中似乎又遗忘了这一点，代之以假设各种规制是出于中央和地方政府上下齐心、维稳求发展的“善意动机”，这些难免有悖于现实情形。

《我们的防火墙》出版于 2009 年，这一年，也是中国互联网的“监管年”，李永刚的作品问世可谓恰逢其时。作为国内第一部真正意义上探索“国家防火墙”的学术专著，本书为我们了解中国互联网的过去、现在乃至未来创造了契机。在“墙”与“被墙”的过程中，我们仍要以理性、建设的心态前行，而不要像一则网络段子所说——许多年后，国人翻墙出去，看到谷歌搜索，竟不屑地说了一句，这还不是抄袭我们百度的。

# 网民狂欢与众声喧哗

安德鲁·基恩(Andrew Keen),美国著名媒体人,频繁出现在各大媒体节目中,如福克斯新闻、CNN国际、BBC晚间新闻等。他还为《伦敦独立报》撰写一个关于企业重组的专栏,同时也在为 *Dutch paper Volkskrant* 和 *the Belgium daily De Standaard* 两个纸媒撰写专栏。

【美】安德鲁·基恩:《网民的狂欢:关于互联网弊端的反思》,南海出版社2010年3月第1版,定价:25.00元。

你可以把安德鲁·基恩的《网民的狂欢:关于互联网弊端的反思》"反着"来读,噢,不是颠倒过来、反转过去的"反",而是反对、反动和反叛的"反"。那些人们对于互联网的肯定评价、美好愿望,在安德鲁·基恩这里,都是要被予以否定和批判的。就像尼尔·波兹曼在《娱乐至死》所说的那样,"可能成为现实的,是赫胥黎的预言而不是奥威尔;毁掉我们的,不是我们所憎恨的东西,而恰恰是我们所热爱的东西"。这句话很煽情,也很深刻,意味悠长、发人深省。现实何尝不是如此呢,正如我们向往民主,但民主有时候偏偏就是"多数人的暴政"。

同样的悖论也发生在网络空间,就拿维基百科,这个看起来最贯彻了开放、民主、平等、分享精神的Web2.0应用来说吧。安德鲁·基恩指出,《大英百科全书》出自有名有姓的专业编辑之手,可是谁又知道维基百科的编辑到底是谁。这些"网络编辑"不断更新其他"网民编辑"的条目,他们的工作是编写、编写、再编写……有的人一天能编辑出几百条信息,甚至很多还是谬论、传闻和谣言。又如市民记者,它的出现得益于移动媒体和自媒体的广泛使用，如博客、播客、微博等，它们客观上扩充了信息的渠道，平衡了知识的话语权，但这一定就是好事吗？不，不见得！安德鲁·基恩写道："大多数市民记者渴望像马特·德拉吉一样一举成名——这些匿名的网络作者不是为了报道新闻，而是在传播谣言、夸大政治丑闻、发布公众人物的照片或者撰写类似'UFO 亲历记'或'9·11 阴谋论'这样的虚幻故事。"在安德鲁·基恩看来，业余分子由于没有受过专业的新闻训练，所以在报道新闻时难免会犯下一系列错误，他们难免会听风就是雨，会乐于哗众取宠，会倾向把观点当事实。托马斯·弗里德曼说得没错，世界是平的，但平的不止是世界，还有真理、洞见。安德鲁·基恩事实上向人们揭示了一个众声喧哗、没有主心骨的网络世界。

当然，不能仅仅因为安德鲁·基恩写了很多网络群体的弊端，就认定他本质上是个封闭极端保守主义的、反互联网技术者。他指责网络博主个人意见成为大众舆论的指标、谴责数字盗版压垮传统出版和音乐产业、嘲讽业余玩票者凌驾专家权威之上，但他更期待有规制手段来避免或减少技术带来的负面影响。就像我们对待维基百科和大众百科，不能顾此失彼，要允许维基百科中外行的、匿名的网民可能乱涂乱写的行为大行其道，也要重视大众百科中实名的、经过严格训练的专家进行的信息筛选。前者是确保最低限度的言论自由，后者是尊重正统权威的知识成果，两者都不可偏废。书中最后的一段话其实道出了安德鲁·基恩的价值立场，他说，"我们千万不要被那些不怀好意的人提出的民主化观念冲昏头脑，不要摧毁我们的专业主流媒体，不要用网站上的业余内容来取代电影、音乐和书籍。我们应该以正确的方式使用技术：一方面我们要鼓励革新、开放和进步，另一方面要尊崇真理、权威和创造的专业标准。这才是我们的道德责任。唯有如此，我们才不会愧对我们的祖先和后代。"

《网民的狂欢》这本书是安德鲁·基恩写于 2006 年的"旧作"，即便如此，但他说出了新意，特别是对于那个被阿尔文·托夫勒所谓的"第三次浪潮"、唐·泰普斯科特所称的"N 世代的到来"以及曼纽尔·卡斯特所说的"网络社会的崛起"的当下有着很大现实意义。安德鲁·基恩有关互联网弊端的反省实际上引导我们去思考，在网络为民众言路开辟出一个出口的同时，它把我们将引向何方，以及沿途上又可能会出现哪些异化与不安？

就连安德鲁·基恩都不会否认，互联网开启了一个"麦克风"的时代，"大喇叭"模式已成为过去。在网络空间里，每个人手里都是发言者，而且每个人都乐于"发声"，因此这就导致了听众人数上的相对减少。这个时代，不是说者太少，而是太多；不是听者太多，而是太少，对于安德鲁·基恩所推崇的专业人士、知识精英更是寥寥无几。它的结果自然就是勒庞笔下的"乌合之众"，也可能是网络暴力背后的"群氓时代"。对此，凯斯·桑斯坦在《网络共和国：网络社会中的民主问题》一书中就曾指出：在网络和新的传播技术领域里，志同道合的团体会彼此进行沟通讨论。到最后他们的想法和原先一样，只是形式上变得更极端了。他得出结论说，“群体极化”正在网络上发生，而且后者对某些团体而言正是极端主义的温床。

安德鲁·基恩关切的正是这些学者们曾探讨、论及过的问题，只不过限于知识结构不同（安德鲁·基恩是媒体从业者、专栏作家），他把更多的精力和篇幅用于现象描述上，因而少了一些学理上的分析与构建。其实，根据安德鲁·基恩所罗列的“网民狂欢”的种种不是，造成业余冒充专业、劣币驱逐良币的主要原因是：第一，匿名性有时使得网民自制能力缺失。网络广泛存在的匿名制，一方面给网民带来了操作的方便和言论的自由，但另一方面也削弱了发言者的社会责任，刺激了网民在网上随心所欲地发表极端言论。网络的匿名性使得网络道德底线很容易被冲破，随意性因此增大。第二，较弱的控制性让信息的传播和选择更加便捷，甚至无序。互联网改变了传统的资讯传播、信息分配的方式，使话语权实现了空前的普及。因此，网络中发布的信息具有很大的自由度和随意性。而这些信息往往缺乏必要的过滤、管控与引导，很自然地造成混乱不堪的局面。第三，开放性有利于网络群体的形成，而群体行动就有不少负面效应，除了前面提到的“众声喧哗”、“乌合之众”、“群体极化”外，还有诺埃勒和诺依曼研究得出的“沉默的螺旋”。它说的是在大多数情况下，人们并不会把他们的观点建立在客观事实和自我判断的基础上，而更愿意把自己的态度转换成对别人想法的反应，以防止被孤立。

不过需要澄清的是，即便我们认可安德鲁·基恩的主张，也并不意味着群体的智慧一定是错的，个别精英的观点一定是对的。我们需要持这样辩证、理性的论断：既不要忽视群体的喧嚣和骚动，也不要迷信精英的意见和观点；纵使民主有百般好，但也常会“乱花渐欲迷人眼”，切莫沉醉、切莫盲从。

数字时代的必修课

杨吉 TMT 百部全说

《过度互联》

# “过度互联”是个问题吗?

威廉姆·戴维德（William Davidow），著名高科技风险投资家，从事风投行业超过30年。曾任英特尔资深副总裁，负责设计及微处理芯片业务。著有《高科技营销》、《全客户服务》以及《虚拟公司》。现为加州理工大学董事会成员，斯坦福经济政策研究所成员，并为莫尔·戴维德风险投资公司提供咨询服务。

互联网导致地产泡沫、互联网助推次贷危机、互联网易使隐私失窃……当我们抛出这样的观点，最可能的结局，大家不是肃然起敬，而是哄堂大笑。在他们看来，事情怎么会像说的那样，是不是夸大其词了，互联网的弊端被人为地放大了吧？

当然，也有人会指责说这是一种反技术主义思想，多么荒谬、可笑。正如威廉姆·戴维德的遭遇，他说，每次谈起过度互联，人们总是以为他指的是当今时代技术的泛滥，殊不知，该术语讲的是一个系统内外的联系急剧增加时，系统或部分系统难以适应这种增加而产生的结果。这时，整个形势就会失去控制——要知道，至今没有一种媒介比互联网更能增强联系、促进互动、加速传播。

后来威廉姆·戴维德专门写了一本《过度互联》来集中阐述他的思想，至于他所忧思的内容，副标题写得很清楚：互联网的奇迹与威胁。是的，我们不能否认互联网美好的一面，如同铁路的出现“大大改善了农民开拓市场的渠道，提高了市场的效率，城市因此翻天覆地，草原借此改头换面”，对它的历史作用不可视而不见。现在的问题是，一个

【美】威廉姆·戴维德：《过度互联：互联网的奇迹与威胁》，中信出版社2012年8月第1版，定价：36.00元。

过度互联的状态，极易使局部隐患演变为系统性风险。在书中，戴维德列举了一例：说是有一家丹麦报纸刊载了 12 幅描绘先知穆罕默德的漫画，其中很多都隐含着挑衅的意味。有一幅漫画将穆罕默德描绘成恐怖分子，头巾上伸出一颗炸弹；另一幅则将导弹换成一对犄角；还有一幅描绘的则是穆罕默德驾云而至，在来世迎接殉难的自杀式爆炸袭击者。

尽管多家报纸都拒绝刊登这些漫画，但还是难挡其落入网络漩涡的势头。短短几秒钟，漫画就传遍了世界各地。混乱之势随即爆发，和平抗议顷刻变为暴乱。丹麦驻叙利亚、黎巴嫩以及伊朗的使馆遭到纵火破坏。4 万名义愤填膺的巴基斯坦民众在卡拉奇举行示威游行，焚烧丹麦首相头像以示抗议，造成至少 139 人死亡。“一组具有争议的漫画在网络上病毒式传播所引发的暴力事件，就是我所谓‘过度互联’的一个极端例子，而这也是本书的主线和要旨。”戴维德就此写道，“在穆罕默德漫画事件中，互联网不但是漫画传播的一个渠道，同时也加速了随之而来的愤怒言论的扩散，因此挑起了怒火，引发了暴力。过度互联有时会导致暴力事件，有时则会引发严重灾难，甚至会将一家公司或者一个国家推向破产的边缘。”

据戴维德称，这本书他早在 2000 年就开始动笔撰写，而在 2006 年丹麦穆罕默德漫画事件爆发时，想必戴维德不敢想象，这个案例实则毫不“极端”——仅仅四年后，一场发起于突尼斯的民众抗议运动不仅成功推翻了本·阿里政权，而且还如潮水一般迅速席卷整个阿拉伯世界。这场后来被西方媒体称为“阿拉伯之春”的革命浪潮波及了埃及、利比亚、也门、叙利亚等国家，众多把持朝纲数十载的政治强人和独裁者犹如多米诺骨牌般接二连三地倒下。此外，像阿尔及利亚、约旦、沙特、阿曼、巴林、摩洛哥、科威特、黎巴嫩、卡塔尔等其他阿拉伯国家乃至部分非阿拉伯国家也都受到了不同程度的影响。值得注意的是，在这场声势浩大、持续许久的民主化运动中，现代移动通信技术和互联网社交媒体起到了至关重要的作用。由此看来，戴维德的担忧不无道理。他当时所提及的丹麦“穆罕默德漫画”的例子也不属于“选择性引证”。就在我写作这篇文章的前几天，美国又有一部诋毁伊斯兰教先知的影片引起广大伊斯兰教徒的不满，随后抗议活动迅速演变成骚乱，一轮激烈的全球性反美浪潮就此引爆。

同样的事件，在某些人看来或许是美国的“自作孽”，不够顾及其他群体的宗教感情，而在威廉姆·戴维德这里，他的观点则是“过度互联：水能载舟，亦能覆舟”。戴维德认为，在这一状态下，各种系统发生剧烈的变化，以至于其赖以维持的环境难以应对，或者恰好相反：随着互联程度的增加，环境的变化太过剧烈，以至于系统被“文化滞差”摧毁，并无法应对环境的变化。

“文化滞差”是戴维德特别引入的一个概念，由 20 世纪社会学家威廉·奥格本所创。奥格本用它来描述当文化的某一个元素发生变化，而其他元素保持不变时所产生的社会失调现象。当时，工业革命正如火如荼地展开，奥格本大抵感觉到由技术进步带来的不适感，所以他甚至认定“放慢技术前进的步伐或许是大有裨益的，要防止进步太过迅猛而给社会带来颠覆性、革命性的阵痛”。起初，戴维德也觉得奥格本的论点太过危言耸听，就像之前人们对待戴维德提出的观点一样。然而直到 2005 年下半年，“在互联网的影响下，伊斯兰世界与丹麦政界因讽刺而发生正面冲突，次年世界各地爆发动乱”，戴维德这才相信奥格本的主见实则不那么牵强。事实上，正如戴维德所写：“与现今社会相比，奥格本那个时代的变化非常缓慢，而如今，在互联网的推动下，变革时刻都在进行。”

与此同时，戴维德还运用了“正反馈”和“负反馈”两个术语。但是，这里的正和反不是我们通常的理解那样：正反馈都是正面积极的，负反馈都是负面消极的。戴维德特别强调，正指的是一种变化推动和加强另一种变化的作用。例如，某人发表演讲声音很轻，于是要求他提高音量，这个不断提高的过程，就是正反馈。但不是越高越好，太高了，讲话的人嗓子受不了，听众的耳朵也不堪其扰。同样道理，负反馈通常指放缓或抵消变化，从而保持环境的平衡。最简单的例子，经济过热，采取紧缩政策；经济低迷，施以财政刺激，这就是负反馈的调节作用。当然，《过度互联》主要是在讲正反馈的影响，通俗地理解，不是越正越好，还有过犹不及。结构不适下的过度互联好比生搬硬套、粗暴拼凑，最终将走向崩溃。

作为一名从事高科技风投行业超过 30 年的投资人，戴维德对于风险控制必然有其专业的经验和独特的见解。他借以“过度互联”现象来阐释风险的由来、潜伏乃至爆发，着实是一个颇为新颖的观察角度。然而，在“互联网时代，我们究竟该何去何从”这一个命题讨论上，戴维德给出的意见却是泛泛而谈、浅尝辄止的。他建议世人，应该加强约束，及时监控，以遏制正反馈的发展，防止失控；又说，在设计伊始就要让系统更为稳健，更能抵御风险，包括在问题出现的早期，就采取措施防止其演变到一发不可收拾的地步。也许，你会猛然发现，戴维德的结论不光适用于互联网，也何尝不在其他行业应当如此——对于这个“正确的废话”，你难免倍感失望，尤其当面对凯文·凯利在《失控》中大谈蜂群思维、共同进化、均衡即死亡等观点，并且极为契合互联网产业发展趋势时，你更期待的是戴维德如何进一步更深入和系统地来阐明“过度互联”问题的正当性。可惜，这一点正是本书所欠奉的。

《删除》

# 数字时代，遗忘也是一种权利

维克托·迈尔-舍恩伯格（Viktor Mayer-Schönberger），“大数据时代的预言家”，是十余年潜心研究数据科学的技术权威，是最早洞见大数据时代发展趋势的数据科学家之一，也是最受人尊敬的权威发言人之一。他曾先后任教于世界最著名的几大互联网研究学府。现任牛津大学网络学院互联网治理与监管专业教授，曾任哈佛大学肯尼迪学院信息监管科研项目负责人，哈佛国家电子商务研究中网络监管项目负责人；曾任新加坡国立大学李光耀学院信息与创新策略研究中心主任。并担任耶鲁大学、芝加哥大学、弗吉尼亚大学、圣地亚哥大学、维也纳大学的客座教授。

他的学术成果斐然，有一百多篇论文公开发表在《科学》、《自然》等著名学术期刊上，同时他也是哈佛大学出版社、麻省理工出版社、通信政策期刊、美国社会学期刊等多家出版机构的特约评论员。

他的《删除》一书，同样被认为是关于数据的开创性作品，并且创造了“被遗忘的权利”的概念而在媒体圈和法律圈得到广泛运用。该书获得美国政治科学协会颁发的唐·K. 普赖斯奖，以及媒介环境学会颁发的马歇尔·麦克卢汉奖。同时受到《连线》、《自然》、《华尔街日报》、《纽约时报》等各大权威媒体的广泛好评。

【英】维克托·迈尔-舍恩伯格：《删除：大数据取舍之道》，浙江人民出版社2013年1月第1版，定价：49.90元。

数字时代，人们应该拥有“遗忘权”。最早听到这个说法，是在一次互联网法律与公共政策的国际研讨会上。当时，有来自斯坦福大学互联网与社会研究中心的同行在介绍欧盟互联网法律的立法进展，其中便提到了这项权利。记得初次听到，着实耳目一新。所谓“数字遗忘权”（或叫“数字忘却”），简单讲，就是数据应当有使用期限，网络应该学会遗忘。这一思想，已不仅仅是观念层面，在德国，它“落地”为“数字橡皮擦”技术，正为德国消费者保护部长伊尔莎·艾格纳所积极推动。

与会归来后，一直有在思考“数字遗忘”必要性和正当性的问题。直到有一天，在我所居住的城市发生的一则新闻，让我忽然对“遗忘即美德”有了触动。说当地一名广播台的女主播突发心肌梗塞不幸离世，年仅25岁。

不少她的朋友和听众在网上纷纷发表缅怀文字，有惋惜年纪轻轻走得太早，有热议关于工作与生活的价值，当然，也有感叹生命的脆弱和世事无常。这里，特别对某网友的一句评论印象很深，其写道："昨天还在发微博，今天却去世，这种错乱感连我这样的陌生人都有点不能接受，更何况她的家人、朋友。"我看过这名女孩的微博，就在离世当晚，她还转发了一条有关奥运会的信息。数字时代，尤其是移动互联的广泛应用，让人们可以时时在线，时时通过文字、图片、视频、音频等表征"鲜活个体的存在"，也正因为如此，当生命突然宣告消逝，而 ID 状态却可能在线的情况下，这种"时空错乱感"会表现得尤为明显。就在某一刻，我想到"数字遗忘"——如果女孩生前有些不得体的内容留在微博上，就当人们凭吊，回过头再去翻看她以前的文章，难免有种多余的冲突味。如果，她的家人愿意，选择"一键消除"，让逝者逝矣，安静地离开，会不会更好些。

这是我的个人体会，既不成体系，也未能深入，然而，在后来读到维克托·迈尔-舍恩伯格的《删除：大数据取舍之道》时，大有豁然开朗、相见恨晚的感觉。该书的开篇，就讲了一个类似我之前假设的故事——斯塔西·施耐德（Stacy Snyder）最大的梦想就是成为一名教师。2006 年夏天，这位同样是 25 岁的单身母亲已经完成了她的学业，并且对她未来的事业充满了期待。但是很快她的梦想破碎了。她心仪的学校明确地告诉她，她被取消了当一名教师的资格。理由是，她的行为与一名教师不相称。

她究竟做了什么？为什么说她不配当"人类灵魂的工程师"呢？原来，多年以前，她曾经将自己一张戴着一顶海盗帽、举着塑料杯饮酒的照片放在 MySpace 她个人的主页，并且取名为"喝醉的海盗"。拍这张照片她本意是给朋友看的，图个好玩而已，但学校认为，该照片不符合教师形象，容易误导学生受不良影响。于是，斯塔西向学校承诺将这张图片从网上删除，然而为时已晚——她的个人主页早已被搜索引擎编录，而照片已经被网络爬虫程序存档了。互联网记住了斯塔西想要忘记的东西。

维克托说，遗忘是人类的天性，然而，随着信息技术的发展，记忆变得越来越容易，遗忘却越来越困难，我们又该怎么办？为此，他援引了博尔赫斯的一则短篇小说《博闻强识的富内斯》。故事中，年轻人富内斯由于一次骑马的事故，失去了遗忘的能力。通过惊人的阅读，他积累了大量关于经典文学作品的记忆，但却无法超越字面的文字去领会作品的内涵。维克托认为博尔赫斯是在暗示，一旦我们拥有了完善的记忆，我们将不能进行概括与抽象化，这会让我们一直迷失在过去的琐碎细节中。不仅如此，维克托还指出，完善的记忆力，可能会让我们失去一项人类重要的能力——坚定地生活在当下的能力。

维克托的忧患并非杞人忧天，从小说的警示到真实的个案——书中提到在美国加州有一位 41 岁的妇女，天生就没有遗忘的能力。然而这带给当事人的不是超常的能力，恰恰相反，她的记忆不断地限制了她做决定与前进的能力。"这就是记忆带来的意外诅咒。”维克托这样评价道。同时，他又进一步预见到，数字时代，遗忘将变成例外，而记忆却成了常态。千百年来，当人们不断尝试用本能、语言、绘画、文本、媒体、介质来记住我们的知识时，互联网技术可以轻易地颠覆和改变这一切。这时，人们不禁惊愕地发现，如果真的记住了一切，无法抹除，它会让人发狂，甚至孤独绝望。而对于企业，它将频频制造麻烦：存储的数据日益增加，不堪重负，但很多随着时间的推移早已失去了价值。

“世界已被设置成记忆模式”，这是维克托在《删除》中要表达的观点。对其表现，人们固然不难理解，但心存疑惑，这究竟是如何造成的？难道仅仅是因为网络化、数字化，还是有其他什么原因？对此，维克托创造性地提出了“数字化记忆发展 4 大驱动力”一说。驱动力一：数字化。它似乎是老生常谈了，但这里的数字化，不仅仅是指内容、技术等数字化转换，也包括强调数字化的可复制性、易存储性和大规模生产性。重要的是，即便几百次拷贝，结果产生的副本仍然与原始版本一样完美。也因为如此，它更能经受住“未来的考验”。驱动力二：廉价的存储器。数字信息要传播、提取、处理、共享，没有承载的媒介可不行。这意味着：一得靠有形的容量，二得靠无形的速度（后面会提到）。前者就是存储器，后者便是带宽。试想，如果存储空间价格昂贵或容量不大，人们自然就更懂得取舍，而不会一味地去生产和存储。驱动力三：易于提取。关于这一点，维克托主要是在讲信息检索功能的日趋强大。但我认为也不能忽略带宽速度的提高。易于提取，除了目标信息的精确查询，也要有快速定位和下载与之匹配。驱动力四：全球性覆盖。通信理论专家保罗·瓦茨拉维克曾说“一个人无法不交流”。到了全球互联阶段，这种情形会更加突出。例如，发出一条微博，全世界的人都可以看到，影响波及面是前所未有的。这时，想召回信息和阻止他人分享信息，将变得非常困难。

不同于十多年前，一位名叫 J.D. 拉西卡的作者在《沙龙》（*Salon*）上撰写题为《互联网永远不会忘记》的文章，总结称“我们的过去正像刺青一样刻在我们的数字皮肤上”。此文的发表意义非同寻常，它较早注意到了数字时代遗忘终止所带来的负面效应。到了维克托的《删除》，对相关的探索则前进了好多步。“在本书中，我通过考察当前最岌岌可危的现象，去评估、探索最有可能的补救方法；同时，在过去的人类历史与现在的数字时代中去探索记忆与遗忘”。较之以往，维克托的研究显然更深入和系统。除了前面提到的四大驱动力，维克托还归纳了数字记忆的三个特征——可访问性、持久性和全面性。另外，他还具体揭示了数字化记忆的两大威胁：基于由此带来的信息的控制和必然导致的个人能力的减弱；数字化记忆让时间作用失效，继而影响到我们进行理智决策的能力。

很明显，维克托为我们描绘了一个不安的未来。要么是被信息权力所掌控，活脱一个乔治·奥威尔笔下的“老大哥”或边沁作品中的“圆形监狱”；要么是摧毁历史，损害我们及时行事的能力。于是，如果仍旧对数字记忆力无动于衷，接下来人们将无助地徘徊在两个同样令人不安的选择中：一种选择是永久的过去，一种选择则是被忽略的现在。

然而《删除》的意义不仅仅在于直陈问题，也贵在提供方案——要不然书名干脆叫《数字化记忆》了。在书中，维克托号召大家发起一场“互联网遗忘”运动，并给出了六大应对数字化记忆与信息安全的对策：数字化节制、保护信息隐私权、建设数字隐私权基础设施、调整人类的现有认知、打造良性的信息生态、完全语境化。此外，维克托还建议给信息设定一个存储期限，这是一项关键对策。其写道：“存储期限并不是强制性的遗忘，不是让我们被迫去选择，而是通过存储期限让我们能对信息的寿命做出应对。”在一次接受采访中，维克托表示，在可以想见的未来，所有的数字记忆可设定一个共同的最终期限。如果被涉及的人不能协商好统一的时间，那么则以较短的那个期限为准，但是这个问题必须交由每个社会群体自己去回答……这听上去很复杂，但在这样一个数字的年代里我们无论如何也不能回避它。因为一旦我们回避这个问题，就会有其他人不顾我们的愿望来做决定。

在阅读《删除》之余，我也读了维克托的另一部被称为“开创大数据系统研究的先河之作”——《大数据时代》。我发现，它与本书在主题上有着起承转合的关联。在《大数据时代》中，维克托旨在提醒人们大数据因为被应用而变得有意义，而回到《删除》，他又告诫过犹不及、多未必好的道理。想起维克托曾经说起的“不会过分吹捧大数据”,他的克制与谨慎由此可见一斑。而结合两本书的关键议题,似乎分别对应了“取”和“舍”。再一看《删除》的副标题，没错，维克托讲的正是“大数据取舍之道”。

《群体的智慧》

# 从“群氓”到“群体”，新的高度

詹姆斯·索罗维基（James Surowiecki），《纽约客》杂志特约撰稿人。他的文章见诸很多出版物，包括《纽约时报》、《华尔街日报》、《艺术论坛报》、《连线》杂志和《候选人名单》杂志。索罗维基最初在《纽约客》杂志的“金融专版”阐述了群体智慧的思想，回答了美国社会长期以来对群体智慧和团队决策能力的质疑。

众人拾柴火焰真的会高吗？群策群力集思真能广益吗？或者，“1 + 1”究竟是“等于 2”还是有机会“大于 2”呢？这些疑问最终都可归结为一个命题：群体能否迸发出智慧？

相信在 169 年前，这不是个问题。苏格兰一位名叫查尔斯·麦凯（Charles Mackay）的新闻记者，他对“群体无所不知”的观点嗤之以鼻、不以为然。为此，他还特地写了一本阐述大众躁狂症和集体愚蠢行为的编年史著作，取名为《大众错觉与群体狂热》（*Extraordinary Popular Delusions and the Madness of Crowds*）。之后，过了半个世纪，法国人古斯塔夫·勒庞再接再厉，让问题不再是问题，而近乎作为一种定论。在那本批判群体愚昧无知盲从的经典著作《乌合之众：大众心理研究》中，勒庞写道，“在群体中，汇聚起来的是愚蠢而不是天生的智慧”。群体“从来不能完成对智力水平要求较高的任务”，他们“总是在智慧上低于单独的个体”。这是 19 世纪末人们普遍达成的共识，“群体”就是“乌合之众”，就是“群氓”，就是“暴民”和“暴徒”；它和疯狂、非理性有关，是继权威主义之外另一个“自由主义的敌人”。

【美】詹姆斯·索罗维基：《群体的智慧：如何做出最聪明的决策》，中信出版社 2010 年 10 月第 1 版，定价：33.00 元。

然而，伴随着这样的认识的误解，一百多年后，在《纽约客》特约撰稿人詹姆斯·索罗维基那里，“群体”被赋予了全新的高度。在《群体的智慧：如何做出最聪明的决策》一书中，索罗维基开篇就讲述一个轶闻，有关英国科学家弗朗西斯·伽尔顿的无意发现：英格兰一个郡县里，当地村民对牛重量竞猜的平均数十分接近真实值甚至可以说是准确无误，它不仅要比单个人的估值要来得靠谱许多，而且也比任何一个熟悉牛的行家所作的推测都要精确。可能在大多数人看来，伽尔顿的这个意外所得可能不必要大惊小怪，但其背后所蕴含的道理却是索罗维基关心的，正如他写道：“在适当的环境下，团体在智力上表现得非常突出，而且通常还比团体中最聪明的人还要聪明。”紧接着还有一句话，“即使一个团体中绝大多数人都不是特别的见多识广或者富有理性，但仍然能作出一个体现出集体智慧的决定。”索罗维基的话里话外不难理解，人多不仅力量大，而且智慧多，“1 + 1”究竟等于几暂且不论、按下不表，但肯定不是 2、且大于 2。

“本书的论点就是认为一味追捧专家是错误的，而且为此肯定要付出代价。我们应该停止对精英的追捧，向群体请教（当然，这个群体包括天才和普通人），因为机遇蕴藏在群体之中。”索罗维基写作《群体的智慧：如何做出最聪明的决策》显然是在向查尔斯·麦凯、古斯塔夫·勒庞等持相同观点的人叫板。索罗维基想让人们重新认识“群体”及其“应有的智慧”，群体并非天生是非理性的，只要遵循恰当的方法，群体的智慧便能被很好地激发出来。这类例子不仅仅是对牛重量的精彩，还包括搜寻美国沉没的核潜艇“天蝎号”时，缺少信息的大众作出的方法预测精确度超过了军事专家；包括美国艾奥瓦电子市场准确预测出阿诺德·施瓦辛格成功当选州长；包括好莱坞证券交易所依靠群体的智慧预测电影票房的收入；甚至包括 2003 年许多国家和地区同时经历了 SARS 危机，世界卫生组织与遍布世界各地的 11 个研究实验室展开“多国研究协作计划”，最终发现冠状病毒就是导致 SARS 的罪魁祸首……

军事的、政治的、经济的、科学的，相关案例不胜枚举。总之，没有从上往下的秩序架构，也没有分工合作的制度安排，表面上，大家各自为营、自给自足，独立发挥自身的思考力和创造力，但实际上，彼此成果都可以被分享，而且整个过程透明化、扁平化和即时化。索罗维基一边在强调“群体智慧”的无穷能量和潜力，一边指出了群体理想类型所必备的三大功能和三个条件，分别是：认识、协作、合作、多样性、独立性以及分散性。

听起来似乎煞有介事，但仔细一推敲，却成了一个悖论。正如人们以为的那样，多样性、独立性和分散性特征不正是瓦解“群体”的因素吗？“多样性”让群体的成员接触到事物的尽可能多的方面；“独立性”让群体成员作出独立的判断，而不受任何权威力量的主导；“分散性”是保持群体成员能进行专门研究并依据局部认知作出判断的条件。鉴于此，索罗维基在书中特别提到，在满足这些条件之后，如果要让群体的智慧发挥出来，还需要一个“集中化”的过程，即一个让个体判断转变为集体决策的有效机制。

这个机制可以“花开两朵，各表一枝”。一个是“自生发秩序”，奥地利经济学派祖师哈耶克曾有过经典论述，简单说来，是理性的个体通过自由竞争非自觉、非人为地推进社会秩序的发展与演变。索罗维基则讲述了早期美国汽车行业的故事之后，也得出相类似的结论：“行业的早期发展都是以大量可替代选择为特征，而且在设计和技术上许多公司彼此之间都存在非常明显的差异。随着时间的流逝，市场开始甄别出优胜者和失败者，并在能够繁荣发展的技术和没有生命力的技术之间作出卓有成效的选择。”第二个是“民主的生活方式”，“民主人士作出的决策也许不能代表群体的智慧，但民主化的决策过程却可以代表群体的智慧”。书的最后，索罗维基大量举例，证明了市场和民主制度能最大限度地发挥群体的智慧优势，这个结论当然正确，但来得稍显平庸，因为是在意料之中。

历史经验和哲学思辨一再表明，群体组合的优势往往大于单打独斗的个体，这个本身就是两面性的，有正有反，有利有弊。即便是危害和风险，群体的也是多过个人的。在这一点上，尼采和弗洛伊德的担忧是必要的——人性的欲望和非理性并没有消失，它藏身于群体的狂热之中，像一头没有喂饱的狮子，容易被轻易地利用和挑唆。

《网络至死》

# 娱乐尚未至死，网络危机来袭

弗兰克·施尔玛赫（Frank Schirrmacher），毕业于海德堡和剑桥大学，拥有博士学位。1994年起，担任《法兰克福汇报》主编之一，曾多次获得德国文学和新闻领域大奖。《周日世界报》曾评价道，施尔玛赫是个“对题材具有天才嗅觉的执著报人”。其著述甚丰，前一本著作《玛土撒拉的密谋：颠覆高龄化社会的迷思》，主要关注老龄化社会的老年歧视问题，曾居德国非小说类排行榜第一名，德国2004年非小说类最畅销读物，迄今仍名列畅销榜前茅，已发行70万册，授权14种语言翻译，并为他赢得“黄金文笔奖”、“克林纳国际书卷奖”专业类书籍奖，以及“2004年德国最佳记者”的殊荣。

引进国内后，书名显然是冲着尼尔·波兹曼《娱乐至死》去的。德国媒体人弗兰克·施尔玛赫的书被译成了《网络至死》，其探讨的是与“警惕成为娱乐的附庸，沦为一个娱乐至死的物种”同样严肃（且深刻）的话题——如何在喧嚣的互联网时代重获我们的创造力和思维力？

这个问题其实不算新颖，类似的思考早有展开。像尼古拉斯·卡尔的《浅薄》、安德鲁·基恩的《网民的狂欢》、威廉·鲍尔斯的《哈姆雷特的黑莓》、杰伦·拉尼尔的《你不是个玩意儿》、卡斯·桑斯坦的《谣言》，还有杰弗里·斯蒂伯的《我们改变了互联网，还是互联网改变了我们》等。这些作品虽然各有侧重，但都无一例外地将落脚点归于“反思互联网的弊端”上。弗兰克·施尔玛赫亦是对那些狂热的“技术至上主义者”提出质疑、给予批判，在这个意义上，《网络至死》属于前面“理性的、略带悲观情绪者阵营”，并为此带来了德语世界的人文关怀。

当然，尽管它是一部真正的德文作品，但却并没有德式一贯的严谨和系统。这是一

【德】弗兰克·施尔玛赫：《网络至死》，龙门书局2011年8月第1版，定价：28.00元。

本漫谈式文风的随笔集，会出现“我们可能会淹死，我们的灵魂可能一败涂地，我们可能没有屈服于邪恶的诡计，而惨败在不可阻挡的小调、信号和小文章上”如此风格的语句。对某些学术或数据控们而言，这本书未必符合他们的口味，他们或许更偏爱凯文·凯利《失控》、《科技想要什么？》或干脆尼尔森和皮尤中心的互联网报告。但不可否认，由28篇小短文构成、薄薄180页篇幅的《网络至死》更适合大众的审美、认知，并且更具现实意义。

我们应该不会陌生。我们似乎越来越管不住自己的这双手，有事没事、时不时地会拿起手机把玩。一会儿看看短信，一会儿刷刷微博，一会儿玩玩游戏，就是不肯放下。所以朋友聚会，为了不扫大家兴致，无奈出此下策，规定在多少时间内谁都不准看手机，违者请客！还有，我们也越来越习惯同步作业、多线任务。挂着QQ，聊着MSN，看着视频，写着文章，还要随时浏览各种网页、检索各类信息。如果你的手机正处于在线状态，还得随时被打入的电话铃打断。对了，我们是否有这样的体会？早些年，流行歌曲尚能脱口而出，现在唱惯K了，除非有提词器，否则就很难记全歌词。同样道理，谷歌、百度等搜索引擎让每一个人都可以成为“知道分子”，知识门槛很低，倘若一旦离开它们，我们便无所适从，大脑就像短路一般，灵感全无……

上述种种现象正在或已经发生，而这正是弗兰克·施尔玛赫所担忧的：我们越来越依赖虚拟世界——网络——所创造的一切，人们已经无法想象没有电脑、没有网络的生活，我们好像患上了某种强迫症、一遍遍地刷新网页，而短暂的断网也使我们心绪不宁。注意力分散、记忆力严重退化、想象力和创造力被极度扼杀……我们在网络愈发强大的信息世界面前，越来越措手不及，越来越被机器所主宰。套用该书封面上的宣传语：“娱乐尚未至死，网络至死的危机已然闪现。”

全书分上下两篇。上篇陈述问题，旨在讨论“为什么我们要做我们不想做的事情？”下篇反思对策，目的是解决“我们该如何重新控制自己的思想？”从弗兰克·施尔玛赫的论述中不难看出，导致人们无法集中、不够专注，甚至变得浅薄庸俗、头脑简单的根源在于信息过载和时间碎片。前者让我们不堪重负，注意力分散；后者让我们疲于应对，精力被耗损。

对此，弗兰克·施尔玛赫一开始就承认，我们不能简单地得出结论说，是谷歌或者互联网让我们变笨了。“这一切都无关智力，无关智力不足，无关智力下降，无关变蠢。”是“信息爆炸所带来的颠覆性的认知改变”，让我们在网络矩阵里产生了短暂的眩晕。此外，一些网络应用，例如微博、微信等，让我们以为在打发时间，没想到更彻底地把完整的时间给打碎了。“为了制造一个工具，人们首先要有一个想法。但更常见的情况是，人们拿着一个工具首先会想是不是也可以用来改变自己对世界的看法。”这是弗兰克·施尔玛赫在书中的一段话，准确地阐述了主体与客体、人与工具间的位置异化和错置的关系。

看着《网络至死》，不论书名是否有夸大其词之嫌，但隐忧总是存在的，它令我们不免想起赫胥黎的《美丽新世界》，后者为我们虚构了福特纪元 632 年即公元 2532 年的社会。这是一个人从出生到死亡都受着控制的社会。在这个“美丽新世界”里，由于社会与生物控制技术的发展，人类已经沦为垄断基因公司和政治人物手中的玩偶。这部反乌托邦小说的名篇，既是一个寓言，又是一种警示，启发人们思考人与技术的对立统一，尤其要小心“科技反扑”的隐患。

人与技术，亦敌亦友。尼尔·波兹曼是这一论调的坚定信徒。不过，他更着重看到技术的阴暗面。其实除了《娱乐至死》，他的另一部作品《技术垄断：文化向技术投降》与《网络至死》在主题的统一性上较接近。波兹曼认为，人类技术的发展可分为三个阶段：工具使用、技术统治和技术垄断；人类文化大约也分为相应的三种类型：工具使用文化、技术统治文化和技术垄断文化。在工具使用文化阶段，技术服务，从属于社会和文化；在技术统治文化阶段，技术向文化发起攻击，并试图取而代之，但难以撼动文化；在技术垄断文化阶段，技术使信息泛滥成灾，抵御信息爆炸的多重堤坝和闸口土崩瓦解，世界就难以驾驭、难以把握了。尼尔·波兹曼为传统符号的耗竭扼腕痛惜，他号召人们以强烈的道德关怀和博爱之心去拼死抵抗技术垄断，并坚决反对文化向技术投降。

与尼尔·波兹曼在书中倡导的一样，弗兰克·施尔玛赫提醒人们要从网络迷失中找回自我，他提出，在网络数字技术与人的关系中，人拥有巨大的机遇，“别忘了，我们，人，拥有电脑欠缺并羡慕的特质：创造力、宽容和沉着”。而这些特质，正被链接互联网的电脑所侵蚀，我们却浑然不知，因此放松警惕。需要指出的是，施尔玛赫并不鼓动人们为此要远离科技、逃离信息社会，重返“纯自然的凡尔登湖”。

毫无疑问，弗兰克·施尔玛赫对眼下数字时代的主要弊端开出了诊断，他试图为我们揭示和分析这个困境，使我们重获独立和自由。于是，随着他的指引，我们是否该在建立健全网络空间秩序的同时也考虑为自己在大互联网中的“有所为、有所不为”制订出一套标准了?

数字时代的必修课

100

杨吉 TMT 百部全说

《哈姆雷特的黑莓》

# 数字生活，“始终在线”不如“暂时断线”

威廉·鲍尔斯（William Powers），曾担任《华盛顿邮报》撰稿人，为《纽约时报》、《洛杉矶时报》撰写过许多有关数字技术和传媒的文章。鲍尔斯也曾任职于美国哈佛大学的修伦斯坦报业、政治与国家政策研究中心。鲍尔斯凭借自己出色的新闻评论文章，两度获得美国新闻俱乐部亚瑟·罗斯奖（Arthur Rowse Award）。

就像薛定谔的猫、密涅瓦的猫头鹰、奥卡姆的剃刀或者维特根斯坦的镜子，威廉·鲍尔斯也用了一个形象的哲学隐喻——哈姆雷特的黑莓，并以此作为书名，来探讨如何“走出拥挤的数字房间”。

很显然，鲍尔斯这一招灵感取自莎士比亚笔下的哈姆雷特形象：这位丹麦王子曾有一个硬皮的小册子，表面像橡皮泥那样，可以用铁笔记录下每天要做的事情，到一天结束的时候再把这些摘要擦去。在文艺复兴时期的英国，这一玩意儿就像时下的 iPhone 和黑莓手机一样流行。然而，今天人们手中的数字工具却已经不可与“哈姆雷特的黑莓”同日而语，甚至有过之而无不及，一言以蔽之，信息过载、生活纷扰！

难道不是这样的吗？鲍尔斯评论道：“十年来，我们孕育出了许多激动人心的成果（书中特指‘网络技术’）。当整个世界触手可及，无数趣事乐事等着我们去发现、去尝试时，这种生活简直如同置身天堂一般。但神奇归神奇，光鲜生活之下却少不了一条注解。不管怎么刻意忽视，技术的副作用依然如影随形。”鲍尔斯指的是，技术的高速发展并没有

【美】威廉·鲍尔斯：《哈姆雷特的黑莓：走出拥挤的数字房间》，中信出版社 2011 年 6 月第 1 版，定价：29.80 元。

减轻现代人的负担，反而让他们更加忙碌。电邮、短信、论坛、微博、评论、链接、标签、照片、视频、博客、搜索、上传、下载、文件、文档、订阅、过滤、插件、密码、密钥、云计算……请注意，这些关键词所代表的仅仅是人们日常工作生活中的一小部分，说不定就在你阅读本文的时候，一份突如其来的传真把你打断，或者，又一种新鲜的媒介方式开始流行。总之，事实的真相是，人们以为能驾驭技术，但反过来却被束缚、包围、挤占、控制着。

“为什么，我们用数字工具的频率越来越高，生活本质却越发地扭曲？”鲍尔斯写道，“我们失去了一件宝贵的东西，一种传承已久的思维和行动方式，用一个词来概括，就是‘深度’。思维的深度、情感的深度、关系的深度、工作及生活方方面面的深度……”深度本可以让生活充实、内心平静，可如今我们却麻木地丢了它，且浑然不知（有的还不以为然）。

鲍尔斯的这一观点很容易让人联想到尼古拉斯·卡尔的《浅薄：互联网如何毒化了我们的大脑》。在该书中，卡尔旨在揭露互联网的出现和流行已导致我们这个社会缺乏深度思考的现象。在他看来，互联网绝非完美的乌托邦，这句话的意思也不是在否定科技，只是要不断强调和警告，互联网正不断瓦解着人们从过去书本阅读时代所建立起来的专注、深入的认知系统，它总是希望人们尽可能多地掌握资讯，要求在线作业、多线任务，同时对各个信号能积极地作出反应。神经科学家的研究表明，人们越是如此，将越发缺少深度阅读和思考的能力。

相比较而言，鲍尔斯的作品显然要轻松、通俗许多。他像是在劝导人们解除网瘾，调适生活平衡，使自己回归自然与平静。就拿他的例子来说，曾经繁忙的他，在一次度假中，不慎把黑莓手机掉进了大海。焦虑之后，他突然发现，原来自己的生活可以如此安静、如此惬意。还有一次，他驱车回父母家途中，给母亲打了一个电话。而挂了电话后，在静寂中，他开始思考数字设备与个人生活的辩证关系。据鲍尔斯称，现如今他会在每周末安排个“互联网安息日”，当天，一家人全部要断网，到户外享受大自然。而每次旅行，鲍尔斯会像哈姆雷特一样随身带着个记事本，这样，他就可以把事情随时记在本子上，而不是存储在电脑或者手机上了。

孤独的美好，寂寞的欢愉，以其亲身经历在证明“数字最大化主义”的可悲——以为只要用数字设备进行联系的方式，就是好的；以为联系越多，生活也会越好。很少有人去想这样的生活到底明不明智，但是承认吧，这绝对违背了我们的初衷。

该怎么做呢？鲍尔斯的绝妙之处就在于他从历史上找到了七位伟大思想家——柏拉图、塞内加、古登堡、莎士比亚、富兰克林、梭罗和麦克卢汉，他们有个共同点，就是都处于技术变革的转折期，当时，他们均对技术提出了振聋发聩的见解，他们的一些做法也能给现代人以启迪，教会其如何远离信息噪音、数字鸦片。

举例来说，柏拉图记录了苏格拉底和友人远离城市喧嚣，去乡间进行了一次散步谈话，城市与乡间的距离让他们能够静下来思考问题。其隐含的观点是，适当的距离是解决网络喧嚣的一种方式。而梭罗在瓦尔登湖畔搭起小木屋独居的时候，正值电报开始普及。但在梭罗心中，只有在这个地方，才会觉得自己能够“在天空垂钓，钓一池晶莹剔透的繁星”。梭罗归隐给人的启发是，我们也可以创造自己的“瓦尔登湖”，一个有着“深度生活”的场所，比如某些餐厅、剧院，比如没有无线网的咖啡厅，这些都是可以逃离网络的环境。鲍尔斯更建议说，将智能手机换成普通手机，也能让人清静不少。

是不是觉得数字房间太拥挤了？鲍尔斯为我们从先哲上找到了自我救赎的途径，好让我们生活得更美好，实现工作与生活、独处与社交、内心与外在的平衡。那么，既然觉得喧嚣、吵闹，不如就勇敢地暂时逃离吧。从现在开始，当阅读本书或本文的时候，自觉地断一下网，好好地来一场心灵涤荡。

《你不是个玩意儿》

# 杰伦·拉尼尔：忧虑的网络文艺范

杰伦·拉尼尔（Jaron Lanier），计算机科学家、作曲家、视觉艺术家和作家。在 20 世纪 80 年代最先提出“虚拟现实”的概念，是全球计算机领域的先驱者。他才华出众，还是一位多才多艺的音乐家，擅长古典和现代等多种音乐风格。他被《时代》周刊评为 2010 年度“全球最有影响力人物”；《大不列颠百科全书》将他收录为历史上最伟大的发明家之一。

胖子、一头小辫子、脚踩两只船（计算机与艺术领域），数字狂侠杰伦·拉尼尔人长得极端，观点也极端，他警告那些被互联网奴役的人们——就快沦为技术的附庸，而丧失了作为“人”的价值。为此，他写了一本书，书名别有指代、意味深长——你不是个玩意儿。

请注意，它和“你不是个东西”可不是一回事，后者是骂人的，前者要严肃正经许多。“你不是个玩意儿”，英语原文“You are not a gadget”，其中那个“gadget”既有“玩意儿”的意思，也能表示 Windows 7/Vista 系统上的桌面边栏小工具，此处一语双关，拉尼尔的观点是，无论是在互联网上还是在其他新媒介面前，人都不能迷失自己的本性和应有的品质，人要永远是“人”，得第一人称、主语。

拉尼尔显然不是个对互联网持乐观态度的人。正如他在《你不是个玩意儿》一书中写道：信息技术的发展正以牺牲人性、个性为代价。相比质量，人们更看重信息的数量。个性与创造力，因为得不到滋养，逐渐被“云”和所谓的群体智慧所淹没。信息汇聚成数据，富了谷歌、Facebook 之类的云巨头，却伤了内容提供者。尤其像网络匿名发言，一方面助长了谩骂、混乱、暴力的滋生，另一方面

【美】杰伦·拉尼尔：《你不是个玩意儿》，中信出版社 2011 年 8 月第 1 版，定价：35.00 元。

也淹没了真正智慧的源头，让人很难查找到那些美的、好的、善的所在。

在拉尼尔看来，如今由互联网所缔结的是一种全新的社会关系，或文化生产体系。在这种框架下，作家、新闻工作者、音乐家、艺术家把他们的思想成果和创造力以碎片的方式在网络上派发，他们无法获得报酬（实际上不是无法，而是很难获取应得报酬），而一些网络大公司作为这些碎片的整合器，通过再加工推向消费者从而获得广告收入，要知道，这些钱一般不会老老实实地分到创作者手中。

不正是如此吗？Web2.0倡导分享，但拉尼尔提醒我们，在与他人分享之前，问问自己还是一个完整的人吗？即便是“群体的智慧”，但一定就优于人的个性和人性吗？老实讲，拉尼尔的言论很容易打击一大片，至少，其笔尖所指向的是许多被硅谷、全球数字界奉为圭臬的经典理论，比如克里斯·安德森的“长尾理论”、凯文·凯利的“群蜂”、杰夫·豪的“众包”，还有近期国内外炒得很热的“云计算”等。当然，他不是彻底地否定，而是批判地认为，Web1.0下的许多做法或许更能彰显人的个性。很明显，拉尼尔想改变硅谷文化，而且是釜底抽薪的那种。就具体方式来讲，拉尼尔建议为每一个人提供平等的、进入内容创造领域的通路，并确保他们获得报酬的机会，哪怕数额低微。这一点不难想象，拉尼尔本人是极力反对“免费”的，同时，他作为一个音乐人、艺术工作者，深受盗版下载带来的“音乐产业不景气”之害。

虽然拉尼尔也有肯定互联网的积极一面，但它的缺点和负面效应被着重强调了，为此，他在一批互联网作家中显得颇为异类，然而，拉尼尔并不孤单。除《你不是个玩意儿》外，与拉尼尔一样对互联网表现出焦虑与怀疑的人还有尼古拉斯·卡尔的《浅薄》、威廉·鲍尔斯的《哈姆雷特的黑莓》、乔纳森·齐特林的《互联网的未来》、安德鲁·基恩的《网民的狂欢》等。不难发现，这个“非主流阵营”同样大师云集、人才济济，尽管他们的某些悲观主义不怎么被公众待见。

从辩证的角度看，我们既不能厚此薄彼，也不能左右摇摆，而是应当采取兼听则明的方法。谁都不能否认：互联网的普及，让大多数人能够随心所欲地接触到文化、资讯、信息，并相对自由地表达、交流。即使是联系亲朋好友，哪怕天各一方，也能很方便保持联络。这一些都还不包括新技术大大提高了工作的效率，丰富了生活的消遣，拓展了认识的疆域。互联网愉悦了我们，惠泽了我们，怎能说得一无是处或弊大于利呢？

不过，拉尼尔也没有错。至少，在认定互联网给人们带来福祉的前提下，也时刻警醒自己要提防“科技的反扑”，做好自控。所以，拉尼尔等人无需再忧心忡忡，那些“粘着你，让你改变自己”的技术会导致不良习惯，但不至于“天塌下来”，正如有专家指出的那样，“注意力分散可不是新现象了”。而像人的主体性减弱乃至不复存在的论调，在互联网反而加强了人们平等、民主、权利的实现的事实面前，又该如何审视呢？

如同相信这个世界会好的，我们也要相信技术是不会让我们变笨的，不知道拉尼尔是否赞同呢？

《浅薄》

# 小心变成机器人，失去了以前的大脑！

尼古拉斯·卡尔（Nicholas Carr），著名科技作家。出版有《浅薄》、《IT不再重要》、《要紧吗？》等著作，在《纽约时报》、《大西洋月刊》、英国《卫报》、《连线》杂志及其他报刊上经常发表文章。卡尔现与妻子居住在美国科罗拉多州。

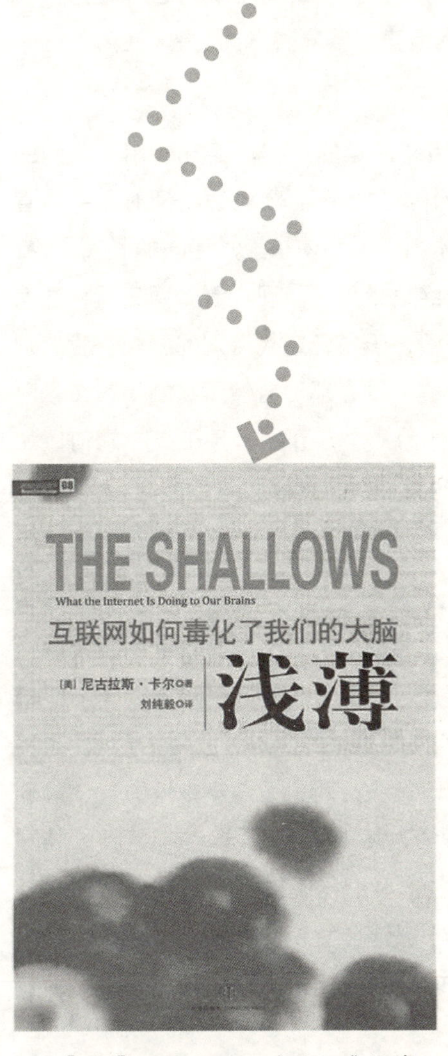


【美】尼古拉斯·卡尔：《浅薄：互联网如何毒化了我们的大脑》，中信出版社2010年12月第1版，定价：42.00元。

几年前，著名文化学者、畅销书作家史蒂文·约翰逊写过一本书，名叫《坏事变好事：大众文化让我们变得更聪明》。在书中，约翰逊提出了一个与众不同，甚至有些离经叛道的观点——流行文化不是垃圾文化，它其实正使人类变得更聪明。例如，从游戏“俄罗斯方块”到影视剧《反恐24小时》，再到真人秀节目《学徒》（*The Apprentice*）。事实证明，人们并没有因为消费了这些大众文化而变得蒙昧、愚蠢；相反，他们的IQ指数和认知能力得到了大幅度的提高，这还不包括知识的积累、灵感的触发和思维的启迪等。在兼容并蓄了经济学、神经系统科学、传媒学理论的基础上，史蒂文·约翰逊以大量翔实且不乏生动的案例完成了对公众偏见的挑战。

如果从立场阵营上划分，尼古拉斯·卡尔与史蒂文·约翰逊显然不是一道的，但也不至于彻底的对立面。首先，他不认为大众文化能使人们更加睿智（当然，也不是非黑即白的“愚笨”），就拿互联网来说，它让人无法沉静在聚精会神、全神贯注、专注深刻的阅读当中。较之历史上所有可以与之相提并论的技术，互联网这玩意儿很容易让人分神。

就在互联网向我们呈上信息盛宴的同时，它也把我们带回了彻头彻尾的精力分散的天然状态。这似乎是一种悖论：互联网吸引我们的注意力，只是为了分散我们的注意力。没错，我们的思想不再深刻，而偏好浅薄。

知道尼古拉斯·卡尔为什么把新书取名《浅薄》了吧？也应该知道副标题所说的“互联网如何毒化了我们的大脑”的这个“毒化”究竟表现为什么？还是不懂？那就这么解释吧——正当我们在新闻网站上浏览最新焦点新闻时，突然收到一条信息，提醒我们有新邮件到达。几秒钟之后，RSS 阅读器又告诉我们，自己最喜爱的博主刚刚上传了一篇新博文。没过一会儿，手机铃声又响起了，原来有短信送达。与此同时，Facebook 和 Twitter 网站的用户头像也在不停地闪烁。除了通过网络传输获得的各种内容，我们还可以随时在自己的电脑上运行其他的软件程序——这些东西也在争先恐后地抢占我们的注意力……如果你恰好有类似的经历，那么得道声“恭喜”，你就是《浅薄》一书的最佳读者；尼古拉斯·卡尔要分析的群体中其中一个就有你。

其实要理解卡尔的结论并不难，正如他所亲历和感觉的一样，但凡使用互联网的人都有：“以前我很容易就会沉浸在一本书或者一篇长文当中。观点的论证时而平铺直叙，时而急转直下，二者交织推进，把我的思绪紧紧抓住。即使是索然无味的长篇大论，我也能花上几个小时徜徉其间。但现在这种情形已经很少见了。现在看上两三页，注意力就开始游移不定，我就会感到心绪不宁、思路不清，于是开始找点别的事做。我感觉就像拼命把自己天马行空的思绪拉回到文本上来一样。过去那种自然而然的精读如今已经变成了费力挣扎的苦差事。”但问题是，互联网作为一个媒介、一种工具，它何以如此有这么大的改变力，以及相对于语音、文字、印刷、报刊、书籍，它对人类大脑的工作方式究竟带来什么样的影响？《浅薄》最重要，也是篇幅占最大的部分就是对这一组命题的阐述。

与史蒂文·约翰逊有着相类似的论证策略，尼古拉斯·卡尔不厌其烦地引证大量神经生理学、文化发展史的文献，为的是说明一件事情：人的大脑是高度可塑的。与此相关的，尼采也曾说过“我们所有的写作工具参与了我们思想的形成过程”。当然，这种可塑性，人自身不一定察觉到，但前面所提及的“时常被打断，无法集中精力”、“懒于博闻强记，习惯上网搜索”、“不喜欢冗长的表达，喜欢直奔主题”，这些都是“大脑被互联网塑造”后的表征。对此，卡尔不无忧虑地说：“我们已经抛弃了孤独宁静、一心一意、全神贯注的智力传统，而这种智力规范正是书籍赠与我们的。我们已经把自己的命运交到了杂耍者的手上。我们正在彻底颠覆图书好不容易缔造出来的‘深阅读’、独处阅读的氛围和神经系统。”

从纸面到屏幕，我们投入阅读的专注程度和深入程度却大不如前，个中缘由，按照卡尔的分析，是因为信息过载、碎片化信息、非线性浏览方式等原因。人们在面对这一波传播浪潮时已表现出不堪重负和烦躁不安。当年，尼古拉斯·卡尔在《大西洋月刊》上发表《谷歌在把我们变傻吗？》一文，富有洞见和雄辩地指出，互联网所倡导的速度至上、效率至上的伦理体系正在改造人们的大脑——从专注能力、沉思能力到反省能力，都被鼓励成蜻蜓点水、泛泛而谈和点到为止。至于《浅薄》，它是在那篇文章基础上提出的更具系统和说服力的又一见地。

事实上，一直以来人类总是自信可以控制自己的技术工具，就像杰弗里·斯蒂伯在其新著《我们改变了互联网，还是互联网改变了我们》中提出的，互联网的本质不是简单地把各台电脑连在一起，而是把人类大脑的思维方式在身体的外部进行复制。为了充分地发挥互联网的巨大潜能，我们有必要把大脑的组织架构与互联网进行对接，形成真正的人工智能。不过，也有从担心“写作让记忆衰退”的苏格拉底到震耳发聩地宣称“媒介即信息”的麦克卢汉再到提出“技术文化”的尼尔·波兹曼，他们对技术始终保持着必要的警觉。如今，继承了他们思想的尼古拉斯·卡尔，在众声喧哗的互联网时代，发出了闪烁智慧光芒的警告，小心变成机器人，失去了以前的大脑！

《被诅咒的巨头》

# 我们在多大程度上了解我们以为了解的传媒业

乔纳森·A. 尼（Jonathan A. Knee）资历颇丰的投资银行家，著有《意外的投资银行家》（*The Accidental Investment Banker*），同时是哥伦比亚商学院传媒研究方向的副教授和负责人。

布鲁斯·C. 格林沃尔德（Bruce C. Greenwald），哥伦比亚商学院经济学教授。著有《非秘密竞争》（*Competition Demystified*）。

艾娃·希芙（Ava Seave），咨询公司昆腾传媒（Quantum Media）的创始人和负责人。

【美】乔纳森·A. 尼、布鲁斯·C. 格林沃尔德、艾娃·希芙：《被诅咒的巨头》，中信出版社 2013 年 7 月第 1 版，定价：49.00 元。

总是有些行业被外界套上迷人的光环，也总是有些内行会戳穿皇帝的新衣。

就拿自己的阅读涉猎来说，已不止一次了。早在八年前，杰弗瑞·菲佛和罗伯特·萨顿，两位来自斯坦福大学的管理学教授，他们就合作炮轰了那些被企业领导者奉若经典的管理理念，像什么工作应该和生活隔绝开、最佳的组织拥有最出色的员工、经济奖励能推动组织绩效、企业战略决定命运等，他们认为，这根本就是胡扯！（杰佛瑞·菲佛早前还专门写过一本名为《你所知道的管理都是胡扯》的书。）在《管理的真相》一书中，他们试图正本清源，区分管理学中的事实与传言。

隔了一年，有人前赴后继。马修·斯图尔德，这个拥有作家、企业老板多重身份，不按常理出牌的聪明人，写了一本《管理咨询的神话》的书。毫无疑问，这次轮到管理咨询业了。作者用罕见、犀利又幽默的方式，将管理咨询顾问常用的诡计和花招暴露无遗。其中，书中有几个论点是这么说的：管理咨询师的必杀技或许就是“即兴发挥”；管理学术界相互嘲讽与抄袭成为常态；咨询公司间恶意竞争与倾轧，内部异常混乱；衣冠楚楚的咨询师们对利益的追逐近乎癫狂……不得不说，它们让人三观尽毁，偶像被拉下神坛。

其实远不止这些。从管理到咨询，到之后的亨利·明茨伯格《管理者而非 MBA》批判 MBA 教育弊端，到申音的《商业的常识》反思“为何普世商业价值在中国行不通”，再到谢文的《为什么中国没出 Facebook》总结中国 IT 业发展得与失，陈长文与罗智强合著的《法律人，你为什么不争气？》向法律行业发出诘难，还有史蒂芬·列维特与史蒂芬·都伯纳的《魔鬼经济学》与《超魔鬼经济学》，揭示的是隐藏在表象之下的真实世界……这样的书总是让人提气解闷，有时候，比起“是什么以及为什么如此”来，“是这样而实际上并不是这样”更显得有趣和具吸引力。

《被诅咒的巨头》也是这么一本书。表面上它在讨论“传媒大亨们为什么会走上穷途末路”，事实上它旨在“揭穿媒体业普遍流行的神话”。神话也可以称作“迷思”。它们包括：缓解报纸等纸质媒体消亡速度的有效方法，就是投向全媒体，借助规模效应和协同效应，转型为综合信息服务商；投资者应该把宝押在最有可能爆出下一个大热门的传媒类系列产品上；媒体形式不管怎么变，“内容为王”法则不可撼动；传媒领域内，寡头（巨头）们推动的同业并购和混业并购，创造了更大商业价值，即“1+1>2”；媒体业涉及创意人才和艺术产品的管理，因此不该用传统的战略、财务或管理标准来进行衡量……

这些观点（或称为“共识”）之所以长期存在、被广泛接受，是因为它们听起来都有一定的道理，而且还有助于保护一个根深蒂固的利益。就拿并购来说，传媒企业喜欢将体现出增长态势的报表，交给客户、广告商、投资者的手中。如果无法通过业务增长，那就往往通过收购来实现“规模效应”。书中通过列举 AT&T 和康卡斯特、美国在线与时代华纳、维亚康姆和哥伦比亚广播公司、维旺迪和环球等几起并购案例，来论证“增长并不总是好消息”。因为不管是业务的增长还是市场份额的增长，并由此带来的账面数字的增长，任何增长都是需要成本的。根据投入一产出比分析，只要协同效应、企业文化、业务精细方面没有实现真正的融合提升，所谓的并购或者跨界、混业经营、全球化战略总是很容易引来投资者的追捧——正如该书所批评的，传媒大亨们热衷这些套路，他们把更多的精力放在资本运作而非业务本身上，并且乐在其中、洋洋得意，自以为有着卓越的传媒运营才能，目光远大，殊不知，其效果不亚于饮鸩止渴。该书的分析将证明：多数传媒公司的高收益多半是因为采用了更加平淡无奇、但远为有效的手段，例如，抬高价格，使用低成本的生产技术，以及采用合作策略将产能合理化等。

本书的三位作者——乔纳森·A. 尼是美国资历颇丰的投资银行家，同时也是哥伦比亚商学院传媒研究方向的副教授和负责人，著有《意外的投资银行家》；布鲁斯·C. 格林沃尔德是哥伦比亚商学院经济学教授；艾娃·希芙则是咨询公司昆腾传媒（Quantum Media）的创始人和负责人。三人的简历实则“暴露”了他们的研究方法论（分析问题的路径）。

就像他们在书中写道的：“有一样东西可以为我们的说法提供确凿的支持。本书极力关注这桩铁证，媒体巨头和他们的鼓吹者却对它们如避瘟疫：那就是数据。”经济学家们用经济数据、财务报表来分析公司业绩从而审视公司经营者的能力。分析表明，媒体公司的经济收益一直大大低于股票市场的整体业绩。为此，包括新闻集团、时代华纳、泰德·特纳（美国传媒界名人，CNN 美国有线电视新闻网的创始人）的特纳通讯集团等传媒巨头没少挨批评。

由于非新闻科班出身，自然少了传媒人的理论束缚和认知局限。在作者眼里，什么“内容为王”、新闻理想不要紧（也不关心），关键在于经济参数怎么样？是不是一门好生意？市场表现如何？正因为如此，他们以经济学人独有的理性、审慎、严谨，对传媒业向来认同并引以为傲的竞争优势，如财力雄厚、品牌价值、人才自愿、先行者等进行了逐一批驳，提出这些都是“冒牌竞争优势”，不值一提。其实真正有价值的“正牌竞争优势”无外乎：规模、客户吸引力、成本控制和政府保护。尤其是后者，不仅包括那些官方授权给予特定周期的经营垄断权，也可以反映为消费者保护法规，它通常会有效巩固甚至加强现有市场领袖的竞争优势。至于其他三项，书中不时拿迈克尔·布隆伯格创办的彭博社为例。它和新闻集团在作者们心中的评价，可谓一天一地，差别明显。

除驳斥一些在传媒圈流传已久、颇富诱惑力的说辞外，本书最大的“观念颠覆”莫过于对“内容为王”和“拥抱互联网”给予了否定。拿“内容为王”来说（事实上，在听取了书中反驳的言论前，我也是想当然地信以为真的），作者将媒体分为以创意内容为核心原材料的消费类媒体，以及更偏向数据的商业和专业性媒体，指出前者过度依赖于优秀人才的特质，然而优秀的模式是不可为继的，其业务是“离散”型的内容业务；后者的“连续”型内容所占比例高得多，所需要的是独特的信息生产和供给模式，而不是哪一个、哪一批人才及其生产的个别优秀产品。书中第六章还具体就电影、音乐、图书三类传媒产品的市场特性开展分析，指出能够获得更大利润的传媒企业并没有首先注重内容，而是设法让企业经营模式符合行业规律。如果还不好理解，就拿我们每天在看的当地的都市报来说，它就属于“连续”型内容生产，读者并不太注重上面有多少“锦上添花”、“耳目一新”的内容，需要的则是一些“必备”的生活信息。

还有一个是“拥抱互联网”。鉴于该书英文原版出版于 2009 年，如果以现在的眼光来看，这个“互联网”还可以算上移动互联网、APP 等新媒体。针对当时（也是现在）不少传媒企业众口一词声称：信息化浪潮势不可挡，要实现传统媒体和新媒体的融合；老牌公司的竞争优势可以向新生的媒介转移；互联网会让传媒企业能够比过去高得多的盈利水平来从事原有业务等。在作者看来，有些内在逻辑实则经不起推敲。理由是，相较于传统媒体，互联网以 UGC（用户生产内容）为特征，寡头公司制造的内容则要少得多，规模优势不明显；另外，像报纸媒体还不得不面临这样的尴尬：它们开发的网络产品，跟纸质版所面向的客户是同一群人，两者都很难争取到新的客户群体。幸好，在该书写作之际，新闻集团尚未创办第一份基于 iPad 媒介的电子报纸 *The Daily*，要不然又得遭作者们的一顿讥讽了。值得一提的是，在谈到新旧媒体融合趋势的问题上，作者并未一竿子打死，他们有一个趋势判断，即全国以及国际新闻内容能够更好地在互联网上展示并销售，而地区报道的主导权将重归地方报纸。

回到书名《被诅咒的巨头》——“巨头”当然是指那些综合型的传媒集团，包括新闻集团、维亚康姆、迪斯尼、时代华纳等；而“诅咒”则是指在错误的战略思维和荒谬的竞争优势判断指导下，这些传媒业巨头不断在资本市场和经营中作出的愚蠢选择。尽管在书的最后，作者为如何“决胜未来”、“终结诅咒”给出了六项原则，如敢于梦想、保持本地化和针对性、效率是金等，但相比对传媒业常识的反叛，这些不过是泛泛之谈略显平庸。然而，这本书阅读的价值在于让我们重启反思：我们在多大程度上了解我们自以为了解的传媒业?

# 酷文化

数字时代的必修课

100

杨吉 TMT 百部全说

《硅谷之光》

# 了解硅谷“前世大半生”的必读书

大卫·卡普兰（David A.Kaplan），曾任斯坦福大学的新闻研究员，之后一直担任《财富》杂志新闻周刊记者，屡屡深入报道硅谷 IT 业，对硅谷的历史及文化有深入了解。雅虎初创的前 4 年，雅虎联合创始人杨致远多次邀请他来雅虎，跟自己一起工作。

好比华尔街之于全球资本，同样地位，之于网络科技的必定是硅谷。

那是鼓励创新、缔造传奇的地方，也是推动趋势、引领浪潮的源头，从最早于车库中诞生的半导体公司惠普，到个人电脑时代最重要的几家公司如英特尔、苹果、思科、甲骨文，再到学生宿舍里创办的网络巨头们如网景、雅虎、谷歌、Facebook，硅谷就是一个供极客、怪杰、数字思想者轮番唱角的舞台，江山代有才人出，青出于蓝而胜于蓝，差不多每隔三五年就来一次“破坏性革新”，自我进化、完善，并为世界送出一批足以改变世界同时创造巨额财富的伟大公司。

关于硅谷，人们通过对一些互联网公司的了解，爱屋及乌，不算陌生；但倘若以历史流变的角度，公众对于硅谷或许就知之甚少了。例如，“硅谷之父”是谁？在被称为硅谷之前，叫什么街？对了，它为什么不叫钱谷、晶谷，而偏偏是硅谷？“八叛逆”是哪八个人，他们同硅谷第一家极客公司“仙童”有什么关系？仙童与后来的英特尔又有什么渊源？网景曾是互联网时代硅谷的黄金王国，但今天早已销声匿迹，它是被谁、怎样扼杀出局

【美】大卫·卡普兰：《硅谷之光》，中国商业出版社 2013 年 3 月第 1 版，定价：39.80 元。

的？另外，威廉·肖克利、加里·基尔代尔，他们又是什么人物？像基尔代尔与 IBM、微软竞争与合作究竟是怎么一回事？

对于这些 IT 界的掌故或轶事，很多已被人们淡忘甚至遗忘。有个段子，据说几年前，Facebook 的创始人马克·扎克伯格就问网景创始人马克·安德森，“网景究竟是做什么的公司？”连业内资优后生对前辈都常有这样的“无知者无畏”，可以想见，对于外界来说，硅谷的发展史多半就是一本散落尘世的断章残篇。

很奇怪，全景记录硅谷风云际会的书很少。之前保罗·弗赖伯格和迈克尔·斯韦因合著的《硅谷之火》，有提到硅谷早期的历史，但侧重点是那些计算机公司。它很好地利用小说的手法，描绘了 20 世纪 70 年代，美国的一批计算机业余爱好者在硅谷掀起的一场信息技术革命——其目的是要打破专业技术人员对封闭在空调机房中的大型计算机的垄断使用权，让需要使用计算机的人自己就能够拥有一台计算机。同时，该书还以独特的视角，讲述了包括苹果、微软、太阳微系统、网景、莲花以及甲骨文等公司在内的创业者们为实现“个人电脑”理想所作的努力与奋斗。另外一本是《硅谷热》，出自传播学家埃弗雷特·罗杰斯之手。其出版于 1962 年的《创新的扩散》是新科技传播研究的奠基之作，也因为如此，罗杰斯的名字几乎就是研究“创新扩散”（Diffusion of Innovations）的同义词。不过，《硅谷热》可不是罗杰斯具有代表意义的作品，甚至在同类硅谷题材的著作中，它也算不上优秀。在该书中，除了第一部分以苹果的传奇故事为主线，（顺带）回顾了硅谷的发展史，其余都是对硅谷产业环境浅尝辄止、“漫谈”式的介绍，并不是真正意义上以硅谷为主角的脉络梳理。

因此相比较而言，大卫·卡普兰的《硅谷之光》算得上 IT 业的《逝去的武林》或《江湖丛谈》，也只有它较为系统地记录了从硅谷诞生至 2000 年以前的断代史。在书中，卡普兰不仅解答了前面提到的很多现在看起来像是“冷知识”的问题，而且还帮助我们进一步了解：为什么是“惠普”而不是“普惠”（据称，帕卡德和休伊特用投掷硬币的方式决定名字的先后顺序，结果帕卡德输了，所以公司称为 HP），“惠普之道”是如何形成的？英特尔是经历了多少次变化始终把握着科技的潮流？微软、苹果，它们差了一年先后成立，各自又是如何发展的？到了 IBM、网景，它们都曾辉煌过、困惑过，可 IBM 坚持下来了，但网景却被扼杀出局了，为什么？教训又是什么？还有雅虎，从它成立到成为互联网时代里程碑式的门户网站，它是如何做到的？

本书成书于 1999 年，因而在写到雅虎一章时，全篇戛然而止。当时，雅虎正值巅峰，是股票中的“巴斯光年”，也是时髦口号“今天，你雅虎了吗”的主角，此一时，彼一时，对照今天，不免几份唏嘘、几份感叹。这固然是《硅谷之光》令人遗憾的地方，写得太早了，感觉仿佛与当下移动互联网时代隔了好几个世纪。但作为一本叙说硅谷“前世大半生”的必读之书，卡普兰的难能可贵之处在于，他没有去塑造那些所谓的“商业英雄”

或“财富神话”，也没有恣意地夸大或修饰，他秉承了新闻记者应有的素养和操守（卡普兰曾任斯坦福大学的新闻研究员，之后一直担任《财富》杂志记者，长期关注和报道硅谷 IT 业动态），只是客观地记录人与事。

或许在他看来，因为有弗雷德里克·特曼（没错，他就是“硅谷之父”，开辟硅谷的重要推手和旗手）,有他的“任何实验有一天都可能成为金矿”的创新理念与开拓精神，所以就培养了惠普的创始人——他的两位学生；紧接着，威廉·肖克利的贝尔实验室发明了晶体管，其中的半导体材料硅也为 1971 年一个本来叫圣塔克拉拉谷的地方改名为“硅谷”埋下了伏笔；之后，从他实验室出来的“八叛逆”成立了仙童公司；八仙中的诺伊斯和摩尔又离开仙童公司，从而开启了影响至今的芯片制造商英特尔的崛起；好玩的是明明是电脑操作系统先驱的加里·基尔代尔因为一时大意，成就了比尔·盖茨的微软系统一统天下的契机；有一段时间，盖茨与拉里·埃里森，全球两家最大软件公司的大佬他们为问鼎中原而展开角逐……

与通常传记不同，在这个方圆百里、时间横跨半个多世纪的“地方志”中，除了硅谷本身，谁都只是历史的过客。不管是像特曼、盖茨、乔布斯，还是“创投教父”约翰·杜尔等人，他们不过是在彼此命运的交织中参与演出了一段又一段激荡而又惊心动魄的 IT 商业剧。其中，卡普兰以旁观者的姿态扮演了“解说员”的角色。

在阅读《硅谷之光》期间，我曾发过一条微博，上面写道：欲知全球互联网创业史，应该先了解硅谷的发展史；而要了解硅谷发展史，必须从阅读经典《硅谷之光》开始。但真当读完这本书，又多了几分感慨：从晶体管到个人电脑，从路由器到浏览器，从门户网站到搜索引擎，每一代人的成功和成就，皆因为站在前人的肩膀（也可能是尸骸）上。就像卡普兰提及的硅谷两大原则，“我们不为赚钱”和“我们容忍犯错”，前面一条你可以将信将疑，但后面一条一定是硅谷走到今天的动因。那里，允许梦想、鼓励创新、宽容失败、激发企业家精神，因此，与其说这本书呈现的是硅谷的过去，不如说是硅谷的气质。

另外，鉴于它只写到了雅虎，所以更期待有它的升级增订版，像约翰·斯蒂尔·戈登的《伟大的博弈：华尔街金融帝国的崛起（1653 ～ 2011）》，补充记录之后 14 年的激荡与光荣。

《数字乌托邦》

# 网络游侠和赛博文化的“前世今生”

弗雷德·特纳（Fred Turner），美国斯坦福大学传播系副教授，斯坦福大学"科学、技术和社会"项目总监。弗雷德还具有十年的新闻记者经验。著有《数字乌托邦：从反主流文化到赛博文化》和《战争回响：美国的越战记忆》。

托马斯·摩尔的《乌托邦》借由拉斐尔·希斯拉德，一个虚构的人物，来讨论国家的理想盛世；那么，在弗雷德·特纳的《数字乌托邦：从反主流文化到赛博文化》里，作者又是从谁开始讲述的呢？

答案是斯图尔特·布兰德——一个真实的、却鲜为人知的人物。与凯文·凯利、约翰·佩里·巴洛、霍华德·莱茵戈德等人相比，布兰德简直太默默无闻了，几乎被这些作为互联网最具智慧和洞见的预言家们的光芒所遮蔽。他们，从《失控》、《连线》杂志到《赛博空间独立宣言》，再到《虚拟社区》、《聪明暴民》，其成果差不多就代表了网络自由主义思想。于是，人们不禁会问，什么又是布兰德的贡献？这个名叫斯图尔特·布兰德的究竟是个什么样的人？

事情还得从20世纪60年代初说起，那是个觉醒的时代。对于大多数美国人来说，他们受够了严苛的社会规则、官僚的组织架构、冰冷的工业文明以及经常性的美苏对峙，经历过不安、焦虑、压抑，他们开始反思并抗争，首当其冲的便是冷战军事工业遗留下的呈灰暗色的政治文明（包括政府决策、社

【美】弗雷德·特纳：《数字乌托邦：从反主流文化到赛博文化》，电子工业出版社2013年5月第1版，定价：49.80元。

会管理、意识形态等）。对此，弗雷德·特纳在《数字乌托邦》中写道："在核战争的阴影下,冷战时期本来自由协作的科研方式在公众视野里消失了。剩下的只有训练有素的、等级森严的和在左派人士看来金字塔形机构居统治地位的社会。操纵这些机构的是些保守、老套又心理分裂的人……在这样一些'权力精英'充满控制欲的目光注视下，普通美国人发现自己被困在了走廊和办公室里，无法预料、更别说主宰自己的整个工作与生活。不管这个结构本身是否理性，草芥百姓没有办法去质疑这个巨大的结构，虽然他们的生活就是其中的一部分。"特纳引用社会学家 C. 莱特·米尔斯的话来说，"合理却不合群的人，他们日益自我理性化，却也越来越感到不安"，"这样的人就是一个顺从的机器人"。

在当时，米尔斯的观点得到了诸多共鸣。根据特纳的梳理，这是一连串的书单：如雅克·埃吕尔的《技术社会》、约翰·肯尼斯·加尔布雷斯的《新的工业国家》、赫尔伯特·马尔库塞的《单向度的人》、刘易斯·芒福德的《机器的神话》、西奥多·罗斯扎克的《反主流文化的形成》、查尔斯·莱克的《绿化美国》等。特纳认为，这些著作无一例外地流露出一些忧思，随着大规模新技术的发展，人将变成一种被动的、无目的、受制于机器的动物。"人的正常功能，要么纯粹是满足机器的需要，要么为保护人性缺失的集体机构的利益而受到严密限制和监控"。

然而，改变还是来自一群年轻人。确切地讲，"那时候的年轻人身边充斥着家电、汽车和教育与就业机会，这是他们成长于大萧条时期的父辈根本无法想象的"。"这种富足，使自由自在的童年时期和有成家立业需求的成年期之间的青春期，变成了不折不扣的空白。特别是对那些中上层家庭的年轻人来说，青春期成了他们的个人探索期"。出于对未来世界不确定的恐慌、不安，也同样为了应对技术官僚主义的威胁，后来由这些年轻人发起的两重有所重叠却根本不同的社会运动：其一是被称为"新左派"的民权运动和言论自由运动；其二则是从冷战时期各种文化源泉中冒出的产物，包括"垮掉派"诗歌和小说、禅宗佛教、行为绘画，以及一些精神类药物等。在后一群体看来，性、迷幻药和摇滚乐不仅是对冷战时期美国中产阶级压抑的文化风格的摈弃，而且是朝向一个新的国度——一个由基于共同信念的人人平等的小型社区联结而成的王国——的开端。后者也因而得名"反主流文化"。这一阵营代表性的人物有写出《在路上》的杰克·凯鲁亚克、以《嚎叫》展现标题诗风格的艾伦·金斯伯格和一度痴迷嗑药和参佛的史蒂夫·乔布斯。

接下来该轮到斯图尔特·布兰德登场了。无疑，他是"反主流文化"中的一员，后期的骨干分子。在理论认识上，他又有控制论和系统论为依托。这两个理论分别由诺伯特·维纳的《控制论：或关于在动物和机器中控制和通信的科学》与贝塔朗菲的《一般系统理论基础、发展和应用》所确立。前者是研究"关于信息如何控制机器和社会"的学问，而后者强调"任何系统都是一个有机的整体，不是各个部分的机械组合或简单相加，系统的整体功能是各要素在孤立状态下所没有的性质”，与此同时，“系统中各要素不是孤立地存在着，每个要素在系统中都处于一定的位置上，起着特定的作用。要素之间相互关联，构成了一个不可分割的整体”。当布兰德与反主流文化、控制论、系统论相遇，再加之因缘际会，师从生态学家、《人口爆炸》的保罗·埃尔利希，结识了一批波西米亚和嬉皮士文化的艺术家，狂热地阅读媒介理论大师马歇尔·麦克卢汉和技术统治论者巴克敏斯特·富勒的著作，参加迷幻之旅音乐节……终于，命运安排将布兰德推上历史的舞台。此时的布兰德开始成为一个“反主流文化创业家——不过却是以深刻的技术专家统治的方式”。对于和自己一样，憧憬远离政治，拥抱技术和观念变革，要么建立新秩序，要么返土归田的年轻人而言，布兰德心想他们最需要的将会是工具和信息。随后，在网络江湖地位显赫的神秘杂志《全球概览》出笼。

虽然弗雷德·特纳用了整整一章的篇幅来介绍布兰德创办的《全球概览》，但老实讲，你不一定会真弄明白这到底是个什么玩意儿。特纳在书中写道，布兰德想办一种能“获取流动性”的刊物，涉及内容包括图书、户外用品、房屋和机器制造图纸，以及杂志订阅。其结果呢，最终成型的《全球概览》既不是书，也不是杂志，更不是传统的邮购销售，它在颠覆美国出版业的同时，也缔造了一段传奇。尽管只办了短短的四年时间，但《全球概览》融合了借鉴网络论坛的形式，旨在为读者提供产品、意见和视觉设计的混搭组合。作为一本当时美国反主流文化的“圣经”级读物，它在 1971 年获得了“国家图书奖”。

当然，被社会学家罗纳德·布特称为“联网创业家”的斯图尔特·布兰德并没有就此停止前进的步伐。以《全球概览》为契机，他打造了一个平台，该平台汇聚当时一大批在科技、艺术、媒介领域先锋派的知识精英，他们协力、自发地将去实现共同的愿景。当《全球概览》停刊，继而改版成《全球概览终结版》，又将《全球概览》增刊变成《共同进化季刊》，与此同时，《全球概览》被“放到网上”，催生出“全球电子连接”（Whole Earth Electronic Link）。此外，“全球”系的两名员工还创办了《全球软件概览》和《全球软件评论》，1985 年，前一本停刊，《全球软件评论》和《共同进化》合并成为《全球评论》。八年后，“全球”网络中的一些人又创办了一本杂志，比起之前的杂志，这本用了一个更为革命性的词汇——“连线”（Wired）——来描绘这个正在崛起的数字世界。其中，在凯文·凯利任执行主编期限内的《连线》，达到了前所未有的高度和影响力。很多时候，都是由它来吹响数字新经济的号角。

就这样，通过一本杂志，形成一个圈子，派生出一系列的出版物、会议和数字网络，它们又共同影响大量计算机专家，以及《纽约时报》、《商业周刊》、《旧金山纪事报》、《时代》、《滚石》、《字节》、《哈珀斯》、《华尔街日报》、《商业 2.0》、《快公司》、《产业标准》等报刊的特约撰稿人和编辑。这个时候，“反主流文化”不再支流，相反，它借由互联网和个人计算机的高速发展，逐步获得权力中心的认同，并在此基础上形成了“赛博文化”。这也便是《数字乌托邦》一书“从反主流文化到赛博文化”副标题的由来。

弗雷德·特纳帮助我们追溯了这一段差不多快被遗忘的历史，通过回顾，斯图尔特·布兰德的作用居功至伟。历史不容假设，但很难想象，倘若真没有布兰德及其《全球概览》，整个数字世界的“江湖奇侠传”或“武林外史”又该如何上演？

即便如此，特纳还是郑重其事，正如他在“引言”中写道：“但本书并非布兰德的传记……我写这本书的主要目的，是将布兰德及其所创建的网络对我们的计算机认知所造成的影响、对社会生活的关系所造成的影响，一一呈现给大家。在这个故事里，布兰德既是重要的参与者，也是新的技术和社会生活主要推动者；其他‘全球网络’里的记者、咨询师及创业家也是如此。”

以布兰德为线索，对反主流文化之于网络文化和技术革命的影响的历史有着详尽的研究、准确的描述与全局叙事的掌控，这便是弗雷德·特纳作品《数字乌托邦》表现出来的卓越。以此为背景基础，这时再读约翰·布洛克曼的《未来英雄：33位网络时代精英预言未来文明的特质》，想必会有更多的亲切感和收获。

# 理解“黑客”

保罗·格雷厄姆（Paul Graham），专家，世界上首个互联网应用程序 Viaweb 开发人之一。创建的 Viaweb 公司后被雅虎收购，改名为 Yahoo!Store。2005 年创办 Y Combinator，开创了天使投资新模式，被《福布斯》杂志喻为"撼动硅谷的人"。目前为止其公司扶持的创业公司已有 250 余家，成功的超过 80%。格雷厄姆是当之无愧的"硅谷创业之父"。其个人网站是 http://www.paulgraham.com。

【美】保罗·格雷厄姆：《黑客与画家：硅谷创业之父保罗·格雷厄姆文集》，人民邮电出版社 2011 年 4 月第 1 版，定价：49.00 元。

2004 年，由于写作《21 世纪的书：信息时代商业思想 10×10 阅读》的原因，我对"黑客"有了新的理解，而且应该是正解。

在史蒂文·列维（Steven Levy）的《黑客：计算机革命的英雄》一书中，这位美国《新闻周刊》首席科技作家为黑客确立了真正的历史传统和严谨祖训，不管世人之前有多么的歪曲、玷污、诋毁，在列维眼中，黑客是一群有理想和伦理、技术高超、才智过人的程序员。此外，列维进一步将黑客的价值观总结为六条，直到今天这几条论述都常被人提起，并被认为与互联网精神内核一脉相承，它们是：（1）使用计算机以及所有有助于了解这个世界本质的事物都不应受到任何限制。任何事情都应该亲手尝试。（2）所有信息都应该是自由的。（3）不信任权威，提倡去中心化。（4）判断一名黑客水平高低不以学历、年龄或地位论，而当以技术能力为优先。（5）你可以利用计算机创造艺术和美。（6）计算机能使生活更美好。根据列维的归纳，"黑客伦理"与共享、开放、民主、自由、进步等几大特点紧密相连，深入历史、还原故事，我们会发现黑客才是计算机革命的重要参与者，他们根本就是英雄和主角。从书的贡献来看，《黑客》一书不仅首次全面探究了黑客的源头、发展及其思想，而且也为后来的黑客树立了成就卓越的标准。由此可见，列维被誉为“数字时代最顶尖的史学家”之一绝非浪得虚名。

在《21 世纪的书》中，有关黑客文化的还有凯蒂·海夫纳（Katie Hafner）和约翰·马科夫（John Markoff）的《电脑怪客：计算机前线的歹徒和黑客》（*Cyberpunk*：*Outlaws and Hackers on the Computer Frontier*），派卡·海曼（Pekka Himanen）、李纳斯·托沃兹（Linus Torvalds）和曼纽尔·卡斯特斯（Manuel Castells）合著的《黑客伦理与信息时代精神》（*The Hacker Ethic And the Spirit of the Information Age*），理查德·斯托尔曼（Richard Stallman）的《自由软件，自由社会》（*Free Software*，*Free Society*）等，他们一致地把“黑客”与“骇客”（Cracker）作了严格区分，后者专指入侵计算机系统，进行非法破坏的人，而黑客则是斗士、探险者、游击队和数字时代快乐的冒险家，是新经济最主要的建筑师。用理查德·斯托尔曼的话来说，要成为黑客，其行为必须包含三个特点：好玩、高智商、探索精神。要知道，像“互联网之父”文顿·瑟夫、“苹果之父”史蒂夫·沃兹尼亚克、“万维网之父”蒂姆·伯纳斯—李、“微软之父”比尔·盖茨，以及理查德·斯托尔曼与李纳斯·托沃兹（他们分别是“开源软件之父”与“Linux 之父”）等，他们都是曾经最著名的黑客。试想，如果没有他们，互联网的今天又会怎样，它的明天又当如何？正如 Hack 一词的固有解释，指用巧妙的方法解决难题，它包含着积极的、创新的、技艺精湛和独树一帜的象征意义，对于信息时代而言，黑客们便是这场社会变迁运动的伟大革新者。

人们一直误会不断，然而，这正是黑客的本来面目。在正确的理解下，黑客多与颠覆者、离经叛道、自由骑士的形象出现，直到最近读了“硅谷创业之父”保罗·格雷厄姆（Paul Graham）的文集，才对黑客有了更多一面的认识，就像书名所拟的——“黑客与画家”，那可是一模一样的。

保罗·格雷厄姆，哈佛大学计算机博士，生于美国匹兹堡郊区的一个中产阶级家庭，自幼就表现出在编程方面的天赋。早年（1995 年），赶上网景上市，身处互联网第一波浪潮头的他想到开发一个搭建网店的软件，通过搭平台、办网站，最终被雅虎以 4 900 万美元收购，赚得了人生第一桶金。但格雷厄姆不甘心在别人麾下替人打工的日子，他说“运营创业公司，每天都像在战斗；而为大公司工作，就像在窒息中挣扎”，于是没过多久，他选择了辞职。此后几年一直处于空闲的状态，偶尔写写文章，发表自己对技术和创业的看法。当这些文章广受好评，O'Relly 出版社决定将部分篇章结集出版，书名就取《黑客与画家》，这两个词恰恰是格雷厄姆前半生的人生写照。他曾在取得博士学位后，转投罗德岛设计学院暑期班，学习绘画课程，因为他梦想成为一名画家。

至于天使投资人的身份，得追溯到 2005 年。在一次与哈佛大学生交流后，格雷厄姆意识到没有投资人就没有今天的自己，同样，他也想为那些富有创业激情和想法的年轻人创造机会。就是这么一个念头，从此一发不可收拾，从2005年至今，格雷厄姆孵化过的公司有200多家，创业者2 000多名，成了十足的创业教父。而据《黑客与画家》一书的译者阮一峰的介绍，“格雷厄姆在某种程度上已经是硅谷的中心人物，有着巨大的影响力。他的文章在美国创业者中广为流传，年轻的技术人员阅读他的书籍，了解他的思想，讨论他的观点”。

不同于史蒂文·列维，媒体人、专栏作者，一爬格子的，格雷厄姆属于程序员、投资人、观察家“三位一体”。由他来写《黑客与画家》，自然与《黑客》有本质区别。前者系“现身说法”、“自说自话”，是那种“行家观点”，后者虽然优秀，但毕竟是一部“旁观者”作品。从这个角度讲，我更愿意把《黑客与画家》与派卡·海曼等人的《黑客伦理与信息时代》作类比，它们的作者都是黑客出身，讨论的主题均是“如何更好地理解黑客”。

我觉得要把握这本《黑客与画家》，有三点很重要。第一，究竟什么是黑客，它意味着什么，基于前面已有阐释，不再赘述。第二，为什么了解黑客？因为表面上这是一个机器的时代，但实际上机器的设计者决定了我们的时代。程序员的审美决定了我们看到的软件界面，程序员的爱好决定了我们有什么样的软件好用。对此，格雷厄姆写道：“没办法，这些书呆子看上去正在接管世界。我最好能懂一点他们正在干的事情，这样就不会被他们整出来的下一个东西唬到了。”这里，书呆子、黑客、专家级的程序员同义反复，格雷厄姆从不认为书呆子真呆，其实“他们的大脑内部却是一个有趣得让你吃惊的地方”。请注意，书的开篇一章和第十三章分别是“为什么书呆子不受欢迎”和“书呆子的复仇”，这可是有意的编排。第三，黑客也是创作者，跟画家、建筑师、作家一样，要有创新思维，本身也极具人文情怀和艺术气质。对此，第二章“黑客与画家”有较为充分的讨论，但限于篇幅留白了两个问题：其一，如何更有效地思考与作业；第二，作为组织该如何管理黑客，人尽其才，发挥其最大潜能。

总之，这是一本帮助我们理解这个时代的书，格雷厄姆的写作目的也是如此。如果他日有人误将黑客比作骇客，或是，讥笑某些书呆子格格不入、行为怪异，你能第一时间想到这本书，甚至用里面的理论去为其正名，那么，格雷厄姆成功了！没错，这本书的最大魅力就在于迫使你重新认识黑客，认清编程的本质。

《新新媒介》

# 姗姗来迟之作

保罗·莱文森（Paul Levinson），美国媒介理论家、科幻小说家、大学教授、社会批评家、音乐人。在科幻文艺和媒介理论两方面卓尔不凡，在音乐上小有成就。他相当完美地实现了科学文化与文学文化、精英文化与大众文化的结合。以学术而论，他发表的论文数以百计，多半涉及传播和技术的历史和哲学；媒介理论著作9部：《思想无羁》、《软利器》、《数字麦克卢汉》、《真实空间》、《手机》、《莱文森精粹》、《学习赛博空间》、《捍卫第一修正案》和《新新媒介》。他的大部分理论著作，已在国内翻译出版。

【美】保罗·莱文森：《新新媒介》，复旦大学出版社2011年3月第1版，定价：34.00元。

时隔一年五个月，终于读到保罗·莱文森的《新新媒介》。然而，这本书的出现多少有点姗姗来迟。

该书初版于2009年5月，直到近两年后才被翻译、引进国内。在这个过程中，莱文森所提到的那些“新新媒介”——无论是博客网、优视网、维基网、掘客网、聚友网，还是脸谱网、推特网、“第二人生”、播客网，都已运营好些年，并在世界范围得到了推广与应用。按其中时间最晚的推特网算，它创建于2006年3月，由埃文·威廉姆斯和杰克·多西等人联合创办。在《新新媒介》出版那会儿，推特运营三年多，用户级达数千万，吸引着全球投资者的目光，并且成为该年度“最流行词汇”。同样在这一年，推特的“翻版货”新浪微博也顺利上线。

可能有些人觉得，博客、维基、聚友、推特、“第二人生”、播客都还熟悉，可什么是优视网、脸谱网和掘客网，似乎有点陌生。这其实只是翻译问题，让我们来看一下原文，分别是Youtube、Facebook和Digg，怎么样，是否恍然大悟呢？事实上，这也正是该书中文版较为诟病的一个地方。我们不否认译者何道宽在传播理论界的地位，也承认其在对保罗·莱文森理论思想和系列作品的引介上居功至伟，但很显然，何道宽对互联网并未投入过多的关注，有一定距离。所以，对于很多实际不言而喻的词汇，何道宽的翻译反而显得多余。除了“优视”、“掘客”外，还有作为“文档发布器”的 WordPress、“专家型博客搜索引擎”的 Technorati 等。

以现在的眼光看，这样的中译既不利于启蒙，又不符合习惯，显得不伦不类。再说那些新新媒介，也已谈不上新鲜、新奇，大多数网民对它们早有了广泛而深入的了解，至于何道宽在“前言”中所写的“对许多技术盲和‘菜鸟’级的网民而言，这是一本非常亲切的启蒙读物”，这话总是有点问题的。因为纯粹的门外汉是不乐于读传播学理论著述的，即便它写得再通俗易懂；而对那些想在学术上有所长进的人而言，莱文森的这部作品又过于浅显了点。通篇，除了第一章“为什么要称‘新新媒介’？”、第十一章“新新媒介的阴暗面”之外，莱文森完全是在写一部媒介应用指南。例如，在“博客网”这一章，从一开始介绍什么是博客、电子书写简史到博客无所不写、随时可写的特征，再到博客可以评论、删除、修改，博客可以挣钱（商业模式），还有博客的一些辅助功能等。可以这么说，倘若你常玩博客，你会觉得莱文森对博客的阐述总体平淡无奇——当然，作为新闻传播领域的大神、“数字时代的麦克卢汉”，莱文森还是时常会灵光乍现，引经据典论媒介。

虽然“新新媒介”不新了，而且互联网推陈出新之快，长江后浪推前浪，Foursquare、Instagram、iCloud 等新贵的出现，一度让几个曾经的王者黯然失色。因此，在这个意义上，我们也为莱文森捏把汗。究竟他定义的那些新新媒介是封闭式的还是开放式的？如果是前者，那么网络更新应用属于什么？假如是后者，新新媒介的外延难道是无限的，或者说，当代媒介就只是“三分说”了？

旧媒介、新媒介、新新媒介，当代媒介的“三分说”，这正是莱文森写作《新新媒介》的主要理论贡献，尽管这一观点惹来的争议不少。按照莱文森的说法，互联网诞生之前的一切媒介都是旧媒介，它们是空间和时间定位不变的媒介，比如书籍、报刊、广播、电视、电影等。要“消费”它们，必须遵循它们既定的时间安排。报刊、书籍有出版周期，电影、电视有上映日期，不到时间，你等得再着急也没用。另外，旧媒介一大突出特征是自上而下的控制、专业（精英）人士负责生产内容。

至于新媒介，是指互联网上的第一代媒介，通常表现为门户网站、BBS 论坛、聊天室、邮箱、电子商务网站等。它们的界定性特征是：一旦上传到互联网上，人们就可以使用、欣赏，并从中获益，而且是按照使用者方便的时间去使用，而不是按照媒介确定的时间表去使用。

到了新新媒介，莱文森归纳出了几大特点：产销一体、草根当道、多元选择（媒介的多样性）、免费模式、相互促进又相互竞争、功能更强大（远胜搜索引擎和电子邮件)、扁平化去中心化。其中第五因素意义不大，即使在莱文森定义下的旧媒介和新媒介也不可能只有竞争而无促进，或者，只有促进没有竞争的。而第六个因素，功能胜过搜索引擎和电子邮件则有待商榷了。比如新新媒介之微博，其也嵌入了搜索功能，而且可以捆绑同一个账户下的邮箱。在这个意义上，与其说胜过，不如说整合来得更确切。于是，剩下几条应该是新新媒介独有和专属的特性了。没错，很多时候，人们也用它们来描述 Web2.0。

尽管在莱文森看来，新新媒介不同于 Web2.0，相反，他指出类似用数字来命名互联网的发展阶段“难以做到严谨而准确”,但“新新媒介”就一定正确无误吗？综观全书，新新媒介，说白了等于新新的网络媒介，但网络媒介是相对于口头传播、印刷媒介、广播媒介等以载体为标准作的一个类别区分；而新新是相对旧与新等传播方式的分法。现在，把这两个类别结合，得出媒介的最高阶段(按理说新新媒介应属于网络媒介的一个阶段)，这一推导明显不够科学，也不符合学术论证的缜密性。

书的最后，对于展望新新媒介的未来，莱文森不无乐观：“新新媒介的出现和演化都很快，其相对重要性的变化也很快……到你读本书的时候，我所论述的新新媒介的重要性可能或多或少有所变化。此外，我写书时不存在的新新媒介却有可能在扮演重要的角色了。”“未来的媒介不是‘后’新新媒介，也不是‘新’新新媒介，而是新新媒介的‘超级版’，也就是新新媒介的‘仿生版’。”对此，我们可能欢欣鼓舞，也可能憧憬满怀，但我们疑问的是当云计算、物联网等正式投入商用后，它们就这样成为“新新媒介”仿生版了？就一定、肯定、确定再也没有其他的媒介了？

作为《软利器》的姊妹篇《新新媒介》没有给出答案，我们希望《新新媒介》的后续篇能有所回应。

# 《线车宣言》

# 一本被低估的互联网启蒙宝典

里克·莱文（Rick Levine），Mancala公司技术总监，科罗拉多州 Seth Ellis Chocolatie 手工巧克力公司创始人。之前就职于高科技公司从事软件相关工作，曾任太阳（Sun）公司微系统 Java 软件部的网络设计师。他还是《太阳网络指南》（*Sun Guide to Web Style*）的作者。

克里斯托弗·洛克（Christopher Locke），《熵梯度逆转》、《浮夸之辞的手抄本：狂怒小子的激情演讲和长篇大论》和《新奇营销：通过最糟糕的实践取胜》的作者。现居科罗拉多州博尔德市，曾在富士通公司、理光（Ricoh）公司、卡耐基梅隆大学、MecklerMedia 公司、MCI 公司和 IBM 公司工作，并为《福布斯》、《互联网世界》、《信息周刊》和《产业标准》等撰写过大量文章。他还是 HIGHBEAM 研究机构的首席博客官，开设了神秘的中产阶级（Mystic Bourgeoisie）博客。

道克·希尔斯（Dog Searls），*Linux* 杂志资深编辑。Upside、Omni 和《个人电脑》撰稿人。在《世界是平的》一书中，汤姆·弗里德曼（Tom Friedman）称他为“美国最可敬的科技作家之一”。2005 年，被谷歌和奥莱利（O'Reilly）联合授予开源奖（Open Source Award）的最佳通讯员（Best Communicator）奖项。2006 年，成为哈佛大学伯克曼互联网与社会中心、加州大学的圣芭芭拉信息科学和社会中心的成员。

戴维·温伯格（David Weinberger），《小块松散组合》与《一切都是混杂》的作者，JOHO 出版人，美国公共广播电台“时事纵横”评论员，KMWorld 和 Intranet Design Magazine 专栏作家。与道克·希尔斯同是哈佛大学伯克曼互联网与社会中心成员，他还为《连线》、《纽约时报》等各种杂志撰稿，并在世界各地举办演讲会，讨论网络对商务的作用。

【美】里克·莱文、克里斯托弗·洛克、道克·希尔斯、戴维·温伯格：《线车宣言：互联网的 95 条军规》，中国青年出版社 2010 年 8 月第 1 版，定价：29.00 元。

10 多年前，“The Cluetrain Manifesto”被引进出版，改头换脸，新取了一个书名《市场就是对话》，副标题则是“扭转传统企业思维的 95 个观点”。很不幸，十足的管理畅销书的噱头，正因为如此，它对国人在互联网思想启蒙上，作用多少有点被低估，与那本尼葛洛庞帝的《数字化生存》或唐·泰普斯科特的《数字化成长》相比，地位更不可同日而语。冲着那个口号式的“市场就是对话”，很多人还误以为这是一本讲营销的书。

时隔数载，借着原书出 10 周年增订纪念版的契机，该书又再次和国内读者见面。这会儿，出版商学聪明了——基于公众对一些世界级畅销书的熟知以及互联网的深入普及，他们决定把书名译作《线车宣言》，此举更接近原意，也更容易被包装成简洁、有力的口号；它的副题，灵感显然借鉴了阿尔·里斯和他女儿劳拉·里斯的那本著名的《互联网商规 11 条》。这还不够，在书腰的设计上，还被大肆宣传为是“继《世界是平的》、《长尾理论》、《维基经济学》后最具创见之作”，“自出版以来引起巨大争议，至今仍为互联网时代最具煽动性的书籍”。值得庆幸，该书终于得到正名，虽然时机稍有延误、方式略显夸张。

这究竟是一本书，或者说，得先弄明白“The Cluetrain”到底指什么？对此，《线车宣言》的作者之一戴维·温伯格在书中写道：“我们无意于故作神秘，实际上，cluetrain.com 网站从一开始就对此做了解释，我们只是忘了把它放进书里。在一次促成本书问世的电话长谈里，道克（另一位合著者）想起了一家硅谷公司，曾有一位朋友这样说过这家公司：‘运送线索的火车每天在他们那儿停四次，可他们从来都不提货。’我们都笑了。10 分钟后，道客突然在电话里说，他刚刚注册了 cluetrain.com 这一域名。”

“所发生的各种大大小小的独特变化表明，传统企业原本习以为常的四种情况发生了深刻的变革。”戴维·温伯格继续写着，似乎仍然围绕着“线车作如何解释”而展开，但实际上，在接下来的篇幅里，我们看到的只是因互联网带来的商业上的种种新气象，至于“线车是什么意思”，抱歉，内容欠奉。所以，我们只能靠揣摩作者的用意，结合那一个“可笑的硅谷公司”的故事，“线车”既指代那辆运送线索的火车，又比作行进在高速信息化轨道上的机遇列车，它告诫我们，千万别像那家公司，对于眼前正在发生的深刻变革视而不见。事不宜迟，他们先行一步，已经以“宣言”的方式高声疾呼。

说到互联网宣言，较为有名的首先是《网络独立宣言》。早在 1996 年 2 月，在瑞士达沃斯，约翰·佩里·巴洛，这位电子前线基金会（Electronic Frontier Foundation）的创始人之一、主席就曾宣读了他的这篇奇文：“工业世界的政府们，你们这些令人生厌的铁血巨人们，我来自网络世界——一个崭新的心灵家园。作为未来的代言人，我代表未来，要求过去的你们别管我们。在我们这里，你们并不受欢迎。在我们聚集的地方，你们没有主权……”其次，还有在 2002 年的时候，中国著名 IT 观察家、“博客之父”方兴东和他的伙伴们，创办了博客中国网，并适时地发布了《中国博客宣言》……当然，还有这样那样、长短不一、语种不同的网络宣言，但主题无外乎互联网精神项下的自由、分享、独立、平等、协作等。这一次，轮到了戴维·温伯格等拟就宣言，他们又在关切、宣扬什么?

从开头第一句“市场就是对话”到最后一句“我们正在觉醒，互相建立联系。我们在观望，但我们绝不等待”。整整95条军规，也是互联网重启商业想象的95条宣言。仔细阅读这些警句，我们不难发现，虽然每一条都有各自侧重和所指，但中心议题明确、一致，它们所讨论的无一例外都是互联网时代下从市场到营销到管理到领导力再到组织的架构，都起了哪些变化? 以现在的眼光看，如果《线车宣言》最近才是首次出版的话，毫无疑问,它不过是一部老生常谈、人云亦云的作品,掀不起半点社会影响的涟漪。况且，理论的潮流近来已转向移动互联、社会化媒体、云计算、大数据这边，相比较而言，还在大谈特谈互联网特性的《线车宣言》则显得老套迂腐。然而就事论事，放在当时，该书所揭示的理念无疑是先进的、前沿的、富有洞见的以及引领性的。

该书强调互联网推平了世界，信息不对称效应在递减，企业结构正变得扁平化，客户营销正历经范式转变，产销合一冲击着传统的供销体系，领导力更需要透明、公平、对等的品质，商业文化不再高高在上而是追求幽默、坦率、真诚，企业与客户间要多沟通与对话而不是从前的灌输与说教，要追随潮流、拥抱变化避免一成不变、故步自封……这些与其说是互联网这个新媒介带来的变化，不如说是互联网精神融入商业社会后必然的结果。用现在的话来说，这叫“人人参与的力量”、“无组织的组织秩序”，而它们正是由互联网引爆的社会生活、文化娱乐、商业经济等领域的革命。

事实上，倘若后来你阅读到杰夫·豪的《众包》、克莱·舍基的《人人时代》(又译为《未来是湿的》)和《认知盈余》、克里斯·布洛根与朱利恩·史密斯合著的《信任代理》、斯科特·斯特莱登的《强关系》等相关书籍时，你总会联想到眼前这本《线车宣言》，并且从中找到些许似曾相识、所见略同的观点。但要知道，该书初版于1999年，距离互联网第一次泡沫尚有一两年，至于Web2.0概念，连个影都还没有……

如今这本《线车宣言》作为纪念增订版，在内容厚度上较之以往大大增加，光几位合作者的序言就多达80多页。但即便如此，这些文章连同之后七个章节的专题论述，都是在给95条互联网宣言(军规)所作的注解。从某种意义上来说，这是一部除了《华尔街日报》所评价的“自命不凡、尖声刺耳、极为出色”之外同样“意义深远”、“形式特殊”的作品。一方面，主文是不到万字的95条宣言，却用了24万余字的篇幅来为其作注脚；另一方面，四位作者各自撰写章节、相互映衬的合著方式恰好践行了“市场就是对话”的箴言。

《维基经济学》

# 当我们谈“维基经济”时我们谈些什么

唐·泰普斯科特（Don Tapscott），全球著名的新经济学家和商业策略大师，被誉为“数字经济之父”。他是国际商业战略智库 nGenera Insight 的主席，多伦多大学罗特曼管理学院兼职教授。他也是最受追捧的商业演讲人之一，《财富》500 强企业中超过半数的 CEO 们和许多政府官员，都曾聆听过他的演讲，其中包括美国前总统克林顿、IBM 前总裁郭士纳、微软 CEO 鲍尔默、谷歌公司 CEO 施密特等。

安东尼·D. 威廉姆斯（Anthony D. Williams），智库里斯本委员会的高级成员，也是许多政府、国际机构和《财富》500 强公司的战略顾问。他与泰普斯科特再次合作完成了最新畅销书《宏观维基经济学》。

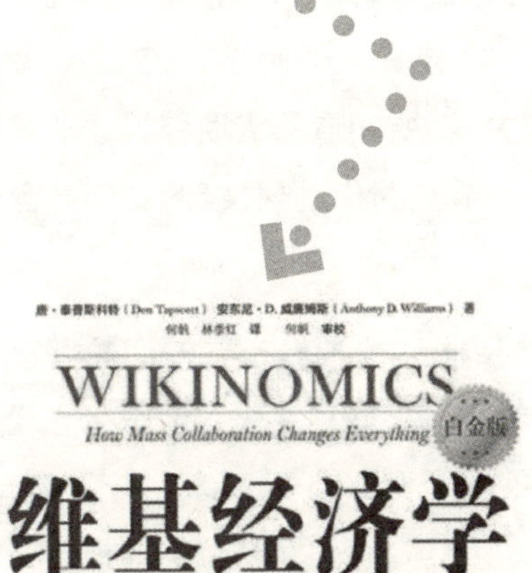

【美】唐·泰普斯科特、安东尼·D. 威廉姆斯：《维基经济学：大规模协作如何改变一切》，中国青年出版社 2012 年第 2 版，定价：45.00 元。

差不多同一时间，当唐·泰普斯科特决定和安东尼·D. 威廉姆斯合作写《维基经济学》，《连线》杂志的记者杰夫·豪提出了“众包”一说。正如英雄所见略同，他们几位对基于互联网的充分发挥规模效应、集体协作与群体智慧的新生产方式均给予了最及时的关注和较完整的阐述。区别是，直到《维基经济学》出版后的第三年，杰夫·豪才正式扩充成书，取名《众包：大众力量缘何推动商业未来》，是时 2009 年。

读书要透。对比阅读这两本书，最大的困惑并非理论本身——无论是唐·泰普斯科特还是杰夫·豪，都解释得相当清楚，言简意赅、通俗易懂——问题在于“维基经济”与“众包”究竟有何不同。按照其各自定义，前者是指运用类似“维基软件”（Wiki，一种在网络上开放且可供多人协同创作的超文本系统）的技术或理念，强调“大规模协作”的新经济模式。后者是说一个公司或机构把过去由员工执行的工作任务，以自由自愿的形式外包给非特定的（而且通常是大型的）大众网络的做法。作为全新的商业思维，两个概念都以开放网络、资源共享、大众参与、对等生产、集体创造为指导原则，并代表着数字商业时代的发展趋势。至于它们的区别，似乎不太明显，我的意思是，如果两者内涵一致、外延相似，差别的仅是称谓而已，那么，这是否意味着当我们谈“维基经济”时实际上在谈“众包”？

很可惜，对于这个疑问，有“数字经济之父”之称的唐·泰普斯科特并未给出明确的回答；他仅是在前言中提到，“这（维基经济学）不仅仅是关于公开资源、社会网络、众包、聪明暴民、群众智慧或与此相关的其他论点，实际上我们是在讨论以诸如开放、对等、共享和全球运作这些新的竞争规则为基础的公司和经济，在组织结构和运作方式方面所发生的深刻变革”。依照泰普斯科特的观点，维基经济显然包含了众包，众包只是维基经济的一个子集。此外，从泰普斯科特和威廉姆斯总结的七种“维基经济模式”来看，众包更像是“创意集市”的另一种表述，它们都不约而同地提及了宝洁，该公司采用“联合开发”策略，通过“创新中心”等网站平台面向全球寻求智力支持。就像宝洁公司前总裁雷富礼所说：“企业外部也许恰好有人知道如何解决你的企业所面临的特殊问题，或者能够比你更好地把握你现在面临的机遇。你必须找到他们，找到一种和他们合作的方式，而这正是创意集市能给我们带来的机会。”要知道，借助外援并非是要取代公司雇员，而是好比撬动杠杆、借力打力，让“世界成为你的研发部”，使产品研发更经济、更效率。

事实上，众包的提出除了用以描述“发生在网络空间的一种分布式的问题解决和生产模式”外，更多是对应于传统外包的方法创新。外包，它是专业化、全球化、规模化时代背景下的产物，通过剥离非核心业务，让专业的人干专业的事，以此来节省成本（人力、财力、精力等），加强企业核心聚焦并提高组织运营效率。而众包侧重把过去本该由员工执行的任务，在互联网上发布和分派出去，利用群体的智慧、大众的力量，召集他们共同协作完成、日臻完善。虽然有人声称“将外包发挥到极致就是众包”，也有人认为“二者之间有着本质的差异”，但不管外包、众包，其共通点都是“以企业立场展开的任务模式设计”。

然而在泰普斯科特这里，维基经济的应用要远丰富许多。除了与众包些许雷同的“创意集市”外，还有对等协作、开源等“大规模协作生产的先驱”，从事生产的消费者，共享科学，参与的平台，全球协作生产的经济系统以及用维基式的工作模式、制度架构。但不管哪一种模式，它都讲求网络协作的方式，利用外部知识和人才来获得强竞争力和高增长，正因为如此，维基经济也因而被称为“协作经济”。

与此同时，“协作”也不光是为了“经济”。泰普斯科特等人写道：“我们还可以改变科研、文化创造、自我塑造和教育、管理社区和国家的方法……在维基经济学的新世界里，每个人都可能成为领导者。”关于这一点，泰普斯科特和威廉姆斯在《维基经济学》出版后四年再次联手，推出了《宏观维基经济学：重启商业和世界》，将视野延展得更广阔。他们认为，如今维基经济学已经对包括金融、能源、交通、气候、教育、科学、医疗、媒体、音乐、电影、出版、政府、民主等在内的一些现代社会核心体系产生深远影响。而维基经济学的原则也由四变五，即协作、开放、分享、正直和互相依赖。不过话说回来，维基模式所引爆的流行乃至变革，并非一日可成、一蹴而就，它需要有协作思维，并努力地付诸实践。《维基经济学》最后一章以“协作思维”结尾用意即在于此。

在该章节中，泰普斯科特重申了协作思维，其实就是“维基四原则”——开放、对等、分享、全球运作的重要性。然后，他又向我们提供了几条快速实现维基经济效应的思路，它们是：从主要消费者那里获得启发；建立客户基数；为协作提供一个基础；慢慢地使你的组织和管理走上正轨；确保每个参与者都能获得一些收益；遵守社区规则；让协作过程进化；以及磨炼你的协作思维。总之，对每一位公司管理者或组织领导者而言，大规模协作的新时代真实且已逼近，复杂而又不确定，而唯一不变的主题，就是“开放与协作”。

所以现在你应该懂了，当我们谈“维基经济”时我们谈些什么。

数字时代的必修课
100
杨吉 TMT 百部全说

《数字化成长 3.0 版》

# N 世代肖像画

唐·泰普斯科特，全球著名的新经济学家和商业策略大师，被誉为“数字经济之父”。他于1992年创办了新范式(New Paradigm)智库，研究突破性技术在生产率、商业效能、竞争力等方面的商业应用。他也是世界最受追捧的商业演讲人之一。

【美】唐·泰普斯科特:《数字化成长3.0版》，中国人民大学出版社2009年11月第1版，定价：39.80元。

那一段时间，BT@China始终打不开，内心焦虑无比，原因无他，无美剧可看，没电影可下，少音乐可听。后来得知国家严打，是网站被封了，更加无助和绝望，一言以蔽之，以后娱乐生活可咋整呢?

几年前，中国台湾地区的一次地震，使得众多路由经过中国台湾的海光缆系统陆续发生中断，导致MSN一整天都登录不了。这下子可急坏了许多公司白领和大学生们，他们有的庆幸不用联系客户，有的抱怨无法与朋友联系，有的寻思该找谁打发时间……只是短短的一天，让他们变得无所适从、无可奈何。

在几年前，我准备考司法考试。尽管整天在家温习功课，但绝不是头悬梁、锥刺股那般的痛苦，也不是那种凿壁偷光的辛苦，我的习惯是，一边上着网、一边下着电影，一边聊着QQ，一边不时地收发邮件，再一边翻着书、做着笔记，背诵记忆。爸妈看不惯，因为他们不知道我究竟是在玩，还是在学习，就像家乡那句老话所说的，“文不像读书人，武不像救火兵”(为什么是“救火兵”，我也不知道)，我“一心两用”，不，是“一心多用”，读书不踏实——幸好，那一年我考上了。

写到这里，你应该知道我想说些什么了。是的，互联网对我们很重要，我们对互联网很依赖。这种依赖就像一个人看惯了意甲、英超，却被突然告知以后只能看中国足球了；也像一个人本以为单位组织去看《阿凡达》，却被随后通知改看《孔子》了——没有也就罢了，有了再没那就完了。它的意思是说，这即使算不上必须“从一而终”，但至少已经“刻骨铭心”。

当然，我不敢称我对“网络一代”（Net Generation）的描述是最准确和最完美的，尤其是在看过唐·泰普斯科特的《数字化成长 3.0 版》以后，我的充其量是经验性的、情绪化的。在书中，泰普斯科特对 N 世代是这么概括的：“对他们来说，数字技术与录像机、烤面包机一样，没什么了不起的，孩子们比父母们更适应、更了解、更在行，还有着对社会至关重要的创新精神，这都是从没有过的。N 世代就是用数字媒体发扬光大了自己的文化，还会让社会上的其他人也接受这种文化。在学习、娱乐、交流、工作、创建社区等方面，这些孩子已经和他们的父母大不相同了，他们成了社会变革的动力。”

了解互联网产业和文化的人都应该对泰普斯科特这个名字早有所闻、如雷贯耳了。十多年前，他的那本《数字化经济》预言了信息经济时代的到来，他也因此得到“数字经济之父”、“趋势大师”的封号；10 年前，他出版眼前这本《数字化成长 3.0 版》的初始版，即《数字化成长》，该书宣告了 N 世代的到来；三年前，他的那本《维基经济学》则揭示了 Web2.0 形态下的商业模式和契机。凭着对互联网发展趋势的敏锐观察和深刻洞见，再加上日积月累、笔耕不辍，泰普斯科特总是能给我们讲述有关互联网最新颖、最前沿、最潮流的那些事儿，从而帮助我们拓展视野、丰富见识、加深理解，就像最新的这本《数字化成长 3.0 版》，道理亦是如此。

对于这本书，我们与其说泰普斯科特是为了一一驳斥上至家长、下至困惑的用人单位，对于 N 世代的种种批评和误解（在书中，泰普斯科特总结出了 10 种，如“他们迷恋屏幕，上网成瘾，不会社交，没时间运动，也没空干任何有益健康的事”，“他们没有羞耻心”，“他们娇生惯养，所以生活得漫无目的，不敢选择前方的路”，“他们很暴力”……），倒不如说是在还原真相，要把 N 世代的本来面目如实地呈现给大家，描述这一代人的特征、习性、思维、行动，以及如何与这一代人相处，让其发挥出建设社会、推动文明进步的能量。距离《数字化成长》初始版已过去 10 年，泰普斯科特续写了 N 世代的新样貌，用他的话来说，经过这 10 年的变化，N 世代很大一部分人都长大了，再也不是当时那个只顾着聊天、玩网游、看电影、听音乐的孩童了，他们有了更多的数字化的应用，这主要是基于一方面，网络发展的迅速，如很多地方都有宽带接入，人人都可以手机上网，Facebook、Myspace、Youtube 方便了人们的社区联络，另一方面，N 世代随着年龄的增长，心智也日趋成熟，他们有了更多的家庭感、责任感，他们必须为生活而努力工作。

也许没有人再比泰普斯科特更了解N世代，包括N世代本人。除了发现N世代有“一个个用革命性的新方法去思考、工作以及社交”的能力之外，泰普斯科特更是将N世代归纳出了八个标准：从行动自由到表达自由，他们做什么都想要自由；他们喜欢定制、个性化；他们是新的监督员；他们买东西和求职的时候，要求公开、公平和公正；N世代想把娱乐融入工作、学习和社会生活中；这代人注重协作与关系；N世代需要速度——不仅仅在玩网络游戏的时候是这样；他们是创新者。毫无疑问，泰普斯科特为人们描绘了一副N世代的群体肖像画，而它的意义和价值是巨大的。

就像之前管理学界一直讨论的“如何有效管理作为员工的80后”，因为人们看到了80后一代的崛起和日益成为社会的中坚力量。我的个体经历和泰普斯科特3.0版本的《数字化成长》也说明了一个社会问题，当N世代接掌或改变、甚至打破既有的文化及社会发展的控制权时，人们应该有怎样的期待？这一代人将会如何塑造世界？

作为泰普斯科特笔下的N世代，我相信，互联网文化已经扩散到社会的每个角落，传统的组织架构、系统机制必须所有改变。无论具体是如何一个走向，它都将变得比以往更开放、更对等、更个性和更分享，重要的是，这股潮流已经势不可挡。

数字时代的必修课

100

杨吉 TMT 百部全说

《信息规则》

# 识时务者之作

卡尔·夏皮罗（Carl Shapiro），著名经济学家，1995~1996年美国司法部首席反垄断经济学家。20世纪80年代任教于普林斯顿大学，从1990年起一直任教于加州大学伯克利分校，是该校经济学、商业战略学教授。夏皮罗教授公开发表的论文主要涉及产业组织、竞争政策、创新经济学及竞争战略等。目前的研究兴趣包括反垄断经济学、知识产权与许可证发放、产品标准与相容性、网络经济学与互联互通等。

哈尔·瓦里安（Hal Varian），谷歌首席经济学家、加利福尼亚大学的名誉教授、加州大学伯克利分校的院系主任（他在那创立了信息学院并担任院系主任）等。他还是《纽约时报》前任专栏作家。

【美】卡尔·夏皮罗、哈尔·瓦里安：《信息规则：网络经济的策略指导》，中国人民大学出版社2000年6月第1版，定价：33.00元。

卡尔·夏皮罗和哈尔·瓦里安在《信息规则》开篇时的口吻，有点像电影《2001年太空之旅》。作者写道："随着世纪之交的到来，世界变得越来越小。大众迅速地接触到快捷得多的新通信技术。企业家享受到前所未有的规模经济，建立了庞大的帝国。他们发了大财。政府要求这些强大的新垄断者遵守反垄断法。日新月异的技术使旧的商业模式显得不复适用。但是，经济学的基本规律仍然是不可动摇的。掌握这一规律的人在新环境中生存了下来。没有掌握这些规律的人失败了。这是对未来十年的展望吗？不是。你刚刚读到的是对100年前20世纪工业巨人们刚刚崭露头角时的描述。这些工业家们利用新生的电力和电话网络等基础设施改变了美国经济，就像今天的硅谷企业家利用电脑和通信设施改变世界经济一样。"

这会是怎样一本书呢？尽管作者一再声称："我们寻求的是模型，不是潮流；是概念，不是词汇；是分析，不是比喻。"但现实是，这本书一经出版便受人追捧，1998 年时被亚马逊网上书店评为最佳商业书籍，是有关探讨网络、信息政策等新经济主题的上乘之作。同样是旨在对互联网时代的商业进行指导，但《连线》杂志主编凯文·凯利的《新经济规则：连线世界的十大革命性策略》便相对逊色不少了，按照保罗·克鲁格曼在《以拙取胜》一文的说法，"当然，出版业本身就是风云莫测的……凯利告诉大家，在这个新世界里，企业家只要做好事就能得到回报；夏皮罗和瓦里安却很现实，甚至有点儿不择手段。他们说，要想从信息中挣钱，你得找到一种聪明的、有时甚至比较'损'的办法来击败你的对手，剥削顾客。"当然，这只是一家之言，带点玩笑、带点嘲讽、带点戏说。事实是，这本书之所以经典，主要在于两位经济学家在听到"新经济"以及当中大量的新词汇后，便"识时务"地用经济学领域中的规律来分析所谓"新经济"的案例与问题。正如他们所说的"我们运气不错，人们不需要一个全新的经济学，人们需要见识到一些真东西，一些他们在学习经济学时没有学到的知识。"《信息规则》给看似缥缈的网络经济清晰的定义与分析，在大量充斥着泡沫与商业的讨论演讲中犹如清冽的甘泉，从信息本意出发对于整个信息管理与售卖的过程给出了判断与分析。而这一个过程完成在 1998 年，当时，网络经济在国外开始全面兴起，而在我国，还是一片静悄悄——无论与内与外，夏皮罗和瓦里安都赶上了一个好时代。

这本书的两位作者都是著名的经济学家，特别是哈尔·瓦里安，国内几所名校的经济学系使用的微观经济学教材就是出自他的手笔。经济学家汪丁丁也曾说过，瓦里安的书肯定有意思。他说对了。在《信息规则》里，作者用不变的传统经济学知识（理论），从经济研究和我们自己的经验中提取出适合信息相关产业的经理们的知识。尽管，我们一直在听人们说我们生活在"新经济"中。言下之意就是我们还需要一个新经济学，一套用以指导商业策略和公共政策的新理论，但是作者在序言中却告诉我们说，"别着急，你读过关于差别定价（Differential Pricing）、捆绑（Bundling）、价格信号（Signaling）、授权（Licensing）、锁定（Lock – in）或网络经济学的文章吗？你研究过电话系统的历史或 IBM 与司法部的大战吗？我们认为：你并不需要一个全新的经济学，你只需要见识一些真正出色的东西、一些你在学习经济学时没有见到的知识。这就是我们写这本书的目的。"

就拿免费软件为例。20 世纪 90 年代最有名的免费软件当数网景的免费浏览器 Netscape Communicator 了 (Linux 是属于 2000 年的），我们知道软件是商品，是商品就有价格，如果卖出商品不收钱，这个企业不是学雷锋，就是另有企图。不管从哪个角度看，网景的老总安德里森也不像雷锋（你见过那么胖、那么有钱的雷锋吗？），所以，唯一的可能就是他们另有企图。对此，两位经济学家说道，网景之所以可以免费送出大量软件，是因为软件是信息产品，而信息产品的特点就是一旦生产出来，复制一份的成本几乎为零。用经济学家的话来说，就是可变成本为零，产品的成本几乎全部是固定成本。对网景来说，软件开发投入的费用已经花出去了（沉没成本），免费送人一份并不吃亏，节约下来一份也不占便宜。那么网景究竟有何企图呢？

首先是吸引注意力，书中有一部分内容专门讲述注意力经济，就是说，在信息社会中，信息量达到了前所未有的规模，但是人只能使用一定数量的信息。一种信息产品要让人使用，首先必须吸引到用户的注意力。免费的目的就是让尽可能多的人使用，以获取宝贵的注意力资源。

其次是互补产品。仅仅吸引到注意力是不够的，还要能够把这种注意力用在业务的其他方面。网景浏览器把网景的站点作为其上网的首页，这样，人们上互联网的第一站就是网景站点，那么在这个站点上打广告，效果就会比别的站点好得多；今后网景还可以利用人们的注意力做很多其他的事情，如电子商务等。其实这种现象在别的产业中也存在，耐克公司愿意向乔丹支付上亿美元的广告费，就是因为他拥有巨大的注意力资源。

再次是网络效应。要理解什么叫网络效应，可以先回答一个问题：如果世界上只有一台传真机，它会值多少钱？答案是一文不值。瓦里安和夏皮洛说，许多信息产品，如电话、电子邮件、互联网、传真机和调制解调器都必须在一个系统中运作才有价值，当一种产品对一名用户的价值取决于该产品别的用户的数量时，经济学家就说这种产品显示出网络效应。如果更多的人使用网景浏览器上网的话，制作网页的人就会更多地照顾使用网景浏览器上网的人，这样一来，就会有更多的人使用网景浏览器，因为用别的浏览器会有许多站点看不了。如此循环下去，网景浏览器就会成为主流。

“没有新规则，技术会改变，经济规律不会变。有些人认为在新经济中，就一定需要一套新经济学，但是我们要说，过去的经济规律仍然管用，而且非常有效。”其实从“网景”的案例解读开始，一直到战略选择、成本转移、网络外部性以及产业政策，《信息规则》一直贯彻了“经济学帝国主义”的分析思路，当然，在书中我们也看到了他们对于知识产权所持的以宽容的态度对待知识产权的少量损失，无疑，这是基于经济学家的效率论出发的。

譬如，互联网的推广会使知识产权的传统保护在许多方面都显得无能为力，有时，它就像一个巨大的无法控制的复印机，使出版界中的许多人为之困扰。而夏皮罗和瓦里安对这种现象的态度，比那些坚决主张严厉保护知识产权的人要宽容得多。这种宽容态度的立足点是，应该追求知识产权价值的最大化，而不是为保护而保护。毫无疑问，以数字技术传播信息以其独特的魅力，既降低了复制成本，又降低了分销成本。这两种新能力对版权管理乃至整个知识产权的管理提出了一系列的挑战。但是，数字技术的发展也为知识的发明者与所有权提供了前所未有的良好机会：一种新知识会以更快的速度普及更广大的民众，这难道不会反过来回报知识产权？夏皮罗和瓦里安向我们展示了历史上知识传播与复制技术的采用对知识产权的威胁与回报的双重效应，例如，图书馆的出现对出版业的影响。18 世纪，英国只有富人才有钱买书，一本书的价格相当于普通工人的周薪。因为书贵，到 19 世纪初，全英格兰只有 8 万个经常读书的人。然而，自 1741 年英国出版了第一部小说《帕梅拉》( *Pamela* ) 后，大众对这种读物怎么读也不够，书店开始出租小说，这就意味着“流通书店”的出现。书店的销售商开始对此非常恐惧，认为这种图书馆会大大减少其图书销量。但后来表明，低成本的阅读激发了很多人的阅读需求，英格兰的经常性读者到 1850 年已达 500 万人。这导致了平装书的诞生，新的为大众图书市场服务的出版商发达了，出版业从此跨上了新台阶。

作者这么说当然不是主张取消知识产权保护，而只是为了提醒知识产权所有者，不应过分在意于保护他们的知识产权。在他们看来，如果你在出售或出租的时候失去了一点儿产权，那不过是做生意的成本而已。新书上网，或报刊上网，甚至你的部分科研成果上网，是会对知识产权产生威胁的，但对潜在顾客来说，一份可以与人共享的产品，明显会比在控制条件由一方使用一次的产品要有价值得多。这里，难的是如何在“威胁”与规模经济的潜力之间进行得失权衡。既然有得失权衡，经济学就会运用优化原理，于是，知识产权的管理的松与紧两极之间必有最优解，挑战就在于找出使产权价值最大化的条件与条款。

除了这本《信息规则》，不知道大家还有没有读过其他一些讲述新经济和信息时代的书，在那些书中，作者们都唾沫横飞地描述着未来的美丽新世界：“所有的人都可以在任何地方上班，你可以在美丽的夏威夷海滩沐浴阳光，然后手指头一动，把今天的工作成果传到老板那里；个人可以像现在的公司一样发行股票”，或者“你见过蜜蜂窝没有，对了，未来的信息系统就像这样……”夏皮罗和瓦里安可不是这种浪漫主义者，他们务实许多，“我们不会告诉你设计商业战略就像恢复生态系统、打仗或做爱”，在拒斥虚无缥缈、反感花言巧语之后，他们的评论、推演、预测基于久经事实考验的经济学原理，就是这样。

《人月神话》

# 人月神话和布鲁克斯预言

弗雷德里克·P. 布鲁克斯（Frederick P. Brooks），曾荣获美国计算机领域最具声望的图灵奖（A.M.Turing Award）桂冠。美国计算机协会（ACM）称赞他“对计算机体系结构、操作系统和软件工程作出了里程碑式的贡献”。布鲁克斯博士是北卡罗莱纳大学 Kenan-Flagler 商学院的计算机科学教授。他被认为是“IBM 360 系统之父”，曾担任了 360 系统的项目经理，以及 360 操作系统项目设计阶段的经理。凭借在上述项目中的杰出贡献，布鲁克斯博士以及鲍勃·伊文斯（Bob Evans）和埃里克·博尔齐（Erich Bloch）在 1985 年荣获了美国国家技术奖（National Medal of Technology）。布鲁克斯博士早期曾担任 IBM 公司 Stretch 和 Harvest 计算机的体系结构设计师。

对于《人月神话》，曾有论者给出了至高的评价。“10 年以后，如果软件开发领域还有哪一个神话不曾破灭的话，那它一定是弗雷德里克·布鲁克斯先生为我们描绘的《人月神话》了。”尽管，有人还在对《人月神话》的软件工程专著的地位表示质疑，有人则在大肆宣扬印度的软件工程师们人手一本《人月神话》的不争事实。但无论如何，在软件领域中，的确很少有像《人月神话》一样具有深远影响力和畅销不衰的著作。

《人月神话》最早出版于 1975 年。从某种意义上说，当时的版本更像是一份有关软件开发的精致的项目总结报告。作为 IBM 史无前例的巨型软件系统——OS/360——的项目经理，布鲁克斯有资格也有权利把项目中的成败总结出来，公之于众。尽管布鲁克斯这份总结报告的内容早已超出了 OS/360 项目的范围，延伸到了项目管理和软件工程的方方面面，但我还是乐于把这本书放在 OS/360 项目的大背景中去阅读——毕竟蓝色巨人 IBM 在巨型项目中深陷泥潭的情形并不多见，毕竟 OS/360 系统早已成为了众所周知的软件

【美】弗雷德里克·布鲁克斯：《人月神话》，清华大学出版社 2002 年 11 月第 1 版，定价：29.80 元。

工程萌芽和发展的代名词。仅仅从项目总结的角度来看，布鲁克斯的分析和论断也是相当深刻和颇具建设性的。想象一下，既然1975年的布鲁克斯就已经说过，3个人4个月的工作和12个人1个月的工作绝不能划上等号，那我们为什么直到今天还在用“人月”的简单换算关系来计算工期，安排进度呢？既然1975年的布鲁克斯就已经为我们介绍了克服时间压力和团队合作之间矛盾的有效方法，我们为什么还会在今天的产品开发中屡屡延期交付呢？既然布鲁克斯早就提醒过我们要注意软件开发中普遍存在和频繁出现的目标舍弃、功能调整、预算紧缩等变数，我们为什么还总能在项目计划阶段保持乐观，蔑视一切潜在的风险呢？也许，我们应该重新跟着布鲁克斯先生，走进OS/360项目的迷宫里，重温一下20世纪60年代那几千个充满激情和梦魇的日子。

或许是布鲁克斯并不想仅仅提供一份精美绝伦的项目总结报告了事，如果是那样的话，《人月神话》恐怕就会更多地偏向技术性的阐述，而不会拥有现在这种通俗、晓畅的文风了；布鲁克斯肯定希望能通过再版时的修订和增补，将全书的主旨升华到一个更普遍、更有代表性的层面上来。因此我们现在看到的《人月神话》是1995年出版的20周年纪念版。与20年前的版本相比，新的《人月神话》增加了《没有银弹》等一些文章，并在原有章节中补充了许多新的内容。

在这本书中，有几个关键词汇需要我们掌握，这对帮助理解布鲁克斯的观点有直接的联系。首先是“人月”。熟悉软件项目管理的各位肯定清楚，人们常常根据人月来估计工作量（并相应收费），比如一个项目五人两月完成，那么总工作量就是10人月（本书以此命名，然而除了以之为标题的第二章外，并没有太多内容与此有关）。称之为“神话”，作者的用意也并非完全否定作为计量方法的人月，而是要理清这个概念中隐含的种种错觉。我认为，这里的主要论断包括以下几种：第一，人/月之间不能换算，换言之，两人做五个月完成，不等于说五人做两个月就能完成；第二，也是最有争议的一点，那就是在项目后期增加人手，只能使工期进一步推迟；第三，项目越大，单位工作需要的人月越多。或者说，归根结底，作者要粉碎的是“人月”概念可以线性把握的神话：无论是开发人员的人数上，还是工作量本身上的变化，都可能导致最终完成时间的非线性变化。这里有一个作者的戏剧性表述（书中称为“布鲁克斯法则”），它说“向进度落后的项目增加人手，只会使进度更加落后”。这个观点事实上并非像它看上去那么有挑战性，而作者在初版以及后记中，都表示这包含了合理的夸张，后记里甚至援引进一步的研究表示，增加人手不一定会使工期进一步推迟，不过肯定会使工程效率进一步降低——而如果一定要增加人手，越早越好。得出这样的结论，主要的考虑是增加人手带来的隐性花费（人员培训、多人工作时的通信成本等）以及项目进程中存在的无法逾越的关键路径。对于项目管理人员来说，这应该已经是一个不言而喻的真理。但由于最终决策者的压力，实际项目中却往往会发生与此违背的情况。对此，作者把一份法式餐厅菜单塞进了书中作为题图，他写道：“美食的烹调需要时间；片刻等待，更多美味，更多享受。”

另外，增补部分中的“银弹”是作者独创的又一个概念。在古代的狼人传说中，只有用银质子弹才能制服这些举止无常的怪兽。因此作者也用“银弹”一词，命名人们渴望找到的制服软件项目这头难缠的怪兽的法宝。“没有银弹”则意味着，没有任何一种方法（无论技术上的或是管理上的），单单采取它就能将现有的软件开发生产率（可靠度 / 简洁度）提高一个数量级。在书中，作者的论证是简洁而有力的，他说，软件开发的困难来自两个方面：本质的和偶然的（类似于经院哲学中的本质 / 偶性的对立）。本质的困难是软件开发本身所固有的，无法用任何方式取消的，而偶然的困难是其中的非本质因素，可以通过引入新工具、方法论或管理模式来消除。关键在于，只要本质的困难在软件开发中消耗 10% 以上的工作量，则即使全部消除偶然困难也不可能使生产率提高 10 倍。

就像作者其他很多论证一样，读完关于银弹的部分我们或者会说“本来就是这样，这还用说”，或者会说“这么简单的事，我以前怎么没有想到”。正是这种介乎漠视和震惊之间的摇摆体现了这些论断的价值：它们也许在理论上已经是被过分强调、被超越、被唾弃的了，但即便如此，在实践中我们往往连这些基本的原则都会完全不顾。对我们而言，MMM 或许首先是一本关于态度的书。它指认的问题首先是，对待软件开发工作时应采取怎样的态度。正是因为某种态度，我们才会热衷于寻找解决一切问题的银弹（RUP 也好，CMM 也好，XP/Agile 也好）而从未诚心诚意地贯彻其中任何一个原则；我们才会急于在系统中塞入一个又一个的功能，无视用户使用时的实际效果；我们才会无法相信自己能够组成“外科手术式”的团队，无法找到不做产品设计的开发人员；我们才会一次次接受形形色色的人月调整，最后把一个个项目带进了“焦油坑”。

如果一定要为本书找到一个贯穿始终的概念的话，“概念完整性”（Conceptual Integrity）可能算是一个。它的含义是：宁可少添加一些七七八八的功能（Anomalous Features），也应该保证，整个系统体现的是完整的一套设计理念。概念完整性的受益者包括最终用户、系统开发者、培训员和服务人员。概念完整性保持得好的系统更易用，需要较短的培训时间和学习时间，同时也更易于开发。但是在软件生产的实践中，各级决策者都很容易产生强调“功能”而忽视概念完整性的倾向。因此我们看到了太多包含大量“功能”，而就整体而言不知所云的系统，也出现过太多次由于一两个附加功能的实现难度而导致整个系统开发推迟、甚至难产的事例。据此，作者提出，概念完整性是系统设计中最重要的考虑。在保证概念完整性的各方面中，我认为作者提出的两点最为有趣。第一，要克服系统的“第二版效应”（the Second System Effect）。一个系统设计师在设计第一版系统时，往往出于较弱的自信心以及量力而行的考虑，会尽量剪裁要实现的功能数量。而当第一版系统成功发布，开始第二版的设计时，随着自信心的增强，大量以前被压制的提议都会重现，设计师在塞入新的功能时也会不再那么保守。这很可能导致一个臃肿而缺乏概念完整性的第二版系统。第二，整个项目团队的有效组织有助于保证概念完整性。首先，要区分产品人员和开发人员，architect 和 implementer。这里所说的 architect 相当于一般而言的产品经理。只有他以及少数的几个人能确定整个的产品需求，而不应把即使是最细微的需求留给开发人员确定。在需求确定的过程中，多次反复，包括来自开发人员的反馈都是必要的，但为确保概念完整性，作出决定的必须是少数，甚至一个人。另外，在开发中可以考虑“外科手术式的”开发团队，即，由唯一的“手术师”以及多个助手、测试员、联络人员、文件 / 工具 / 配置管理员、秘书等组成的队伍。显然无论是产品开发人员的区分，还是外科手术式队伍的引入，核心原则都是职能细分、将高要求的工作集中在少数人手中。事实上，作者在其他的章节里说过，提高软件项目质量的最好办法之一，就是找到合适的人。伟大的设计师和普通设计师之间的差别，比采用任何先进工具 / 方法论 / 管理模式前后的差别都要大。

最后，让我顺带介绍一下这本著作的作者。本书的作者布鲁克斯，曾担任 IBM 的大型机 System/360 及其操作系统 OS/360 的开发项目经理，被称为“S/360 之父”，之后转入大学，执教多年，因而难能一见地在实际项目管理和教学上都具备世界级水平。在离开 IBM 近 10 年之后（1975 年），他根据大量切身实践和教学经验写出了本书，在风格上，也兼具教师的醇厚耐心和工程师的技术素质。我个人最受益于书中随处可见的精彩的比喻。仅仅举几个例子：“焦油坑”、“大教堂”、“外科手术队伍”、“银弹”，就我的记忆而言，几乎每一个都是对所指对象最贴切的形容。而这些隐喻的光彩，又通过众多题图、题记（有时不失幽默）的反射，获得了熠熠生辉的效果。

《人件》

# 关于人性化管理的表述

汤姆·迪马克（Tom DeMarco）和蒂姆·李斯特（Timothy Lister）是大西洋系统协会（www.atlsysguild.com）的负责人。从1979起，他们就在一起演讲、写作和从事国际性的咨询工作，主要涉及软件工程、生产力、估算、管理学和公司文化。

汤姆·迪马克的职业生涯开始于贝尔实验室，他是结构化分析和设计的创始人之一，之后，他转向研究软件开发中的管理及其方法。他由于“对信息科学的重大贡献”成为1986年的J. D. Warnier奖的得主。迪马克总共已出版了六本书，其中项目管理小说《最后期限》（已由清华大学出版社出版）曾被评为亚马逊网上书店和巴诺书店的最佳畅销书。

蒂姆·李斯特的研究领域主要集中在对软件组织和项目的风险管理。蒂姆也为美国仲裁协会工作，负责解决软件争端。他还是美国国防部下设的软件程序经理网络的航空理事会员。

【美】汤姆·迪马克和蒂姆·李斯特：《人件》，清华大学出版社2003年6月第2版，定价：29.80元。

“老板，不要把开发人员当牲口！”这句响亮的口号，曾经一度成为网上讨论最多的一句话。同时，作为它的延伸，还有另外一句口号，“为开发人员伸张权利！”随着《人件》一书的出版造势，这两句口号一并成为了新时代IT产业人本管理思想的象征，正确地指出知识型企业的核心是人，而不是技术，呼吁广大管理者要给予软件工作人员以充分的自由和信任。这本书在1987年首次出版后，立即在西方引起了轰动，被誉为“几十年来对美国软件业影响最大的理念”，它同《人月神话》一道，成为软件图书中的经典之作，“两朵最鲜艳的奇葩”。如果说《人月神话》关注的是“软件开发”本身，那么《人件》的主题则更倾向于对软件开发人员的“开发”。

注意，《人件》更像是一本经管类图书而不是一本编程书籍。该书的副标题是“高效的项目和团队”。作者汤姆·迪马克和蒂姆·李斯特所关心的是生产力。用任何尺度来度量生产力，在软件工业的不同团队之间有 10 : 1 的差距。换句话说，最好的团队开发一个软件需要 1 年，最差的则要 10 年。原因看起来不止是最好的团队拥有最好的程序员（虽然最好的程序员趋向于加入有培养优秀团队环境的公司）。那么差别在哪儿呢？作者认为关键的差别在于：优秀团队有良好的工作环境，不必受制于那些对开发软件毫无益处的荒谬措施；经理不会挡团队的路（如果必要，经理还会把挡住本团队发展道路的其他人推开）。你会发现，《人件》探讨的其实是软件开发和维护的团队管理问题。作者根据他们管理软件开发项目长达几十年的经验，向那种以为可以从人和团队管理中获得最佳成果的习惯做法提出挑战，还扩展探讨了软件项目管理者在对待被管理者方面容易犯的错误和工作环境方面存在的问题。

在书中，作者首先提到了管理者应当如何对待知识工人的问题。“我们工作的主要问题，与其说是技术性的，不如说更多的是社会性的”，这是贯穿全书的主题。作者指出，项目往往最终可能并不是因为人们不懂技术而失败，而是因为团队本身被破坏而失败。以往的许多管理理论，将项目的管理设想为某种非智力性的、“组装线式”的开发。如果运用这些管理理论提议的不鼓励思考的管理办法，将毁坏花钱雇人来思考的环境。正因为知识工人需要思考，因此每个人都是独特的和不可替代的。管理者不从人的角度来管理，很难形成和维持优秀的团队，将从根子上破坏掉“人力资源”的根基。

在“工作环境”方面，作者批判了“廉价、开放式空间”理论和“工作场所是可以节省金钱的地方”的错误观念。他们认为如果糟糕的环境影响了这位工人的生产率，节省下来的金钱远远要少于这位工人完成任务所需的额外时间。根据他们的分析，工作环境好坏的差别造成的组织之间的生产率差异高达 11 : 1。此外，雇用最恰当的人对项目的成功至关重要，因为管理者不可能塑造一个知识工人。管理者应当努力雇用能最出色地做好工作、对团队有最大补足意义的人，而不是最符合某些武断的、标准的人。为了让团队成员在此过程中具有互补性，管理者要一直关注需要补充些什么人员。

在“培育团队”方面，作者集中讨论了“胶冻团队”（Jelled Teams）概念。在这样的团队中，成员高度集中于既定目标，要比由个体成员集合在一起具有大得多的生产力。这些团队是很难组成的，但却很不容易破坏。给知识工人以自由和信任的管理者，最有可能形成这样的优秀团队。越来越多的管理者从亲身的实践中意识到，高额薪酬不再是保持一个团队的凝聚力、留住人才的唯一手段。员工跳槽的诸多原因中，工作不顺心、能力的不能自由发挥等，已成为主要的原因之一。只有那些最缺乏人本管理思想的管理者才恪守“重赏之下必有勇夫”的遗训。知识工作应当是一种快乐的、充满解放感的工作。这并不是说理想的工作总是快乐的，而是指一个好的管理者应当以使工作成为一种享受作为自己的职责。给予手下的人尽可能大的自由来定义自己的工作，是使团队保持“胶冻状”的重要方法。

在阅读《人件》的过程中，这本书给我感触最深的不是里面提到的如何以人为本，如何不能通过加班来促使项目的完成，相反，而是以下几个主题，结合自己的心得展开一下：

（1）错误限额。“人非圣贤，孰能无过”，中国的先知们很早就给我们提了一个醒。人不是圣人，不可能是十全十美的。每个人都有自己的缺点，也自然会有自己的优点。一个人犯错误是难免的，其实犯错误本身并不是罪过，相反，对犯错误的看法却会导致这个罪过的加深。在一个软件的开发过程中，很多设计方面本质上就会有些缺陷的倾向，那么我们如何对待这种默认就会存在的错误倾向呢？我想《人件》里面提到的“应该丢弃而不应该是修补”体现的就是我们“有错就过”的原则，我想这个也是为什么 RUP 软件工程方法论里面强调的迭代式开发的根本思路吧！在软件团队的管理过程中，人是团队里面最重要的因素，人犯错的机会也是非常多的，一次的犯错误，我们不能就一棒子打死，因为这一棒子下去，他可能就真的“死”了，有错误就改正，改了以后，他依然是一个好孩子嘛！但是在现实中，确实存在类似的看法，很多项目经理因为团队的某个成员因为一个设计、一个想法是错误的，从而就认为这个人能力就不行了，也就认为这个人所有的一切都是不行的。其实这样的想法反而会对整个团队的团结带来影响。殊不知，换一种思路，通过亲切地询问下属走进过怎样的死胡同，纠正错误的根源，也许这样，反而能带来“柳暗花明又一村”的效果。其实，人们犯错误时，我们应该祝贺他们，因为他们从错误中已经获得了进步的经验！

（2）质量是免费的，但是只是对那些愿意为此付出巨大代价的人而言质量控制是软件开发过程一个至关重要的环节，然而，在我们中国的大多数企业，在“质量”与“数量”上却更趋向于后者。《人件》书中提到这么一段话“在日本不存在质量与价格之间的交易，相反，高质量导致成本降低的思想却普遍为人所接受”。我想通过这段话我们可以看出为什么日本的电子产业、日本的经济能在战争取得飞速发展的一个原因吧。当然，之前也曾经在 CSDN 里面看到很多在华的日本软件产品外部里面说过，日本人在开发一个软件项目的时候，由于对质量的过分要求，而导致项目的进度一再拖延的问题。可见，软件开发过程非常忌讳“过度”。质量是免费的，但是只是对那些愿意为此付出巨大代价的人而言。我想这句话是非常正确的。在我们实际的项目实施过程中，我们不难发现，用户最关心的是什么，那就是质量，一个软件产品的最终使用者是用户，而不是开发者本身，用户在使用中当然不希望产品到处存在 BUG、到处出错。但是我们开发者本身却往往忽略了这种感受。他们把开发当成了一种艺术，当成是体现自己技术水平的一个练兵场。他们会为实现简单的功能而采用高深的技术，也许这一方面体现了你的技术，但是也许高深的技术带来的效应就是牺牲了用户的可操作性。或者是软件运行的效率。所以我觉得软件质量的控制不能光靠一个测试组的把关。也许，作为软件开发者本身，我们是否也需要进行深刻的思考呢？当然，由于项目的开发周期短，开发资源有限，很多人都会埋怨“我也想开发高质量的软件呀！”从这一点，我们国内的很多公司都应该进行反省，但是我觉得，质量应该形成一种文化，只有一个公司，一个部门，一个团队真正形成了崇拜质量的文化，才能确实有效地保证我们产品的质量，才能确实地降低成本！

（3）“送走”策略。“送走”策略在《人件》里面是送给管理者和监督者的。我想这个做法是非常对的。“送走”代表的是信任，是授权。书中说到，如果你招到一个适当的人做你的手下，那么要提高他们的成功机会，除了必要的一些交流外，你可能什么都不需要做，任何在空间上分开的任务都是一个美好的机会。软件开发不同于其他的生产过程，它是靠人们智慧的发挥和激情的迸发来完成的。直接的监督对开发人员来说会是一个笑话，他们会感觉跟犯人一样给限制，思维给限制了，自然生产出来的产品也就会给限制了！“送走策略”代表着管理者对开发团队的信任，对项目经理的信任，对开发人员的信任，而这种信任会激发他们的灵感，发挥他们的创意！同时，“送走”也代表着开发团队的完全自治，这样的工作时段给了他们改善的机会，也使他们能形成我们上面说的“胶冻团队”，如果你是管理者，你觉得对吗？很庆幸，我现在也处在一个具备这样信任的企业，我为我的企业骄傲！

管理学大师汤姆·彼得斯在《解放型管理》一书中说，他拒绝使用“人力资源”一词，因为它听起来总像是把人当作物而不是人，而在一个急剧变化的时代，组织的活力来自于“解放”——使员工的角色和功能的多样性和创造力最大限度地发挥。操纵、控制、指挥意义上的“管理”正在被引领、开发、解放意义上的“管理”所取代。汤姆·迪马克和蒂姆·李斯特在《人件》中倡导的正是这样一条更具人性化的管理进路。他们在文中非常直接地指出管理者的功能不是使人们工作，而是使人们有工作的可能。强烈强调管理者建立一个健康、有益于工作的环境，管理者认为雇用人才更重要。以上的三个论点令人愉快，读者可以从中受益。众所周知，整体比它的部分的和作用更大，毫无疑问，一个成功运作的团队能克服巨大困难。带领这样的团队达到目标真是太好了。作者也指出团队的目的不是目标达成，而是目标安排。只有管理者能接受作者关于团队的观点，并开始按此去做，才会取得预期的效果。通过强制要求每一个项目管理课程 / 学习 / 培训都阅读本书，我们才能公正地对待这项伟大的贡献。总而言之，这本书是关于软件工业的最好的著作之一。它给软件工业的管理带来了显著的价值，因为该书论述的是人，更多的人才是这个软件工业最大的资产。

《信任代理》

# 《影响力》的 21 世纪互联网版

克里斯·布洛根（Chris Brogan），出生于美国。国际新传媒系列会议 Podcamp 的创始人之一，关注通过社交媒体来拓展商业和人际关系。《福布斯》2010 年度 25 位网络名人之一，排名 15；位列美国前 100 位名博。

朱利恩·史密斯（Julien Smith），出生于美国。资深潮流分析家，已经有十多年的网络社区经营经验。他帮助很多企业应对业内危机并从中获利。他也代表公司和非营利机构在加拿大和美国的新闻节目中亮相。

2011 年下半年，微博上热热闹闹地都在谈论一部电影，没错，就是那个“小清新”之作《失恋 33 天》。在我看来，这是一部神奇的、且红得“莫名其妙”的电影，原本以为在前有《猩球崛起》，后有《铁甲钢拳》，紧接着还有《丁丁历险记》等好莱坞大片的夹击包围下，像这样的小成本、电视人玩票性质的爱情电影，应该没什么戏。结果，我错了，我错得离谱，它黑得彻底！事实上，它不仅力压这些“大制作”电影，而且短短数日，票房过亿，接下来是 2 亿，最近超了 3 亿。3 亿是什么概念？就这么说吧，活脱脱一部《阿凡达》再世，重要的是，它拍摄投入不及千万，宣传成本仅仅百万，从名不见经传到独占鳌头，就这样，《失恋 33 天》随着 2011 年 11 月 11 日“神棍节”的到来，票房渐入佳境，效应不断放大。

老实讲，我不看好这类电影，就像某部影片在欧美取得不俗票房，能在很大程度上

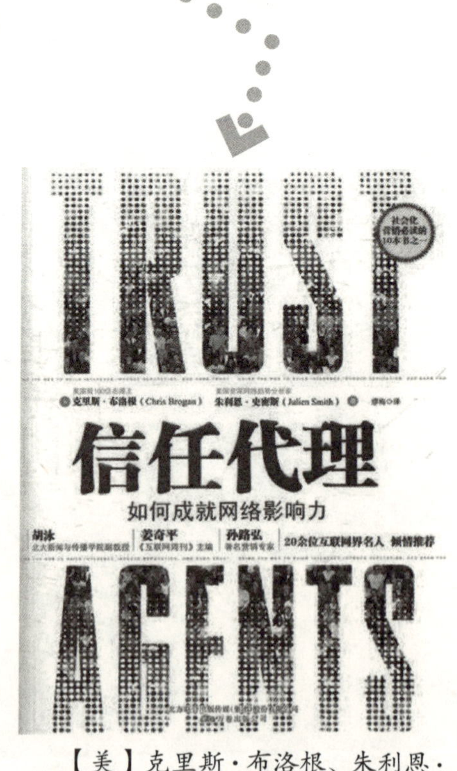


【美】克里斯·布洛根、朱利恩·史密斯：《信任代理：如何成就网络影响力》，万卷出版公司 2011 年 8 月第 1 版，定价：49.80 元。

证明它是一部好电影；但是，它在大陆上座率惨淡，不一定就是部垃圾片。《画皮》票房总还可以吧，《白蛇传说》票房非常不错吧，但它们真的是上乘之作吗？同理，《失恋33天》怎么样，就事论事，剧情一般，台词尚可，结尾马虎，不过如此，至于十几天就3亿多吗？除去某些偶然因素，我不看好，它也不好看。

问题是，这匹黑马它为啥就这么“黑”呢？与《观音山》、《孤岛惊魂》还有所不同，我们注意到，《失恋33天》最早以及最主要的营销攻势是从微博、社区网站等社会化媒介开始的，其主打“失恋”、“单身”牌，借节日之势大肆宣传，而面对的人群又是在校大学生、公司白领，说实话，谁没失过恋，谁又没空窗过呢？所以，在你来我往、口口相传间，这样的电影极具话题效应和共鸣作用。对此，国内某娱乐杂志在一组解析该电影成功之道的文章中这样写道：“社会化，以微博和SNS为代表的社会化互动媒体传播；本地化，基于位置的服务；移动化，基于手机、平板电脑等移动平台的信息传播模式，三者形成的即时化传播，可以通过互动、分享等行为获得来自受众的反馈，并将其中的亮点迅速转化为新的炸点做二度传播，杀伤力更大。而他们更倾向于简单描述这中间最重要的部分——互动型情感营销，把电影做得像‘心灵鸡汤’。”

如果说这个案例再次证明了“社会化营销”威力无边、不容小觑，那么，接下来还有一则亲身经历，能说明如何在社会化媒体上“引爆流行点”。某日，当看完电影《人约离婚后》，我发了个微博：“都市爱情观，要看香港造。读书我选@张小娴，电影则推@叶念琛。记得最早看的是《独家试爱》，后来每隔一年，追看《十分爱》、《我的最爱》、《亲爱的》。去年一部《婚前试爱》卷土重来，今年再接再厉，出了部《人约离婚后》。他总是秉持残酷的爱情观：它很美好，却往往不堪一击！”只是随性一写，没想到，叶念琛竟转发了我，还回了一句谢谢。然后，你可以想见，他的影迷粉丝们，迅速转发、评论，仅十来分钟，转发就达五十多次，然后数字不断往上累加，这不，在我写下这篇文章的时候，微博还不时会@我，因为，转发仍在继续，最新数字是406条。试想，如果不是推一部电影，而是要推一本书、一个人、一个品牌，我们想方设法地让目前人气很高的杨幂、冯绍峰、吴奇隆来转发一下，并且跟上类似一句——这个赞，众亲们，要支持呀！到最后，它的市场能差吗？

绕了一大圈，说了两个例子，无非是想说明，当下社会，网络影响力真的不可低估，以及借力使力、杠杆原理的重要性。在读克里斯·布洛根和朱利恩·史密斯合著的《信任代理》一书时，我就琢磨着想把这两件事情写上一写——结合该书，前者实则在论证书的“问题意识”与“现实意义”，后者实为强调书的“指导作用”和“方法价值”。

通常来讲，我们通过互联网获取资讯、创造价值，但后来网络自身的弊端也逐渐显现，其表现为众声喧哗、信息过载、“专家”当道、垃圾遍地。为此，我们往往依靠那些值得信赖的人或机构，来实现有效地信息选择，于是从另一个方面讲，“得（网）

民心者得（互联网的）天下”，这就是网络影响力！

当然，这本书的重点不是在详解作为概念的“网络影响力”，而是侧重于“如何成就这样的影响力”。两位来自社交媒体与网络趋势研究领域的作者，凭借各自多年的从业经验，提出了迅速提升影响力的六法则，即：我的游戏我做主、成为“自己人”、把自己当成放大器、成为网络联系的中心、做精通交际礼仪的大师以及组建自己的网络军队。

仅从字眼看，这些原则难免有些笼统，甚至还有点不知所云。例如，“我的游戏我做主”在说什么呢？只有看完该章节通篇方才知道，作者的建议简单说，就是要彰显自己的特色，使得自己与众不同，在某个领域成为数一数二的好手。唯有如此，在茫茫网海中，人们才可能发现你、找到你并且在你熟知的行业内信任你。又如，“成为‘自己人’”究竟是谁成为谁的自己人呢？原来，作者是认为网络上的信任大多数是通过小组而建立起来的，这相当于一种归属感，只有找到同道中人，并且不断扩大这个基数，才能形成一笔无形的价值连城的社会资本。不过话说回来，不要紧盯着这些条条框框的原则，其实安插在每个章节里的“行动计划”和“信息提示”都值得一看。作为具体可实施的策略，它们将告诉你如何有方法、有成效地提升网络影响力。

既然说到影响力，早在《信任代理》之前，罗伯特·西奥迪尼曾写过一本《影响力》，他提炼了六条“影响力法则”：互惠、承诺、喜好、社会认同、权威以及稀缺。一经对比，《信任代理》也刚好六条。不过，这肯定有所不同。一个面向传统社会，一个面对网络空间，如果要问，如何在数以万计的网民心中，来做一个有影响力的人，那么，《信任代理》则给出了答案。在一定意义上，我们可以说，《信任代理》是“《影响力》的 21 世纪互联网版”。

希望你能看透其中的奥妙，正如作者直言，本书关注的是商业，而不是科技！

数字时代的必修课

100

杨吉 TMT 百部全说

《为什么中国没出 Facebook》

# Facebook 效应与中国互联网的“今世来生”

谢文，中国互联网开路人之一，中国互联网领域的数朝元老，中国互联网第一预言家，中国互联网发展的重要参与者。

20 世纪 90 年代中期回国，先后在中公网及其所属联众游戏网站、互联网实验室等知名企业担任 CEO 等职务。曾任和讯网 CEO，雅虎中国总裁。2008 年初加入一起网任 CEO。现为资深互联网观察家，媒体活跃人士。

是呀，中国之大，为啥就出不了 Facebook 呢？同样的迷思，还包括中国人多，为啥挑不出个像样的男足？中华崇德，为啥社会道德滑坡？华夏文化，为啥山寨盛行而创新鲜见……

在 Facebook 的例子上，若笼统回答，一句话足矣——因为我们有防火墙（Great Firewall），上不去 Facebook，不知它长啥样。所谓“知己知彼，百战不殆”，既然大多数人只闻 Facebook 其名，未见其真身，哪来的深入体验、虚心学习、细致研究和认真借鉴呢？除了简单的模仿或形式的跟风，我们将就着把人人网、开心网、58 同城网视为 Facebook 吧，但切莫反过来了——有个段子，说许多年后，我们的下一代“翻墙”出去，看到谷歌网站，竟破口大骂：妈的，我还以为有什么了不起的呢，还不是抄袭我们百度的。

笑话归笑话，关于“中国为什么没出 Facebook”着实能引发一番严肃的讨论，例如谢文把近些年对互联网发展的观察结集出版，取名便是这个。在他看来，由于天时不时、地利不利、人和不和导致中国就是出

谢文：《为什么中国没出 Facebook》，凤凰出版社 2011 年 8 月第 1 版，定价：39.80 元。

不了 Facebook。天时不时，指的是“一个国家的网络业从业者和网民根本无法使用 Facebook，你怎么能指望这个国家出一个 Facebook”。地利不利，说的是中国网络业所处的是世界上最严厉、最多变、最没有章法的行业管理体制，人们倾向安稳守旧，缺乏创新的土壤；至于人和不和，批评的是那些占据行业领先位置的大公司，随着地位巩固，逐渐走上了不思进取、坐吃山空的道路，常行“以大欺小、恃强凌弱、倚老卖老”之事。

作为中国互联网领域的元老，谢文对行业的熟谙自然不在话下。同时，他也并非纯粹的学院派、务虚者。自 20 世纪 90 年代中期回国后，他先后在中公网及其所属联众游戏网站、互联网实验室、和讯网、雅虎中国、一起网等企业担任 CEO 等职务，是中国互联网发展的重要参与者。所以对于一般问题，谢文总能在理论的高度、实务的角度给出独到的见地——就好比对待 Facebook 是什么性质网站的问题上，当人们普遍误读为是社交服务类网站，谢文却提出了一个不多见、却深含意味的观点：Facebook 是一个平台，一个以真实的人和真实的社会关系网为基础的、享用全面网络服务和展开全面网络生活的平台，而这正是谢文眼中 Web2.0 的精髓所在。

如何来理解 Web2.0，见仁见智。通说认为，该模式下互联网应用有用户分享、信息聚合、以兴趣为聚合点的社群以及开放的平台为显著特征，在谢文这里，他以 Facebook 为标本，提出颠覆性的架构、开放的平台和真实的力量这三大基本属性——当然，它们也是确保 Facebook 能脱颖而出、持续创新、疯狂生长的原动力。

按照谢文的说法，在过去六年多时间里，他一直以极大的兴趣关注 Facebook 的成长，尤其重视它所代表的新一代互联网服务在结构、逻辑、模式和产业链重组方面的革命性意义。对应于具体智识成果，谢文写了十几篇关于 Facebook 的文章，几十篇关于以 Facebook 为代表的 Web2.0 革命的博客，上百次和业内公司、创业青年以及各色媒体讨论 Facebook 所引发的种种话题。对 Facebook，谢文可算是推崇备至、厚爱有加，而他也借由 Facebook 厘清了互联网的本质、明晰了内在的规律，以及指引了产业的方向。其中代表性的观点有：Facebook 之前的 Web1.0 时代和以它为标志的 Web2.0 时代；未来互联网的决胜点是走向开放、做平台，而不是继续封闭、搞应用。

当然，整一本《为什么中国没出 Facebook》不仅仅限于关注 Facebook，还有延伸开去，讲中国互联网的“今世来生”。姜不愧是老的辣，谢文洞察敏锐、行文简练、说理通透、评述精到，为此，全书干货实在不少。例如，他罗列了“想通过互联网成事的八大规则”：接受并坚定不移持之以恒地实行现代高科技企业制度；人力资本是网络公司的核心资产，最大限度地调动和利用人力资本是网络公司成功的关键；上游定位，创新定位，前瞻定位，最大限度地利用社会资本；资金是网络公司这辆车前进所必需的燃料，但它不是发动机，更不是方向盘；一个先发的、格局比较大的、具有核心竞争力的战略是网络公司成功的必要条件；创新力是网络公司成功的发动机；一个创新的商业模式是公司成功的必要条件；三年是判断一个公司能否成功的最低时限。

又如，通过综观历史，他断言了“几个凡是”：凡是由其他领域的成功者所代表的实业资本投资控股的网络公司或者子公司都没有很成功的；凡是试图将其他领域的传统资源与网络嫁接的，都没有很成功的；凡是成功的公司都有好产品，无论在做好产品的磨难中道路多么曲折、压力多么巨大；凡是不成功的公司产品都不够好，无论其市场投入有多大，招数有多少。在谢文看来，互联网仍然是以民营企业为主流，创新为长期动力，与世界接轨为目标的新兴产业，国管、国有、国营的努力在这个产业中不大可能有大的作为。而对民营网络公司的打压整治做的是无用功，除了阻碍延缓互联网业的发展外，什么也得不到（国库里拿来的钱不算）。

需要一提的是，在书的最后，有一篇对谢文的采访被作为“附录”转记其内。这篇文章很重要，因为囊括了谢文对互联网（而非 Web2.0）的基本看法，其核心观点有：互联网将极大推动人的解放；互联网对社会有极强的重组作用；互联网将引导公众学会对话；以及互联网将推动中国变革——恰如是所言，中国互联网的挑战与契机可不单是“为什么不出 Facebook”那么简单了。

近些年，谢文把主要精力放在互联网观察上，成为一个不折不扣的媒体活跃人士。平日里，人们可在其博客、《新世纪周刊》上读到他的最新文章，虽然勤于思考、笔耕不辍，但之前始终未见得其出书。因此，眼前这本《为什么中国没出 Facebook》竟是谢文的处女作，而对广大关注互联网、从事互联网的人来说，这本集子可谓是“千呼万唤始出来”，值得一读。

# 微力无边，继续拍砖！

杜子建，华艺传媒首席顾问，作家。作为中国最早的社会化媒体营销研究者，杜子建在快媒体传播环境下独创了“破拆&答案”的新营销理论体系并形成独有的“华艺哲学”。先后为北京市公安局、招商银行、中国人民大学、创维、伊利、快克、《南都周刊》、《华夏时报》等近百家单位做过专题演讲和培训。因其独特的思维和不拘一格的形象，被称为“营销奇侠”和“营销界的非人类”。《EMBA 视界》总编刘元煌誉其为“中国企业家必须会见的 20 人之一”。

谢尔·以色列，社会性媒体记者，网络趋势研究先锋。超级畅销书《财富博客》合著者。《商业周刊》专栏作家。

【美】谢尔·以色列：《微博力：140 字推爆全世界》，中信出版社 2010 年 1 月第 1 版，定价：32.00 元。

杜子建：《微力无边》，万卷出版公司 2011 年 10 月第 1 版，定价：45.00 元。

那天，我把《微力无边》的封面拍下，然后写下："一部关于微博文化的书。至此，在有限的阅读涉猎中，已有 3 个人写出相关专著，分别是：李开复《微博：改变一切》、谢尔·以色列《微博力》，还有就是这本杜子建的。说来也怪，此人之前不曾写过什么，后凭一本《企业微博管理手册》出名，接着一发不可收拾，不仅'微力无边'，更是'潜力无边'。"接着上传至微博，发送。

没多久，发现有人 @ 我，竟是杜子建。他转发加评论道："瞎说，我十多年前就写长篇小说《活罪难逃》,此后又写传记类《百年婚恋》和《人物志之华莱士》等书,哈哈，只是那时没有微博宣传给力。哈哈。"看完我迅速回复："哈哈，罪过罪过，因为限于财经图书领域，对其他知之甚少，杜老师莫怪！"此后有不少杜子建的粉丝、博友，开始加以评论跟帖，例如有人说："对啊，杜老师是作家协会的会员呢，怎么说'之前不曾写过什么'呢。"也有人写道："杜老师的《微力无边》和《企业微博管理手册》，让人受益匪浅。一本处处闪着火花，一本周密严谨。两种思维模式能长在一个脑袋里，印证了杜老师自嘲的那句话：'外星人，非人类 DNA。'"当然，还有不少人只转发，不评论。就这样，我的一条不经意的微书评发布，不仅引来作者本人的关注，而且还在短时间内招致众人围观。不管怎么样，新书《微力无边》是得到有效的传播和宣传了，有一句话杜子建说得没错，"只是那时没有微博宣传给力"。曾"真的"写过不少作品的他，以前恐怕想都没想过，写了不少长篇、传记，还不如来几本小书更有市场，所谓"十年寒窗无人问，一举成名天下知"，就这么发生在了杜子建的身上，并且就是通过微博。

所以，由杜子建来写《微力无边》是合适的。第一，他专门研究过；第二，他为此受益过。尤其是后者，其本人在书中毫不掩饰。"微博是成就了我的，无论如何，仅现在受邀去讲课，都是需要提前预约的，有时还需要提前一个月。""大家从微博上知道了我，并找到我来帮他们的产品进行营销或者受邀去讲课，并且，课酬不菲——传说都有一天 8 万的，哈哈，不靠谱，但因为我空闲出来的时间不多，企业们自己为我涨价的事情是有的。"于是，当《企业微博管理手册》一书畅销热卖，杜子建趁热打铁，花 10 个月，又整出了一本讨论微博文化的书。对于书名，他左思右想，反复推敲，最后定下"微力无边"——这四字可谓一语双关。从客观角度看，微博在当下的中国正扮演着一个"公共舆论场"的重要角色，其覆盖力、影响力、传播力都不容小觑；从主观体会讲，杜子建着实靠"微博"这课题火了一把，身为作者，能有什么比自己的书大卖更感觉良好的呢？

不过话说回来，要写好《微力无边》是不容易的，甚至可能还吃力不讨好。对此，杜子建也有"自知之明"。他说，真正从事传播学和社会学研究的各路专家学者都还没插手置评，他这个野路子的江湖派草民又有什么资格撰写对于这样一个"传播学和社会学"杂糅在一起的新型"传播机器"的评论呢？此为一。另外，拿新浪微博为例，其落地、发展也就 2 年左右，自身都还处在"未成型"的生长期，对于这样一个新鲜事物，我们又能说出个什么深度和厚度来呢？看看杜子建都是怎么做的吧！

书的一开始，他讲了一个关于邂逅、重遇的故事。一个男生、一个女生在地铁站萍水相逢，男生对女生印象深刻，念念不忘，于是借助微博发布寻人消息，目的就是要“认识你”。随后事态的发展出乎男生的意料，就在 99 个小时后，女生特地注册了一个微博来回答他：我知道你，但我已经有男朋友了……对看多了爱情小说的人来说，这个桥段有些老套，但所幸不是重点，杜子建转述该起事件目的就在于，再一次郑重其事地告诉你：微博，一个神奇的存在，谁都不要低估它的威力。

在随后的篇章，杜子建仍然不厌其烦地梳理、回顾那些曾经在微博上展开激烈讨论的公共事件，从唐骏学历造假、郭美美、局长开房门、救助乞讨儿童到上海静安区胶州路大火、“7·23”动车事件、药家鑫杀人案、中国脊梁评选等，基于此，杜子建敏锐地观察到微博让每个人都可以“不同与以往”地表达、参与、行使公民权利。通过微博，“每个人都是潜伏者，每个人都是深喉，每个人都在记录，每个人都是在现场直播”。

不单单是这些类似通识性的观点，书中也有不少杜子建的新论与创见。譬如，他提出微博上“人人”不等于“人群”；微博传播者有四种身份：推客、点客、导客与受客，请注意，杜子建用爆竹点燃的全过程来加以比喻；同时，一个帖子的形成及远行，大致需要发布者、阅读者、旁观者、喝彩者、围观者、推动者、关键人、内行人等角色；微博的传播力不等于影响力，声音，是影响力的终极体现，它靠推客与粉丝值来决定；另外，杜子建除了引用链式反应、信息当量、临时共性、临时速配、舆论凌迟、微博信用链等概念来解释微博传播行为外，还独辟蹊径地创造了传播环、传播伞理论。

由于该书没有附录参考文献，所以并不知晓杜子建在写作《微力无边》时翻阅了哪些文献，以及是否借鉴过前述的李开复《微博：改变一切》与谢尔·以色列《微博力》的现有成果。但有一点可以肯定，他和以色列想到一块去了，后者在书中提出：微博作为一个产品或服务去兑现价值是困难的，但它作为一个媒介却能做很多事、做成很多事，如公民新闻、民众交流、社区建设、B2B、品牌营销等。由此不妨得出一个结论，微博技术可能已处于成熟阶段，但市场仍属探索实践。

实际上，无论是博客，还是微博，或者是 Web2.0 其他 SNS 产品 ，对于这些新旧产品来说，历史已一再重复这样的道理：总有后浪推前浪，前浪死在沙滩上，谁更尊重用户，谁将赢得市场。至于商业上的“微博力”，怕不是“微力无边”，而是“微博无力”。

另外，说点题外话，如今的杜子建贵为华艺百创传媒公司总裁、“中国微博营销教父”，与当年的书生意气、写作路径相比，多了一份潮流感、时尚味。但对于网络新媒体领域的第二本书，杜子建保持了一贯的虚心、谦逊，他说，欢迎读毕拍砖，而且封面就是一个砖头。好吧，权当本文也是砖头一块，投石问路，期待有来有往。

《正在爆发的互联网革命》

# SNS、Web3.0或网络第三波

西门柳上，真名韩隐博，“新势力文丛”策划人。现就职于知名SNS公司，混迹多个圈子，出版传媒、广告、互联网等，对跨界（Crossover）一往情深，对新媒体、网络口碑等有较深入研究。主编有国内首本博客杂志书《up 势力》，个人著作有《我就是火影忍者》、《摩羯座说明书》。

马国良，淘宝化名“马梁”。淘江湖及阿里旺旺产品运营经理；不安分的低调者；擅长：IM 及 SNS 产品研究、新营销研究；业内网发起人，运营营销群体博客“营者为王”创办者。

刘清华，网名迈克·唐僧。早年怀揣梦想进入广告领域，从互动营销到影视广告都有整合性策略思维和丰富的实战经验。现专注于互动整合营销及新媒体商业包装，曾编撰《一网打尽》互联网营销实战教程。

又是一天，我们照例打开电脑、连接网络，然后登录 QQ、MSN，紧接着进入博客，去更新几篇文章、上传几张照片或回复几个留言，对了，还得去一下校内或开心网，除了看看朋友们有什么新动向外，更主要的是去偷把菜、抢个位、停下车……

没错，这就是我们——90 后、80 后甚至 70 后时下最为热衷、并乐此不疲的“互联网生活”。这种方式，讲求“一网打尽”和“无网不在”，前者指在数字化时代下工作、生活、学习、娱乐等都可以借由互联网实现；后者则是指，互联网是技术网络，人际关系是社会网络，信息革命的必然趋势是技术网络与社会网络的虚实结合、有机统一。就像

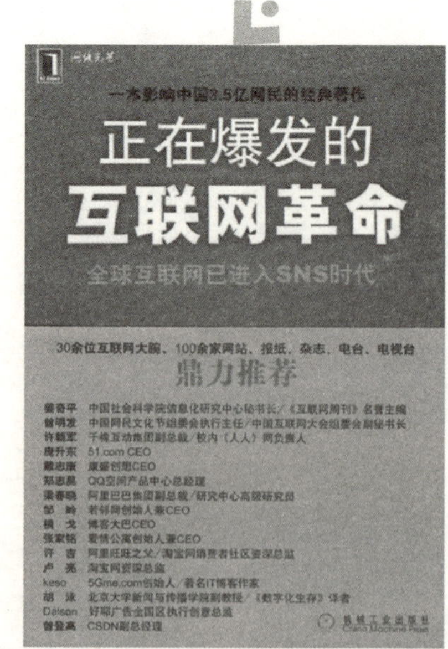


西门柳上、马国良、刘清华：《正在爆发的互联网革命》，机械工业出版社 2009 年 10 月第 1 版，定价：33.00 元。

阿尔文·托夫勒预言的“第三次浪潮”，尼葛洛庞帝描绘的“数字化生存”或曼纽尔·卡斯特认为的“网络社会的崛起”，如今“三网融合”（互联网、电视网和移动网）亦是人们无法回避的现实和无力阻挡的潮流。事实上，当某一天网络中断，人们很自然地表露出焦躁不安的情绪，这也就意味着，我们接受了这种改变，并视之为现代生活中不可或缺的一部分。

但这里的问题是，我们“认可”了它，却是否“认清”了它呢？例如，为什么像偷菜、抢车位这样的无聊小游戏能让无数白领痴迷？为什么人们喜欢“晒”，喜欢与社区里的好友分享自己的喜怒哀乐？为什么“贾君鹏，你妈妈喊你回家吃饭”能在几天时间内红遍整个网络？为什么奥巴马会被称为“网络总统”，他的获胜仅仅是因为那句“我们相信变革”吗？为什么 MySpace、Facebook、Twitter、校内网、开心网、51 等能在短短几年间迅速崛起，创造出伟大的互联网商业神话？为什么大堡礁以 170 万美元的广告投入获得了 1.1 亿美元的广告效应，以及越来越多的企业都积极加入到网络营销的行列中？以及为什么个人的品牌塑造、价值实现会如此依赖社会化网络……种种追问其实可以归结为一点，那就是互联网是否即将迎来重大变革，如果是，那它又是什么呢？

为此，西门柳上、马国良和刘清华三人专门写了一本书，取名“正在爆发的互联网革命”。在书中，他们直指“社交网”（Social Networking Services，SNS）这一产品形态，进而提出“全球互联网已全面进入 SNS 时代”的核心主张。从理论上讲，他们之所以能得出该论点，主要是得益于 Web1.0 和 Web2.0 对互联网发展史的划分。一般认为，过去的 20 年互联网可大致分为两个阶段：第一个是像雅虎、网易、新浪等网络服务供应商生产内容的阶段，即 Web1.0 时期；第二个是像博客、播客以及 Youtube、Hulu、土豆等由用户自产内容，“产销合一”、“自媒体”的阶段，即 Web2.0 时期。而在西门柳上看来，互联网或将有第三个即 Web3.0 时期，届时，以一大批 SNS 性质为代表的网站、工具、产品将成为互联网的主流，它们将担负起实现真实与虚拟空间无缝连接的重大使命。此外，西门柳上等人还预见到在 SNS 之上必将诞生新的生活方式（不止是写写博客或晒晒感悟）、新的娱乐方式（不止是偷菜或抢车位）、新的文化（不止是开放源代码或泛娱乐化）、新的商业模式（不止是关键词购买或植入式广告），甚至是新的社会关系（不止是网络交友或兴趣联盟）——在一定程度上，这或许解释了为什么他们会从由斯蒂芬·斯皮尔伯格制片的《鹰眼》提到 Facebook 朝着 Web 操作系统方向发展，从 IBM 计划研发“语音对话网络”（Spoken Web）再到动画片《RD 潜脑调查室》，正如他们所说，“毫无疑问，互联网出现作为新的社会黏合剂，极大地改变了既有的社会结构，文化、政治、经济已然呈现出一种与过去大不一样的面貌。在 SNS 的进程下，这种改变则可能更为剧烈”。

另一方面，从实证角度讲，西门柳上关于“互联网进入 SNS 时代”结论的得出又是基于对现有互联网发展现状的经验式总结。例如，他们在书中写道：“在国外，SNS

性质的网站多如牛毛，如 Hi5、LinkedIn、Twitter、Flickr 等，在国内，SNS 与阅读和电影结合，形成了豆瓣网；SNS 与白领女性结合，形成了爱情公寓；SNS 与 85 后、90 后结合，形成了 360 圈和 Facekoo；SNS 与 IT 人士结合，形成了 5Gme；SNS 与写字楼白领结合，形成了同楼网；SNS 与城市潮人结合，形成了 P1；SNS 与婚恋结合，形成了世纪佳缘，SNS 与网络视频结合，形成了风行网；SNS 与游戏结合，形成了久游网；SNS 与旅游结合，形成了途牛网；SNS 与户外活动结合，形成了绿人网；SNS 与音乐结合，形成了虾米网；SNS 与商务人士结合，形成了 Wealink、天际网、Xing 网、联络家等。”除这些形形色色、各有所涉的 SNS 外，西门柳上等还提及了许多 SNS 对生活、工作、商业、文化、观念改变的事例。基于此，他们认为，既然互联网应用不是完全 SNS 式的，就是带有 SNS 意味的——如淘宝推出的淘江湖；如最大的文学网站起点中文网发布的“家族”，用博客的面子加上 SNS 的底子；上海本土最大的传统 BBS 社区 shanghaining.com 玩起 SNS 也有模有样，更不用说移动全新改版推出的 139.com，更是“司马昭之心，路人皆知”，所以说“互联网客观上已全面进入 SNS 时代”其实也并不为过。

当然，在西门柳上等人的“命题陈述”中实际上预设了一个前提，即“从 SNS 的角度来观察互联网”，这就好比，如果我们从“电子商务”的视角出发，正在爆发的互联网革命不仅仅是 SNS 的，也是“电子商务”的——最近，由方兴东领衔的互联网实验室在其新出版的《第三浪》一书中就提到，未来中国互联网将在包括电子商务、移动网络、数字娱乐和 Web2.0 这四大领域上有所表现、大有作为。不难发现，在“SNS = 正在爆发的互联网革命”这一论题上，西门柳上等人缺乏必要的必然性、排他性和正当性的论证。

但即便如此，本书仍不失为一部用心、用情和用脑了的作品。所谓用心，是指作者们认真梳理和全面概括了 SNS 的前世今生以及它的每一次具体应用；所谓用情，是指该书寄托了作者试图为中国互联网寻找到一条行之有效、应运而生的发展之道的热切盼望；所谓用脑，是指该书不仅仅有对于 SNS 现状的全景式描述，更有对其未来前途和互联网产业远景的理性思考。如果现在的你尚不知 SNS 为何物，建议读这本书；如果你想对互联网的命运做个预判，不妨也读这本书——相信你们都能获得灵感、受到启发。

# 新趋势

数字时代的必修课：杨吉 TMT 百部全说

《赢在云端》

# 云计算：从不知所云到人云亦云再到赢在云端

迈克尔·于戈斯（Michael Hugos），c4si 方面的带头人，撰写过关于 JT 和敏捷商务解决方案方面的多本专著，并提供相关主题的演讲和咨询，同时还为开发团队提供相关培训。他在一个拥有数十亿美元资产的企业中做了 6 年的 CIO，为其制定了一套完整的经营管理、策划营销解决方案，并转变了该企业的运作和盈利模式。正是由于他的这些业绩，他赢得了 CIO 100 Award 大奖和 Premier 100 Award 大奖，同时他也是《供应链管理精要》及《敏捷商务》两本书的作者。

德瑞克·哈里斯（Derek Hultzky），某国际科技媒体公司副总裁。他密切关注 CIO 职责与企业对技术团队的管理方式及责任，对行业动态洞若观火。他在技术营销领域工作多年，在技术内容创建、受众开发及管理方面经验丰富，是一名资深的行业专家。

要么人云亦云，要么不知所云，而这恰恰就是当下国内云计算发展的现状。

究竟什么是云计算，关于它的定义不少。有认为是利用可扩展并具有弹性的信息技术，为广大使用互联网技术的顾客提供服务的一种计算模式；有认为是一系列基于 Web 的服务，其目的是让用户以按需付费的方式获得多种实用功能；也有认为是基于一个计算机系统的资源池，对它进行动态分配，让资源可以像云一样被自由地拆分、组合，可随时随地使用的方式。倘若你在谷歌或百度输入“云计算”，相关的定义还会更多——不同角度、各自阐述。但无论哪一种解释，都脱离不开三个共同点：（1）几乎无限制的计算力资源；（2）不需要长期使用；（3）按需付费的成本结构。由此，它主要呈现为三种服务模式：软件即服务、平台即服务和基础设施

【美】迈克尔·于戈斯、德瑞克·哈里斯基：《赢在云端：云计算与未来商机》，人民邮电出版社 2012 年 2 月第 1 版，定价：35.00 元。

即服务。好吧，但接下来的问题是，该如何具体应用？云计算对企业的组织架构、业务流程、商业模式、技术创新等有什么影响和改变？

很多人尚在摸索，但为了赶着潮流、不甘人后，于是就出现了行动未实而概念先行的浮夸局面。据了解，国内各大城市纷纷上马云计算项目，个个争先恐后，唯恐被他人抢占先机。如北京的叫“祥云”，上海的称“云海”，深圳的是“鲲云”，重庆的为“云端”，杭州的开“云超市”，宁波的唤“星云”，哈尔滨叫“云飞扬”，广州的名“天云”，惠州的定“惠云”……看看，光一个云计算，就整出个白云朵朵，其他的如三网技术、创意园、动漫城、高新区道理也是如此。要知道凝聚共识、齐心协力，走好“全国一盘棋”难度可不小呢。事实上，在这些云里雾里背后，真正做到清晰认识、理性研判和活学活用的单位有几家呢？

对应于图书市场，截至目前已出了许多“云”主题的书籍。像尼古拉斯·卡尔的《IT不再重要：互联网大转换的制高点——云计算》、彼得·芬加的《云计算：21世纪的商业平台》、戴维·S. 林西克姆（David S.Linthicum）的《云计算与SOP》、吴朱华的《云计算核心技术剖析》、王鹏的《走进云计算：国内第一本原创云计算书籍》、迈克尔·米勒（Michael Mille）的《云计算》等。这些书对云计算的来龙去脉、当前实践做了深入浅出的介绍，并在此基础上予以审视与反思（如卡尔的《IT不再重要》）。可以这么说，经过一段时间的观念普及，对于云计算业界应当已经历启蒙、扫盲阶段，而亟须进一步深入到实务与运用中去。

迈克尔·于戈斯和德瑞克·哈里斯基合著的《赢在云端：云计算与未来商机》是我最近读到的一本书，仍然关于云计算，但在对接商业、管理上显然做得更细致了。书的开篇，当读者习惯性地以为会大谈特谈何谓云、什么是云计算、有哪些特征等常识性内容时，两位作者却以著名经济学家、1991年诺贝尔经济学奖获得者罗纳德·科斯的一篇题为《企业的性质》的论文说起。在文章中，科斯指出，企业花在维护合作伙伴上的开销虽然会有所增加，同时企业在外部管理上的投入也会随之增加，但其新增的这部分投入可以获得更多的合作伙伴，从而提高效率、降低成本。最后他还预言，21世纪这种模式会催生出大量的服务型企业。

然而，有一点是科斯始料未及的。今天，企业运营大部分收益被各种开销（生产、研发、管理、营销等成本）等抵消掉了，而它们直接导致了企业在决策与资源分配上的低效。在此情形下，企业一方面强调精益化管理提高效益，另一方面也在积极地寻找新办法、新途径——不得不说，幸好有了互联网。于戈斯和哈里斯基写道：“随着互联网的发展，很多企业的业务都通过互联网来完成，这样客户就能够更方便、更经济地获得这些服务。与此同时，随着互联网的广泛应用，20世纪经典的企业组织机构正在被重新定义，这加大了虚拟网络在企业组织结构中的作用，并使得相应的价值通过网络直接落实到企业的产品上，而企业的客户也很乐意为此埋单。”我们不妨用“管理 3.0”的理论来理解这段话的意思。管理 1.0 阶段是泰勒提出的科学管理，2.0 是日本倡导的人本管理，而 3.0 是基于互联网时代的能动管理。虽讲求控制一秩序，但也侧重透明、分散、扁平、湿化、分工、SBU（战略事业单元）。正如开篇第一章所起的标题“企业组织结构的演变与未来”，于戈斯等强调的是互联网对传统企业组织形态的冲击，或者叫，云计算下对企业流程突破性的再造。其实，这与以往人们常讲企业的信息化和信息化的企业其实是同一回事。

说完内部，自然要谈外围。互联网激发了市场的新形态，云计算也激活了商业的创新性。面对全新的市场挑战和更多更高要求的消费者，企业必须得通过 IT 手段增加业务的灵活性和反应度。同时也要着眼于提高数据的安全性、服务的可靠性等。相关例子既可以借鉴西班牙快时尚品牌 Zara，也可以参考国内知名家电生产商海尔。在最新一期的《互联网周刊》中，就对互联网时代下的“海尔模式”进行了归纳，并不吝溢美之词。可以这么说，这两家公司都是真正的 21 世纪的企业，具有鲜明的互联网时代特征。这给我们的启发是，一般人往往误以为企业上了网，就算进入了互联网时代。但两位作者告诉人们，只有把互联网、信息化内生于企业战略创新、模式创新，才算真的进入了互联网时代。话说“中学为体，西学为用”，但当时代要求企业转型质变时，光提根本或只讲应用，都会有局限。互联网时代，要求企业不仅用要变，而且体也得变；不仅需要强调应用，还需要关注转型。

区别于其他同类书籍，《赢在云端》并不过于探究技术上的细枝末节，也不扯远去聊云计算对于社会、文化、政治、生活的影响。如作者所言，该书仅希望能给读者提供关于云计算的整个框架体系，让他们在思考与探讨中轻松应对那些因利用云计算技术和采用新的商业模式所带来的具有深远意义的变化。

“赢在云端”，谁都希望这样；但真要决胜于云端之上，岂是一个美好愿望。所幸，迈克尔·于戈斯和德瑞克·哈里斯基带我们冲上云霄、深入云层去探个究竟，而不至于云雾缭绕继续不知所云。

# “聚联网”是个啥玩意儿?

丽莎·甘斯基（Lisa Gansky），创立了众多互联网公司，包括GNN和Ofoto。目前，她为企业提供咨询和投资，包括New ReSource Bank、Squidoo、Convio、TasteBook、Slide、Instructables 和 Greener World Media 等。她也是Dos Margaritas 的联合创始人。目前居住在加利福尼亚州纳帕谷。

互联网、物联网、云联网，就是没听过“聚联网”，后者是个啥玩意儿？

《福布斯》杂志曾评价道：“聚联网是未来 10 年的主流趋势。”丽莎·甘斯基也自信满满，认为聚联网会是下一个“商业的未来”。敢用这样副标题的，之前是美国《连线》杂志主编克里斯·安德森，他写了一本《免费：商业的未来》。就观点而言，免费是互联网主要的商业模式，人们体验着、理解着，并不会感到陌生。至于聚联网……嗯，却是头回听说。

按照原文，丽莎·甘斯基的新书取名 *The Mesh: Why the Future of Business Is Sharing*，直译的话，就是“网状网络：为什么未来的商业倡导分享”。老实讲，“网状网络”还不如“聚联网”呢，前者一来语词生僻，二来不易传播，三来作书名也显然不适，反倒是“聚联网”突出一个聚合、肯定一种互联、强调一种分享，倘若非学术上要求的精准、考究，聚联网还是有一些实质指向的。当然，相比较中国台湾地区的版本译名——《10 年后，你将找不到实体商店》，“聚联网”的译

【美】丽莎·甘斯基：《聚联网：商业的未来》，中信出版社 2012 年 1 月第 1 版，定价：35.00 元。

法实在胜过太多。

那么，究竟什么是“聚联网”，如何进一步地把握它呢？还是要回归书本。在《聚联网：商业的未来》一书中，丽莎·甘斯基并没有给出确切的定义。她采用的是一种开放式、特征列举的笔法。“从本质上讲，聚联网是在以网络为基础的共享平台上构建的——其目的是使用而非拥有。事实上，这种商业模式的核心策略是多次‘出售’同一个产品”。“聚联网公司有四个共同的特点：分时共享、对互联网及移动信息网络更加先进的使用、关注实体产品和材料，以及通过社交网络接触顾客。”甘斯基还说，“在我看来，聚联网是一个切题而又丰富的比喻，为我们描绘了一个全新的信息技术服务……聚联网商业模式之所以可能，是因为在某种意义上，我们所有人都和整个世界日益互联——我们和其他人、商业公司和组织，以及各种事物互联在一起。”

对于上述阐释，你可以说你懂了，难道还不够清楚吗？当然，你也可以继续找不着北，毕竟甘斯基说的着实有些模棱两可。所谓分享，自互联网发展进入 Web2.0 阶段以来，不就是主打分享、交互、开放的吗，而基于分享理念的网络商业模式，在时下，当属普遍、常态、再正常不过，有什么好大惊小怪或者大书特书的？

不过这有可能一定程度误解了甘斯基，在认知上有失偏颇。整本书围绕“聚联网”展开，除了前面提到的一些描述外，有两点需要细细品味。第一，甘斯基反复强调“一次购买,多次出租”的商业（模式）思维,“无论是‘全聚联网’还是‘半聚联网’模式，其成功都取决于能否让顾客放弃拥有权，或享有他人的拥有权而获得更多更好的体验”。第二，聚联网不仅仅是成立一家公司那么简单，更要建立一个完整的商业生态系统。它是一种趋势，主张通过共享资源的交易，深入挖掘和释放价值潜力。

虽然书的很大篇幅在介绍如何设计聚联网，例如要求产品必须经得住重复使用，必须是非常好用、有趣且容易使用的产品，自设计之初就考虑到修理、升级和使用末期“升级再造”的问题；也谈到了如何信任聚联网，譬如关注、立即行动、要敢于诚实面对、不要慌张保持洞察力、要特别关注网络上的人（也就是你的客户）等。但实际上，要正确运用和经营好聚联网的商业形态，不妨多翻看一下书的附录部分所提及的国内外聚联网企业名录——就像甘斯基花了不少笔墨在举例上，我们也可以借由企业实例来加深认识。

例如神州租车，在甘斯基笔下就是一个典型的聚联网企业。首先，它打造了一个分享的数字化平台；其次，它的汽车全部是“一次购买，多次出租”；再次，它需要借助社交网络接触广大客户；最后，它始终以“方便地用上共享商品”作为核心价值。同类型的企业还有：赶集网、58 同城、东西网、译言网、豆瓣、电驴、口碑网、携程旅行网、去哪儿、街旁网、美团网、优酷……

值得一提的是，本书大陆中文版得以问世，也是历经了“聚联”的过程。一开始，出版社谈妥版权、筹备引进，然后授权“东西网”，将部分节选内容发布，诚邀网友踊跃尝试翻译，从中评选出优胜者若干，再推荐给出版社，最终敲定翻译人选，负责通篇翻译。这不，我们现在读到的版本出自一名叫“马睿”的译者之手，我不认识她，她不认识我，但唯一可以确定的是，多方受益、价值共享。还是那句话，如果你想把握未来趋势并创造未来，那么，读读这本尚能令人眼前一亮的书。

数字时代的必修课

100

杨吉 TMT 百部全说

《大数据时代》

# 正在发生的未来

维克托·迈尔—舍恩伯格，“大数据时代的预言家”，是十余年潜心研究数据科学的技术权威，是最早洞见大数据时代发展趋势的数据科学家之一，也是最受人尊敬的权威发言人之一。他曾先后任教于世界最著名的几大互联网研究学府。现任牛津大学网络学院互联网治理与监管专业教授，曾任哈佛大学肯尼迪学院信息监管科研项目负责人，哈佛国家电子商务研究中网络监管项目负责人；曾任新加坡国立大学李光耀学院信息与创新策略研究中心主任。并担任耶鲁大学、芝加哥大学、弗吉尼亚大学、圣地亚哥大学、维也纳大学的客座教授。

他的学术成果斐然，有一百多篇论文公开发表在《科学》、《自然》等著名学术期刊上，同时他也是哈佛大学出版社、麻省理工出版社、通信政策期刊、美国社会学期刊等多家出版机构的特约评论员。

他的《删除》一书，同样被认为是关于数据的开创性作品，并且创造了“被遗忘的权利”的概念而在媒体圈和法律圈得到广泛运用。该书获得美国政治科学协会颁发的唐·K.普赖斯奖，以及媒介环境学会颁发的马歇尔·麦克卢汉奖。同时受到《连线》、《自然》、《华尔街日报》、《纽约时报》等各大权威媒体广泛好评。

几年前，带领一帮团队做“信息管家”。想法很简单，信息爆炸、资讯海量，现代人不堪重负。如何在最短时间内，最有效率和最具针对性地满足个体信息需求服务，这就是该项目要做的事。聪明的你们一看便知，它其实就是一项面向个人的信息推送服务，媒介是移动终端（如智能手机），应用是移动互联，卖点是定制、精准和个性化。技术呢，做起来很复杂，说起来又简单，就是任何人看哪些报纸、杂志，或者哪些专业、领域，甚至先看什么后看什么不想看什么都有一套固定的套路，这些别人不注意当事人又不觉得，但是通过一定的数据采集、挖掘和分析之后，会形成一个清晰的“模型”（也可以叫“路线图”，实际上叫什么不重要）。然后，系统会根据这个模型，自动抓取个体关注的信息，然后向每个订阅者推送。相较于手机报，

【英】维克托·迈尔—舍恩伯格、肯尼斯·库克耶：《大数据时代：生活、工作与思维的大变革》，浙江人民出版社 2013 年 1 月第 1 版，定价：49.90 元。

它更窄众；相对于 RSS 订阅，它很个性。

记得当时在做，自觉得使命伟大、意义深远；相信它改变的不仅是自媒体形态，也将颠覆传统信息生产与传播的体系，当然，以当时的技术条件尚未真正做好它，原因是困惑和止步于“一切皆要量化”的数据分析，这太难了。后来，陆续读了一些书和文章，领略了国外前沿思想，并且看到了相关的先锋案例，这才恍然大悟，敢情我们想的和做的就是“大数据”。

大数据，和另一个“云计算”，成了时下互联网和 IT 业界最流行的一组概念，人们都在谈论它们，看起来好像每一个人都身临其中、亲自参与。然而，对于什么是大数据，又该怎么去理解它，却出现了不同的分歧或侧重。例如，前段时间读到涂子沛的《大数据：正在到来的数据革命，以及它如何改变政府、商业与我们的生活》，虽然也叫大数据，但它讲的实则是信息公开、数据公正性和政府管理、社会治理层面的话题。书中特别介绍美国的样本与经验。另有苏萌、林森和周涛合著的《个性化：商业的未来》，该书对互联网技术支撑下的个性化商业服务及相关模式给出了从理念到应用的介绍。还有拉贾拉曼、厄尔曼合写的《大数据：互联网大规模数据挖掘与分布式处理》。同样是一个“大数据”，但两位作者关注的是极大规模数据的挖掘。其内容包括分布式文件系统、相似性搜索、搜索引擎技术、频繁项集挖掘、聚类算法、广告管理及推荐系统。这是一本典型的技术教辅书。总的来说，这几本书都针对“大数据”的某一局部给出了较为系统和深刻的介绍，但没有对大数据的全局作出宏大视野的梳理——直到后来读到维克托·迈尔—舍恩伯格和肯尼斯·库克耶的作品《大数据时代：生活、工作与思维的大变革》，才有所改观。

这本出自“大数据时代的预言家”维克托·迈尔—舍恩伯格之手的书，其最大贡献就是在大数据方兴未艾、众说纷纭的时刻，进一步厘清了大数据的基本概念和特点，这对许多以为大数据就是“数据大”的人来说很有帮助。谢文，这位前雅虎中国总经理、知名 IT 评论人，在他一次主题为“大数据概念混乱，未来或将卷入混战”的演讲中，就直言不讳地指出：人们在大数据的认识上有几个误区。第一，只是从量上说，光看到数据的增长，没法说清楚普通数据和大数据的区别。数据大绝对不等于大数据。现有的设备、技术方法所能处理的多数是数据大，不是大数据。第二，数据挖掘、精细化运营、精准广告、个性化服务、推广这些不是未来大数据服务商业模式的主要部分。第三，脱离产业发展和社会进步的大背景，单纯地鼓励讨论大数据无法说明其重要性。

然而，在《大数据时代》一书中，维克托·迈尔—舍恩伯格等就清楚地指明“大数据并非一个确切的概念”。最初，这个概念是指需要处理的信息量过大，已经超出了一般处理数据时所能使用的内存量，因此工程师必须改进处理数据的工具。这导致了新的处理技术的诞生，例如谷歌的 MapReduce 和开源 Hadoop 平台。这些技术使得人们可以处理的数据量大大增加。更重要的是，这些数据不再需要用传统的数据库表格来整齐地排列。与此同时，因为互联网公司可以收集大量有价值的数据，而且有利用这些数据的强烈的利益驱动力，所以互联网公司就顺理成章地成为最新处理技术的领头实践者。然而，但维克托笔下的“大数据”是一种“人们在大规模数据的基础上可以做到的事情”的指代，是“人们获得新的认知，创造新的价值的源泉；还是改变市场、组织机构，以及政府与公民关系的方法”。

作为世界互联网发展的重要参与者，同时也是“大数据”浪潮的主要旗手，维克托也有警醒的认识。如他所讲，“与其他技术一样，大数据也必然要经历硅谷臭名昭著的技术成熟曲线：经过新闻媒体和学术会议的大肆宣传之后，新技术趋势一下子跌到谷底，许多数据创业公司变得岌岌可危”。正因为如此，他极为坦诚道：“本书旨在如实表达出大数据的内涵，而不会过分热捧它。当然，真正的革命并不在于分析数据的机器，而在于数据本身和我们如何运用数据。”

没错，它始终试图努力让人们意识到大数据的潜力与趋势，又保持必要的审慎，不夸大其词、刻意修饰，在我看来，就大数据领域，该书就是一部开创先河、开宗立派和正本清源的奠基之作。

首先，在思维观念上，维克托提醒人们要做好“三大转变”的准备：第一，在大数据时代，可以分析更多乃至全体的数据，而不再依赖于随机采样；第二，数据如此之多，因此可以放弃精确允许混杂；第三，有了数据支持，完全可以知其然而“不必”知其所以然，即从因果关系转为相关关系。此三大论断的提出，可谓石破天惊。一来意味着将彻底改变人们理解和组建社会的方法，二来预示着某些学科存在的正当性将面临史上最严峻地拷问——维克托认为，全数据模式下“样本 = 总体”，那么像社会科学可能是被撼动得最厉害的学科了。“这门学科过去曾非常依赖样本分析、研究和调查问卷。当记录下来的是人们平常状态，也就不用担心在做研究和调查问卷时存在的偏见了。现在，我们可以收集过去无法收集到的信息，不管是通过移动电话表现出的关系，还是通过 Twitter 信息表现出的感情。更重要的是，我们现在也不再依赖抽样调查了。”维克托的观点并非一家之说，事实上，在艾伯特—拉斯洛 · 巴拉巴西的《爆发》一书中也提出过类似的论点，后者甚至更鲜明地表示：通过大数据和幂律分布分析，人类行为 93% 是可以预测的。

除了思维变革，大数据时代引发的还有“商业变革”和“管理变革”。在这两部分，维克托列举了大量案例来强化论证如下观点：一切皆可“量化”（文字可以变成数据、方位可以变成数据、沟通可以变成数据，一切事物都可以变成数据）；当前，大数据应用只是冰山一角，绝大部分隐藏表面之下——数据创新包括再利用、重组、扩展、折旧、废弃与开放；另外，大数据决定着企业未来的竞争力，由此，数据中间商和数据科学家会应运而生、依势崛起。关于这一点，人们早已有目共睹。

不过话说回来，在乐观之余，维克托冷静下也感到了大数据帝国前夜的脆弱和不安，包括产业生态环境、数据安全隐私、信息公正公开等问题。所以，他告诫世人要警惕无处不在的“第三只眼”（“老大哥”的另一种比喻）和数据独裁者的存在。基于此，他提出了“责任与自由并举的信息管理”架构来应对已经到来的大数据时代，方法包括：个人隐私保护，从个人许可到让数据使用者承担责任；个人动因与预测分析；击碎黑盒子，大数据程序员的崛起；反数据垄断大亨。

在这本通俗易懂的大数据经典书中，维克托为我们全景描绘了大数据重塑生活、工作和思维方式的未来。它利害攸关，影响到方方面面，势必将重构物质的世界和我们看待世界的角度。当我们置身数据的洪流，一切事物可以被量化、分析、预测，而不用关心成因，这标志着“信息社会”终于名副其实。联想到当年那个“信息管家”，项目本身让我不得不重视数据，让数据“说话”，而到了大数据时代，这不光是个人创业所需，更是整个社会行业所需。以小见大、见微知著，这就是正在发生的未来！

# 涂子沛的“大数据”：不是你想的那样

涂子沛，知名专栏作家、信息管理专家。先后为《南方都市报》、《IT经理世界》、艾瑞网等多个报刊网站撰写专栏，网易、财经网名博博主。毕业于华中科技大学、中山大学和卡内基梅隆大学。赴美留学之前，曾在省、市、县几级政府的不同部门磨砺10年，做过职业程序员，担任过公安边防巡逻艇的指挥官，也从事过政府统计工作。现为美国某软件公司数据中心的主任。除了工作、写作，还热心公益，是匹兹堡华人社区的领袖。

涂子沛：《大数据：正在到来的数据革命，以及它如何改变政府、商业与我们的生活》，广西师范大学出版社2012年7月第1版，定价：45.00元。

当说到大数据，你想到什么?

媒体已不止一次报道过，而且都算不上什么“新闻”了。譬如，你爱看书，经常上网淘，一来二去，基于购买行为，网站就了解到了你的偏好，除了在你浏览时一旁推荐“您可能感兴趣的书”，还能自动生成文件，发到你的邮箱，通知你之前加入“收藏夹”的书到了。还有，你的手机从此以后会莫名其妙地收到一些彩信，有些是新书资讯，有些是活动通知，有些还是网络小说选编。类似这样采集、分析、应用、推送用户数据的过程，就是今天人们常讲的“大数据”。

于是你豁然开朗，敢情“大数据”时代早已到来。像谷歌，它能根据网民搜索数据研究得出下一波流行趋势；像耐克推出ID业务，允许消费者在线上对产品进行个性化改造，以此收集用户的喜好，为将来研发新品作重要参考；Foursquare的“探索”功能，利用所在的位置签到信息，为用户提供实时的、精确的、社交化的餐饮休闲服务。事实上，何止是这些公司，在世界范围内，包括宝洁、玛氏、亚马逊、沃尔玛、乐购、联邦快递、施奈德、Netflix、Facebook、雅虎、阿里巴巴、巴克莱银行、海尔、联想在内的诸多大公司都积极地践行“大数据”，并以此构筑自己的核心竞争力。

好吧，就在这样的大背景下，涂子沛写了一本书，取名《大数据》，副标题是“正在到来的数据革命，以及它如何改变政府、商业与我们的生活”，猜猜，他又是在何种语境里使用“大数据”的。不过，给你一个提醒，就像英国哲学科普天王朱利安·巴吉尼和他同事杰里米·斯唐鲁姆合作的那本书——《你以为你以为的就是你以为的吗？》。

很多人必定会以为涂子沛写了一本 IT 书，而就议题来看，也像比尔·唐瑟尔的《在线为王：你在网上看什么、干什么，我全知道》，该书说的也是根据用户搜索、点击、浏览的数据分析，来剖析人们的特定网络行为。然而，当你看到由史学大家许倬云为《大数据》写的推荐序，序中大谈民主、开放、公权、私权，再到后来提及乔治·奥威尔《一九八四》中的“老大哥”，你就会觉得这应该是一部讨论政府治理和社会管理方面的作品；如果你还看到目录的最后是“挑战中国：摘下‘差不多先生’的文化标签”，你更加会确信这一点。

至此，因为涂子沛的这部作品，我们对大数据有了两个维度的理解。一个是商业应用的，正如前面提到的种种以数据展开的创新实践；一个是历史警示的，好比书中有一章提到“历史争战《信息自由法》”，信息的自由、公开、透明，不仅是公民知情权的起点，也往往是权力博弈的落脚点。在整本书中，大数据意味着业务工作的管理数据，意味着民意社情的调查数据，意味着对大自然进行监控的环境数据，意味着所有可用信息的统称，于是，一个大数据，酝酿了对组织架构、治理模式、生产力和生产关系进行变革的可能。从 20 世纪 80 年代最早有人提出“大数据”的概念，到随后 20 多年来美国企业界、学术界对它不断探讨深究，到 2010 年《规划数字化的未来：美国总统科学技术顾问委员会给总统和国会的报告》，再到 2011 年著名咨询公司麦肯锡发布研究成果《大数据：下一个创新、竞争和生产率的前沿》，一直到 2012 年 3 月 29 日，奥巴马政府进一步推进大数据战略，宣布将投入 2 亿多美元立即启动“大数据发展研究计划”。不难看出，大数据将是各国未来争夺战略制高点的关键。

除了描写大数据的“势在必行”，强调其效能、作用外，全书的重点其实是美国政府（主要是奥巴马政府）信息公开的历程以及大数据对美国政治、社会的影响。虽然书分六篇，包括序幕的“新总统的第一天”、上篇“帝国风云”、中篇“法则博弈”、下篇“公民故事”、外篇“天下趋势”以及尾声，但贯穿其中的是一明一暗两条线索。明的那条可以看成“美国信息公开立法史”，涉及的法律有《信息自由法》（包括修正案）、《电子信息自由法》、《数据质量法》、《开放政府法》。通过涂子沛的介绍，你将知道美国政府对数据的理念已到达很高的水平，他们认为收集要确保减负，为人民减负；使用要保护隐私，这是文明社会的共识；发布要实现免费，考虑到人民已交税；管理要注重质量，这是互联网时代的根本。

暗的那条，其实也是躲在大数据有利背后的隐忧，说白了，就是公民隐私的侵犯与保护。这似乎永远是一对不好协调的矛盾，不管是在民主状况良好的美国，还是在其他国家地区。公共利益要统筹，个人权益得兼顾，当两者紧张对立时，孰轻孰重、孰先孰后，这往往成为一个两难的困局。在“公民故事”篇里，涂子沛真的讲了不少有关的故事，至于答案，他没给，至少不是现成、拿来就能用的。他只是说，“唯一的道路，民主时时都要‘争’”。这话没错，民主的过程是各方利益代表“争论”的过程，而从历史上看，民主本身就是争出来的结果。德国法学家耶林就说：“为权利而斗争！”

涂子沛常年旅居美国，现为某软件公司数据中心的主任，因此，用最新的英语素材来解读大数据自然驾轻就熟、独具优势。与此同时，作为一名专栏作家，涂子沛在《南方都市报》、《IT 经理世界》、财经网等多家媒体上设有专栏，坚持用中文写作。这使得整本书行文生动、用语流畅，即便有大量引文注释，也不因为其学术性而减弱可读性。

就在写这篇书评的前几天，我在微博上与涂子沛交流心得。当我谈及前面说的“两个维度”，他给予了认可，并补充道：“当然，也可以归结到一点，大数据的产生，使得一切领域都将进入一个可量化的时代，重中之重，就是人的行为。”这句话又回到了该书的立意，一个真正的信息社会，首先是一个以人为本的公民社会；在大数据时代，中国应当有所作为，而且，刻不容缓。

《在线为王》

# 在互联网上，我知道你想干什么

比尔·唐瑟尔（Bill Toncer），Web2.0 时代的数据狂人，奥巴马竞选网络顾问，美国头号市场营销战略家，Hitwise 公司全球搜索总经理，《时代》杂志“搜索科学”专栏作家，《电视周刊》“全球最值得关注的 12 位人士”之一。12 年网民分析、市场营销、公司战略方面的丰富经历；《华尔街日报》、《纽约时报》、《今日美国》、《商业周刊》、《电视周刊》、《福布斯》在线和 CNN《金钱》等媒体杂志热赞其研究成果；CNBC、MSNBC、NPR、《道—琼斯市场观察》、CNN“财富”频道给他预留版块，CNN Radio 及 CBS Radio 的明星嘉宾；全球互联网会议、JP 摩根、奥赖利会议、哥伦比亚商学院的大牌演讲人；Web 2.0、搜索经济、E—零售等专业领域的领军人物。

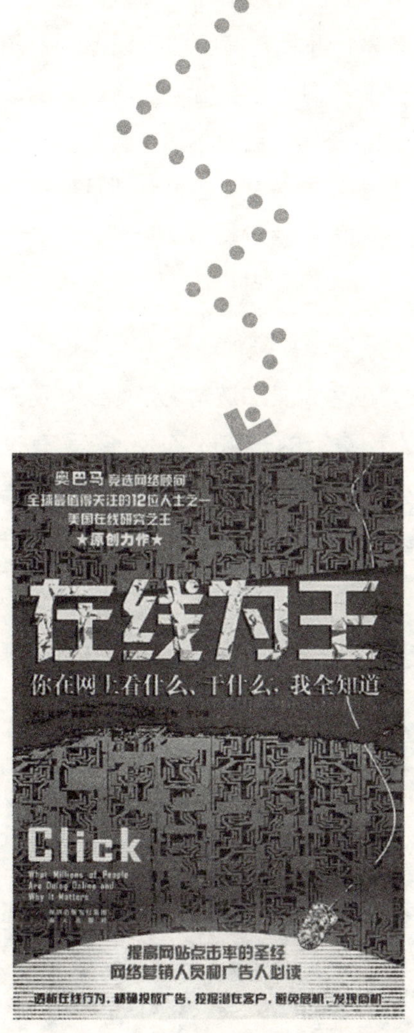


【美】比尔·唐瑟尔：《在线为王：你在网上看什么、干什么，我全知道》，海天出版社 2009 年 4 月第 1 版，定价：35.00 元。

“在互联网上，没有人知道你是条狗。”彼得·斯坦纳自己也不知道他 1993 年创作的这幅漫画会在此后几年广为流传——人们习惯用它来描述网络的匿名性。

然而，这一切已在发生改变。有学者指出，网络的匿名性其实是不存在的，技术的发展（如 IP 捆绑）和法律的介入（如实名制）将打破“没有人知道你是条狗”的定律，现实情况是，网络的所谓匿名性已成过去式，它正呈现出部分消逝的状态。对比尔·唐瑟尔来说，他完全赞同这样的说法，当然，略有不同的是，他不在乎网络之于个人的匿名性是否成立、是否（依然）有效，他关心的是每一个“点击”背后是基于什么动机、怎样的目的，留下的又是什么线索、什么信息。在唐瑟尔看来，恰恰是网络赋予的一定程度上的匿名性，才使得每一个网民敢于尽情地表达自己的欲望、需求、兴趣和爱好。那些在平时生活里不敢公开自己会浏览色情网站或喜欢聊明星八卦的人，当面对互联网的时候，往往表现得截然相反，而后者才是真正的他自己。唐瑟尔认为，互联网捕捉了人的本性和内心，它将赤裸裸地暴露出人们在日常生活中是如何使用网络、浏览网站和收集信息的。

在唐瑟尔最新出版的《在线为王》一书中，他正试图通过独到而精辟的分析，向我们描绘出互联网鲜为人知且妙趣横生的一面。尽管该书的副标题“你在网上看什么、干什么，我全知道”显得有些绝对，但唐瑟尔所说的也并非全然言过其实。要知道，在互联网在线研究领域，唐瑟尔拥有绝对的权威。无论在专业领域还是实践经验，他的观点和眼光在业界都是毋庸置疑的。对此，美国著名经济学专家、《魔鬼经济学》作者的史蒂芬·都伯纳毫不掩饰对于唐瑟尔的赞美，他说：“比尔·唐瑟尔是在线研究之王，而在线研究已成新世界之主流，如此一来，称比尔·唐瑟尔为‘世界之王’似乎也不为过。”

唐瑟尔偏爱用搜索量、搜索频率等数据来分析一些看似没有任何关联的问题，如为什么每年 1 月份礼服裙特别容易破？女摔跤运动员与企业财务指标之间有何联系？色情网站在星期几访问量最大？人们最有可能被什么事情吓倒？有哪些问题是我们想问却问不出口的？为什么新出现的 Web 2.0 网站会促使我们的社会出现全新定义的成功者和失败者？为了从人们的网络行为中找到这些问题的答案，唐瑟尔通常会花上整日整夜的时间来研究这些数据。尽管这也让唐瑟尔有了更多次的失眠，但谈到能从数据中看出端倪，唐瑟尔总是禁不住兴奋，他在接受《商业周刊》采访时曾说“我总是试着从不同的角度分析数据，这着实让我感到其乐趣无穷，一点也不觉得疲倦”。

除了是个人爱好外，唐瑟尔也把他的在线研究拓展至商业领域。因为他发现“如果我们花上足够的时间来分析互联网数据的方方面面，就可以更加清楚地了解到：用户到底是些什么人？用户心里在想些什么？用户每天上网进行的一切匿名活动都是有迹可寻的”。正是基于这样的想法，才有了后来的 Hitwise 公司。该公司是现今美国权威的网络流量分析公司，在在线客户行为和在线竞争策略领域成绩斐然，唐瑟尔出任全球搜索总经理。

“当企业适应市场并迎合其不断演变的需求时，对我们的变化方式作以了解，这将对商业成功至关重要”。在唐瑟看来，在线研究的商业价值在于能准确地了解网络用户的所思所想，其潜在的需求是什么，有什么消费偏好等。掌握这些无论是对广告投放，还是对商机发掘，或是在客户服务上，都有着很关键的作用。所以，“如果你不知道答案，那你唯一的办法就是靠猜测或运用前信息时代的传统商业规则”。

唐瑟尔的在线研究为我们开启了认识自我的新窗口，正如他在书中写道：“如果你想了解这个连接紧密的新世界，想了解我们如何选择在这个世界里生活，只需看看我们的网上行为。毕竟，我们点击的就是我们自己。”事实的确如此，在搜索引擎面前，我们因为它的一定意义上的匿名性才敞开心胸，显露出真正的自己，分享着梦想、欲望与习惯。而唐瑟尔的工作恰好清晰地剖析出我们在互联网上所做的一切，并揭示了许多隐藏在网络行为之后不为人知的秘密与故事。

《当我们变成一堆数字》

# 当我们成为数学题……

斯蒂芬·贝克（Stephen Baker），为《新闻周刊》写作的岁月长达20多年。他的作品还经常在众多的出版物上发表，包括《华尔街日报》、《洛杉矶时报》、《波士顿环球报》。贝克还是《博客链接》这篇封面故事的合著者，他们创建的Blogspotting.net被《纽约时报》誉为50个最值得一看的博客网站。

使用手机后，你将通话记录和短信删除；浏览网页后，你将历史记录或 cookies 清除；刷完信用卡后，你毫不犹豫地将该卡丢弃；切换频道后，你甚至立马拔掉电源、关闭电视机……这一切行为，你只求一个目的，神不知鬼不觉，不留下任何蛛丝马迹。然而，要很遗憾地告诉你：你之前在看什么、想什么、干什么，有人全知道！

他们是一群叫“数字搜客”的人。他们的工作看似简单，却极具挑战：即要从浩如烟海的数据信息中，通过整理、编译、分析，进而找出人们行为方式的规律。在他们看来，零碎的信息足以看出人们目的、动机的端倪，而网络（既可以是互联网网络，也可以是电信网络，又可以是数字电视网络）本身具有的一定程度上的匿名性，使得使用者敢于尽情地表达自己的欲望、需求、兴趣和爱好。例如，那些在平时生活里不敢公开自己会浏览色情网站或喜欢聊明星八卦的人，当面对互联网的时候，往往表现得截然相反，但这恰恰是真正的他自己。为此，“数字搜客”有了极大的存在价值，他们往往受雇于政府、企业，对目标群体的一举一动进行窥探、研究，

【美】斯蒂芬·贝克：《当我们变成一堆数字》，中信出版社2009年7月第1版，定价：32.00元。

捕捉其本性和内心，然后据此测算未来的趋势。

斯蒂芬·贝克的《当我们变成一堆数字》讲述的正是这一群“数字搜客”——他们身怀绝技、他们无处不在、他们被重金礼聘、他们业已渗透在我们生活的各个领域，他们将挖掘和过滤出一些宝贵的商机与将来。贝克写道，“数字搜客”把人们描绘成工薪族、购物者、选民、博主、潜藏的恐怖分子、病患者，甚至是恋人。在他们眼里，人们就是一道道可被破解的数学题。例如，企业为了提高工薪族的生产力，管理层会聘请“数字搜客”来分析工薪族们在电脑面前的行为记录，哪一个在认真工作，哪一个在磨洋工，哪一个卓有成效，哪一个又是低效无能，这些都将被“数字化”一一呈现。又如在政治上，“数字搜客”开发各种工具来解析选民，并且衡量选举支出的效益，视为成败关键的选民会成为政客锁定的目标，想想奥巴马是如何借由互联网大众的力量异军突起、顺利当选的，在这背后“数字搜客”和一群网络营销精英可谓功不可没。而商业化应用更是见怪不怪了，对市场研究人员而言，他们通过观察人们的博客来了解消费者的内心世界，这等于为他们提供了实时更新的市场情报。

毫无疑问，斯蒂芬·贝克向我们揭示了一个新数字时代的来临。它首先得依托强大的网络平台，在此基础上，将我们生活中的点点滴滴转换成代码、数据，不管是信用卡购物，还是手机通话，抑或是每次鼠标点击，只要借助特定的工具和技术就能把我们的现状、意愿、习惯等逐一破译出来。这一幕的发生像极了乔治·奥威尔笔下的《一九八四》，因为“老大哥无处不在，老大哥无所不能，老大哥在看着你”。

听起来有点毛骨悚然，但这就是正在变革的未来。斯蒂芬·贝克所写的那群“数字搜客”和比尔·唐瑟尔的《在线为王》有异曲同工之妙。在比尔·唐瑟尔的书中，他擅长使用搜索量、搜索频率等数据来分析一些看似没有任何关联的问题，如为什么每年1月份礼服裙特别容易破？女摔跤运动员与企业财务指标之间有何联系？色情网站在星期几访问量最大？人们最有可能被什么事情吓倒？有哪些问题是我们想问却问不出口的？这和斯蒂芬·贝克的区别在于，前者完全利用网络搜索引擎来了解网络用户的所思所想，其潜在的需求是什么，有什么消费偏好等，而后者则是从无所不在的信息网络来窥视人们在日常生活中的一切内心世界。后者无论是在广度上，还是在深度上都有超过比尔·唐瑟尔的《在线为王》。

尽管有人对“数字搜客”的出现忧心忡忡，担心它最终会侵犯人们的隐私，但不论是福是祸，斯蒂芬·贝克的《当我们变成一堆数字》仍然是一本集启发性和趣味性于一体的好书。在这本令人着迷的书中，贝克向我们展示了数字奇才们已悄然潜入我们日常生活的场景。看到那些神秘人物用计算机的比特与字节来预测我们的行为，包括将和谁结婚、要购买什么和在选举中会投谁的票，这一切都将让我们为之惊叹、警醒，乃至深受启迪。如果想洞悉网络世界的玄机，相信这是一本必读之书！

数字时代的必修课

100

杨吉 TMT 百部全说

《创客》

# 数字时代制造业的逆袭

克里斯·安德森，《连线》杂志主编。在他的带领下，《连线》已多次获得国家杂志奖提名，并赢得了2005年、2007年及2009年卓越新闻奖最高奖项。2009年，该杂志被《广告周刊》杂志的各位编辑评为“十年最佳杂志”。安德森是3D Robotics和DIY Drones的联合创始人。3D Robotics是一家发展迅速的空中机器人制造企业。安德森也是《纽约时报》畅销书《长尾理论》及《免费：商业的未来》的作者。

【美】克里斯·安德森：《创客：新工业革命》，中信出版社2012年12月第1版，定价：45.00元。

前些日在北京参加一个社会化营销的峰会，偶尔得知克里斯·安德森在同一时间正在清华大学作一场演讲，为的是宣传其新书《创客：新工业革命》。很可惜，当日恰有个交流任务，所以抽不开身，无法亲临现场、第一时间聆听这位“信息时代的精神领袖”的前沿思想。

回来后没有耽误，以最快速度入手这本《创客：新工业革命》。读它，为的是想弄明白这一次安德森会跟我们分享什么最新创见？里边的观点与其之前《长尾理论》、《免费》有什么脉络上的联系？以及，身为《连线》杂志的前主编、一个“数字世界的趋势观察家”，怎么就关心起工业制造了，而且竟还冠名以“新革命”？

说到“工业革命”，自然会想到前段时间在产业界、学术界、资本界乃至政治界热闹异常、引发广泛讨论的“第三次工业革命”一说，而它来自知名的畅销书作家杰里米·里夫金同名作品《第三次工业革命：新经济模式如何改变世界》。如此备受追捧，盛况类似30年前未来学大师阿尔文·托夫勒的《第三次浪潮》，甚至恨不得写入政府某规划报告之中。当然，同样是“新工业革命”（无论是第N次，与过去或传统诀别，预示“全新”这一层意思是一致的），里夫金和安德森却各有所指。

按照杰里米·里夫金的说法，所谓“第三次工业革命”，指的是可再生能源方面的进展正在引发一场能源业、电力设备制造业、建筑业、汽车业，乃至社会方方面面的大革命。可再生能源，人们并不陌生，指的当然是太阳能、风能等世人皆知的东西，然后利用氢存储技术和类似智能电网等使所有的建筑物都成为发电厂，家家户户都成为电力经营商。但在我看来，姑且不说这些被人谈论多年的事物究竟有多少现实操作性，即便在可见的未来实现了，其影响力也仅局限于有限的几个产业，其经济回报和前期投入相比，是否是笔划算的买卖，仍值得存疑。因此，把这个说成是“第三次工业革命”，未免有点哗众取宠。特别是对照近些年光能产业产能过剩、一片哀鸿的现状，里夫金的“奔走相告”很容易被理解为是在替某些机构题材炒作蓄意造势。

到了安德森这边，他没有刻意强调是“哪一次”，但重点要突出“新”。他认为，即将到来的工业革命（趋势）是定制、个性化和小批量生产，在传统大规模工业化生产流水线下，这可能是不靠谱、不效率的事，但通过互联网平台与个人计算机的结合，事实就这么简单。在书中，安德森一开篇就提到了他的外公弗莱德·豪瑟。在他眼里，外公是最早一批工业制造 DIY 的实践者，通过自身的努力，将创造性的设计变为专利，并实现产业化。DIY 开启了自主劳动的先声，人类第一次摆脱了对生产资料（尤其是重资产）的依赖，仅仅凭着自己的头脑这一“轻资产”，就可以把想法高效地变成现实。然而，条件不同的是，安德森外公所处的 20 世纪四五十年代，没有互联网，只能孤芳自赏、单枪匹马，但如今是，成千上万个乃至更多的“豪瑟们”会通过网络连接在一起，开源、分享、协作，并数据化设计、生产、销售。安德森指出，人类的生产方式每隔几代人就会发生改变，从蒸汽、电力、标准化、流水线、精益生产，现在是机器人；改变有时来自管理技术，但真正有利的改变源自新工具。现在没有工具比电脑更有力。而像这种可以集合千万人智慧、按需设计、自我制造、个性生产的新工业体系，不仅可以重振美国制造业，也将冲击和重组世界经济产业链和价值链。

对于这股工业新浪潮，安德森将投身其中的人称为“创客”，对应的英文 Makers。至于什么是创客，安德森没有给予精确的解释。只看他这样写道：“‘创客运动’的准确定义到底是什么？应该说它包含了非常宽泛的内容，从传统的手工艺到高科技电子产品，无所不包，很多活动已经存在了相当长的时间，但创客们却在做着完全不同的事情：首先，他们使用数字工具，在屏幕上设计，越来越多地用桌面制造机器制作产品；其次，他们是互联网一代，所以本能地通过网络分享成果，通过将互联网文化与合作引入制造过程，他们联手创造着 DIY 的未来，其规模之大前所未有。”

之所以说“创客”具有变革性，昭示着改变、突破，原因是：首先，基于互联网平台，人们可在计算机及移动硬件上运行数字桌面工具，这可以帮助他们设计新产品，完成“数字DIY”的基础工作。其次，互联网开源社区当中，松散而高效的合作秩序已得以稳定。换言之，创业者、创新者可以借助开源社区与其他人开展高效合作，通过共享自己的技术成果，获得“免费”或极其廉价的集体智慧，比大企业实验室更高效地进行创新改进。这种模式在唐·泰普斯科特的《维基经济学》、《宏观维基经济学》和克莱·舍基的《认知盈余》等作品中，均有过详细阐述。再次，3D打印技术等新技术及相应设备的发展，已经到了相当精益的水平，书中就对3D打印机、数控机器、激光切割机、3D扫描仪等设备的应用价值进行了介绍，并指出，这些设备及技术已经不是什么无法普遍应用的尖端产品，而正在逐步普遍商业乃至个人应用。不过，鉴于克里斯·安德森目前另外一个身份是3D Robotics的创始人，这是一家发展迅速的空中机器人制造企业，所以由他来鼓吹3D打印，不免有吹捧自己企业的嫌疑。最后，一些国家，尤其像中国，已完全有能力承接创客“数字DIY”样品或模型，使之转化为一定规模生产的成熟制造能力。安德森在书中介绍说，他曾在阿里巴巴向中国的制造商下单定制小型电动机，一家中国企业指导他完成了各项设计选择及参数；在支付货款后的10天，安德森就收到了中国发到美国加利福尼亚的货物，数千个完全按照他本人设计制作的小型电动机，价格不到市面零售产品的1/10。事实上，当书本大篇幅说明“创客运动”是“一场革命，规模宏大地出现在更广阔的现实世界中”的同时，安德森也完成了“以创客为代表的数据制造可以作为新工业革命中心”的现实性论证。

据安德森称，他的“创客”概念得益于科幻小说家科利·多克托罗多年前一部同名科幻小说的启发。在那本书中，多克托罗写道：“通用电气、通用磨坊以及通用汽车等大公司的时代已经终结。桌面上的钱就像小小的磷虾：无数的创业机会等待着有创意的聪明人去发现、去探索。”与此同时，麻省理工学院教授尼尔·格申费尔德在《10年前的制造：即将到来的桌面革命》一书中就已经预测到了“创客运动”。他在2011年说：“我意识到个人制造才是数字制造的杀手级应用，不在于能够作出沃尔玛有售的东西，而是要作出在沃尔玛买不到的东西。”由此观之，安德森并非“创客”一词的首创者，但一定是该理论最深刻和系统的阐述者。对此，安德森预言道：“今天，正有成千上万的企业家从‘创客运动’中涌现，将DIY精神工业化。我们都是‘创客’，生来如此（看看孩子对绘画、积木、乐高玩具或者做手工的热情），而且很多人将这样的热爱融入到了爱好和情感中。”

我个人基本认同安德森的观点。这不仅是因为他所说的与大数据时代的趋势特征基本一致，而且有越来越多的产业案例来佐证他的判断。不过话说回来，要“全民创客”、“所有工业都是创客化”，还为时尚早。正如安德森自己也承认，技能，从少数人的技能发展到大多数人都能掌握的技能，这将会成为“创客运动在发展过程中遇到的最大的难题”。“在今天，设计出一件东西很简单，与相关人士建立联系、计算产品的市场需求、但其投入生产就比较困难，这就需要对制造业进行设计，这个技能还需要很长时间才能掌握……要对制造业进行设计可就复杂多了。”安德森说道。另外，安德森认同有关《创客》是《长尾理论》延续的这一说法，正因为如此，既然“长尾理论”是讲数字化、利基市场和小众经济，“创客”也脱离不开，区别是，一个对应虚拟网络，一个关于实体世界。安德森把它们叫作“长尾上的东西”，“它们都是长尾理论产生的源泉——更多的产品创造、准入门槛低、对多样性的需求”。

大约半年前，《经济学人》杂志发表封面专题，专门讨论由数据制造所引发的工业革命，这恰与安德森今天身体力行的事业不谋而合。所谓“大音希声”，当整个世界都在数字化、互联网化，连安德森这样的信息产业预测专家都开始大谈工业制造，这对国人不啻为一个巨大的警示：互联网是纲，其他业是目，纲举才能目张；我们还要为互联网而互联网多久?

# 3D 打印 3.0，渐入佳境

胡迪·利普森（Hod Lipson），康奈尔大学机械工程与计算机科学技术教授，他还是一家创造机器实验室的负责人，专注于自动化设计和机器制造。他出版过 200 多本读物，参加过 100 多场演讲。他在 3D 打印领域的研究成果，发表在了《自然》、《科学》、《纽约时报》、《发现》等多本杂志和其他媒体上。

梅尔芭·库曼（Melba Kurman），在微软和康奈尔大学有着 15 年的产品和研发经历，她现在是一家创新公司的总裁。

时下，还有什么比 3D 打印更时髦、更引领未来，却又更逼近现实的？

当有人已经打印出了塑料玩具（能把玩）、打印出了曲奇饼（能食用）、打印出了手枪（能射击），甚至还打印出了人体器官（能植入）……你不得不相信，眼前并非科幻，3D 打印是一项“神一般”的技术——说它是神，因为它几乎可造万物。

谈到 3D 打印，它其实不是新发明。早在 20 世纪 80 年代中期，得克萨斯大学的卡尔·德卡德和约瑟夫·比曼就发明了世界上第一台选择性激光烧结打印机，而且当时，就有（也是“仅有”）两家专门销售 3D 打印机的公司。不过，有时候“来得早未必来得巧”，3D 打印很快就因为工艺过于复杂低效、机器设备价格昂贵而被制造型企业拒之门外。后者对利润率极其敏

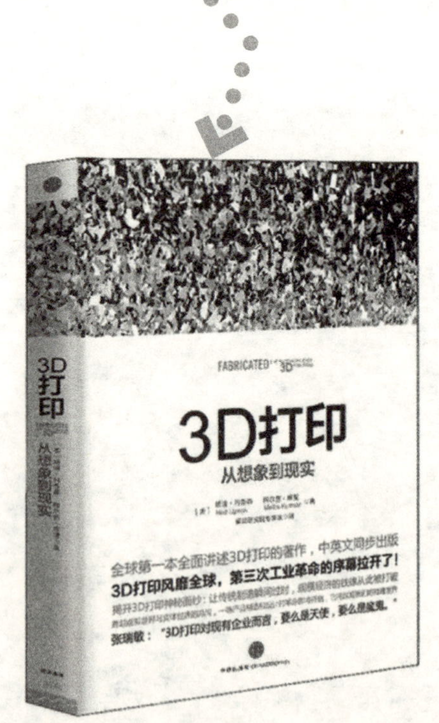


【美】胡迪·利普森、梅尔芭·库曼：《3D 打印：从想象到现实》，中信出版社 2013 年 4 月第 1 版，定价：49.00 元。

感，在他们眼里，3D 打印“看起来很美”，但毕竟“中看不中用”、划不来。于是此后很长时间内，3D 打印都是被摆在美国某些大学实验室内，供学习研究之用的。例如，国内某知名投资人说他在 1998 年，在斯坦福大学的实验室里第一次看到 3D 打印机并开始关注，为此，后来就被媒体称为“中国最早关注 3D 打印的投资人”。老实讲，这种评价很无趣，不写倒罢，写出来反而显得格局小，一惊一乍。倘若早有关注，为何这么些年，当事人毫不吭声，人家振臂一呼，他言语间却要证明自己也是“先行者”——可惜起了个大早，赶了个晚集，除了缺乏眼光和洞见，还能遗憾什么？

当然，3D 打印这一波潮流涌到国内，也是近一两年的事情。从媒体资讯传播、观念输出，并一定意义上形成推波助澜的角度看，3D 打印在国内经历了三个阶段，也恰好对应三本书刊。

3D 打印中国行 1.0——暂且这么称呼吧。时间大约是在 2012 年 4 月，世界顶尖的新闻杂志《经济学人》杂志做了“第三次工业革命”的专题报道，其中认为 3D 打印将引发第三次工业革命。文章指出，尽管仍有待完善，但 3D 打印技术市场潜力巨大，势必成为引领未来制造业趋势的众多突破之一。这些突破将使工厂彻底告别车床、钻头、冲压机、制模机等传统工具，而转变为一种以 3D 打印机为基础的、更加灵活、所需要投入更少的生产方式，这便是第三次工业革命到来的标志。在这种势头下，传统的制造业将逐渐失去竞争力。以 3D 打印为代表的第三次工业革命，以数字化、人工智能化制造与新型材料的应用为标志。它的直接表现，是工控计算机、工业机器人技术已进入成熟阶段，即成本明显下降，性能明显提高，工业机器人足以在很多方面替代了流水线上的工人。随后，国内的《科技导报》、《每日经济新闻》等媒体对 3D 打印作了报道，尤其以美国 3D 打印公司 ExOne 申请 IPO 计划融资 7 500 万美元的消息被解读为 3D 打印发展势头良好，同时引发了人们对于该技术前景的美好遐想。与此同时，一个误打误撞有意思的事件是，美国一位名叫杰里米·里夫金的畅销书作家出版了《第三次工业革命：新经济模式如何改变世界》一书，虽然该书认为 3D 打印只不过是第三次工业革命中很小的一部分（里夫金把第三次工业革命的期许寄托在了可再生能源上），但借由新华网、《新京报》、《光明日报》、《中华读书报》等主流媒体的宣传，“第三次工业革命”的称法迅速引起国内热议——哪怕公众实际上对它和 3D 打印认知模糊。

3D 打印中国行 2.0，接下来轮到克里斯·安德森的《创客：新工业革命》了。在这本书中，安德森预测，在接下来的 10 年时间里，定制、个性化和小批量生产会成为趋势。借助互联网，工业制造的 DIY 者们会更紧密地连接在一起，开源、分享、协作，并数据化设计、生产、销售。安德森指出，人类的生产方式每隔几代人就会发生改变，从蒸汽、电力、标准化、流水线、精益生产，现在是机器人；改变有时来自管理技术，但真正有利的改变源自新工具。现在没有工具比电脑更有力。而像这种可以集合千万人智慧、按需设计、自我制造、个性生产的新工业体系，不仅可以重振美国制造业，也将冲击和重组世界经济产业链和价值链。由于克里斯·安德森之前的《长尾理论》、《免费》两本超级畅销书早就帮助他在国内声名远播，所以他的《创客》自然延续了前作受追捧的热度。当然，延续的还有理论脉络。如果说“长尾理论”是讲数字化、利基市场和小众经济，“创客”也脱离不开，区别的是，一个对应虚拟网络，一个关于实体世界。安德森把它们叫作“长尾上的东西”，“它们都是长尾理论产生的源泉——更多的产品创造、准入门槛低、对多样性的需求。”事实上，因为这本书传播面较广，以至于很多国内读者会视它为“3D打印启蒙之作”。

3D 打印中国行 3.0，这回是胡迪·利普森和梅尔芭·库曼的《3D 打印：从想象到现实》。这两位作者在国内完全是生面孔。看其简历，这才知道像第一作者胡迪·利普森人家才是 3D 打印领域的顶级专家。他出版过 200 多本读物，而其中关于 3D 打印的研究成果曾发表在《自然》、《科学》、《发现》等顶尖学术杂志。既然出自一线权威专家之手，所以《3D 打印》与媒体人克里斯·安德森写的《创客》相比，少了些趣味性、煽动性，更多的是沉着、冷静、徐徐道来。倘若将两个人两部作品比作口头表达，那么，安德森显然是在演说，而利普森是在做讲座。

《3D 打印》的可贵之处在于，它是目前国内唯一一本全面、深入介绍“3D 打印技术”的书籍。虽然“从想象到现实”是它的副标题，寓意新工业生产范式的变革已经从理论到实践，但如果换成“从是什么到做什么再到怎么样”，未尝不是一个不错的副标题方案。整本书不仅系统地阐明了 3D 打印技术原理（如果对技术感兴趣，可以仔细阅读该书的第五章，不过，相信大多数人会嫌枯燥而选择直接跳过）、它相对于传统制造业的十大优势，而且还非常前沿地介绍了当前 3D 打印能涉及的领域，从第七章到第十二章，我们如逛大观园般地看到有人体器官、美食、教育、智能设计、建筑物、玩具、喷气式客机、武器，甚至还有毒品。不难发现，今后由于 3D 打印技术走出“象牙塔”，创出“大未来”，它所引起的改变不仅仅是对传统制造业的颠覆，还包括对知识产权保护的突破、对公共安全的威胁，以及对社会文明的冲击。

无疑，3D 打印将开启一个新纪元，而按照胡迪·利普森和梅尔芭·库曼的说法，在未来，或许就是“机器制造机器的时代”。“3D 打印机就是第一波新一代智能机器，它们能设计、制造、修理、回收其他机器，甚至能够调整和改进其他机器，包括它们自己”。作者对将来充满期待，积极而乐观，但同样也应该看到 3D 打印仍不是成熟的技术，是人们在它周围套上了太多的光环。只要有人开始真正将 3D 打印机用于民用，他们很快就会意识到在更快的速度、更好的打印质量和更便宜的材料面前，3D 打印还有很长的一段路要走。

卡尔·巴斯（Carl Bass），他是美国 3D 打印供应商 Autodesk 的 CEO，他以资深圈内人的身份在《连线》杂志的文章中写道，一台普通的 3D 打印机在报废前，能消耗数十码甚至数英里的打印材料。很多厂商为此仍沿用传统的“替换墨盒”的模式。虽然给打印机添加的原材料跟初期的成品真的很难看出有什么区别，但是为此附加在消费者身上的成本最多甚至能达到100倍。3D打印在新商业模式上的探索势在必行……与几十年前一样，3D打印仍处于“看上去很美”的阶段。

不过就在《3D打印：从想象到现实》出版之际，《金融时报》的新闻记者，荣获过英国制造业类“年度商业记者奖”的彼得·马什，他的新书《新工业革命》差不多同步在国内发行。在该书中，马什提到人类的制造业可以分为五个阶段，分别是：第一个阶段是少量定制；第二阶段是少量标准化阶段；第三个阶段大批量标准化生产；第四阶段大批量定制化；第五个阶段是个性化量产。我们现在正处于个性化量产阶段。这一概念推动了产品多样化从定制化量产继续向前发展。然而，这一生产方式很少用于生产特殊或独一无二的产品。举个例子，以精益规模化生产方式著称的丰田公司无法为某一单独客户定制一款丰田车型，但是一位“创客”为标志的个性化量产就可以轻松做到。马什预测，当3D打印技术成为生产的日常部分，大批量个性化时代就真正来临了。

这便是当下3D打印在中国的布道现状。3D打印中国行3.0，从理论认识上，愈发深刻；从其自身发展上，渐入佳境。

# “颠覆者”巴拉巴西及其《爆发》

艾伯特—拉斯洛·巴拉巴西（Albert-Lászlo Barabási），全球复杂网络研究权威，无尺度网络的创立者。美国物理学会院士，匈牙利科学院院士，欧洲科学院会员，美国东北大学教授，网络科学研究中心的创始人、主任，同时任职于哈佛大学媒体学院医学系，并担任丹那—法伯癌症研究所癌症系统生物学中心的研究员。世界著名科技杂志《科技新时代》（*Popular Science*）杂志赞誉，"他可以控制世界"。著有《链接：网络新科学》。

【美】艾伯特—拉斯洛·巴拉巴西：《爆发：大数据时代预见未来的新思维》，中国人民大学出版社2012年8月第1版，定价：59.90元。

艾伯特—拉斯洛·巴拉巴西的《爆发》一书注定是要扮演颠覆者的角色。

首先，对于科学家们说的，人类行为实际上是随意的、不可预测的、偶然的、无法确定的、不可预知的，以及无规无序的，该书旗帜鲜明地提出，这些假定的唯一问题在于，前提本身就错了。相反，人的所作所为通常是可以被预测的。虽然书中没有直接点到彼得·德鲁克的名字，但毫无疑问，巴拉巴西不会赞同这位管理大师的某个观点，后者曾在《动荡时代的管理》一书中写道："关于未来，我们唯一能确定的就是它的不确定性。"

当然，该书的出版多少是与纳西姆·塔勒布的《黑天鹅：如何应对不可知的未来》唱对台的。虽然不是刻意、直接，但巴拉巴西和塔勒布在对待"小概率事件"问题上，态度截然不同。当塔勒布认为生活中，随机性、偶然性、不可预知性随处可见，为此，更要慎重地对待"黑天鹅现象"的出现；巴拉巴西并不否认"小概率"的存在，但既然是小，就是微不足道或忽略不计，他干脆用百分比描述，人的行为93%是有规律的、可预测的，另外的7%是"爆发"，同样有迹可循，至少没有想象中的“神鬼莫测”。对比两位作者的观点，有趣的是，塔勒布像是个“历史偶然论”、“不可知论”的信奉者，而巴拉巴西则更符合中国的传统史观：以史为鉴，可以知兴替。

同样以书作比较，其实巴拉巴西想阐明的结论，早在伊恩·艾瑞斯的《超级数字天才》( *Super Crunchers* )、斯蒂芬·贝克的《当我们变成一堆数字》、比尔·唐瑟尔的《在线为王：你在网上看什么、干什么，我全知道》中早有论及。他们比较充分地证明，如何用数据挖掘技术来分析人们的行为，并从中找寻规律，作出预测。例如，就拿时下流行的网络应用微博来说，靠它预测流感，准确率高达 90%；靠它预测股市，准确率有 86.7%；靠它预测电影票房，命中率甚至比专家还高。事实上，正如巴拉巴西在书中写道：“放眼四周，那些科技设备正紧盯着我们，设法将我们的需求转化为钞票。购物、旅行、娱乐、爱情、疾病、人际、慈善以及工作等，我们的所有行为都从根本上受到这种无处不在的数据挖掘技术的影响。”爆发，在大数据时代变得更有作为；洞悉未来，人们因此也更加得心应手。

然而，不比上一本《链接：网络新科学》，这一次在《爆发》中，巴拉巴西并没有尽情发挥其作为“全球复杂网络”研究权威的特长，而是将触角延伸至互联网之外的社会历史领域。当然，在方法论和分析模型上，巴拉巴西依旧采用其驾轻就熟的“幂律分布”。

得益于这个函数模型，巴拉巴西曾创立了“无尺度网络”理论，它指的是带有一类特性的复杂网络，其典型特征是在网络中的大部分节点只与很少节点连接，而有极少的节点与非常多的节点连接。这种关键的节点的存在使得无尺度网络对意外故障有强大的承受能力，但面对协同性攻击时则显得脆弱。现实中，像互联网、金融系统、人际关系网络等都带有无尺度的特性。同时，这一立论也构成了《链接：网络新科学》的主旨内容，巴拉巴西发现：互联网是由少数高链接性的节点串联起来的。极少数节点拥有海量点击，而绝大多数网站只有寥寥可数的人访问。是幂律决定了网络的结构和网络的走向。

到了《爆发》，巴拉巴西欲论证的是：幂律也主宰着人们的行为及其节奏、频率。例如，一个人会常看这类书，很少或几乎不看那类书；每日会固定上这个网站，偶尔会去那个论坛，难得一次去这个社区；还有发的微博内容，主要是时事评论，其次是工作信息，再接着是生活随记，另外就是一些纯粹的打发无聊时间的段子转发……这些都可以表现为幂律分布。至于为什么有分布，道理很简单，因为做任何事都有个主次先后、轻重缓急，这也是基于个人时间、精力等一些成本分析考虑的结果。实际上，巴拉巴西所说的幂律就在这种优先秩序的排定中产生。

现在，有了幂律数据，就可以基本推断个体的行为趋势，倘若向外、向宏观拓展，预判大致的社会进程也不是不可能的事。就像在书中，巴拉巴西除了以科学的立场写爆发和幂律，还尝试以历史的角度写一个名叫乔治·塞克勒的人，如何带领一支教皇的十字军，因一场误会，走上起义之路，最后被贵族军镇压，自己兵败被擒，当众处死的事迹。故事像小说一样写得跌宕曲折，颇吸引人，但这不是重点，巴拉巴西想通过这个有点斯巴达克斯式的人物，来证明预测的可行性、可能性。因为塞克勒每次力挽狂澜可能改变历史的举动都被一个与他同时代的名叫泰勒格迪的人准确预言了。

这一编排是精心设计的结果，巴拉巴西用说理和举例两条线索并行，为的就是加强人类行为是可测的，如同泰勒格迪做到的那样。而且，在日趋精密的数字条件下，有了更海量的数据信息，到时，我们再去看人类的行为，它们就不是互不相关、随意偶然的孤立事件了。相反，它们彼此串联、相互依存，其中必然会有很多蛛丝马迹规律性的东西显现。这就是爆发，英文写作“Burst”，它的另一种翻译叫“阵发”，简单讲，可以理解为某类事件在一段较短的时间内密集发生，之后是很长的一段沉默期，然后同类事件再次以很高的频率在短时间内多次发生。

前提是要有足够的量，人的行为才可能在统计学上有意义。相对于《链接：网络新科学》中的用复杂网络诠释空间，这一次，巴拉巴西则用同样的概念解读时间序列背后的奥妙。与此同时，有两点需要指出：第一，相比上一本书，本书其实跟网络趋势无关，说是大数据研究也有点牵强；第二，科学知识密集度较高，书不好读，若三言两语归纳之，不妨如下：雁过留声，人过留痕，利用科学与技术，我们在预测人类行为的方面可以有所作为。

《移动浪潮》

# 当智能手机成街机，当移动浪潮来袭

迈克尔·塞勒（Michael Saylor），是上市公司美国微策略公司的董事长兼首席执行官。他在麻省理工学院获得航空航天工程学位，以及自然科学、科技和社会学学位。迈克尔·塞勒是一位科学历史学家，也是一位令人敬畏的知识分子，*Slate* 称他“令人着迷”。他不仅是一位高科技企业家，还是一位严肃的学者，他的商业成就来源于他自大学起——甚至从童年开始——就对托马斯·库恩所称之为“科学革命的结构”的痴迷。他曾经接受 CBS 电视节目“60 Minutes”的访问，PBS“Charlie Rose”访谈节目的采访，并作为专访人物出现在 *Newsweek*、*Time*、*Slate*、*The New Yorker* 和 *The Washington Post* 等报刊上。

【美】迈克尔·塞勒：《移动浪潮》，中信出版社 2013 年 1 月第 1 版，定价：59.00 元。

第三次革命、第五次浪潮，迈克尔·塞勒说的是移动互联网及其对人类生活的影响。

作为继农业革命、工业革命之后的第三波——信息革命，人们对此不难理解，可怎么就有第五次浪潮了呢？在“未来学大师”阿尔文·托夫勒的《第三次浪潮》中，“浪潮”是被当作“产业革命”意义上来使用的，换言之，“第三次浪潮”与“第三次革命”说的本是一回事，那么，塞勒的“多出的两次”又从何说起呢？

首先，塞勒是从信息技术发展的角度来划分阶段的。他认为，技术专家共创造了五次信息处理的浪潮：第一浪，大型电脑；第二浪，小型电脑；第三浪，台式电脑；第四浪，互联网个人电脑；而第五浪，正是移动互联网。

移动互联，以移动智能终端的普及为前提。譬如，当 iPhone 手机成了街机，当 3 岁小孩都会玩 iPad，当运营商逐步淘汰 GSM 技术并提出 3G 甚至 4G，当手机应用层出不穷、包罗万象，当更多传统产业开始对接移动技术，当人们生活、娱乐、工作、学习日益依赖手机……你可以说，移动浪潮汹涌来袭，如果没有做好冲浪准备，无疑将会被波浪卷走或淹没。

这就是迈克尔·塞勒——一位软件企业家——在《移动浪潮》中要诠释的主题。不过很可惜，同样的话若放在十年前，算得上“预言”；而以今天的眼光来看，最多叫“强调”。的确，塞勒列举了很多例子，无一例外地在证明诸如黑莓、iPhone、三星 Galaxy Note 之类的设备是如何改变阅读、医疗、学习、娱乐、社交、金融、政治、管理及更多领域的，但这都已经是既成事实。因此，塞勒的那些“颠覆性变革即将到来”或者“移动智能改变世界”等结论性语句充其量只是一个“实然”判断，绝非“应然”判断。

从某种角度看，《移动浪潮》可谓是现代移动技术应用的案例集。例如，让我们举个看医生的例子。塞勒说，如果你感觉自己病了，或许可以通过自己的移动设备联系一位在印度的医生。他（或她）为你诊断和治疗，花费的费用却只有在美国看医生的几分之一——也许只有 5~10 美元。还有像教育，塞勒介绍道，位于弗吉尼亚州的一所普通中学，有超过 85% 的学生在 iPad 上做作业，而且他们发现这个设备对科学、英语和算数特别有用。他认为，平板电脑就是为主动学习而创造的。这个屏幕可以听从指令，显示相关内容。在教科书中，学生们可以读到维多利亚瀑布的文字介绍，并看到它的照片。在数字教材中，他们可以看到瀑布从悬崖倾泻而下的情景，听到它的声音，并且可以随心所欲地探究它，穿过赞比西河满是鳄鱼的水流以及瀑布下的地层结构。另外，在他看来，录制音乐的发行从在商店销售的物理介质的 CD 转变为以数字格式下载就是一个显而易见的受益行为。他说，将实物商品变为软件等虚拟载体并按需分发到移动设备是件好事，当然这里的“好”也是从旁观者的角度来说的。苹果公司的数字下载量一直很大，而且也让苹果公司通过受欢迎的 iTunes 商店赚了大钱。数字下载对消费者也非常重要，他们可以有选择地购买自己想要的歌曲。

读者或许会对塞勒有关移动技术带给人类社会好处的完全肯定的观点提出保留意见，但不可否认，他为未来所描绘和展望的美好前景确实令人着迷，而且在某些方面还让人增长见识、启发思考。例如，移动技术也在助力发展中国家。在肯尼亚，一套称为 M-Pesa 的移动支付系统可以让缺少银行、ATM、固定电话和互联网络的边远地区进行商务活动。在中东，移动技术和社交媒体对所谓的“阿拉伯之春”运动起到了推波助澜的作用。当然，绥勒在称赞了移动技术的诸多优势的同时，也在关注移动技术的监视与跟踪能力。他说，依靠目前的法律，还不能彻底解决移动技术带来的隐私问题。这就意味着，在未来起草电子权利法，并针对相关权利建立和健全一个充满智慧、考虑周全的法律保护体系已迫在眉睫。

虽然迈克尔·塞勒对移动互联的将来自信乐观，但他的诸多观点却接近共识、常识。然而，他在书中的几个提法倒颇为创新。其中一则，塞勒将移动智能技术比喻为曾经推动工业革命的“电力”，因为该技术将推动信息革命超越传统信息处理局限的临界点。又一则，塞勒指出移动技术将促使很多公司用软件替代原有的实体产品和服务。软件版本的产品和服务将会有超越原实体产品的新功能，而且这些软件产品和服务的制造成本将会更低廉。工厂将不复存在，分销网络将不再必需，实体商店也将消失。生产成本将急剧下降。还有塞勒说，如果曾经的软件是“固态”的，因为你只能在桌边使用；那么，移动技术让软件摆脱束缚，成为无处不在的“气态”。

诚如塞勒所言，软件的兴盛，一方面意味着大量的创业公司进入传统高壁垒的市场；另一方面，消费者将享有由于中间成本减少而实现的更低价格，以及更直接和个性化的服务。不过，还有一层含义塞勒没提到，但我们应该体会到的，那便是随着智能技术的发展，人们对于移动互联的应用更讲究“即时”。即时预示着——在线状态的随时随地，客户需求的随时随刻，以及服务提供的随叫随到。互联网的下一个十年，即时将成“杀手级”战略，不无夸张地说，未来得即时者得天下。

不过话说回来，塞勒可并非一个没有利害关系的观察者。移动浪潮，他也受益。他的微策略公司为商务和政府机构提供数据分析和管理服务，其中包括通过移动应用平台进行的数据收集与分析工作。微策略公司还制作和销售社交媒体移动应用程序，允许消费者管理并充分利用它们在 Facebook 等社交媒体上的活动。

通过本书，麻省理工学院毕业的塞勒展示了其在移动技术领域深厚的功力和丰富的实战经验，并且用通俗易懂的语言给广大读者上了一堂内容丰富、信息量大的技术趋势课。借由他的指引，我们再次明显感受到了移动浪潮的汹涌扑面。

数字时代的必修课

100

杨吉 TMT 百部全说

《个性化》

# 个性化，又一个“商业的未来”？

苏萌，北京大学光华管理学院市场营销系副教授、博士生导师、副系主任。毕业于美国康奈尔大学，获营销学博士学位。致力于营销模型、个性化营销、互联网精准广告、个性化推荐引擎等领域的研究，论文发表于国内外顶级学术期刊上。

柏林森，百分点科技创始人兼首席执行官。毕业于美国伊利诺伊大学，获电子及计算机工程硕士和物理学硕士。他还是美国注册金融分析师协会会员与北美精算师协会会员，获注册金融分析师（CFA）与准精算师（ASA）资质。

周涛，电子科技大学互联网科学中心主任、教授、博士生导师，阿里巴巴商学院钱塘特聘教授，北京计算科学研究中心客座教授。在《美国科学院院刊》、《美国物理评论》、《欧洲物理快报》等期刊和CIKM、WSDM等会议发表与个性化技术相关的论文40余篇，成果被《自然》杂志、《物理组织》等20余家学术媒体新闻专题报告。

苏萌、柏林森、周涛：《个性化：商业的未来》，机械工业出版社2012年2月第1版，定价：39.00元。

说来也巧，陆陆续续读到了第三本副标题为“商业的未来”的书。前两本，克里斯·安德森《免费：商业的未来》和丽莎·甘斯基《聚联网：商业的未来》。好吧，话虽如此，可真有这么多可观、乐观、达观的未来吗？

譬如眼前这本《个性化：商业的未来》，几位本土作者，苏萌、柏林森、周涛，他们从擅长的个性化技术领域出发，探讨发展趋势、展示商业应用以及总结盈利模式，他们的核心观点很简单，一言以蔽之，“商业的未来不是免费，而是为每一个终端消费者提供专属性的产品与服务”。

听起来不错，似乎也有道理。以个人观察而言，个性化驱动的缘起是因为信息爆炸式增长，海量、过载，导致人们选择的成本大大增加。其次，经济的发展、社会的进步让人们不再满足于过去简单的、基本的物质需求，如今，他们更渴望获得价优物美、独一无二并能彰显自己特质的消费体验。当然，仅仅通过人盯人、人贴人、人跟人的“人海战术”，是无法真正实现个性化服务的，唯有借助技术，像数据收集、整理、分析、建模、关联、预测、推荐等，才有可能做到个性化、定制化、流程化以及商业化。

这不难理解，举例来说，我上当当网或卓越网购书，经过一番检索、浏览，最终买下了凯文·凯利的《科技想要什么》。对我个人来说，整个消费过程差不多宣告结束，但对于网站，营销或许才刚刚开始。它第一步要做的，是把我之前登录、点击、浏览的数据保存下来，经过内部程序的分析判断，向我呈现与检索内容相关（或相似）的书籍，例如凯文·凯利的另一本著作《失控》、克莱·舍基的《认知盈余》、菲利普·鲍尔的《预知社会：群体行为的内在法则》等。不仅有这些，像当当网，它还会把其他与我有相类似个性化偏好的顾客数据提取出来，向我进一步展示购买过《科技想要什么》的顾客还买过的一些书目、浏览过该商品的顾客还看过的其他书籍等。

按照苏萌等人在书中的诠释，这就是典型的“个性化电子商务”的实践。“通过个性化推荐技术，零售网站能够改善顾客在网站上的浏览体验，不仅让他们买到喜欢的商品，而且买得轻松、买得满意”。他们还指出，现在的零售网站在挖掘顾客的偏好时主要采取以下两种思路：一种是基于用户来判断顾客之间的相似性，即判断某位顾客与哪群人更相似，于是把这群人买过的商品推荐给他；另一种是基于商品来判断商品之间的关联度。说白了，就是“物以类聚，人以群分”。而谈到未来发展方向，作者认为，“在 SNS 和微博成为焦点的互联网时代，你无须离开 Facebook 等社交网站的页面就可以下单购买商品”，也就是说，在不久的将来，“社会化网络 + 电子商务”将为商家提供向上销售的重要渠道——当然，也别忽略了智能手机，它有可能成为整合线上线下购物的首选平台。

不光是电子商务可以个性化，其他的如团购网、新闻门户、广告、搜索引擎、移动互联网、社交网络、微博、求职招聘、约会婚恋、电影音乐网站等均可以采用个性化的理念与技术，以改变传统服务模式。这不仅能提升精准的营销效果，也进而推动未来的商业创新。

整本书虽然是一本操作性很强的行动指南，但也不乏一定的理论闪光，而且在一定程度上反映了我国本土 IT 从业者对互联网前沿趋势的研判水准和实务水平。对此，书中有两块内容值得互联网爱好者品读。第一块，作者提出一种观点，认为“从获取信息的方式上讲，互联网诞生至今经历了三场变革”。它们分别是：第一次是目录式的，以雅虎和新浪为代表，人们通过点击网站的目录链接，然后一层一层地去寻找自己感兴趣的内容；第二次是搜索式的，以谷歌和百度为代表，人们通过搜索关键词，从搜索引擎给出的排序结果中找到需要的信息；第三次是社交网络式的，以 Facebook 和新浪微博为代表，人们开始从与自己相关的人群中获取相关度更高的信息。不过，在该书中，前三次都只是为了下一次变革的到来所作的铺垫。究竟什么样的商业应用将在下一个十年成为颠覆性的杀手级应用呢？答案很明显，极致的市场细分——个性化。

对于作者的上述分法，其实也可以用 Web1.0 和 Web2.0 的阶段作划分。在信息获取途径上，Web1.0 时期更多是单向的、“大喇叭”模式的；而随着 Web2.0 时代的到来，分享、互动、用户生产内容（UGC）、定制化的特征更加明显，几乎是双向的、“麦克风”模式的。然而话说回来，这并非意味着，如今网民在信息获取时只通过社交网络，而不利用新闻门户或搜索引擎。事实上，它们的关系不应当是非此即彼，而是共生发展的。

第二块，根据作者的梳理，个性化技术与应用可不是近些年的事，早在 1992 年，一家名为 Tapestry 的公司就开发出了应用协同过滤系统，主要为解决施乐公司在 Palo Alto 的研究中心资讯过载的问题。后来到了 1998 年，亚马逊推出了基于用户的搜索历史和购买经历，为用户推荐可能感兴趣产品的系统。随后一年，网景公司就开发了 RSS 程序，也称“聚合内容”，它有利于让用户获取网站内容的最新更新。2001 年，谷歌公司推出 PageRank 算法，使得那些更具“等级 / 重要性”的网页在搜索结果中靠前显示，从而提高搜索结果的相关性和质量。同一年，《华盛顿邮报》启动了“我的华盛顿邮报”的服务，将所有新闻内容进一步细分到约 500 个栏目之下，供读者挑选……期间经历了 Facebook、谷歌、Digg 网、Twitter、Netflix、雅虎、Foursquare、Groupon 等网络公司推陈出新，相继研发出了一系列个性化的应用，直到最近，百度宣布将新闻页逐步实现个性化，智能地为用户推荐他们喜欢的网站和经常使用的 APP（应用程序）。

不难发现，个性化绝非一朝一夕，也不会一蹴而就，它是一个动态的、非线性的演进过程。尽管我未必赞同作者所说的这是“下一波互联网信息革命的方向”，但我确信，个性化体验经济的启动，必须得以技术为驱动，再配以适当的商业模式。然知易行难，觉得好，干中学吧。

《正在发生的未来》

# 手机人，出发

刘德寰，北京大学新闻与传播学院教授，博士生导师。主要的研究领域是市场研究与媒介分析、互联网与手机媒体研究，定量与定性研究方法。多年来一直从事一线教学、科研以及市场研究的相关工作，发表论文30余篇，从事各种科研项目30多个，市场研究项目70多个，处理各种类型数据120多种。

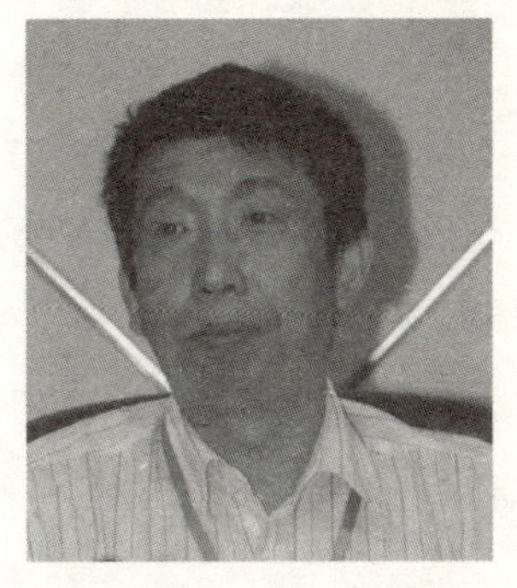

刘德寰、刘向清、崔凯、荆婧：《正在发生的未来：手机人的族群与趋势》，机械工业出版社2012年5月第1版，定价：57.00元。

这实则是一份调研报告，采集了5 241个使用手机的人（文中又称“手机人”）的样本，并归纳、总结出移动互联网的几类应用、几个特征和几大趋势，于是，就有了后来出版的《正在发生的未来：手机人的族群与趋势》。

当然，它也是一个产学研一体、跨界合作的成果。3G门户出的资金、UCweb报的材料，第一象限咨询公司制的模型，还有北京大学市场与媒介研究中心做的分析。如果要问他们的研究有何贡献，我的回答：不光是添砖加瓦，更有自成一派。

其实单纯就发布形式而言，《正在发生的未来》所基于的报告跟中国互联网信息中心（CNNIC）、艾瑞咨询集团（iResearch）、易观国际（Analysys）、互联网实验室（Chinalabs）、互联网数据中心（DCCI）等机构所不时公布的互联网报告大同小异。即便有存在统计方法的不同，数据采样的区别，以及问卷设计的差异，但在结论上总体来说，没有跳出基本的条框。就拿手机应用来说，没有人会否认：移动互联时代对运营商带来的转型之痛、手机重新定义媒介黄金时间、呈现波浪式跃进、国际化竞争加剧、催生半熟社会、手机成为社交核心、手机会成为链接一切的主要媒介等。同时，对应到具体的移动互联生活，手机成为意见表达的重要渠道、手机 APP 市场竞争激烈（甚至用“惨烈”也不为过）、手机支付（个人移动金融终端）蓄势待发、手机游戏聚合娱乐时间、手机 IM 成就真正即时通信、手机搜索打造随身百科全书、手机阅读挑战传统出版形态……人们也不会否认这些现象的存在和潮流的到来。客观地讲，《正在发生的未来》得出的关于“手机人”的诸多结论，只是对调查数据的文字阐述，在观点内容上谈不上创见，也无所谓深刻，正如前面所说，它只是锦上添花不添乱罢了。

然而，我认为该书最有价值的地方恰恰在于提出了“手机族群”这一概念。得益于特定的知识背景，身为社会学博士、也是该书第一作者的刘德寰，在书中（准确地讲应该是“研究报告”中）引入了三个全新的、本土化的概念：历程扩散、深描和族群。

按照刘德寰的说法，历程扩散之所以提出，是针对以结果谈论问题的埃弗雷特·罗杰斯（E.M.Rogers）创新扩散理论（Diffusion of Innovations Theory）的误区而建构的。后者认为，创新扩散的传播过程可以用一条“S”形曲线来描述。在扩散的早期，采用者很少，进展速度也很慢；当采用者人数扩大到人口的 10% ～ 25% 时，进展突然加快，曲线迅速上升并保持这一趋势，即所谓的“起飞期”；在接近饱和点时，进展又会减缓。在扩散过程中，早期采用者为后来的起飞做了必要的准备。这个看似“势单力薄”的群体能够在人际传播中发挥很大的作用，劝说他人接受创新。在罗杰斯看来，早期采用者就是愿意率先接受和使用创新事物并甘愿为之冒风险的那部分人。这些人不仅对创新初期的种种不足有着较强的忍耐力，还能够对自身所处各群体的意见领袖展开“游说”，使之接受以致采用创新产品。之后，创新又通过意见领袖们迅速向外扩散。这样，创新距其“起飞期”的来临已然不远。鉴于创新扩散总要借助一定的社会网络进行，罗杰斯其中一个结论便是：创新的最佳途径是将信息技术和人际传播结合起来加以应用。汤姆·海斯和迈克尔·马隆的《湿营销：最具颠覆性的营销革命》就曾借鉴过这一理论。

不过在刘德寰看来，罗杰斯错了，错在把原本属于生物学的生长规律“直接移植”在社会活动上，并援引社会学家孙立平教授的“结果不是由原因决定的，而是由过程决定”的结论来为自己立论，继而创造出“反罗杰斯主义”，即从过程来推导的“历程扩散分析法”。

至于深描，最早源自人类学家吉尔伯特·赖尔对于抽动眼皮的解读。同样一个抽动眼皮的动作，在不同的人做来却可能有不同的意义，如果作为一名记录者，把不同人的这一动作仅记作抽动眼皮的话，就是“浅描”；若将这些动作分别记述为由不同原因造成在表象上一致的不同动作，这就是“深描”了。深与浅的区别是在于我们记录、探寻事物在层次意义上的区别。后来，另一位人类学家克利福德·格尔茨在《文化的解释》正式用它创立了文化阐释学。刘德寰的做法则把“深描”水平嫁接到定量数据的建模之中，试图一改简单化、线性化的分析缺点，试图以更深入和立体的视角来描绘手机人肖像。

然而，说是一回事，做又是一回事了。虽然报告围绕沟通、自助、娱乐、实用四个维度，勾勒出手机人的集体肖像，并进一步细分为折扣族、搜索族、拍客族、理财族、微博族、手机购物族等十几个群别，但你仍然无法断言，这就是来自所谓“历程扩散”或“深描”的功劳。即便当很多人认为热衷于用手机寻找折扣信息的应该是没钱的年轻人、学生，而刘德寰团队研究发现，手机折扣族实际上是以中等收入的年轻群体、高学历、女性为主。它背后建筑的是一种城市生活体系，寻求折扣某种程度上是寻找一种对城市生活的加入感。这种“出乎意料”的结论与其说可能基于前面两种方法的作用，倒不如说是建立在“族群”的理念指导上。

“族群”一说，刘德寰在书中写道：“社会的发展越来越细分化。细分化本身是一个扩散的过程，但是它又需要找凝聚感，那么就会出现族群以自己的价值观、情感、事业联合在一起的一些小族群……这种细节每描述出一个，所代表的对社会的洞见就会深入很多。”对此，无需拔高，简单地理解，就是“物以类聚，人以群分”的另番表述。把这样的思维放在营销学角度，就是“市场细分”；从传播学的角度看，就是“目标受众”（分众传播）；而从使用角度看，就是移动互联的那些族群。

那么，了解它有什么意义呢？刘德寰指出：“在移动互联网这个新世界中，无数人都嗅到了其中蕴藏着的巨大机会，但是具体的机会在哪里，却很难看清。若是能用社会学的方法去研究10亿手机用户中每个典型群体的生活方式，就会看到他们其实是由一个个具有明显特征的族群构成的。并且，如果用族群的思维方式去重新审视移动互联网，会发现其实个中别有洞天。”再举个例子，一般观念认为手机购物的主流人群是一线城市女性白领，事实并非如此。在手机购物这个族群中，来自体制内的中高收入者是主力人群（很多事业单位上班时间不能上外网），并且这个族群对使用手机第三方支付和手机银行有着很高的认可度。事实证明，种种在常理看来不可思议的结论，在移动互联网上正在被海量的用户数据一一验证。

随着移动互联业务的发展，如今“手机”与“电话”在内涵上的交集越来越少。它不仅仅是用来通话、发短信的随身媒介，它还是微博、网游、购物、支付、拍照、签到、娱乐、交友、阅读、检索等诸多功能齐集一体的工具。正如移动互联网并不是互联网的移动化，同样道理，手机人并不单单是使用手机的人。所以，要真正理解以手机为主的移动互联的内涵及其商用，不妨从“族群”开始——它是观察手机人的切入点，因而也是审视移动互联的基准点。